仮想仕事の原理とエネルギ原理

トラス, 梁, 骨組

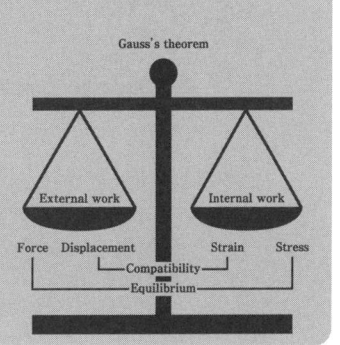

Keigo TSUDA Masae KIDO
津田惠吾／城戸將江〈共著〉

Virtual work and energy principles for trusses, beams and frames

鹿島出版会

はしがき

　本書は建築，土木分野における構造力学や材料力学で重要となる線材（トラス，梁，骨組）に対する仕事の原理とエネルギ原理を取り扱う．構造力学の"構造"を仕事の原理・エネルギの原理から論じる．

　本書のテーマであるトラスや梁，骨組に対する仮想仕事の原理やエネルギ原理に的を当てて解説した書籍は数少ない．弾性力学での仕事の原理やエネルギの原理に関しては，鷲津久一郎博士の名著，「エネルギ原理入門」や「変分原理概論」がある．弾性論におけるエネルギ原理は理論的に精緻であり美しい体系を形づくっている．しかしながら，建築構造におけるトラス，梁，骨組に対するこれら仕事の原理やエネルギ原理は書籍により統一されている状況ではなく，初学者でなくても混乱する状況にあるように思われる．

　その一つの理由は，1) 本書でダイバージェンスの定理と呼んでいるものを仮想仕事（あるいは仮想変位）の原理と呼んでいるものがあることを始めとし，仕事の原理の定義そのものに揺らぎが見られること，2) 上記に関連して，問題とする構造の境界条件に対して配慮をはらっている書籍が少なく（仕事の原理，エネルギの原理では幾何学的境界条件，力学的境界条件の区別は非常に重要である），そのため曖昧さが生まれるためである．さらには例えば仮想仕事式の誘導も，1) 天下り式（外力の仕事と内力の仕事は等しいはずだから）だけでなく，2) 釣合い式に変位と考えてよい量をかけて積分し，部分積分により仮想仕事式を求めるやり方や，3) 外力の仕事を計算し，力学的境界条件，ガウスの発散定理を用いて内力のなす仕事と考えて良い量を誘導するなど，いくつかあり，初学者にはわかりにくいと思われる．このような状況にあるが，仕事の原理，エネルギの原理は建築構造力学で用いる諸関係をいわば統合したものであるから，これらの原理が分かると建築構造力学の全貌を見わたせることになり，「力学の構造」を身をもって理解することにつながると考えられる．

　建築構造や土木構造を安全に設計するためには，構造物各部の断面力（応力，内力）や変形を適切に評価する必要がある．通常，大学や高専ではまず釣合い式だけで断面力を算定できる静定トラスや静定梁，静定骨組の応力解析を習う．これらの学習の後，力の釣合い式だけでは解析できない不静定トラスや不静定梁，不静定骨組の解析法を学ぶ．解析方法はたとえば骨組であればたわみ角法，固定

法，応力法などによる解析方法を学ぶ．しかしながら，各種解析方法においては下図に示す力の釣合い，ひずみ－変位関係，応力－ひずみ関係を基礎としていることは共通しており，境界条件とともに，これらの関係をしっかりと理解することが，「力学の構造」を把握するためには不可欠である．

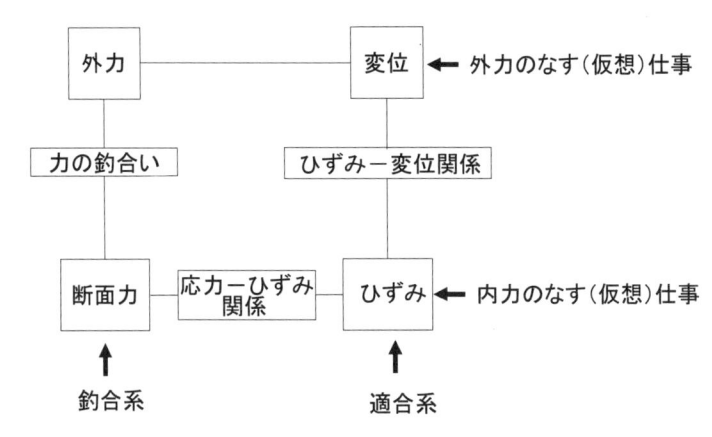

力学量（外力・断面力・変位・ひずみ）の関係図

　本書は一通り構造力学を学習している読者を対象とし，その第 1 の目的は，トラスや梁，骨組について基礎式を理解することにより，「力学の構造」を把握してもらうことである．「力学の構造」を，身をもって理解することができれば，どのような問題も間違いなく解くことができる．本書では第 1 章で軸力材とトラス，第 3 章で梁について基礎式を解説し，上図の意味を理解する．適切な例題で基礎式の意味が理解できるようにしている．また，トラスの解析も梁の解析も同じ構造を持っていることが理解されるであろう．これらは 2 章，4 章で述べる仕事の原理やエネルギ原理の基礎となる．

　本書の第 2 の目的は仕事の原理とエネルギ原理を理解してもらうことである．前述したように，これらの原理は構造力学で用いる諸関係をいわば統合したものであるから，これらが分かると構造力学の全貌を見わたせ，「力学の構造」を 身をもって理解することにつながる．また，仕事の原理，エネルギの原理はコンピュータを使った構造解析や近似解析の基礎となる原理である．これらの原理は，その意味するところを正確に捉えるには数式を用いることが必要である．本書では，上図の力の釣合いを満足する「釣合系」の外力がひずみ－変位関係を満足する「適合系」の変位に対してなす仕事（外力のなす仕事）は，「釣合系」の断面力が「適合系」のひずみに対してなす仕事（内力のなす仕事）に等しいことを示す．

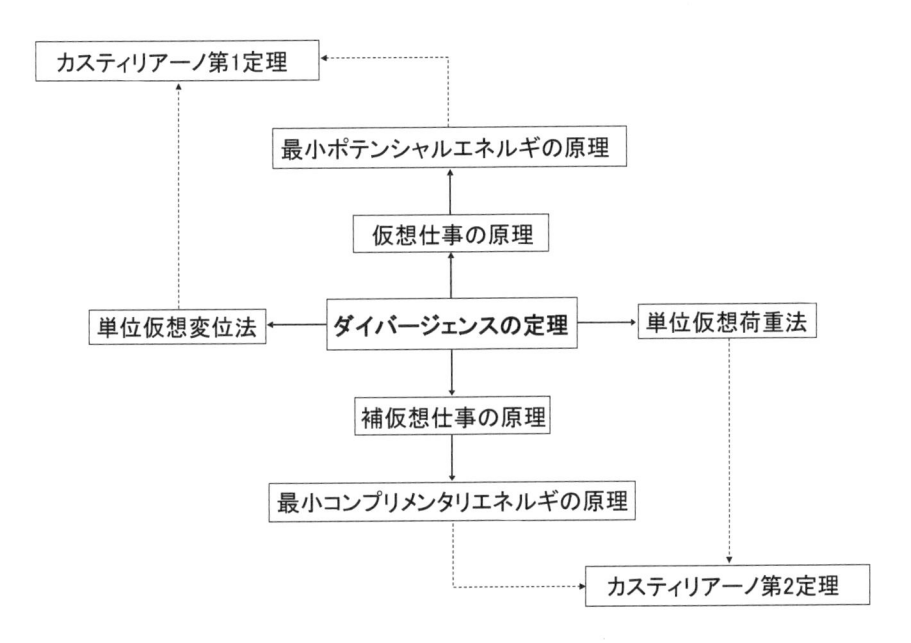

ダイバージェンスの定理を根幹とした解説

すなわち，上図に示すダイバージェンスの定理である．その後，いくつかの付帯条件をつけることにより，ダイバージェンスの定理より仮想仕事の原理，最小ポテンシャルエネルギの原理などが導かれることを解説する．

　本書では第 2 章で軸力材，トラスに関する仕事およびエネルギ原理，第 4 章で梁，骨組に関する仕事およびエネルギ原理を示した．さらに第 5 章では，仕事の原理，エネルギ原理に基礎を置く近似解法について解説した．マトリックス算法を用いると機械的な計算ができることを示す．第 5 章で示す近似解法はマトリックス構造解析法の基礎となるものである．

　ダイバージェンスの定理を根幹とした解説は類書には見られない特徴であるが，この定理は仮想仕事の原理や補仮想仕事の原理を統一的に説明できるもので，仕事の原理やエネルギ原理の統一的な理解を深めるために極めて重要である．また，仕事の原理やエネルギ原理は，外力や断面力などの量の関係をどのように用いているかが重要であるが，下図のように簡潔にかつ分かりやすく示した．

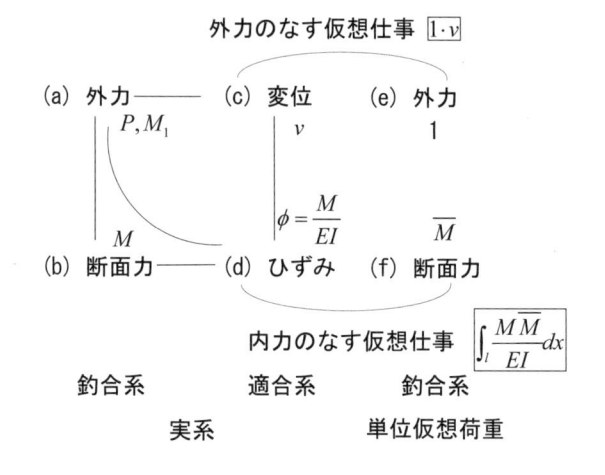

外力のなす仮想仕事 $\boxed{1 \cdot v}$

(a) 外力 —— (c) 変位 (e) 外力

P, M_1 v 1

M $\phi = \dfrac{M}{EI}$ $\overline{M}$

(b) 断面力 —— (d) ひずみ (f) 断面力

内力のなす仮想仕事 $\boxed{\displaystyle\int_l \dfrac{M\overline{M}}{EI}dx}$

釣合系 適合系 釣合系

実系 単位仮想荷重

単位仮想荷重法の公式と力学量の関係図

　本書を企画した理由は，「仮想仕事の原理は構造解析において卓絶した重要性を持つ（加藤勉先生：仮想仕事の原理とその応用，鹿島出版会）」にも関わらず，たとえば構造力学での仮想仕事の原理の解説では，「外力のなす仕事は内力のなす仕事に等しいとすると...」，「『外力全体のなす仮想仕事は内力のなす仮想仕事に等しい』ことが知られています.」，「当然のことながら，外力のなす仕事と内力のなす仕事は等しいから...」，「断面力による仮想仕事であるが，... これと外力による仮想仕事とは等しいはずである」等々，天下りのものがほとんどであり，論理的でない図書が多い現状に対して，腑に落ちない状況に陥ることのない書物を上梓したかったことにある．充分に考えられた適切な図と丁寧な説明とで読者の理解が深まることを期待している.

　著者が大学で単位仮想荷重法を習ったとき（変位やたわみ角の計算はできるのだが），なぜ変位を求めたい点の求めたい方向に単位 1 の荷重をかけてその時の曲げモーメントを $\overline{M}$ とし，変位を求めたい構造の曲げモーメントを M とすると，$\int M\overline{M}/(EI)dx$ で変位が求まるのかはその理屈がわからなかった．さらに，単位 1 の荷重をかける構造の境界条件が変位を求める構造の境界条件と異なるもので良い理由は全くわからなかった．これらの疑問に答える図書は現在でもほとんど無い状況にある．本書は昔の著者自身に贈る書籍でもある.

2019 年 8 月 5 日（大安）

津田惠吾・城戸將江

目　　次

参　　考

第 1 章　軸力材とトラスの微小変位弾性問題

　本章では，軸力を受ける**単一材**や**トラス構造**を対象とする．本書では 2 次元平面上にある構造物に，この平面上で外力が作用し，変位・変形も面内上で生じるとしている．また変位・変形は小さく力の釣合いは変形前で考える**微小変位弾性問題**を考える．

　1.1 節では，構造解析の問題を「部材断面，材長等の寸法や材料定数，さらに境界条件が与えられた時，外力が作用したときの断面力，ひずみ，変位を求めること」とした．また，外力と断面力の間の釣合い式を満たす系を**釣合系**，変位とひずみの間の関係を満たす系を**適合系**と定義した．

　1.2 節では**外力**，**断面力**，**変位**，**ひずみ**の定義を示した．

　1.3 節では**外力と断面力の間の釣合い式**，**ひずみと変位の間の関係式（適合条件）**，**断面力とひずみの関係式（構成則）**を示し，これらをまとめると外力と変位の関係を与える方程式が得られることを示した．また，次章でも重要となる**境界条件**は**力学的境界条件**，**幾何学的境界条件**があり，その例を示した．

　1.4 節では実際的な解法として，**変位法**，**応力法**を解説した．

　1.5 節では次章のエネルギ原理の準備として**ひずみエネルギ** U と**コンプリメンタリエネルギ** U_c^* を解説した．

　本書では，文中に参考として左側に縦線を引いた部分に参考として文章や図があるが，数学の公式や補足事項を記述しており，本文中の式が無理なく追える場合や，補足事項に関して既に知っていることは読み飛ばしてかまわない．力学の学習は，鉛筆を持ち，式をトレースし，一つずつ理解を進めていくのが一番良い方法である．

1.1　軸力材とトラスの問題

　図 1.1(a)に示すような軸力だけを受ける一本の材を考える．左端 A 点を原点に，右方向に座標 x を取る．材長は l とする．図(a)に示すように両端に軸方向の荷重 P_1 と P_2，材の中間には単位長さあたり $q(x)$ で分布する軸方向荷重を受ける．すなわち**外力**は，P_1，P_2，$q(x)$ であ

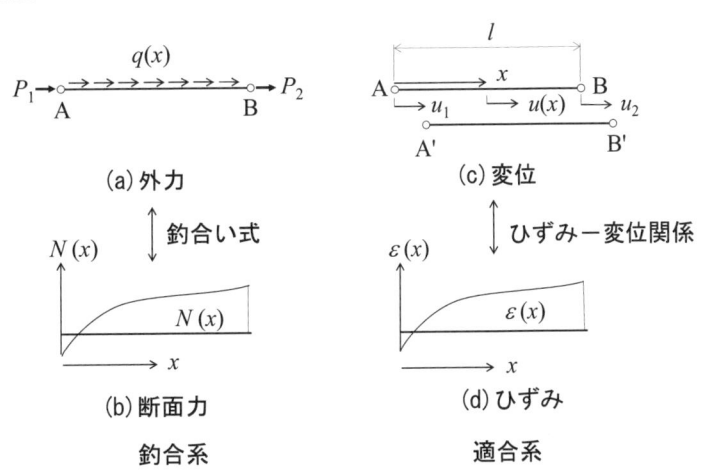

(a) 外力

(b) 断面力

釣合系

(c) 変位

(d) ひずみ

適合系

図 1.1　端部に軸力と材間に分布軸力を受ける軸力材

る.

　断面力は軸力 $N(x)$ であり，**変位**は軸方向変位 $u(x)$，**ひずみ**は単位長さあたりの伸び $\varepsilon(x)$ である．外力と軸力（断面力）の間には力の**釣合い式**を満足する必要がある．釣合い式（力学的境界条件も含む）を満足する系を**釣合系**と呼ぶ（図 1.1(a)，(b)参照）．変位とひずみは**ひずみ－変位関係**を満足する必要がある．ひずみ－変位関係を満足する系を**適合系**と呼ぶ（図 1.1(c)，(d)参照）．

　一般に軸力材は図 1.2 に示すように複数組み合わせられて**トラス**となる．トラスの問題は構成する材料の性質と荷重が与えられたもと，変位，断面力（軸力），ひずみを求めることである．本書では平面トラスを対象とする．

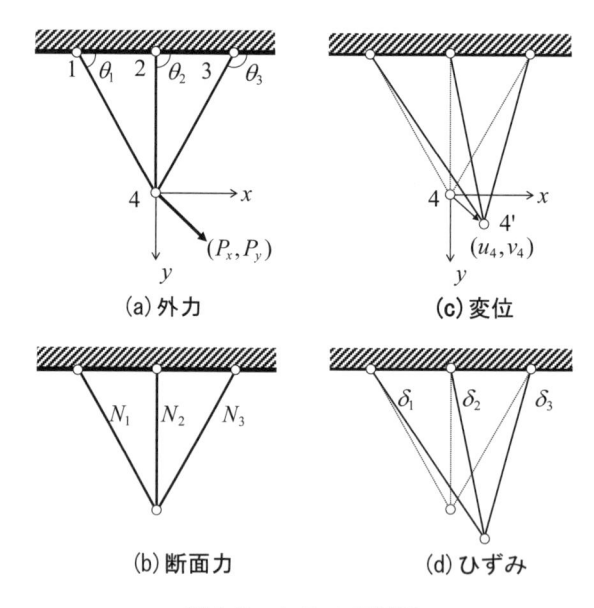

図 1.2　トラスの問題

参考 1.1　外力・断面力（軸力）・変位・ひずみ

　本書では図 1.1 のように，外力，断面力，変位，ひずみを 4 つに分けて図を描く．**外力と断面力の関係，断面力とひずみの関係，ひずみと変位の関係**を常に意識するためである．読者は上記の関係が，どのように数式で記述されるか注意されたい．

　また，後に記すが，**幾何学的境界条件，力学的境界条件**にも留意が必要である．たとえば 2 章で示す仮想仕事の原理では，上記の変位とひずみの関係と幾何学的境界条件を付帯条件とすると，仮想仕事の原理より外力と断面力の関係および力学的境界条件が得られる．最小ポテンシャルエネルギの原理では，変位とひずみの関係と幾何学的境界条件を付帯条件とし，断面力－ひずみ関係および外力と変位を用いて全ポテンシャルエネルギを記述すると，その最小の条件より力の釣合い式および力学的境界条件を変位で表現したものが得られる．

1.2 軸力材とトラスの 4 つの量

1.2.1 外力

図 1.1 に示すように**外力**は部材端に作用する軸方向力や材長に渡って作用する分布軸力である．トラス構造の場合には，図 1.2 に示すように分布軸力は無く，節点に集中荷重が作用する．

1.2.2 断面力

軸力材やトラスにおいて**断面力**は**軸力** N である．分布荷重 $q(x)$ が存在する場合には，図 1.1(b) に示すように軸力は一定でないが，トラスの場合には各部材において軸力は一定となる．軸力材の断面力 N は図 1.3(b) に示すように，右の断面（断面の**外向き法線**が x 軸と同じ方向の断面）では x 軸の正方向，左の面では負方向に向かうものを正，すなわち引張力となる場合を正とする．

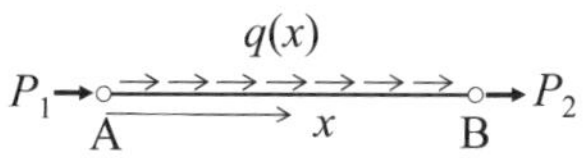

$$P_1 \xrightarrow{\quad} \overset{q(x)}{\underset{x}{\longrightarrow}} \xrightarrow{\quad} P_2 \qquad N(x) \longleftarrow \overset{q(x)}{\underset{\underset{x+\Delta x}{x}}{\longrightarrow}} \longrightarrow N(x+\Delta x)$$

(a) 外力 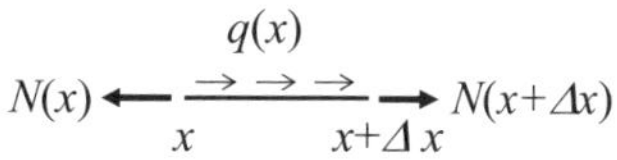　　　　　　　　(b) 自由体

図 1.3　断面力の正負の定義

> **参考 1.2　断面力**
>
> 断面力は仮想的に切り離した部分の切断面に作用する力である．**断面力**は**内力**，応力と呼ぶ場合もある．参考 1.3 自由体と釣合い式を参照．

1.2.3 変位

図 1.1 に示す場合には，**変位**は x 方向の変形後の座標から変形前の座標を引いたもので表す．トラス構造の場合の変位は各節点の変位が重要で，x 方向および y 方向変位をそれぞれ，u, v で表す．

1.2.4 ひずみ

軸力材やトラスの各部材の**ひずみ** ε は単位長さあたりの伸びとして定義する．トラス構造の場合は各部材要素の中では均等なひずみとなり，**伸び** δ をひずみと考えても良い．

1.3 軸力材とトラスの基礎式（4 つの量の関係）

1.3.1 釣合い式（外力－断面力関係式）

図 1.4(a) に示す外力を受ける軸力材の軸力図が図 1.4(b) である．図 1.4(c) に点 x と $x+\Delta x$ の間の材の**自由体**(free body) を示す．自由体とは，対象とする系を仮想的に切り離した物体である．変形する物体が釣合い状態にあるためには，どのような自由体を考えても釣合い式を満足する必要が

ある.

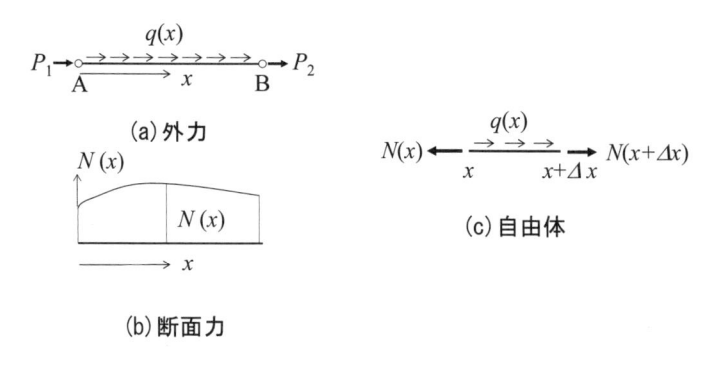

(a) 外力

(b) 断面力

(c) 自由体

図 1.4　x と $x+\Delta x$ の間の自由体

図 1.4(c)より x 方向の力の釣合いより下式が得られる（参考 1.3 参照）.

$$\frac{dN(x)}{dx} = -q(x) \tag{1.1}$$

上式は，軸力（断面力）N と外力 $q(x)$ の関係を微分方程式で記述している．この微分方程式は 1 階の微分方程式であるため，1 つの境界条件があれば解析できる．

次に，図 1.5 に示す左端 A 点を含んだ自由体を考える．図より x 方向の力の釣合い式は下式となる．$N(0)$は $x=0$ での断面力である．

$$N(x) = N(0) - \int_0^x q(t)dt \tag{1.2}$$

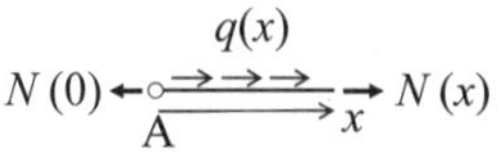

図 1.5　$x=0$ と x の間の自由体

上式は積分型の釣合い式である．**微分積分学の基本定理**より，下式が得られる（参考 1.4 参照）.

$$\frac{dN(x)}{dx} = -q(x) \tag{1.3}$$

上式は式(1.1)と同じである．

参考 1.3　自由体と釣合い式

　2 次元平面上の**剛体**であれば，**釣合い状態**にあるための**必要十分条件**は下式で表せる．下式で X, Y はそれぞれ x 方向の外力（反力も含む），y 方向の力である．M はモーメントであり，モーメント荷重および外力が考えている点まわりにつくるモーメントである．

$$\left.\begin{array}{l}\sum X = 0\\\sum Y = 0\\\sum M = 0\end{array}\right\}$$

上式は，それぞれ x 方向，y 方向の力の釣合い，モーメントの釣合いと呼ばれる．

変形する物体では，変形体の任意の部分に対して上式が満足され無ければならない．ある部分を仮想的に切り離した部分を**自由体**と呼ぶ．切り離した段階では**断面力（内力）**は外力として働くものとして，上式を用いれば良い．

図 1.4(c)において，x 方向の力の釣合いを書くと下式が得られる．

$$N(x+\Delta x) - N(x) + \int_x^{x+\Delta x} q(x)dx = 0$$

積分学の平均値の定理を用いると下式となる．x_c は $x \leqq x_c \leqq x+\Delta x$ にある．

$$N(x+\Delta x) - N(x) + q(x_c)\Delta x = 0$$

したがって，

$$\frac{N(x+\Delta x) - N(x)}{\Delta x} = -q(x_c)$$

上式で $\Delta x \to 0$ とすると，式(1.1)が求まる．

参考 1.4　微分積分学の基本定理

関数 $f(x)$ が閉区間 $[a, b]$ において積分可能なら，$[a, b]$ に属するすべての x について，下式は連続である．

$$F(x) = \int_a^x f(x)dx$$

更に，$f(x)$ が連続な点においては，$F(x)$ は微分可能であって，下式が成立つ．

$$F'(x) = \frac{d}{dx}\int_a^x f(x)dx = f(x)$$

この定理は微分と積分の逆関係を示すもので，**微分積分学の基本定理**とよばれる．

【例 1.1　トラスの釣合い式】

図 1.6 (a), (b)のように 14 部材，24 部材および 34 部材の**軸力（断面力）**をそれぞれ N_1，N_2，N_3 とし，各部材の**方向余弦**よりなる**単位ベクトル**を成分表示で $(\lambda_1\ \mu_1)^T$，$(\lambda_2\ \mu_2)^T$，$(\lambda_3\ \mu_3)^T$ とする．ここに $\angle 142 = \angle 243 = \alpha$ とすると，方向余弦は式(1.4)となる（参考 1.5 参照）．

$$\begin{pmatrix}\lambda_1\\\mu_1\end{pmatrix} = \begin{pmatrix}\cos\theta_1\\\cos\left(\dfrac{\pi}{2}-\theta_1\right)\end{pmatrix} = \begin{pmatrix}\sin\alpha\\\cos\alpha\end{pmatrix}, \quad \begin{pmatrix}\lambda_2\\\mu_2\end{pmatrix} = \begin{pmatrix}\cos\dfrac{\pi}{2}\\\cos 0\end{pmatrix} = \begin{pmatrix}0\\1\end{pmatrix}, \quad \begin{pmatrix}\lambda_3\\\mu_3\end{pmatrix} = \begin{pmatrix}\cos\theta_3\\\cos\left(\theta_3-\dfrac{\pi}{2}\right)\end{pmatrix} = \begin{pmatrix}-\sin\alpha\\\cos\alpha\end{pmatrix}$$

$$(1.4)$$

節点 4 での力の釣合い式は下式となる．図 1.6(c), (d)に示すように，方向余弦（λ, μ）を用いると軸力 N の x 方向成分，y 方向成分がそれぞれ $N\lambda$, $N\mu$ となることに注意されたい．

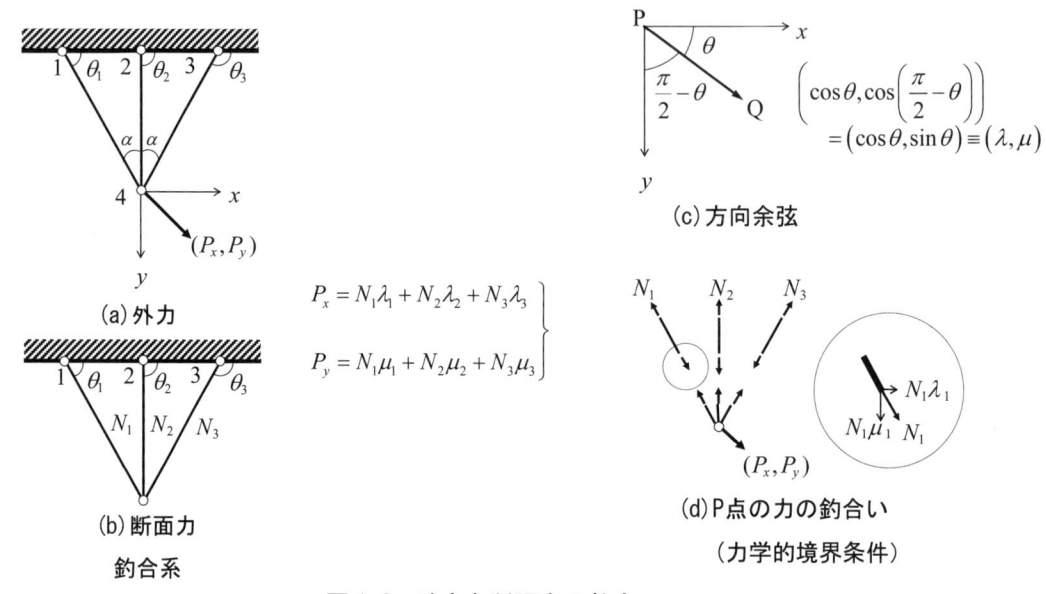

(a) 外力

(b) 断面力

釣合系

(c) 方向余弦

(d) P点の力の釣合い

（力学的境界条件）

$$P_x = N_1\lambda_1 + N_2\lambda_2 + N_3\lambda_3$$

$$P_y = N_1\mu_1 + N_2\mu_2 + N_3\mu_3$$

図 1.6　外力と断面力の釣合い

$$\left.\begin{array}{l} P_x = N_1\lambda_1 + N_2\lambda_2 + N_3\lambda_3 \\[2mm] P_y = N_1\mu_1 + N_2\mu_2 + N_3\mu_3 \end{array}\right\} \tag{1.5}$$

　外力（P_x, P_y）が与えられたものとして，上式は未知軸力（N_1, N_2, N_3）が 3 つあり，式(1.5)の二つの式では軸力を求めることができない．すなわち，力の釣合いだけでは軸力を求めることができない**不静定構造物**である．軸力を求めるためには，断面力－ひずみ関係，ひずみ－変位関係を用いる必要がある．なお，正確には式(1.5)は点 4 における**力学的境界条件**である．

　力の釣合いだけで軸力が算定できるトラスの解析方法は，節点の釣合いにもとづく**節点法**と軸力を求めたい部材を含んだ自由体をもととする**切断法**がある．

参考 1.5　方向余弦と単位ベクトル

方向余弦

　空間で，一つの**有向直線** g と x 軸，y 軸，z 軸の正の向きとのなす角をそれぞれ，α, β, γ とするとき，

$$\lambda = \cos\alpha, \quad \mu = \cos\beta, \quad \nu = \cos\gamma$$

を直線 g の**方向余弦**という．下式の恒等式がなりたつ．

$$\lambda^2 + \mu^2 + \nu^2 = 1$$

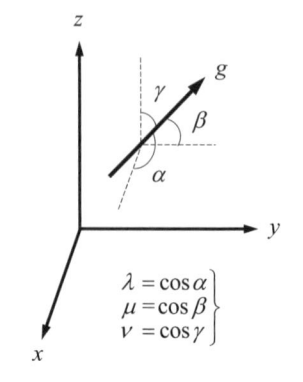

$$\left.\begin{array}{l} \lambda = \cos\alpha \\ \mu = \cos\beta \\ \nu = \cos\gamma \end{array}\right\}$$

ベクトル $\boldsymbol{a} = (a_x \; a_y \; a_z)^T$ の方向余弦よりなる**単位ベクトル**は下式となる．なお，ベクトルは列ベクトルを標準とし，上添え字「T」をつけて行と列を入れかえたベクトルであることを表す（参考 1.10 参照）．

$$(\lambda \quad \mu \quad \nu)^T = \left(\frac{a_x}{|\boldsymbol{a}|} \quad \frac{a_y}{|\boldsymbol{a}|} \quad \frac{a_z}{|\boldsymbol{a}|} \right)^T$$

式(1.4)では，2 次元の平面上での方向余弦を取り扱い，$\nu = 0$ である．

単位ベクトル

　長さが 1 のベクトルのこと

1.3.2 ひずみ－変位関係式

　図 1.7 に示すように点 P（座標 x）と点 Q（座標 $x + \Delta x$）の変位を $u(x)$，$u(x + \Delta x)$ とする．この間の**伸び**$\Delta \delta$ は下式で与えられる．

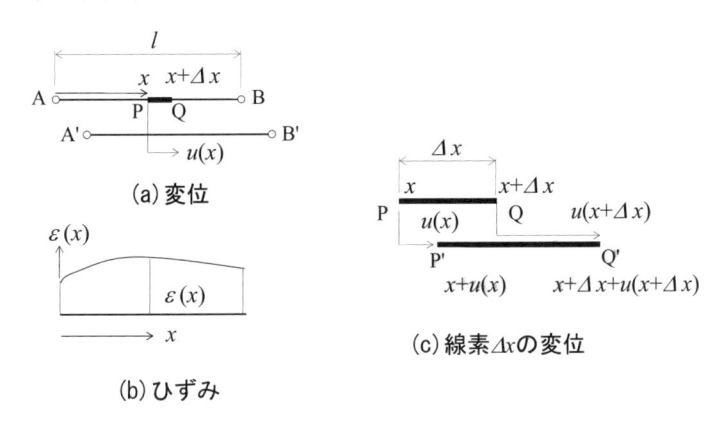

(a) 変位

(b) ひずみ

(c) 線素Δxの変位

適合系

図 1.7　ひずみ－変位関係

$$\Delta \delta = u(x + \Delta x) - u(x) \tag{1.6}$$

したがって，ひずみは下式となる．

$$\varepsilon(x) = \frac{\Delta \delta}{\Delta x} = \frac{u(x + \Delta x) - u(x)}{\Delta x} \tag{1.7}$$

　上式は，Δx の取り方でひずみの値は変化することを意味し，x 点でのひずみは，$\Delta x \to 0$ とすることにより算定できる．すなわち，ひずみ$\varepsilon(x)$と変位 $u(x)$の関係は下式となる．

$$\varepsilon(x) = \frac{du(x)}{dx} \tag{1.8}$$

　トラス部材のように各部材で軸力が一定の場合は，材長にわたってひずみεは一定となる．図 1.8 のように荷重の作用する前に両端が P 点，Q 点となる棒の P 点，Q 点が変形後 P'点，Q'点となる．**変位ベクトル**を下式のように定義する．

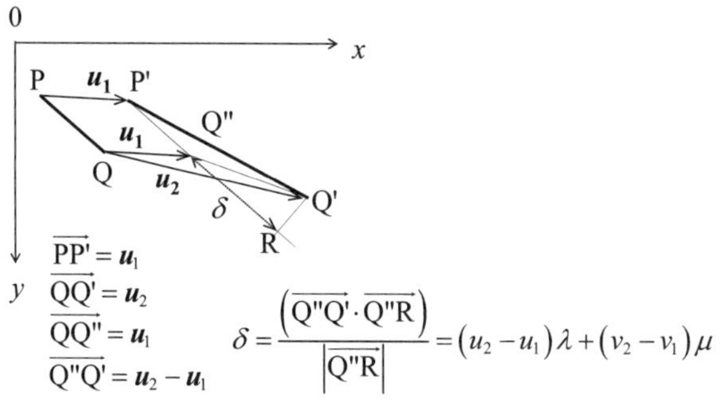

0
x
y
P
P'
Q
Q'
Q"
R
$\boldsymbol{u}_1$
$\boldsymbol{u}_1$
$\boldsymbol{u}_2$
δ
$\overrightarrow{PP'}=\boldsymbol{u}_1$
$\overrightarrow{QQ'}=\boldsymbol{u}_2$
$\overrightarrow{QQ''}=\boldsymbol{u}_1$
$\overrightarrow{Q''Q'}=\boldsymbol{u}_2-\boldsymbol{u}_1$
$\delta=\dfrac{\left(\overrightarrow{Q''Q'}\cdot\overrightarrow{Q''R}\right)}{\left|\overrightarrow{Q''R}\right|}=(u_2-u_1)\lambda+(v_2-v_1)\mu$

図 1.8　変位 $\boldsymbol{u}, \boldsymbol{v}$ と伸び δ の関係

$$\left.\begin{aligned}\overrightarrow{PP'}&=\begin{pmatrix}u_1 & v_1\end{pmatrix}^T\\ \overrightarrow{QQ'}&=\begin{pmatrix}u_2 & v_2\end{pmatrix}^T\end{aligned}\right\} \tag{1.9}$$

また，ベクトル $\overrightarrow{PQ}$ の**方向余弦** $\boldsymbol{n}$ を下式のように定義する．

$$\boldsymbol{n}=\begin{pmatrix}\lambda & \mu\end{pmatrix}^T \tag{1.10}$$

この時の棒の伸び δ は，図 1.8 で示すように微小変位を仮定してベクトル $\overrightarrow{Q''Q'}$ の $\overrightarrow{PQ}$ 方向（$\overrightarrow{Q''R}$ 方向と等しい）への**正射影**として算定できる．すなわちベクトル $\overrightarrow{Q''Q'}$ と $\overrightarrow{PQ}$ の**単位ベクトル**の**内積**として，下式で表現できる．

$$\delta=(u_2-u_1)\lambda+(v_2-v_1)\mu=\begin{pmatrix}-\lambda & -\mu & \lambda & \mu\end{pmatrix}\begin{pmatrix}u_1\\ v_1\\ u_2\\ v_2\end{pmatrix} \tag{1.11}$$

ひずみ ε は伸び δ を変形前の長さ l で除せば得られる．

参考 1.6　内積，正射影

ベクトル $\boldsymbol{a}=(a_x\ \ a_y\ \ a_z)^T$，$\boldsymbol{b}=(b_x\ \ b_y\ \ b_z)^T$ の**内積** $\boldsymbol{a}\cdot\boldsymbol{b}$ は，下式で定義される．

$$\boldsymbol{a}\cdot\boldsymbol{b}=\boldsymbol{a}^T\boldsymbol{b}=\begin{pmatrix}a_x & a_y & a_z\end{pmatrix}\begin{pmatrix}b_x\\ b_y\\ b_z\end{pmatrix}=a_xb_x+a_yb_y+a_zb_z=|\boldsymbol{a}||\boldsymbol{b}|\cos\theta$$

ここに，$|\boldsymbol{a}|=\sqrt{a_x^2+a_y^2+a_z^2}$，$|\boldsymbol{b}|=\sqrt{b_x^2+b_y^2+b_z^2}$，$\theta$ は，ベクトル $\boldsymbol{a}$ と $\boldsymbol{b}$ のなす角度である．

2 つのベクトルが**直交**するとき，その二つのベクトルの内積は 0 となる．

ある方向の変位を出すときなど，参考 1.5 の**方向余弦**とともに使われる．「**仕事**」の定義にも用いられる．

正射影

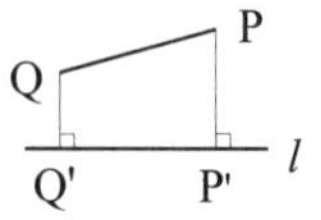

P
Q
Q'
P'
l

点 P から直線 l へ下した垂線の足 P'を，P の l 上への**正射影**という．

【例 1.2　トラスのひずみ－変位関係，適合条件式】

　図 1.9 の 3 本の棒よりなる各棒のひずみと変位の関係を求める．式(1.11)において，$u_2 \to u_4$，$v_2 \to v_4$，$u_1 = v_1 = 0$ とすれば良く，式(1.12)となる．式(1.12)のδ_i，(λ_i, μ_i)はi部材($i=1$, 2, 3)の**伸び**，**方向余弦**であり，(u_4, v_4)は節点 4 の**変位**である．なおi部材はi点($i=1$, 2, 3)と 4 点を両端にもつ部材である．

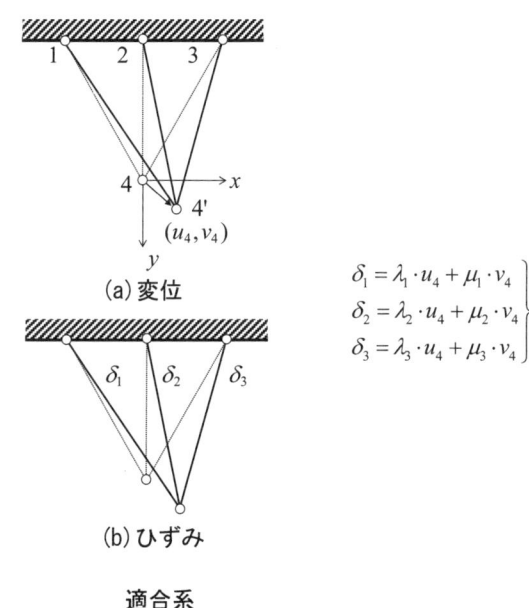

$$\left.\begin{array}{l} \delta_1 = \lambda_1 \cdot u_4 + \mu_1 \cdot v_4 \\ \delta_2 = \lambda_2 \cdot u_4 + \mu_2 \cdot v_4 \\ \delta_3 = \lambda_3 \cdot u_4 + \mu_3 \cdot v_4 \end{array}\right\}$$

(a) 変位

(b) ひずみ

適合系

図 1.9　変位と伸び（ひずみ）の関係

$$\left.\begin{array}{l} \delta_1 = \lambda_1 \cdot u_4 + \mu_1 \cdot v_4 \\ \delta_2 = \lambda_2 \cdot u_4 + \mu_2 \cdot v_4 \\ \delta_3 = \lambda_3 \cdot u_4 + \mu_3 \cdot v_4 \end{array}\right\} \tag{1.12}$$

　式(1.12)より，変位 u_4，v_4 を消去すると，伸び（ひずみ）δ_1，δ_2，δ_3 の関係が得られる．これは，変形後も節点 4 での部材間に**食い違い**を生じないための幾何学的条件であって，**適合条件式**という．

　たとえば，$(\lambda_1, \mu_1) = (\sin\alpha, \cos\alpha)$，$(\lambda_2, \mu_2) = (0, 1)$，$(\lambda_3, \mu_3) = (-\sin\alpha, \cos\alpha)$とすると，式(1.12)は下式となる．

$$\left.\begin{array}{l} \delta_1 = u_4 \cdot \sin\alpha + v_4 \cdot \cos\alpha \\ \delta_2 = v_4 \\ \delta_3 = -u_4 \cdot \sin\alpha + v_4 \cdot \cos\alpha \end{array}\right\} \tag{1.13}$$

上式より，u_4，v_4 を消去すると下式の適合条件式が得られる．

$$\delta_1 - 2\delta_2 \cos\alpha + \delta_3 = 0 \tag{1.14}$$

1.3.3 断面力－ひずみ関係式

図 1.10 に示す断面力 $N(x)$ とひずみ ε の関係は，下式で表せる．E は**ヤング係数**，A は**断面積**である．断面力－ひずみ関係は，弾性論においては**応力－ひずみ関係**に等しい．材料の**構成則**という場合もある．

$$N(x) = EA\varepsilon(x) \tag{1.15}$$

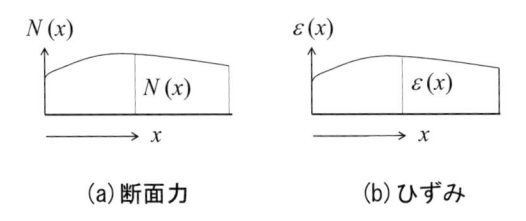

(a)断面力　　　　　(b)ひずみ

図 1.10　断面力とひずみ

トラスの部材のようにひずみ $\varepsilon(x)$ が一定なら軸力 N も一定となり，材長を l とすると軸力は伸び δ を用いて下式で表現できる．

$$N(x) = N = \frac{EA}{l}\delta \tag{1.16}$$

【**例 1.3　トラスの軸力と伸びの関係**】

図 1.11 の軸力とひずみ（伸び）の関係式は下式となる．E はヤング係数，A は断面積であり，鉛直方向にある部材の長さは l である．

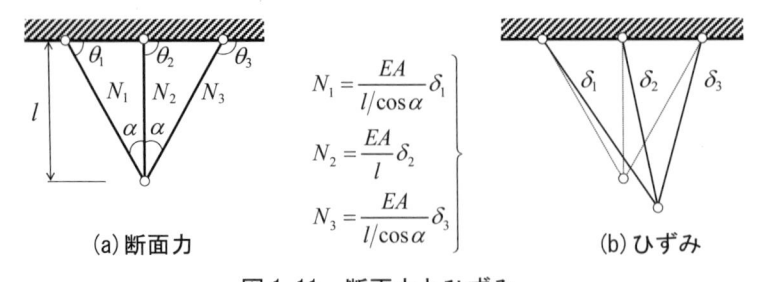

(a)断面力　　　　　　　　　　　(b)ひずみ

図 1.11　断面力とひずみ

$$\left.\begin{array}{l} N_1 = \dfrac{EA}{l/\cos\alpha}\delta_1 \\[2mm] N_2 = \dfrac{EA}{l}\delta_2 \\[2mm] N_3 = \dfrac{EA}{l/\cos\alpha}\delta_3 \end{array}\right\} \tag{1.17}$$

1.3.4 外力と変位の関係式

軸力材を支配する**基礎式**が下式となることを示した.

$$\frac{dN(x)}{dx} = -q(x) \qquad\qquad 再掲(1.1)$$

$$\varepsilon(x) = \frac{du(x)}{dx} \qquad\qquad 再掲(1.8)$$

$$N(x) = EA\varepsilon(x) \qquad\qquad 再掲(1.15)$$

上式より, $EA = $ 一定のとき, $\varepsilon(x)$, $N(x)$ を消去すると下式が得られる.

$$EA\frac{d^2u(x)}{dx^2} = -q(x) \qquad\qquad (1.18)$$

式の過程で分かるように上式は変位 $u(x)$ で表した釣合い式である.

上式を**境界条件**のもとに解けば変位が求まり. その後, 式(1.8)や(1.15)を用いて, ひずみや軸力を算定できる.

参考 1.7 式(1.18)の流れ

変位 u で表した釣合い式 (1.18) の誘導は右図のようにまとめられる. **ひずみ-変位関係, 断面力-ひずみ関係, 力の釣合い式**がどのように使われているか吟味されたい. また, ここでは示してないが, 次項で示す**力学的境界条件, 幾何学的境界条件**も重要である.

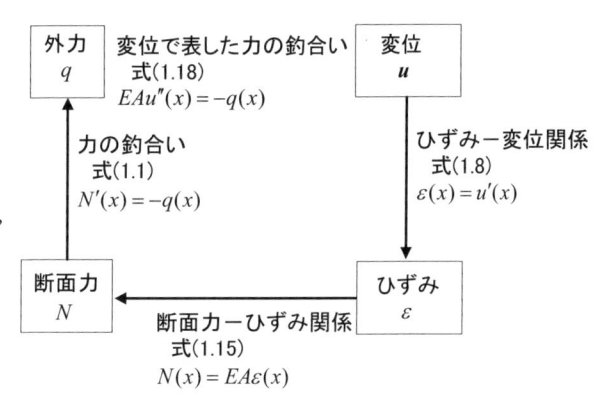

1.3.5 境界条件

図 1.12 において, **力学的境界条件**は下式となる.

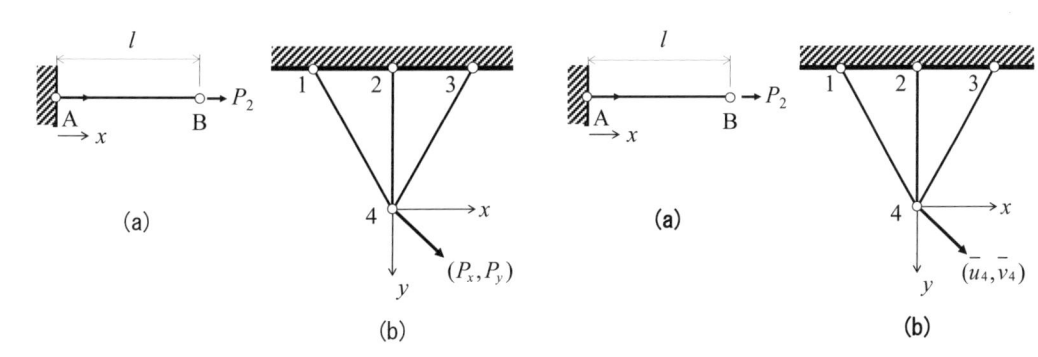

図 1.12　力学的境界条件　　　　図 1.13　幾何学的境界条件

図1.12(a)では，B点（$x=l$）での外力P_2と断面力$N(l)$の釣合いとして，下式が得られる．

$$N(l) = P_2 \tag{1.19}$$

図1.12(b)では，節点4の外力（P_x, P_y）と断面力（N_1, N_2, N_3）の釣合いとして，1.3.1項で示した式(1.5)が力学的境界条件となる．

$$\left. \begin{array}{l} P_x = N_1\lambda_1 + N_2\lambda_2 + N_3\lambda_3 \\[2mm] P_y = N_1\mu_1 + N_2\mu_2 + N_3\mu_3 \end{array} \right\} \qquad 再掲(1.5)$$

図1.13において**幾何学的境界条件**は下式となる．

図1.13(a)では，A点（$x=0$）でx方向変位uが拘束されているから，下式が得られる．

$$u(0)=0 \tag{1.20}$$

図1.13(b)では，1点，2点，3点の水平方向変位（それぞれ，u_1, u_2, u_3），鉛直方向変位（v_1, v_2, v_3）の変位が拘束されているので，下式が得られる．

$$u_1 = u_2 = u_3 = v_1 = v_2 = v_3 = 0 \tag{1.21}$$

力学では，外力の値が与えられる場合が多いが，図1.13(b)のように節点4の変位が（$\bar{u}_4$, $\bar{v}_4$）と与えられる場合には，幾何学的境界条件は下式となる．

$$u_4 = \bar{u}_4, \quad v_4 = \bar{v}_4 \tag{1.22}$$

1.4　変位法と応力法

1.4.1 変位法

変位法は変位を未知数とする解法である．

軸力材を支配する基礎式が下式となることを示した．

$$EA\frac{d^2 u(x)}{dx^2} = -q(x) \qquad 再掲(1.18)$$

分布軸荷重$q(x)$がない場合は下式となる．

$$EA\frac{d^2 u(x)}{dx^2} = 0 \tag{1.23}$$

これらの式は，変位で表した釣合い微分方程式であり，変位法を形づくる．

【例1.4 単一材の節点力と節点変位の関係】

図1.14のように左端にP_1，右端にP_2の軸力が作用し，左端がu_1，右端がu_2変位したときのP_1，P_2とu_1, u_2の関係を求める．ヤング係数はE，断面積はA，棒の長さはlとする．

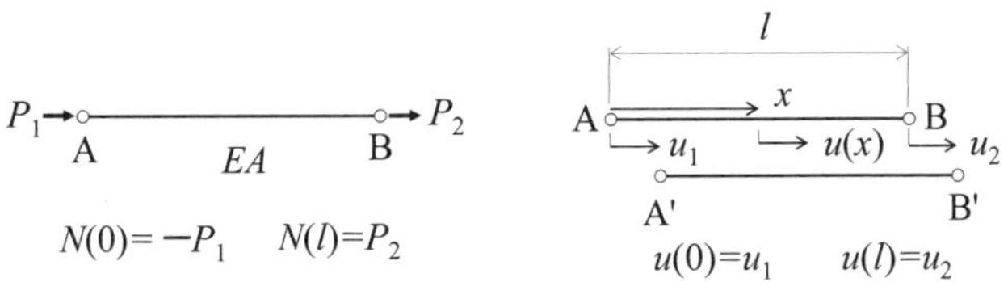

(a)外力　　　　　　　　　　　(b)変位

図 1.14　両端に軸力を受け変位する材

変位 u であらわした**釣合い微分方程式**は下式となる.

$$EA\frac{d^2u(x)}{dx^2}=0 \qquad\qquad 再掲(1.23)$$

両端での**力学的境界条件**は下式となる.

$$\left.\begin{array}{l} N(0)=-P_1 \\ N(l)=P_2 \end{array}\right\} \tag{1.24}$$

式(1.23)を順次積分すると下式が得られる. 式(1.25)の左辺は式(1.8), (1.15)より軸力 $N(x)$ であることに注意されたい.

$$EA\frac{du(x)}{dx}=C_1 \tag{1.25}$$

$$EAu(x)=C_1x+C_2 \tag{1.26}$$

両端での変位の条件は, 下式となる.

$$u(0)=u_1, \qquad u(l)=u_2 \tag{1.27}$$

したがって, 下式が得られる.

$$EAu(0)=EAu_1=C_2, \quad EAu(l)=EAu_2=C_1l+C_2 \tag{1.28}$$

上式より C_1, C_2 を求めると, 下式が得られる.

$$C_1=\frac{EA(u_2-u_1)}{l}, \qquad C_2=EAu_1 \tag{1.29}$$

上式の C_1 を式(1.25)に代入すると下式が得られる.

$$EA\frac{du(x)}{dx}=\frac{EA}{l}(u_2-u_1) \tag{1.30}$$

式(1.24)より下式が得られる.

$$\left.\begin{array}{l} P_1=-\dfrac{EA}{l}(u_2-u_1) \\[2mm] P_2=\dfrac{EA}{l}(u_2-u_1) \end{array}\right\} \tag{1.31}$$

上式を**マトリックス**の形式で記述すると下式となる．

$$\begin{pmatrix} P_1 \\ P_2 \end{pmatrix} = \frac{EA}{l} \begin{pmatrix} 1 & -1 \\ -1 & 1 \end{pmatrix} \begin{pmatrix} u_1 \\ u_2 \end{pmatrix} \tag{1.32}$$

参考 1.8　行列の掛け算

　k 行 l 列のマトリックス $\boldsymbol{A}$ と m 行 n 列のマトリックス $\boldsymbol{B}$ の積の i 行 j 列はマトリックス $\boldsymbol{A}$ の i 行とマトリックス $\boldsymbol{B}$ の j 列の**内積**で与えられる．したがって，マトリックス $\boldsymbol{A}$ の**列数** l とマトリックス $\boldsymbol{B}$ の**行数** m は等しくなければマトリックスの積は定義できない．

【例 1.5 変位法によるトラスの解析】

　図 1.15(a)のトラスを解析する．すなわち節点 4（点 P）に荷重 (P_x, P_y) が作用したときの断面力 (N_1, N_2, N_3)，伸び $(\delta_1, \delta_2, \delta_3)$，変位 (u_4, v_4) を算定する．24 部材の長さを l，ヤング係数，断面積は 3 本の棒すべてが同じで，それぞれ E，A とする．

　基礎式は式 (1.5)，(1.12)，(1.17)である．

　力の釣合い式(1.5)はマトリックスの形で書くと下式となる．

$$\begin{pmatrix} P_x \\ P_y \end{pmatrix} = \begin{pmatrix} \lambda_1 & \lambda_2 & \lambda_3 \\ \mu_1 & \mu_2 & \mu_3 \end{pmatrix} \begin{pmatrix} N_1 \\ N_2 \\ N_3 \end{pmatrix} \qquad (\boldsymbol{P}=\boldsymbol{B}^T\boldsymbol{N}) \qquad\qquad 再掲(1.5)$$

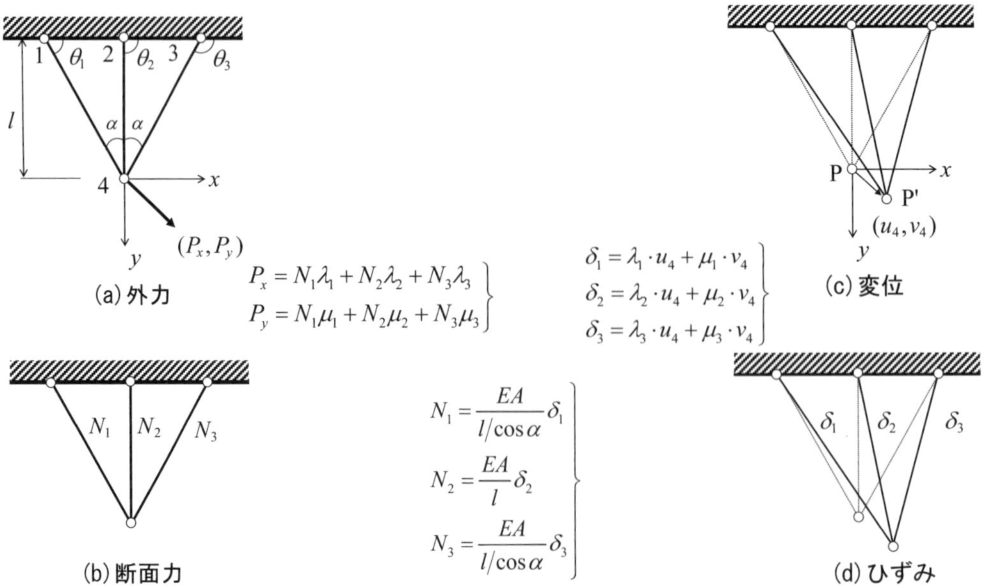

$$P_x = N_1\lambda_1 + N_2\lambda_2 + N_3\lambda_3$$
$$P_y = N_1\mu_1 + N_2\mu_2 + N_3\mu_3$$

(a) 外力

$$\delta_1 = \lambda_1 \cdot u_4 + \mu_1 \cdot v_4$$
$$\delta_2 = \lambda_2 \cdot u_4 + \mu_2 \cdot v_4$$
$$\delta_3 = \lambda_3 \cdot u_4 + \mu_3 \cdot v_4$$

(c) 変位

$$N_1 = \frac{EA}{l/\cos\alpha}\delta_1$$
$$N_2 = \frac{EA}{l}\delta_2$$
$$N_3 = \frac{EA}{l/\cos\alpha}\delta_3$$

(b) 断面力

(d) ひずみ

図 1.15　節点 4 に荷重を受けるトラス

上式の $\boldsymbol{P}$ はその左の式に対応し $\boldsymbol{P} = (P_x \ P_y)^T$ である. $\boldsymbol{B}$, $\boldsymbol{N}$ も同様であり, さらに以下, 式(1.33)まで同様である.

ひずみ－変位関係式(1.12)はマトリックスの形で書くと下式となる.

$$\begin{pmatrix} \delta_1 \\ \delta_2 \\ \delta_3 \end{pmatrix} = \begin{pmatrix} \lambda_1 & \mu_1 \\ \lambda_2 & \mu_2 \\ \lambda_3 & \mu_3 \end{pmatrix} \begin{pmatrix} u_4 \\ v_4 \end{pmatrix} \quad (\boldsymbol{\delta} = \boldsymbol{Bu}) \tag{再掲1.12}$$

断面力－ひずみ関係式(1.17)はマトリックスの形で書くと下式となる.

$$\begin{pmatrix} N_1 \\ N_2 \\ N_3 \end{pmatrix} = \begin{pmatrix} \dfrac{EA}{l/\cos\alpha} & 0 & 0 \\ 0 & \dfrac{EA}{l} & 0 \\ 0 & 0 & \dfrac{EA}{l/\cos\alpha} \end{pmatrix} \begin{pmatrix} \delta_1 \\ \delta_2 \\ \delta_3 \end{pmatrix} \quad (\boldsymbol{N} = \boldsymbol{D\delta}) \tag{再掲1.17}$$

8 つの未知量 (N_1, N_2, N_3), $(\delta_1, \delta_2, \delta_3)$, (u_4, v_4) に対して, 式(1.5), (1.12), (1.17)の 8 つの方程式があり, 未知量を算出できる.

ここで, 式(1.5)の右辺の軸力よりなる列ベクトルに, 式(1.17)の右辺を, 式(1.17)の伸びよりなる列ベクトルに式 (1.12)を代入すると下式が得られる.

$$\begin{pmatrix} P_x \\ P_y \end{pmatrix} = \begin{pmatrix} \lambda_1 & \lambda_2 & \lambda_3 \\ \mu_1 & \mu_2 & \mu_3 \end{pmatrix} \begin{pmatrix} \dfrac{EA}{l/\cos\alpha} & 0 & 0 \\ 0 & \dfrac{EA}{l} & 0 \\ 0 & 0 & \dfrac{EA}{l/\cos\alpha} \end{pmatrix} \begin{pmatrix} \lambda_1 & \mu_1 \\ \lambda_2 & \mu_2 \\ \lambda_3 & \mu_3 \end{pmatrix} \begin{pmatrix} u_4 \\ v_4 \end{pmatrix} \quad (\boldsymbol{P} = \boldsymbol{B}^T \boldsymbol{D} \, \boldsymbol{Bu})$$

$$= \frac{EA}{l} \begin{pmatrix} \cos\alpha \cdot \lambda_1^2 + \lambda_2^2 + \cos\alpha \cdot \lambda_3^2 & \cos\alpha \cdot \lambda_1\mu_1 + \lambda_2\mu_2 + \cos\alpha \cdot \lambda_3\mu_3 \\ \cos\alpha \cdot \lambda_1\mu_1 + \lambda_2\mu_2 + \cos\alpha \cdot \lambda_3\mu_3 & \cos\alpha \cdot \mu_1^2 + \mu_2^2 + \cos\alpha \cdot \mu_3^2 \end{pmatrix} \begin{pmatrix} u_4 \\ v_4 \end{pmatrix}$$

$$\tag{1.33}$$

上式右辺の方向余弦に式(1.4)を代入し, $c \equiv \cos\alpha$, $s \equiv \sin\alpha$ とすると, 上式は式(1.34)となる.

$$\begin{pmatrix} P_x \\ P_y \end{pmatrix} = \frac{EA}{l} \begin{pmatrix} 2cs^2 & 0 \\ 0 & 1 + 2c^3 \end{pmatrix} \begin{pmatrix} u_4 \\ v_4 \end{pmatrix} \tag{1.34}$$

上式より, 変位 (u, v) を求めると式(1.35)が得られる.

$$\begin{pmatrix} u_4 \\ v_4 \end{pmatrix} = \frac{l}{EA} \begin{pmatrix} \dfrac{1}{2cs^2} & 0 \\ 0 & \dfrac{1}{1 + 2c^3} \end{pmatrix} \begin{pmatrix} P_x \\ P_y \end{pmatrix} \tag{1.35}$$

上式を式(1.12)に代入すると, 伸び δ_i が算定でき, 式(1.36)となる.

$$\begin{pmatrix} \delta_1 \\ \delta_2 \\ \delta_3 \end{pmatrix} = \begin{pmatrix} \lambda_1 & \mu_1 \\ \lambda_2 & \mu_2 \\ \lambda_3 & \mu_3 \end{pmatrix} \begin{pmatrix} u_4 \\ v_4 \end{pmatrix} = \begin{pmatrix} \lambda_1 & \mu_1 \\ \lambda_2 & \mu_2 \\ \lambda_3 & \mu_3 \end{pmatrix} \frac{l}{EA} \begin{pmatrix} \dfrac{1}{2cs^2} & 0 \\ 0 & \dfrac{1}{1+2c^3} \end{pmatrix} \begin{pmatrix} P_x \\ P_y \end{pmatrix} = \frac{l}{EA} \begin{pmatrix} \dfrac{1}{2cs} & \dfrac{c}{1+2c^3} \\ 0 & \dfrac{1}{1+2c^3} \\ -\dfrac{1}{2cs} & \dfrac{c}{1+2c^3} \end{pmatrix} \begin{pmatrix} P_x \\ P_y \end{pmatrix} \quad (1.36)$$

上式を式(1.17)に代入すると，軸力 N_i が算定でき，式(1.37)となる．

$$\begin{pmatrix} N_1 \\ N_2 \\ N_3 \end{pmatrix} = \begin{pmatrix} \dfrac{EA}{l/\cos\alpha} & 0 & 0 \\ 0 & \dfrac{EA}{l} & 0 \\ 0 & 0 & \dfrac{EA}{l/\cos\alpha} \end{pmatrix} \begin{pmatrix} \delta_1 \\ \delta_2 \\ \delta_3 \end{pmatrix} = \begin{pmatrix} \dfrac{EA}{l/\cos\alpha} & 0 & 0 \\ 0 & \dfrac{EA}{l} & 0 \\ 0 & 0 & \dfrac{EA}{l/\cos\alpha} \end{pmatrix} \frac{l}{EA} \begin{pmatrix} \dfrac{1}{2cs} & \dfrac{c}{1+2c^3} \\ 0 & \dfrac{1}{1+2c^3} \\ -\dfrac{1}{2cs} & \dfrac{c}{1+2c^3} \end{pmatrix} \begin{pmatrix} P_x \\ P_y \end{pmatrix}$$

$$= \begin{pmatrix} \dfrac{1}{2s} & \dfrac{c^2}{1+2c^3} \\ 0 & \dfrac{1}{1+2c^3} \\ -\dfrac{1}{2s} & \dfrac{c^2}{1+2c^3} \end{pmatrix} \begin{pmatrix} P_x \\ P_y \end{pmatrix} \quad (1.37)$$

参考1.9　反傾関係

　式(1.5)の右辺の最初のマトリックスと，式(1.12)の右辺の最初のマトリックスには，行と列を入れかえた**転置マトリックス**の関係がある．この関係を**反傾関係**と呼ぶ．

　これは，外力 **P** と断面力 **N** を結びつける関係，伸び（ひずみ）**δ** と変位 **u** を結びつける関係，この両者の関係には関係があり，変位の伝達形式によって力の伝達形式が規定されることを意味している．

$$\begin{pmatrix} P_x \\ P_y \end{pmatrix} = \begin{pmatrix} \lambda_1 & \lambda_2 & \lambda_3 \\ \mu_1 & \mu_2 & \mu_3 \end{pmatrix} \begin{pmatrix} N_1 \\ N_2 \\ N_3 \end{pmatrix} \qquad (\boldsymbol{P} = \boldsymbol{B}^T \boldsymbol{N})\ \ 式(1.5)$$

$$\begin{pmatrix} \delta_1 \\ \delta_2 \\ \delta_3 \end{pmatrix} = \begin{pmatrix} \lambda_1 & \mu_1 \\ \lambda_2 & \mu_2 \\ \lambda_3 & \mu_3 \end{pmatrix} \begin{pmatrix} u \\ v \end{pmatrix} \qquad (\boldsymbol{\delta} = \boldsymbol{B} \boldsymbol{u})\ \ 式(1.12)$$

　下図の一本の棒があるときは下式のようになり，やはり**反傾関係**が成立っている．

$$\begin{pmatrix} P_{1x} \\ P_{1y} \\ P_{2x} \\ P_{2y} \end{pmatrix} = \begin{pmatrix} -\lambda \\ -\mu \\ \lambda \\ \mu \end{pmatrix} N, \qquad \delta = \begin{pmatrix} -\lambda, & -\mu, & \lambda, & \mu \end{pmatrix} \begin{pmatrix} u_1 \\ v_1 \\ u_2 \\ v_2 \end{pmatrix}$$

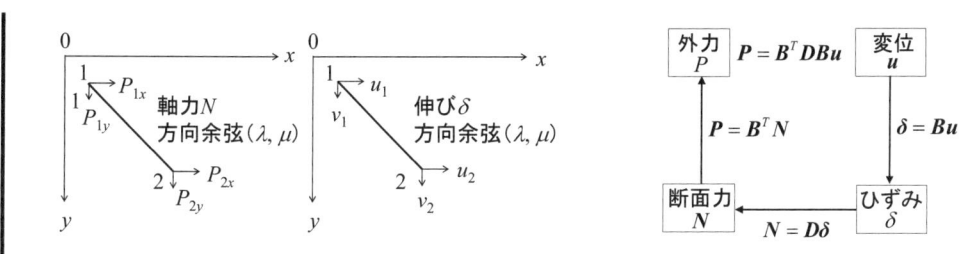

なお，参考 1.7 に関連して例 1.5 の解法をマトリックス形式で書くと上右図のようになる．

1.4.2 応力法

応力法は断面力（軸力）を未知量とする解法である．

例 1.5 の問題を応力法で解く．**適合条件式**は式(1.14)である．

$$\delta_1 - 2\delta_2 \cos\alpha + \delta_3 = 0 \qquad\qquad\qquad 再掲(1.14)$$

上式の伸び（ひずみ）を式(1.17)より軸力で表すと下式が得られる．なお，$c \equiv \cos\alpha$である．

$$
\begin{aligned}
&\frac{1}{c}\frac{N_1 l}{EA} - 2c\frac{N_2 l}{EA} + \frac{1}{c}\frac{N_3 l}{EA} = 0 \\[2mm]
&\therefore N_1 - 2c^2 N_2 + N_3 = 0
\end{aligned}
\Biggr\} \tag{1.38}
$$

上式は，軸力で表した適合条件式であり，式(1.5)の 2 つの釣合い式と併せて軸力 N_1, N_2, N_3 に関する 3 元連立方程式を解くことにより，軸力が算定できる．結果は式(1.39)のようになり，式(1.37)と同じ式が得られた．

$$
\begin{aligned}
N_1 &= \frac{1}{2s}P_x + \frac{c^2}{1+2c^3}P_y \\[2mm]
N_2 &= \frac{1}{1+2c^3}P_y \\[2mm]
N_3 &= -\frac{1}{2s}P_x + \frac{c^2}{1+2c^3}P_y
\end{aligned}
\Biggr\} \tag{1.39}
$$

上式と式(1.17)より伸びが，さらに式(1.12)を用いると変位が算定できる．

1.5 ひずみエネルギとコンプリメンタリエネルギ

1.5.1 ひずみエネルギ U

ひずみエネルギを下式で定義する．

$$U(\delta) = \int_0^\delta N(\delta)\, d\delta \tag{1.40}$$

線形弾性体の場合には，式(1.16)より下式となる．

$$U(\delta) = \int_0^\delta N(\delta)d\delta = \int_0^\delta \frac{EA}{l}\delta d\delta = \frac{EA}{2l}\delta^2 \tag{1.41}$$

図 1.16 の場合には，上式を両端の変位で表現すると下式となる．

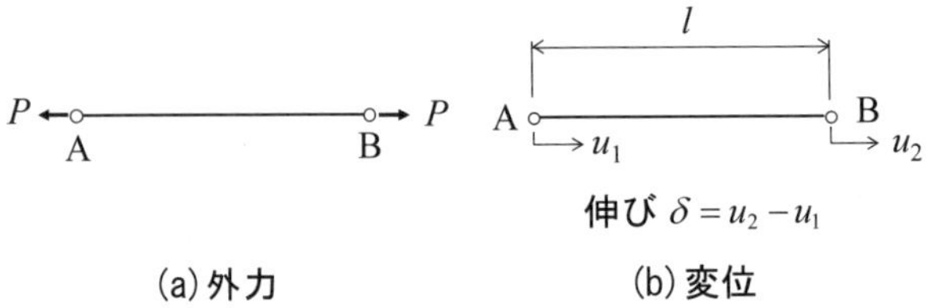

(a) 外力　　　　　　　　　　　　(b) 変位

図 1.16　両端の変位が u_1，u_2 の軸力材

$$U = \frac{EA\delta^2}{2l} = \frac{EA}{2l}(u_2 - u_1)^2 = \frac{EA}{2l}(u_1^2 - 2u_1u_2 + u_2^2) = \frac{EA}{2l}(u_1 \quad u_2)\begin{pmatrix} 1 & -1 \\ -1 & 1 \end{pmatrix}\begin{pmatrix} u_1 \\ u_2 \end{pmatrix} \tag{1.42}$$

右辺はひずみ（伸び）δ を変位(u_1，u_2)で表したものであり，次章で学ぶ**最小ポテンシャルエネルギの原理**では，ひずみエネルギを変位の関数として表現する．

図 1.8 のように，棒が $(\lambda,\ \mu)$ の方向余弦をもつ場合には，伸び δ が式(1.11)で表せるので，式(1.43)で，変位で表現したひずみエネルギが記述できる．

$$U = \frac{EA\delta^2}{2l} = \frac{EA}{2l}\{\lambda(u_2 - u_1) + \mu(v_2 - v_1)\}^2 \tag{1.43}$$

式(1.43)に基づいて，マトリックス形式で上式を表現すると下式が得られる．「T」は**転置マトリックス**であることを示す．

$$
\begin{aligned}
U = \frac{EA\delta^2}{2l} &= \frac{EA}{2l}\left((-\lambda \quad -\mu \quad \lambda \quad \mu)\begin{pmatrix} u_1 \\ v_1 \\ u_2 \\ v_2 \end{pmatrix} \right)^T (-\lambda \quad -\mu \quad \lambda \quad \mu)\begin{pmatrix} u_1 \\ v_1 \\ u_2 \\ v_2 \end{pmatrix} \\[2mm]
&= \frac{EA}{2l}(u_1 \quad v_1 \quad u_2 \quad v_2)\begin{pmatrix} -\lambda \\ -\mu \\ \lambda \\ \mu \end{pmatrix}(-\lambda \quad -\mu \quad \lambda \quad \mu)\begin{pmatrix} u_1 \\ v_1 \\ u_2 \\ v_2 \end{pmatrix} \\[2mm]
&= \frac{EA}{2l}(u_1 \quad v_1 \quad u_2 \quad v_2)\begin{pmatrix} \lambda^2 & \lambda\mu & -\lambda^2 & -\lambda\mu \\ \lambda\mu & \mu^2 & -\lambda\mu & -\mu^2 \\ -\lambda^2 & -\lambda\mu & \lambda^2 & \lambda\mu \\ -\lambda\mu & -\mu^2 & \lambda\mu & \mu^2 \end{pmatrix}\begin{pmatrix} u_1 \\ v_1 \\ u_2 \\ v_2 \end{pmatrix}
\end{aligned} \tag{1.44}
$$

参考 1.10 転置マトリックス

マトリックス A の i 行 j 列の要素 a_{ij} を j 行 i 列の要素にしたマトリックスである．行と列を入れかえたマトリックスである．本書では，上添え字「T」をつけて，転置マトリックスを表す．

参考 1.11 2 次形式

対称行列 A が与えられているとき，$x^T A x$ を **2 次形式**という．すなわち，n 個の変数 $x_1, x_2, \cdots x_n$ に関する 2 次の**同次多項式**を 2 次形式という．

例えば，$n=3$ のときは下式となる．

$$x^T A x = \begin{pmatrix} x & y & z \end{pmatrix} \begin{pmatrix} a_{11} & a_{12} & a_{13} \\ a_{12} & a_{22} & a_{23} \\ a_{13} & a_{23} & a_{33} \end{pmatrix} \begin{pmatrix} x \\ y \\ z \end{pmatrix}$$

上式を計算すると，下式となる．

$$x^T A x = a_{11}x^2 + a_{22}y^2 + a_{33}z^2 + 2a_{12}xy + 2a_{23}yz + 2a_{13}zx$$

上式を 2 次形式の形に，即座に書けることが望ましい．

式(1.42)や式(1.44)は 2 次形式となっていることを確認しよう．

参考 1.12 ひずみエネルギ

単位体積中に蓄えられるひずみエネルギをひずみ成分であらわしたもの，すなわち $A(\varepsilon)$ を**ひずみエネルギ関数**という．下式の σ は単位面積当たりの力で $\sigma = N/A$ である．線形弾性体（$\sigma = E\varepsilon$）の場合は下式となる．

$$A(\varepsilon) = \int_0^\varepsilon \sigma d\varepsilon = \int_0^\varepsilon E\varepsilon d\varepsilon = \frac{E\varepsilon^2}{2}$$

部材全体でのひずみエネルギは下式となる．

$$\int_V \frac{E\varepsilon^2}{2} dV = \int_l \int_A \frac{E\varepsilon^2}{2} dA dx = \int_l \frac{EA\varepsilon^2}{2} dx$$

上式中 V は体積，A は断面積，l は材長，x は材長方向座標を表す．

1.5.2 コンプリメンタリエネルギ U_c^*

コンプリメンタリエネルギを下式で定義する．

$$U_c^*(N) = \int_0^N \delta(N) dN \tag{1.45}$$

線形弾性体の場合には，式(1.16)より下式となる．

$$U_c^*(N) = \int_0^N \delta(N) dN = \int_0^N \frac{Nl}{EA} dN = \frac{N^2 l}{2EA} \tag{1.46}$$

図 1.17 の場合には，コンプリメンタリエネルギは各部材のコンプリメンタリエネルギを加える

ことにより下式で表現できる．24部材の長さを l，ヤング係数，断面積は3本の棒すべてが同じで，それぞれ E，A としている．なお，$c \equiv \cos\alpha$ である．

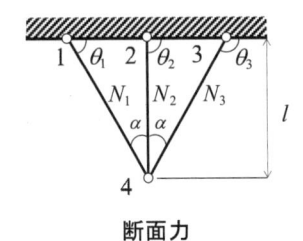

断面力

図 1.17　軸力の与えられたトラス

$$U_c^* = U_{c14}^* + U_{c24}^* + U_{c34}^* = \frac{N_1^2 l}{2cEA} + \frac{N_2^2 l}{2EA} + \frac{N_3^2 l}{2cEA} \tag{1.47}$$

参考 1.13　コンプリメンタリエネルギ

　単位体積中に蓄えられるコンプリメンタリエネルギを応力成分であらわしたもの，すなわち $B(\sigma)$ を**コンプリメンタリエネルギ関数**という．**線形弾性体**の場合は下式となる．

$$B(\sigma) = \int_0^\varepsilon \varepsilon d\sigma = \int_0^\varepsilon \frac{\sigma}{E} d\varepsilon = \frac{\sigma^2}{2E}$$

全体積での**コンプリメンタリエネルギ**は下式となる．

$$\int_V \frac{\sigma^2}{2E} dV = \iint_l \int_A \frac{(N/A)^2}{2E} dA dx = \int_l \frac{N^2}{2EA} dx$$

上式中 V は体積，A は断面積，l は材長，x は材長方向座標を表す．

演 習 問 題

問題 1.1 伸びと変位の関係

図 1.18 において P 点, Q 点の座標をそれぞれ (x_1, y_1), (x_2, y_2) とする. 変形後に P' 点, Q' 点になったとする (図 1.8 参照). 変形前後の長さ, l と l' は下式となる.

$$l = \sqrt{(x_2 - x_1)^2 + (y_2 - y_1)^2}, \quad l' = \sqrt{(x_2 + u_2 - x_1 - u_1)^2 + (y_2 + v_2 - y_1 - v_1)^2}$$

上式より, 変形が小さいとして, 伸び δ を算定する式(1.11)を誘導しなさい.

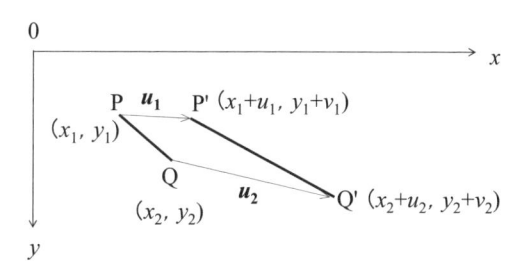

図 1.18

問題 1.2 トラスの解析

図 1.19 に示すトラス材について下記の問いに答えよ.

1) 13 部材, 23 部材の方向余弦 (それぞれ (λ_1, μ_1), (λ_2, μ_2)) を記せ.

2) 力の釣合い式 (力学的境界条件) を記せ ($P = B^T N$).

3) 13 部材, 23 部材の変位と伸びの関係を記せ ($\delta = Bu$).

4) 軸力と伸びの関係を記せ ($N = D\delta$).

5) 変位を記せ ($P = B^T D\, Bu$).

6) 13 部材, 23 部材の伸びを記せ.

7) 13 部材, 23 部材の軸力を記せ.

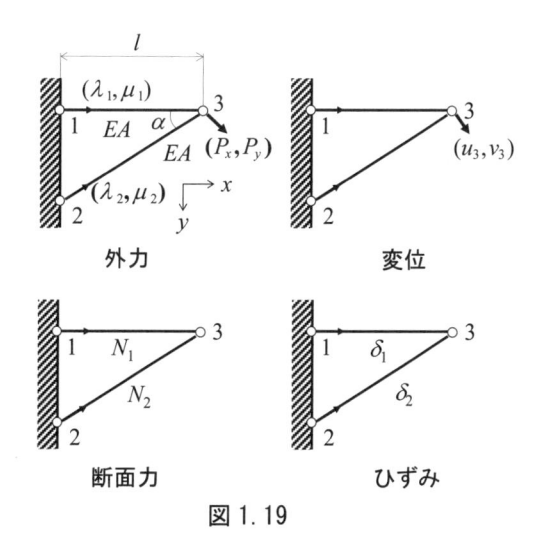

図 1.19

第 2 章　軸力材とトラスの仕事の原理・エネルギ原理

　本章では第 1 章で学習した**軸力材**と**トラス**を対象とする.

　2.1 節では，1.1 節で定義した**釣合系**と**適合系**の説明として図 2.1 を示した．本書では具体的な問題も図 2.1 の外力，断面力，ひずみ，変位の同じ位相で図を描いている．上記の 4 つの量の関係を視覚的に捉えるためであり，これら相互の関係をどのように用いているかが，仕事の原理やエネルギの原理の学習の要・肝となるためである．本章での解説はダイバージェンスの定理を最初に，つづいて仕事の原理，エネルギの原理の説明を行う．その流れを図 2.2 のように示した.

　2.2 節では単一材の**ダイバージェンスの定理**を 4 つの方法で導いた．ダイバージェンスの定理は釣合い式，ひずみ－変位関係を内包していることに注意が必要である．さらに，ダイバージェンスの定理において断面力－ひずみ関係を用いて，釣合系として単位 1 の外力，適合系として単位 1 の変位を用いることにより変位や力が算定できるそれぞれ**単位仮想荷重法**と**単位仮想変位法**を解説した.

　2.3 節では，ダイバージェンスの定理において，ひずみ－変位関係と幾何学的境界条件を付帯条件とすると**仮想仕事の原理**が導かれること，仮想仕事式を書き下せば部分積分を行うことにより，力の釣合い微分方程式と力学的境界条件が得られることを示した.

　2.4 節では断面力－ひずみ関係を用い，ひずみエネルギの存在のもと，仮想仕事の原理から**最小ポテンシャルエネルギの原理**を誘導した．仮想仕事の原理から誘導されたことから分かるように，全ポテンシャルエネルギ Π の最小化により力の釣合い式と力学的境界条件が得られる.

　2.5 節ではダイバージェンスの定理において，釣合い式，力学的境界条件を付帯条件とすると**補仮想仕事の原理**が導かれること，補仮想仕事の原理はひずみ－変位関係，幾何学的境界条件と等価であることを示した.

　2.6 節ではコンプリメンタリエネルギの存在のもと**最小コンプリメンタリエネルギの原理**を示し，全コンプリメンタリエネルギ Π_c^* の最小化によりひずみ－変位関係，幾何学的境界条件が求まることを示した.

　2.7 節では，**カスティリアーノの定理**を解説した．ひずみエネルギ U を変位で微分するとその点の外力を算定することのできる**第 1 定理**と，コンプリメンタリエネルギ U_c^* を外力で微分するとその点の変位を算定することのできる**第 2 定理**である.

2.1 はじめに

2.1.1 釣合系と適合系

1.1 節で示したように外力と断面力が釣合った系を**釣合系**と呼ぶ．式で表現すれば，第 1 章の式(1.1)や式(1.5)のように外力と断面力の釣合い式と力学的境界条件を満足する系である．変位とひずみが適合する系を**適合系**と呼ぶ．式で表現すれば式(1.8)，式(1.11)，式(1.14)のように変位とひずみの関係を満足する系である．釣合系と適合系は**全く無関係**で良いことに注意が必要である．

図 2.1 に上記の関係を示す．この図は第 1 章の図 1.1 や図 1.2 を一般化して描いたものである．第 1 章では，外力，断面力，ひずみ，変位の関係を境界条件とともに考察した．本章の仕事の原理では，図 2.1 の上側に示す外力と変位を掛け合わせた「**外力のなす仕事**」と下側に示す断面力とひずみを掛け合わせた「**内力のなす仕事**」の関係を考察する．ダイバージェンスの定理，仮想仕事の原理，補仮想仕事の原理は図 2.1 において断面力とひずみの関係（応力－ひずみ関係）を用いないこと，最小ポテンシャルエネルギの原理や最小コンプリメンタリエネルギの原理は断面力とひずみの関係を用いることに特徴がある．

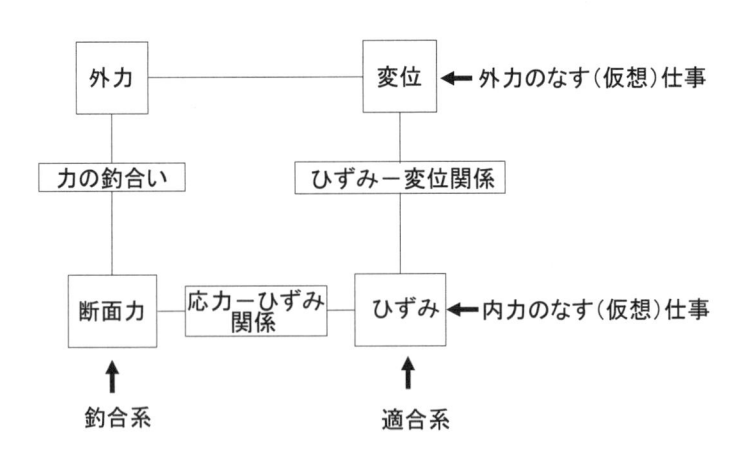

図 2.1　釣合系と適合系および基礎式

2.1.2 仕事の原理とエネルギ原理

本章では，2.2 節で軸力材における**ダイバージェンスの定理**，2.3 節で**仮想仕事の原理**，2.4 節で**最小ポテンシャルエネルギの原理**，2.5 節で**補仮想仕事の原理**，2.6 節で**最小コンプリメンタリエネルギの原理**，2.7 節で**カスティリアーノの定理**について示す．

これらの関係を図 2.2 に示す．本書ではまず**ダイバージェンスの定理**を最初に解説する．この理由は，**仮想仕事の原理**や**補仮想仕事の原理**はダイバージェンスの定理の特別な場合と考えて良いからである．すなわち，ダイバージェンスの定理においてひずみ－変位関係と幾何学的境界条件を付帯条件として与えれば仮想仕事の原理となり，また外力と断面力の釣合い式と力学的境界

条件を付帯条件として与えれば補仮想仕事の原理となる．また，仮想仕事の原理や補仮想仕事の原理において，ひずみエネルギやコンプリメンタリエネルギの存在を仮定すれば**最小ポテンシャルエネルギの原理**や**最小コンプリメンタリエネルギの原理**が導出できるのである．すなわち，ダイバージェンスの定理は仕事の原理やエネルギの原理の基礎となるものである．

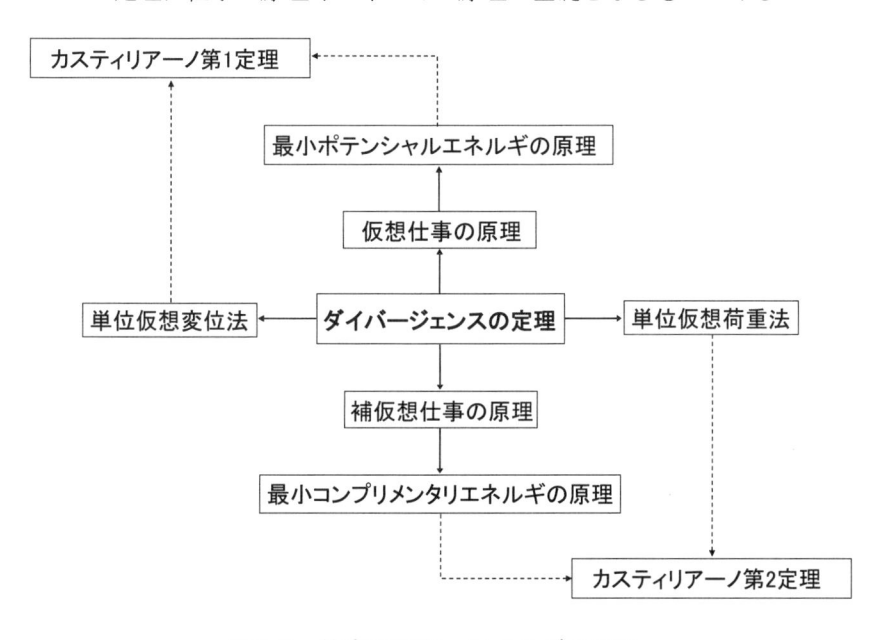

図 2.2　仕事の原理，エネルギの原理

2.2　軸力材におけるダイバージェンスの定理

2.2.1 ダイバージェンスの定理

（a）単一材

　ここではいくつかの方法で軸力材における**ダイバージェンスの定理**を誘導する．

　図 2.3 の**釣合系**と**適合系**を考える．ここで釣合系と適合系はまったく無関係で良いことに注意する．すなわち，適合系の変位やひずみは釣合系の外力によって生じる変位やひずみである必要はない．上記を強調するためにここでは，

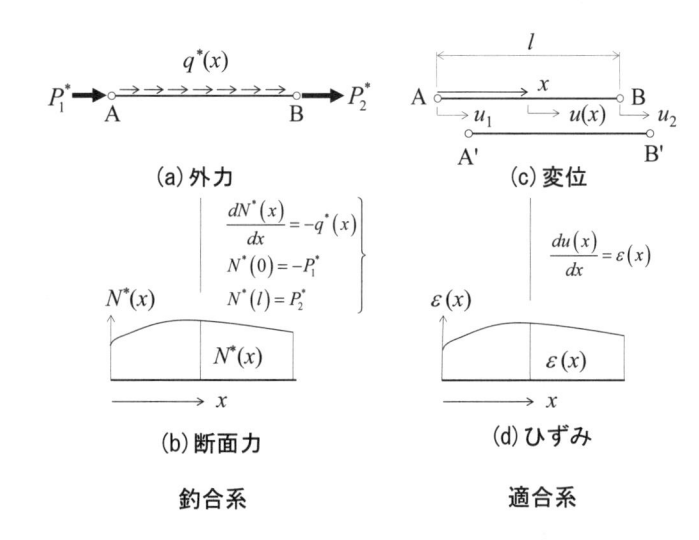

図 2.3　軸力を受ける材の釣合系と適合系

釣合系に関係する諸量に「*」を付けている.

　釣合系の外力が適合系の変位に対してなす仕事は釣合系の断面力が適合系のひずみに対して
なす仕事に等しいことを以下，4通りの方法で解説する.

a.　ダイバージェンスの定理の誘導1（外力のなす仕事から）

　図2.3の**釣合系の外力**が**適合系**の変位に対してなす仕事を変形して，それが内力（断面力）の
なす仕事と考えて良い量となることを示す．釣合系の外力が一定値を保ち，適合系の変位に対し
てなす仕事は式(2.1)となる（定義したと考えるほうが良いかもしれない）.

$$P_1^* u_1 + P_2^* u_2 + \int_0^l q^*(x)u(x)dx \tag{2.1}$$

　P_1^*，P_2^*は図2.3(a)に示すように，部材両端のA点，B点に作用する外力であり，$q^*(x)$は材の
中間に作用する分布軸方向荷重である．これらは釣合系における外力である．u_1，u_2はそれぞれ
A点，B点の変位，$u(x)$は変位であり，適合系におけるものである.

　力学的境界条件（両端での釣合い式），**釣合い微分方程式** $N^{*\prime} = -q^*$，**ひずみ－変位関係** $u' = \varepsilon$ を
用いると下式のように変形できる.

$$
\begin{aligned}
P_1^* u_1 + P_2^* u_2 + \int_0^l q^*(x)u(x)dx &= -N^*(0)u(0) + N^*(l)u(l) + \int_0^l q^*(x)u(x)dx \\
&= \left[N^*(x)u(x) \right]_0^l + \int_0^l q^*(x)u(x)dx = \int_0^l \left(N^*(x)u(x) \right)' dx + \int_0^l q^*(x)u(x)dx \\
&= \int_0^l \left(N^{*\prime}(x)u(x) + N^*(x)u'(x) \right)dx + \int_0^l q^*(x)u(x)dx \\
&= \int_0^l \left(-q^*(x)u(x) + N^*(x)u'(x) \right)dx + \int_0^l q^*(x)u(x)dx \\
&= \int_0^l N^*(x)u'(x)dx = \int_0^l N^*(x)\varepsilon(x)dx
\end{aligned}
\tag{2.2}
$$

　すなわち，軸力を受ける単一材のダイバージェンスの定理として下式が得られる.

$$P_1^* u_1 + P_2^* u_2 + \int_0^l q^*(x)u(x)dx = \int_0^l N^*(x)\varepsilon(x)dx \tag{2.3}$$

　上式の変形には，式(2.4)，(2.5)を用いた．すなわち，単一材のダイバージェンスの定理式(2.3)
は，式(2.4)の釣合系の力学的境界条件と釣合い式，式(2.5)の適合系の幾何学的境界条件，ひずみ
－変位関係を内包している.

$$
\left.
\begin{aligned}
P_1^* &= -N^*(0) \\
P_2^* &= N^*(l) \\
N^{*\prime}(x) &= -q^*(x)
\end{aligned}
\right\} \tag{2.4}
$$

$$\left.\begin{array}{l} u_1 = u(0), \qquad u_2 = u(l) \\ u'(x) = \varepsilon(x) \end{array}\right\} \tag{2.5}$$

　式(2.3)の右辺は内力（断面力）のなす仕事である（参考 2.2 参照）．したがって式(2.3)は**外力のなす仕事**は**内力のなす仕事**に等しいことを主張している（釣合系と適合系は無関係でよいので仕事の前に"仮想"を付けるほうが良いかも知れないがここでは簡単のため付けていない）．この式の誘導の過程で断面力とひずみの関係（応力－ひずみ関係）は用いていない．すなわち，上式は弾性，非弾性にかかわらず成立する．

参考 2.1　式(2.2)の流れ

　式(2.2)の式の変形の流れは下図のように表せる．すなわち，**外力のなす仕事**（式(2.1)）を外力（$P*_1$，q^*など），変位 u で表現する．次に材端での**外力と断面力の関係（力学的境界条件）**をもちいて，材端断面力（$N^*(0)$など），外力 q^*，変位 u で表現する．続いて**ガウスの発散定理**を用いて，断面力（$N^*(x)$），外力 q^*，変位 u で表現する．さらに**釣合い微分方程式，ひずみ－変位関係**を用いると断面力 $N^*(x)$，ひずみ $\varepsilon(x)$ で表現できる．

　以上の外力のなす仕事から内力のなす仕事への流れは，曲げ材や弾性論においても同様である．

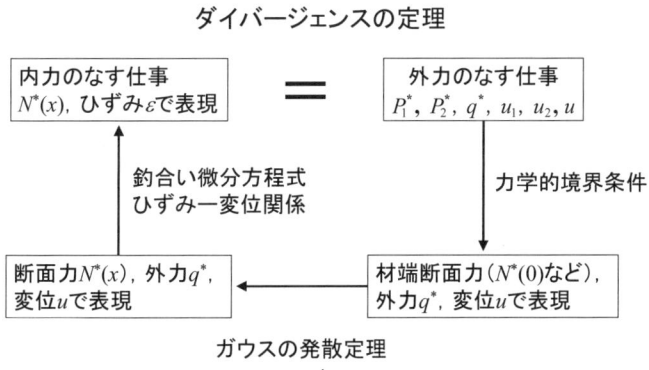

$$[N^*(x) \cdot u(x)]_0^l = \int_0^l (N^*(x) \cdot u(x))' dx$$

　なお，1 次元における**ガウスの発散定理**は通常の定積分の公式に等しい．下式の意味は，軸力 N^* が座標 x でなす単位長さあたりの（N^* と u が無関係という意味で"仮想"の）仕事 $(N^* \cdot u)'$ を材全体で足し合わせると，材端での仕事（$N^*(0)\,u(0)$，$N^*(l)\,u(l)$）を用いて表現できるということである．式(2.2)の流れの肝は下式の右辺を左辺に変換して，材端断面力と変位で表した仕事を断面力と変位で表現した所にある．

$$\int_0^l \left(N^*(x)u(x)\right)' dx = \left[N^*(x)u(x)\right]_0^l$$

式(2.3)は下のように考えればよい．

$$\Sigma \underset{\substack{\text{釣合系の　適合系の}}}{（外力 \times 変位）} = \int \underset{\substack{\text{釣合系の　適合系の}}}{（軸力 \times ひずみ）}\, dx$$

参考 2.2　内力のなす仕事

　下図に示す座標 x と $x+\Delta x$ の間の断面力（軸力）$N(x)$, $N(x+\Delta x)$と分布軸力 $q(x)$ がなす仕事を考える．x 点での単位長さあたりの上記の断面力と分布荷重がなす仕事は下式で得られる．変位 u は断面力，分布荷重によるものである．

$$N(x) \xleftarrow{\hspace{1.5cm}} \begin{array}{c} q(x) \\ x \to \to \to x+\Delta x \\ \llcorner\to u(x) \quad \llcorner\to u(x+\Delta x) \end{array} \xrightarrow{\hspace{1cm}} N(x+\Delta x)$$

$$\lim_{\Delta x \to 0} \frac{N(x+\Delta x)u(x+\Delta x) - N(x)u(x) + \int_x^{x+\Delta x} q(x)u(x)dx}{\Delta x}$$

上式を**微分係数**の定義および**積分学の平均値の定理**を使うと上式は下式となる．

$$\frac{d\big(N(x)u(x)\big)}{dx} + q(x)u(x) = \frac{dN(x)}{dx}u(x) + N(x)\frac{du(x)}{dx} + q(x)u(x)$$

釣合い式を考慮すると，上式は下式となる．

$$N(x)\frac{du(x)}{dx} \qquad \left(\because \frac{dN(x)}{dx} + q(x) = 0\right)$$

したがって，全長にわたり積分することにより，断面力（軸力）と分布軸力がなす仕事は下式で得られる．

$$\int_0^l N(x)\frac{du(x)}{dx}dx = \int_0^l N(x)\varepsilon(x)dx$$

上式は，式(2.3)の右辺と等しい．上記でわかるように内力のなす仕事と記しているが，正確には分布軸力のなす仕事も含まれている．弾性論での立場では内力のなす仕事と体積力のなす仕事である．

参考 2.3　積分学の平均値の定理

　関数 $f(x)$ が $a \leqq x \leqq b$ で連続ならば

$$\int_a^b f(x)dx = (b-a)f(\xi), \quad a < \xi < b$$

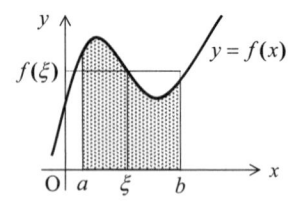

を満たすような ξ が少なくとも一つ存在する．

b.　ダイバージェンスの定理の誘導 2（釣合い微分方程式に重み u を掛けて積分した量から）

　力の釣合い式（$N^{*\prime} + q^* = 0$）に重みとして変位 u を乗じたものを材長に渡って積分しても 0 であることより，下式が得られる．

$$\int_0^l \big(N^{*\prime}(x) + q^*(x)\big)u(x)dx = 0 \tag{2.6}$$

上式の左辺第 1 項を部分積分することにより，変形すると下式が得られる．

$$\text{左辺} = \int_0^l \Big(N^{*\prime}(x)u(x) + q^*(x)u(x) \Big) dx$$

$$= \Big[N^*(x)u(x) \Big]_0^l - \int_0^l N^*(x)u'(x)\,dx + \int_0^l q^*(x)u(x)\,dx$$

$$= N^*(l)u(l) - N^*(0)u(0) - \int_0^l N^*(x)\varepsilon(x)dx + \int_0^l q^*(x)u(x)\,dx$$

$$= P_2^* u_2 + P_1^* u_1 - \int_0^l N^*(x)\varepsilon(x)\,dx + \int_0^l q^*(x)u(x)\,dx = 0$$

$$\therefore \quad P_1^* u_1 + P_2^* u_2 + \int_0^l q^*(x)u(x)\,dx = \int_0^l N^*(x)\varepsilon(x)\,dx \tag{2.7}$$

上式は，式(2.3)と同じである．

c.　ダイバージェンスの定理の誘導 3（部分積分の公式から）

ここでは**部分積分**の公式において，被積分関数に軸力や変位を考えることにより，軸力材のダイバージェンスの定理を誘導する．

部分積分の公式は式(2.8)で表せる．

$$\int_0^l f(x)g'(x)dx = \Big[f(x)g(x) \Big]_0^l - \int_0^l f'(x)g(x)\,dx \tag{2.8}$$

ここで，$N^*(x) \equiv f(x)$，$u(x) \equiv g(x)$ とすると，下式となる．

$$\int_0^l N^*(x)u'(x)\,dx = \Big[N^*(x)u(x) \Big]_0^l - \int_0^l N^{*\prime}(x)u(x)\,dx$$
$$= N^*(l)u(l) - N^*(0)u(0) - \int_0^l N^{*\prime}(x)u(x)\,dx \tag{2.9}$$

上式に，式(2.4)，(2.5)を用いると式(2.3)と同じ下式が得られる．

$$P_1^* u_1 + P_2^* u_2 + \int_0^l q^*(x)u(x)\,dx = \int_0^l N^*(x)\varepsilon(x)\,dx \tag{2.10}$$

d.　ダイバージェンスの定理の誘導 4（分布軸荷重のない場合）

分布軸荷重 $q(x)$ のない場合について，式(2.11)の**恒等式**を考える．

$$P_1^* u_1 + P_2^* u_2 = P_2^*(u_2 - u_1) + \big(P_1^* + P_2^*\big)u_1 \tag{2.11}$$

ここで，釣合い式 $P_2^* = N^*$，$P_1^* = -P_2^*$，ひずみ－変位関係（$u_2 - u_1 = \varepsilon l = \delta$）を上式の右辺に代入すると下式が得られる．

$$P_1^* u_1 + P_2^* u_2 = N^* \varepsilon l = N^* \delta \tag{2.12}$$

(b) トラス構造

　複数の部材より構成された**トラス構造**に対してのダイバージェンスの定理も，単一材の場合と同様に，釣合系の外力が適合系の変位に対してなす仕事は釣合系の内力が適合系のひずみに対してなす仕事に等しく，式(2.13)で表現できる．なお，トラスは節点のみに外力が作用し，各部材内で軸力，ひずみは同じであることより，式(2.3)左辺の $q^*(x)=0$，右辺の $N^*(x)=N^*_i$，$\varepsilon(x)=\varepsilon_i$ である．

$$\sum_{j=1}^{l} P^*_{xj}u_j + \sum_{j=1}^{m} P^*_{yj}v_j = \sum_{i=1}^{n} N^*_i \varepsilon_i l_i = \sum_{i=1}^{n} N^*_i \delta_i \tag{2.13}$$

　上式左辺で，P^*_{xj}, u_j はそれぞれ j 番目の x 方向に作用する釣合系の外力と適合系の x 方向変位，P^*_{yj}，v_j はそれぞれ j 番目の y 方向に作用する釣合系の外力と適合系の y 方向変位，l, m はそれぞれ x 方向および y 方向に作用する外力の数である．上式右辺で，N^*_i，ε_i，l_i，δ_i，n はそれぞれ，i 部材の軸力，ひずみ，材の長さ，伸びおよび部材数である．

　式(2.13)において，左辺の外力のなす仕事は適合系の変位によっては反力も仕事をする場合があることに注意が必要である．

　以下の例では簡単のため釣合系の諸量には「*」を付けていないが，釣合系と適合系は無関係で良いことに留意されたい．

参考2.4　ダイバージェンスの定理

　ダイバージェンスの定理は下図に示すように釣合系の外力が適合系の変位に対してなす仕事（外力のなす仮想仕事）は釣合系の断面力が適合系のひずみに対してなす仕事（内力のなす仕事）に等しいと主張する．この式は釣合い式，ひずみ−変位関係を内包している．釣合系と適合系は全く無関係で良い．

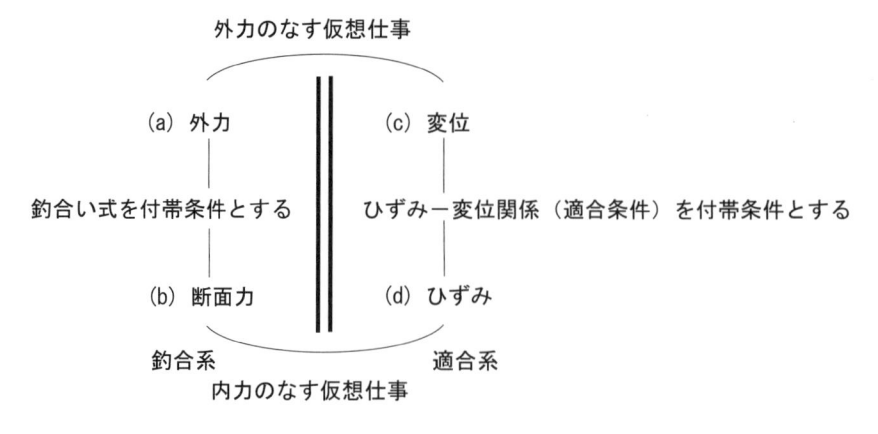

参考2.5　エネルギ保存則

　式(2.3)において**適合系**の諸量（u_1 など）が**釣合系**の諸量（P^*_1，q^* など）によるものであれば，$u^*_1 \equiv u_1$ 等として下式が得られる．

$$P_1^* \cdot u_1^* + P_2^* \cdot u_2^* + \int_0^l q^*(x)u^*(x)dx = \int_0^l N^*(x) \cdot \varepsilon^*(x)dx$$

線形弾性体として，$\varepsilon^*(x)=N^*(x)/(EA)$とし，両辺に1/2を乗じると下式が得られる．下式の左辺は3.8節で示す線形弾性体での**外力のなす仕事**である．右辺は参考1.12で示したように**ひずみエネルギ**である．

$$\frac{1}{2}P_1^* \cdot u_1^* + \frac{1}{2}P_2^* \cdot u_2^* + \frac{1}{2}\int_0^l q^*(x)u^*(x)dx = \int_0^l \frac{N^*(x)^2}{2EA}dx = \int_0^l \frac{EA\varepsilon^*(x)^2}{2}dx$$

すなわち，上式は「外力のなす仕事＝ひずみエネルギ」を示しており，**エネルギ保存則**である．このように，ダイバージェンスの定理（式(2.3)）より線形弾性体のエネルギ保存則は導かれる．しかしながら，エネルギ保存則からダイバージェンスの定理（あるいは仮想仕事の原理）が導かれるものではない．

【例2.1 単一材のダイバージェンスの定理】

　分布軸力が無い場合のダイバージェンスの定理（式(2.12)）について考えてみよう．図2.4(a)，(b)の釣合系と(c)，(d)の適合系を考える．すなわち，釣合系の節点 A および B の外力をそれぞれ P_1，P_2，断面力を N，適合系の節点 A および B の変位をそれぞれ u_1，u_2，変位を u，ひずみを ε として，ダイバージェンスの定理を記述すると式(2.14)が得られる．

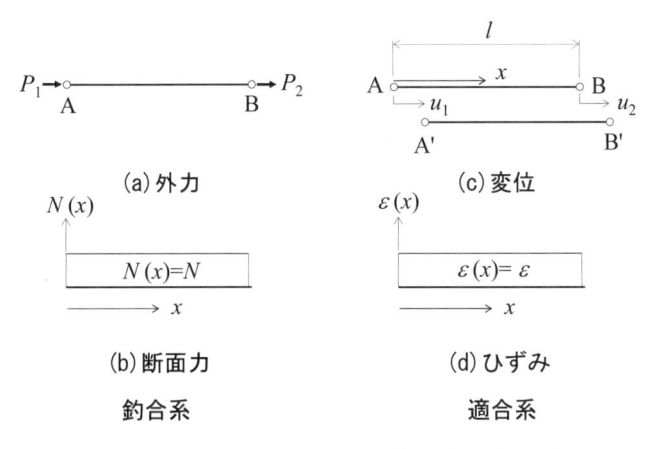

(a)外力　　(c)変位

(b)断面力　　(d)ひずみ

釣合系　　　　適合系

図2.4　両端に軸力を受け変位する軸力材

$$P_1u_1 + P_2u_2 = N\varepsilon l \tag{2.14}$$

1) ここで，下式の**ひずみと変位の関係**を与える．

$$\frac{u_2 - u_1}{l} = \varepsilon \tag{2.15}$$

式(2.14)に式(2.15)を代入すると下式が得られる．

$$P_1u_1 + P_2u_2 = N(u_2 - u_1) \quad \therefore \; (P_1 + N)u_1 + (P_2 - N)u_2 = 0 \tag{2.16}$$

任意の u_1, u_2 に対して上式が成り立つことより下式が得られる.

$$-P_1 = P_2 = N \tag{2.17}$$

すなわち，ダイバージェンスの定理において，ひずみ－変位関係を付帯条件として与えると**釣合い式**が得られる．これは，2.3 節で示す**仮想仕事の原理**そのものである．

2) つぎに，下式の**釣合った系**の関係を与える．

$$-P_1 = P_2 = N \tag{2.18}$$

式(2.14)に式(2.18)を代入すると下式が得られる．

$$-N \cdot u_1 + N \cdot u_2 = N \cdot \varepsilon l \quad \therefore \ \left(u_2 - u_1 - \varepsilon l \right) N = 0 \tag{2.19}$$

任意の N に対して上式が成り立つことにより，下式が得られる．

$$u_2 - u_1 - \varepsilon l = 0 \tag{2.20}$$

すなわち**ひずみ－変位関係式**が得られた．

すなわち，ダイバージェンスの定理において，釣合い式を付帯条件として与えるとひずみ－変位関係（適合条件式）が得られる．これは 2.5 節に示す**補仮想仕事の原理**そのものである．

上記 1)，2)より分かるように，ダイバージェンスの定理は，釣合い式およびひずみ－変位関係を内包している．すなわち，1)ではひずみ－変位関係を与えることにより，釣合い式が導出でき，2)では釣合い式を与えることにより，ひずみ－変位関係が得られた．

【例 2.2 剛体変位するトラス】

図 2.5(a)に 3 本の棒よりなるトラスの反力も含めた釣合系の外力を示す．図中の X_i, Y_i (i=1, 2, 3)は i 点の x 方向および y 方向の反力である．図 2.5(b)，(c)には適合系の変位として，剛体的にトラスが鉛直下方向に v_0 だけ変位した場合を示す．剛体的な変位を考えているため，各棒は伸び縮みしない．

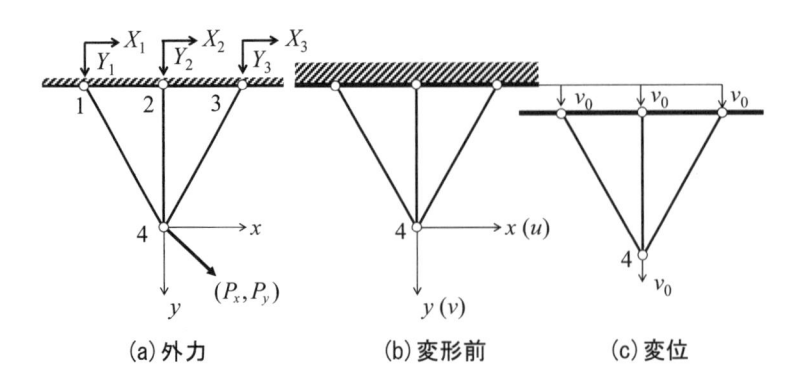

(a)外力　　　　　(b)変形前　　　　　(c)変位

図 2.5　鉛直方向に剛体的に変位するトラス

　この釣合系の外力が適合系の変位に対してなす仕事と内力のなす仕事を等値すると式(2.21)が得られる．この場合，外力の仕事として反力が仕事をすること，また，内力のなす仕事は適合系の変位が剛体的に変位しているので，ひずみは生じず 0 となることに注意する．

$$P_y \cdot v_0 + Y_1 \cdot v_0 + Y_2 \cdot v_0 + Y_3 \cdot v_0 = 0$$
$$\therefore P_y + Y_1 + Y_2 + Y_3 = 0$$

(2.21)

すなわち，外力 P_y と反力の関係が得られた．

2.2.2 単位仮想荷重法

　トラスの変位の算定法に**単位仮想荷重法**がある．本方法は，変位を求めたいトラスの外力・断面力・変位・ひずみのセットのうち，変位・ひずみを**適合系**とする．変位を求めたい点に求めたい方向に単位 1（単位ベクトルの成分（λ，μ））の外力を作用させ，この外力と軸力を**釣合系**とする．変位を求めたい点の x 方向および y 方向変位をそれぞれ u, v とすると，式(2.13)より式(2.22)が得られる．単位 1 の荷重が作用したときの断面力は $\overline{N_i}$ と上付き横棒をつけて表すことが多い．下式の右辺の i は i 部材であることを示し，n は部材数である．

$$\lambda u + \mu v = \sum_{i=1}^{n} \overline{N_i} \varepsilon_i l_i$$

(2.22)

　式(2.22)右辺の ε_i を，**断面力－ひずみ関係式**(1.15)を用いて表記すると，下式が得られる．右辺の E はヤング係数，A_i は i 部材の断面積である．

$$\lambda u + \mu v = \sum_{i=1}^{n} \frac{N_i \overline{N_i}}{EA_i} l_i$$

(2.23)

　特に x 方向あるいは y 方向の変位を求めたい場合には，それぞれ（λ，μ）=（1, 0），（λ，μ）=（0, 1）と置くことにより，式(2.24)，(2.25)が得られる．どちらも右辺は同じ式となる．

　x 方向変位：（λ，μ）=（1, 0）

$$u = \sum_{i=1}^{n} \frac{N_i \overline{N_i}}{EA_i} l_i$$

(2.24)

　y 方向変位：（λ，μ）=（0, 1）

$$v = \sum_{i=1}^{n} \frac{N_i \overline{N_i}}{EA_i} l_i$$

(2.25)

参考 2.6　単位仮想荷重法

　下図の(a)の外力を受け，(b)の断面力，(c)の変位，(d)のひずみが生じたとする．この系を**実系**と呼ぶことにする．つぎに変位を求めたい点に(e)の単位 1 の外力を作用させ，このときの断面力を $\overline{N_i}$ とする．**単**

位仮想荷重法は，実系の適合系と単位仮想荷重を作用させた(e)，(f)の釣合系でダイバージェンスの定理を記述する．ただし，適合系 (d)のひずみは，実系の(a)，(b)，(d)の関係を用いて，外力で表現する．

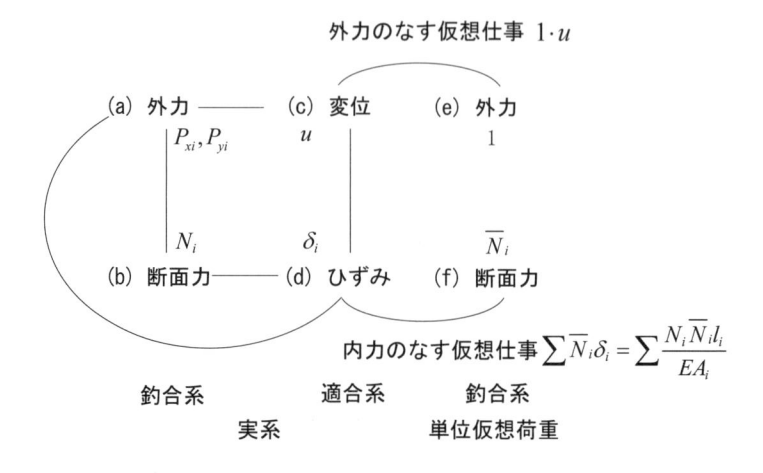

【**例 2.3 棒の変位**】

図 2.6 に示す棒を考える．図 2.6(a)，(b)，(c)，(d)は，(a)図に示す**外力** P_2 を受け，**断面力**が(b)図，**変位**が(c)図，**ひずみ**が(d)図のようになったことを示している．図(c)の B 点の変位 u を求めるときに，単位仮想荷重法は，図(e)のように B 点に仮想的に 1 の荷重を作用させた時の(f)図に示す断面力 $\overline{N}$ よりなる(e)と(f)図を**釣合系**として，図(c)，(d)の**適合系**に対してダイバージェンスの定理を適用する．すなわち，下式が得られる．

$$1 \cdot u = \overline{N} \varepsilon l = \overline{N} \delta \tag{2.26}$$

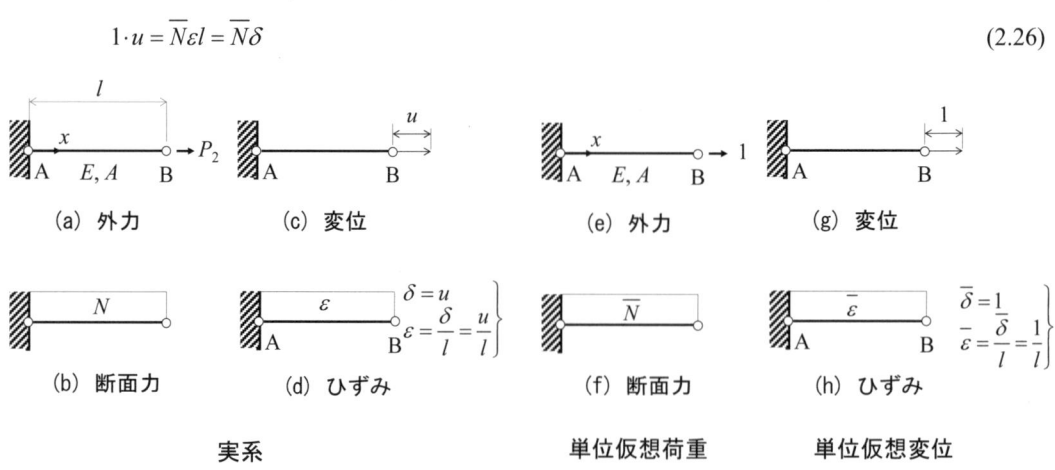

図 2.6　単位仮想荷重法と単位仮想変位法

下式の図(a)と(b)，図(b)と(d)，図(e)と(f)の関係を用いると，式(2.28)が得られる．

$$P_2 = N, \quad N = \frac{EA}{l}\delta, \quad \overline{N} = 1 \tag{2.27}$$

$$u = \frac{P_2 l}{EA} \tag{2.28}$$

【例 2.4　トラス構造の変位】

図 2.7 に示す例 1.5 で取り扱ったトラスを考える．問題は図 2.7(c)に示す節点 4 の変位$(u_4,\ v_4)$を求めることとする．**適合系**は節点 4 に図 2.7(a)に示す $(P_x,\ P_y)$の外力が作用したときに生じる変位，ひずみであるとし，図 2.7(c)と 2.7(d)である．

変位を求めたい点に，求めたい方向に 1 の力を作用させる．たとえば，4 点の鉛直方向変位を求めたいときには，図 2.7(e)，(f)に示す外力と断面力が**釣合系**となる．適合系として変位を求めたい構造の変位場とひずみ場を与え，**ダイバージェンスの定理**を用いる．

節点 4 に鉛直下方向に 1 の力を作用させ，ダイバージェンスの定理を記述すると式 (2.29)が得られる．式(2.29)では節点 4 の鉛直方向変位を v_4，1 の力を作用させたときの断面力を $\overline{N}_i$ $(i=1, 2, 3)$と表記している．

$$1 \cdot v_4 = \sum_{i=1}^{3} \overline{N}_i \cdot \delta_i = \sum_{i=1}^{3} \overline{N}_i \cdot \frac{N_i l_i}{EA_i} = \sum_{i=1}^{3} \frac{N_i \overline{N}_i l_i}{EA_i} \tag{2.29}$$

したがって，v_4 は下式となる．

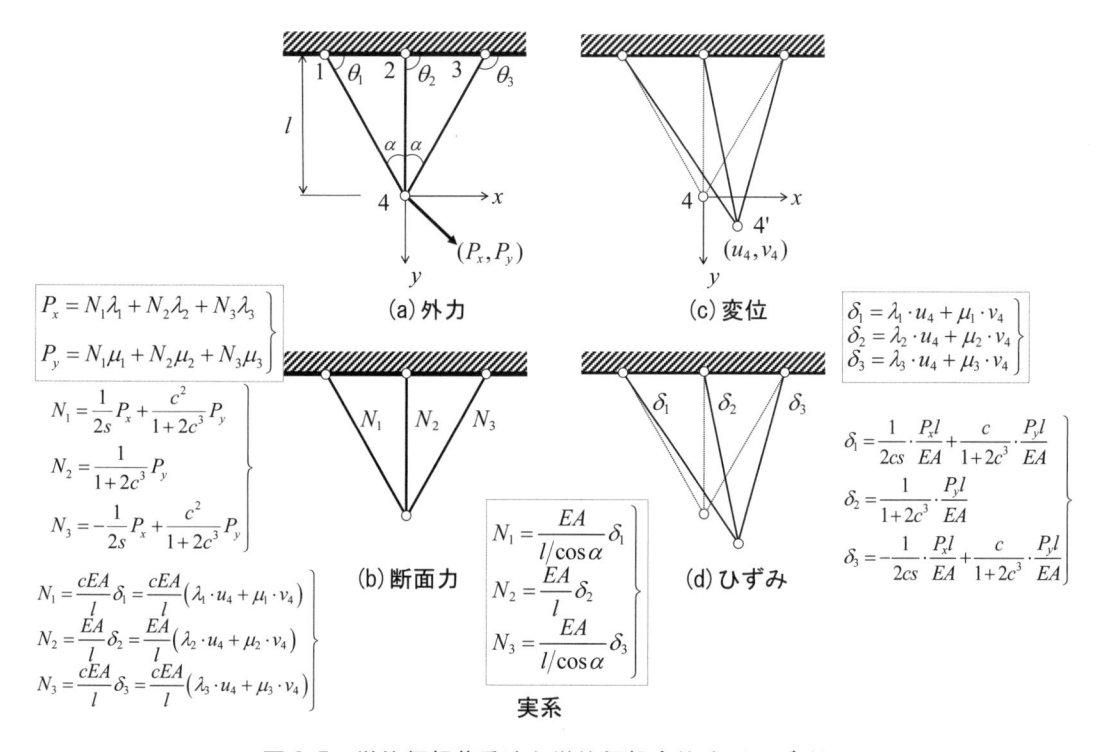

図 2.7　単位仮想荷重法と単位仮想変位法（つづく）

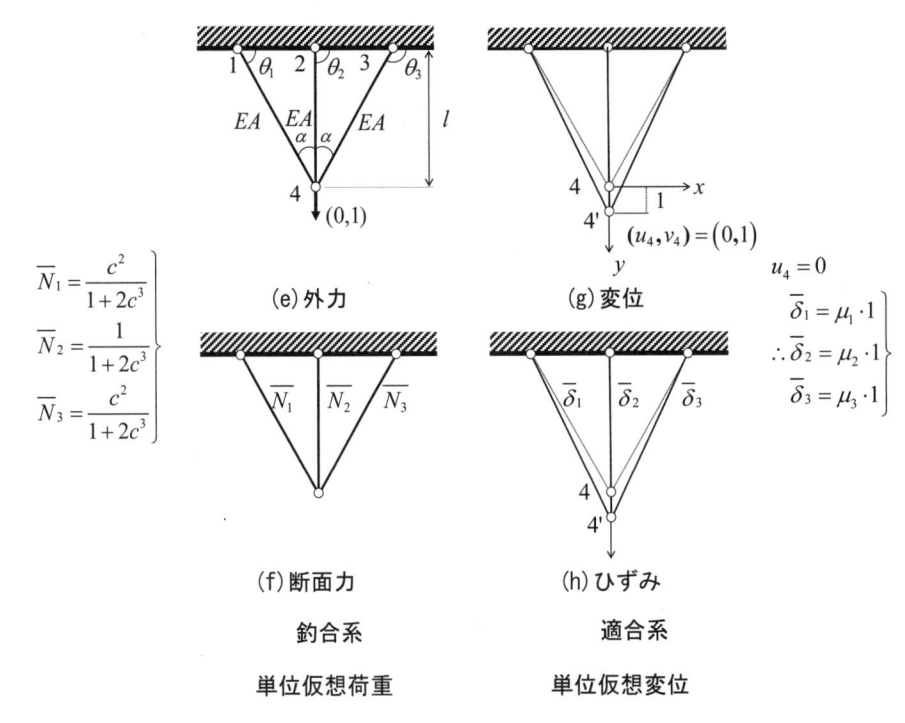

$$\overline{N}_1 = \frac{c^2}{1+2c^3}$$
$$\overline{N}_2 = \frac{1}{1+2c^3}$$
$$\overline{N}_3 = \frac{c^2}{1+2c^3}$$

(e) 外力   (g) 変位

$u_4 = 0$

$$\overline{\delta}_1 = \mu_1 \cdot 1$$
$$\therefore \overline{\delta}_2 = \mu_2 \cdot 1$$
$$\overline{\delta}_3 = \mu_3 \cdot 1$$

(f) 断面力   (h) ひずみ

釣合系   適合系

単位仮想荷重   単位仮想変位

図 2.7 　単位仮想荷重法と単位仮想変位法 （つづき）

$$v_4 = \frac{\left(\frac{1}{2s}P_x + \frac{c^2}{1+2c^3}P_y\right)\left(\frac{c^2}{1+2c^3}\right)l}{cEA} + \frac{\left(\frac{1}{1+2c^3}P_y\right)\frac{1}{1+2c^3}l}{EA} + \frac{\left(-\frac{1}{2s}P_x + \frac{c^2}{1+2c^3}P_y\right)\left(\frac{c^2}{1+2c^3}\right)l}{cEA}$$

$$= \frac{P_y l}{\left(1+2c^3\right)EA}$$

$$(2.30)$$

　ここに，$(P_x,\ P_y)$ の外力が作用したときの断面力 N_i $(i=1, 2, 3)$ は式(1.39)により，$\overline{N}_i$ は式(1.39) において，$P_x=0$，$P_y=1$ として求めた（図 2.7(e)，(f)参照）.

　ところで，**釣合系**として図 2.8 を考える．すなわち 24 部材の軸力が 1 で，14 部材，34 部材の軸力は 0 で単位荷重 1 と釣合っている．すなわち $\overline{N}_2 = 1$，$\overline{N}_1 = \overline{N}_3 = 0$ である．式(2.25)より下式が得られる.

$$v_4 = \sum_{i=1}^{3} \frac{N_i \overline{N}_i l_i}{EA_i} = \frac{N_2 \overline{N}_2 l_2}{EA_2} = \frac{\left(\frac{1}{1+2c^3}P_y\right)\cdot 1\cdot l}{EA} = \frac{P_y l}{\left(1+2c^3\right)EA} \qquad (2.31)$$

このように釣合系は釣り合っていれば良いので，計算の簡単となる釣合系を用いれば計算が容易になる.

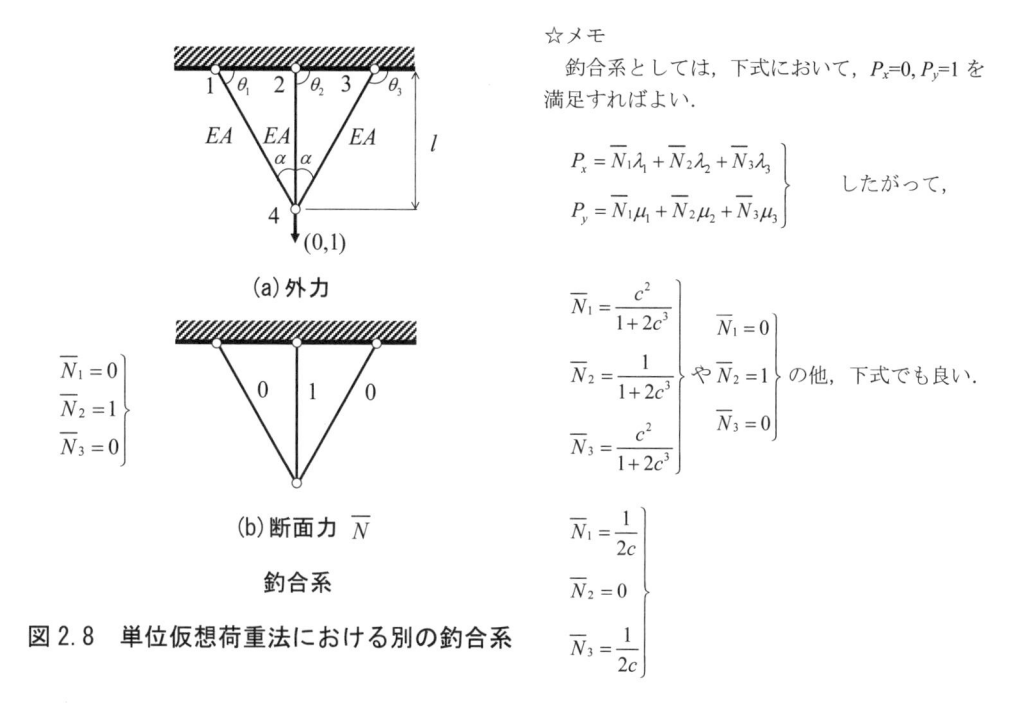

☆メモ

釣合系としては，下式において，$P_x=0, P_y=1$ を満足すればよい．

$$P_x = \overline{N}_1\lambda_1 + \overline{N}_2\lambda_2 + \overline{N}_3\lambda_3$$
$$P_y = \overline{N}_1\mu_1 + \overline{N}_2\mu_2 + \overline{N}_3\mu_3$$

したがって，

$$\overline{N}_1 = \frac{c^2}{1+2c^3}$$
$$\overline{N}_2 = \frac{1}{1+2c^3}$$
$$\overline{N}_3 = \frac{c^2}{1+2c^3}$$

や

$$\overline{N}_1 = 0$$
$$\overline{N}_2 = 1$$
$$\overline{N}_3 = 0$$

の他，下式でも良い．

$$\overline{N}_1 = \frac{1}{2c}$$
$$\overline{N}_2 = 0$$
$$\overline{N}_3 = \frac{1}{2c}$$

(a) 外力

$$\overline{N}_1 = 0$$
$$\overline{N}_2 = 1$$
$$\overline{N}_3 = 0$$

(b) 断面力 $\overline{N}$

釣合系

図 2.8　単位仮想荷重法における別の釣合系

2.2.3 単位仮想変位法

　トラスの外力と変位の関係を求める方法に**単位仮想変位法**がある．本方法は，外力－変位関係を求めたいトラスの外力・断面力・変位・ひずみのセットのうち，外力・軸力を**釣合系**とする．単位 1 の変位を生じさせ，この変位によって生じるひずみを**適合系**とする．単位 1 の変位が生じたときの伸びは $\overline{\delta_i}$ と上付き横棒をつけて表す．

　単位 1 の変位を x 方向，y 方向に与えると，それぞれ式(2.32)，(2.33)が得られる．

$$P_x \cdot 1 = \sum_{i=1}^{n} N_i \overline{\delta_i} = \sum_{i=1}^{n} \frac{EA_i}{l_i} \delta_i \cdot \overline{\delta_i} \tag{2.32}$$

$$P_y \cdot 1 = \sum_{i=1}^{n} N_i \overline{\delta_i} = \sum_{i=1}^{n} \frac{EA_i}{l_i} \delta_i \cdot \overline{\delta_i} \tag{2.33}$$

【例 2.5 棒の外力と変位の関係】

　図 2.6 に示す棒を考える．図 2.6(a)，(b)，(c)，(d)は，(a)に示す外力を受け，断面力，変位，ひずみがそれぞれ図(b)，図(c)，図(d)となったことを示している．単位仮想変位法は，図(g)のように B 点に仮想的に 1 の変位を作用させた時の図(h)に示すひずみ $\overline{\delta}$ よりなる図(g)と(h)の**適合系**に対して，図(a)，(b)の**釣合系**に対して**ダイバージェンスの定理**を適用すると，下式が得られる．

$$P_2 \cdot 1 = N\overline{\delta} \tag{2.34}$$

　下式の図(c)と(d)，図(b)と(d)，図(g)と(h)の関係を用いると，式(2.36)が得られる．

$$u = \delta, \quad N = \frac{EA}{l}\delta, \quad \overline{\delta} = 1 \tag{2.35}$$

$$P_2 = \frac{EA}{l}u \tag{2.36}$$

【例 2.6 トラスの外力と変位の関係】

図 2.7 に示すトラスを考える．問題を $(P_x,\ P_y)$の外力と節点 4 の変位$(u_4,\ v_4)$の関係を求めることとする．図 2.7(g)に示すように y 方向に単位 1 の変位を与えた図(g)と(h)の系を**適合系**とする．

図 2.7(a)，(b)の**釣合系**と図 2.7(g)，(h)の適合系でダイバージェンスの定理を書き下すと下式が得られる．

$$P_y \cdot 1 = \sum_{i=1}^{3} N_i \cdot \overline{\delta}_i = \sum_{i=1}^{3} \frac{EA_i}{l_i}\delta_i \cdot \mu_i = \sum_{i=1}^{3} \frac{EA_i}{l_i}\left(\lambda_i u_4 + \mu_i v_4\right) \cdot \mu_i$$

$$= \frac{EA}{l/\cos\alpha}\left(\lambda_1 u_4 + \mu_1 v_4\right)\cdot\mu_1 + \frac{EA}{l}\left(\lambda_2 u_4 + \mu_2 v_4\right)\cdot\mu_2 + \frac{EA}{l/\cos\alpha}\left(\lambda_3 u_4 + \mu_3 v_4\right)\cdot\mu_3 \tag{2.37}$$

$$= \frac{EA}{l}\left(1 + 2c^3\right)v_4$$

上式では，応力－ひずみ関係式(1.16)，ひずみ－変位関係式(1.12)を用いた．

同様に x 方向に単位 1 の変位を与えたものを**適合系**とすると下式が得られる．

$$P_x \cdot 1 = \sum_{i=1}^{3} N_i \cdot \overline{\delta}_i = \sum_{i=1}^{3} \frac{EA_i}{l_i}\delta_i \cdot \lambda_i = \sum_{i=1}^{3} \frac{EA_i}{l_i}\left(\lambda_i u_4 + \mu_i v_4\right) \cdot \lambda_i$$

$$= \frac{EA}{l/\cos\alpha}\left(\lambda_1 u_4 + \mu_1 v_4\right)\cdot\lambda_1 + \frac{EA}{l}\left(\lambda_2 u_4 + \mu_2 v_4\right)\cdot\lambda_2 + \frac{EA}{l/\cos\alpha}\left(\lambda_3 u_4 + \mu_3 v_4\right)\cdot\lambda_3 \tag{2.38}$$

$$= \frac{EA}{l}\cdot 2cs^2 \cdot u_4$$

式 (2.37)，(2.38)は，式(1.34)と同じである．

【例 2.7 軸力材の外力と変位の関係】

図 2.9 に示す外力 X_1 と変位の関係を**単位仮想変位法**で求める．図 2.9(a)，(b)，(c)，(d)は，(a)に示す外力を受け，断面力，変位，ひずみがそれぞれ(b)図，(c)図，(d)図となったことを示している．図(e)に示すように，P 点に x 方向に単位 1 の変位を与える．そのときの伸びは式(1.11)より下式で与えられる．右辺のλは $\overline{PQ}$ の x 軸に関する方向余弦である．

$$\overline{\delta} = -\lambda \tag{2.39}$$

図(a)，(b)の**釣合系**と図(e)，(f)の**適合系**に対して，単位仮想変位法より下式が得られる．$E,\ A,$ l はそれぞれヤング係数，断面積，材の長さである．

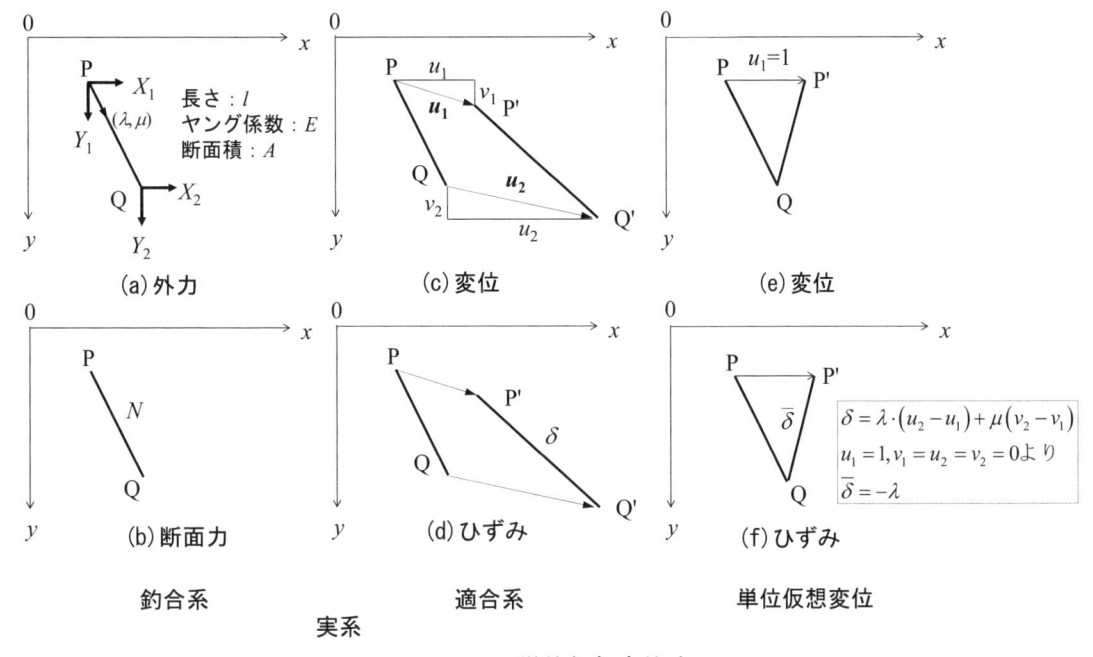

図 2.9　単位仮想変位法

$$X_1 = \frac{EA}{l}\delta\overline{\delta} = \frac{EA}{l}\left\{(u_2-u_1)\lambda + (v_2-v_1)\mu\right\}\cdot(-\lambda)$$
$$= \frac{EA}{l}\left(\lambda^2 u_1 + \lambda\mu v_1 - \lambda^2 u_2 - \lambda\mu v_2\right) \tag{2.40}$$

同様な計算を行えば，Y_1，X_2，Y_2 を変位 u_1，v_1，u_2，v_2 で表すことができる．後述する式(2.87)との対応を確認されたい．

2.3　軸力材における仮想仕事の原理

　仮想仕事の原理は軸力材のダイバージェンスの定理において，**幾何学的境界条件**を満足する変位を**仮想変位**として与える．このため**仮想変位の原理**と呼ぶこともある．この仮想変位は δu と表現することが多く，**許容変位**と呼ぶ．この仮想変位と，**ひずみ－変位関係**から算出するひずみが**適合系**となる．幾何学的境界条件を満足する任意の仮想変位に対して**釣合系**の外力がなす仕事と内力のなす仕事を等値することにより釣合い式を導出することができる（例 2.1 参照）．

　ダイバージェンスの定理 (式(2.3)) に対応して，仮想仕事の原理は式(2.41)のように記述できる．

$$P_1 u_1 + P_2 u_2 + \int_0^l q(x)u(x)dx = \int_0^l N(x)\varepsilon(x)dx \qquad\qquad 再掲(2.3)$$

$$P_1\delta u_1 + P_2\delta u_2 + \int_0^l q(x)\delta u(x)dx = \int_0^l N(x)\delta\varepsilon(x)dx \tag{2.41}$$

また，ダイバージェンスの定理式(2.13)に対応して，仮想仕事の原理は式(2.42)のように記述できる．

$$\sum_{j=1}^{l} P_{xj}^{*} u_{j} + \sum_{j=1}^{m} P_{yj}^{*} v_{j} = \sum_{i=1}^{n} N_{i}^{*} \varepsilon_{i} l_{i} = \sum_{i=1}^{n} N_{i}^{*} \delta_{i} \qquad \text{再掲(2.13)}$$

$$\sum_{j}^{l} P_{xj} \delta u_{j} + \sum_{j}^{m} P_{yj} \delta v_{j} = \sum_{i=1}^{n} N_{i} \delta \varepsilon_{i} l_{i} = \sum_{i=1}^{n} N_{i} \delta(\delta_{i}) \qquad (2.42)$$

式(2.41)，(2.42)において，「δ」が付いた量が**適合系**の量（仮想変位やそれに対応するひずみ）であり，付かない量（外力，軸力）が**釣合系**の量である．

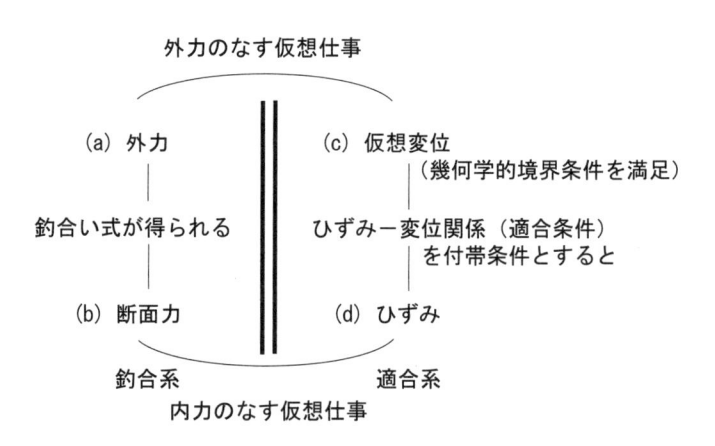

参考2.7 仮想仕事の原理

　仮想仕事の原理は右図に示すように釣合系の外力が適合系の"仮想"変位に対してなす仕事（外力のなす仮想仕事）と，釣合系の断面力が適合系の（"仮想"変位に対応する）ひずみに対してなす仕事（内力のなす仕事）が等しいことを主張する．ひずみ－変位関係，幾何学的境界条件を付帯条件とすると，**釣合い式・力学的境界条件**が得られる．

【例2.8 仮想仕事の原理を用いた釣合い式の導出】

　図2.10(a)，(b)の**釣合系**と(c)，(d)の**適合系**を考える．すなわち，釣合系の節点 A および B の外力をそれぞれ P_1，P_2，断面力を N，適合系の節点 A および B の仮想変位をそれぞれ δu_1，δu_2，座標 x の点の仮想変位を $\delta u(x)$，$\delta u(x)$ に対応するひずみを $\delta \varepsilon(x)$ として，釣合系の外力と軸力の関係を求める．

　仮想仕事の原理を記述すると式(2.43)が得られる．式(2.43)の $\delta \varepsilon$ は仮想変位 δu より得られるひずみである．すなわち，$\delta \varepsilon = d(\delta u)/dx$ である．

$$P_1 \delta u_1 + P_2 \delta u_2 = \int_0^l N \delta \varepsilon dx = Nl \delta \varepsilon \qquad (2.43)$$

ここでのひずみ $\delta \varepsilon$ と変位 δu の関係は下式となる．

$$\frac{\delta u_2 - \delta u_1}{l} = \delta \varepsilon \qquad (2.44)$$

上式を式(2.43)に代入すると，下式が得られる．

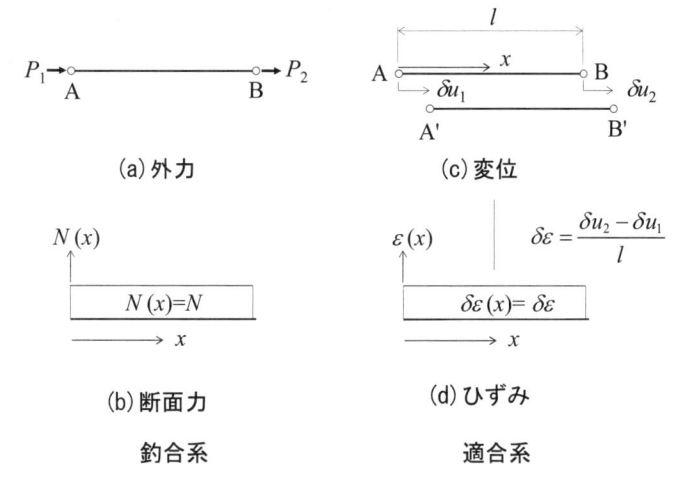

(a) 外力　　　　　　　　　　(c) 変位

(b) 断面力　　　　　　　　　(d) ひずみ

釣合系　　　　　　　　　　適合系

図 2.10　両端に軸力を受ける釣合系と仮想変位の適合系

$$P_1 \delta u_1 + P_2 \delta u_2 = N\left(\delta u_2 - \delta u_1\right) \qquad \therefore \quad \left(P_1 + N\right)\delta u_1 + \left(P_2 - N\right)\delta u_2 = 0 \tag{2.45}$$

任意の δu_1, δu_2 に対して上式が成り立つことより下式が得られる.

$$\left.\begin{array}{l} P_1 + N = 0 \\ P_2 - N = 0 \end{array}\right\} \tag{2.46}$$

外力 P_1, P_2 と断面力 N の関係が得られた. これは**力学的境界条件**である. また, この関係は, 軸力−ひずみ関係によらず成立する.

次に, 式(2.43)において下式の軸力−ひずみ関係（式(1.16)）, ひずみ−変位関係を代入すると式(2.47)が得られる.

$$N\left(x\right) = N = \frac{EA}{l}\delta \qquad\qquad\qquad 再掲(1.16)$$

$$P_1 \delta u_1 + P_2 \delta u_2 = \frac{EA}{l}\delta \cdot l \delta\varepsilon = \frac{EA}{l}\left(u_2 - u_1\right)\cdot\left(\delta u_2 - \delta u_1\right)$$
$$\therefore \ \left\{P_1 - \frac{EA}{l}\left(u_1 - u_2\right)\right\}\delta u_1 + \left\{P_2 - \frac{EA}{l}\left(u_2 - u_1\right)\right\}\delta u_2 = 0 \tag{2.47}$$

任意の δu_1, δu_2 に対して上式が成り立つことより式(2.48)が得られる. 式(1.31)と同じ式が得られた.

$$\left.\begin{array}{l} P_1 - \dfrac{EA}{l}\left(u_1 - u_2\right) = 0 \\[2mm] P_2 - \dfrac{EA}{l}\left(u_2 - u_1\right) = 0 \end{array}\right\} \tag{2.48}$$

【例 2.9 仮想仕事の原理を用いた釣合い式の導出】

図 2.11 示すように，左端の移動が止められ右端に P_2 の外力と，材間に分布軸力 $q(x)$ が作用する場合の釣合い式を算定する．この問題に対して**幾何学的境界条件**および**力学的境界条件**はそれぞれ式(2.49)，(2.50)となる．

$$u(0) = 0 \tag{2.49}$$

$$N(l) = P_2 \tag{2.50}$$

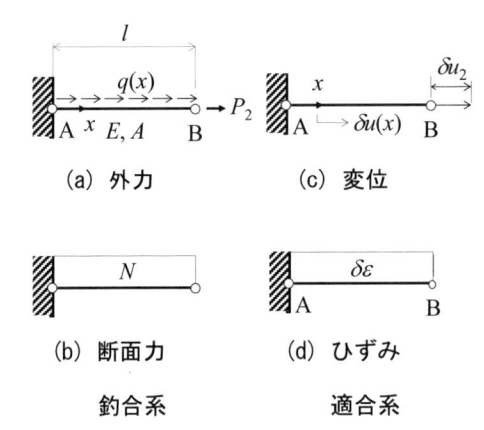

(a) 外力　　　　　(c) 変位

(b) 断面力　　　　(d) ひずみ

釣合系　　　　　適合系

図 2.11　右端に軸力，材間に分布軸力を受ける釣合系と仮想変位の適合系

仮想仕事の原理は下式となる．

$$P_2 \delta u_2 + \int_0^l q(x)\delta u(x)dx = \int_0^l N(x)\delta\varepsilon(x)dx \tag{2.51}$$

式(2.51)の右辺において，ひずみと変位の関係を右辺に代入すると式(2.52)が得られる．なお，仮想変位は幾何学的境界条件を満足する必要があり，$\delta u(0)=0$ でなければならない．

$$\int_0^l N(x)\delta\varepsilon(x)dx = \int_0^l N(x)\delta u'(x)dx \tag{2.52}$$

上式右辺を部分積分すると下式が得られる．

$$\int_0^l N(x)\delta u'(x)dx = \left[N(x)\delta u(x)\right]_0^l - \int_0^l N'(x)\delta u(x)dx$$
$$= N(l)\delta u(l) - N(0)\delta u(0) - \int_0^l N'(x)\delta u(x)dx \tag{2.53}$$

したがって，式(2.51)右辺に上式を代入して，整理すると下式が得られる．

$$\left(P_2 - N(l)\right)\delta u(l) + N(0)\delta u(0) + \int_0^l \left(N'(x) + q(x)\right)\delta u(x)dx = 0 \tag{2.54}$$

ここで，$\delta u_2 = \delta u(l)$ を用いた．$\delta u(0)=0$ であること，また任意の仮想変位 $\delta u(x)$ に対して上式が成り立つことより，式(2.55)，(2.56)が得られる．

$$N'(x)+q(x)=0 \tag{2.55}$$

$$P_2 = N(l) \tag{2.56}$$

式(2.55)は閉区間[0, l]においてなりたつ**釣合い微分方程式**であり，式(2.56)は $x = l$ での**力学的境界条件**である．すなわち，いったん仮想仕事式を記述して，ひずみ－変位関係，幾何学的境界条件を与えると，部分積分することにより釣合い微分方程式と力学的境界条件が得られる．式(2.55)，(2.56)は応力－ひずみ関係には無関係に成り立つことに注意されたい．

【例 2.10 仮想仕事の原理を用いたトラス構造の釣合い式の導出】

図2.12に示す3本の棒よりなる**トラス構造**を考える．図2.12(a), (b)の**釣合系**に対して，図2.12(c), (d)の**適合系**を考え，釣合系の釣合い式を導出する．

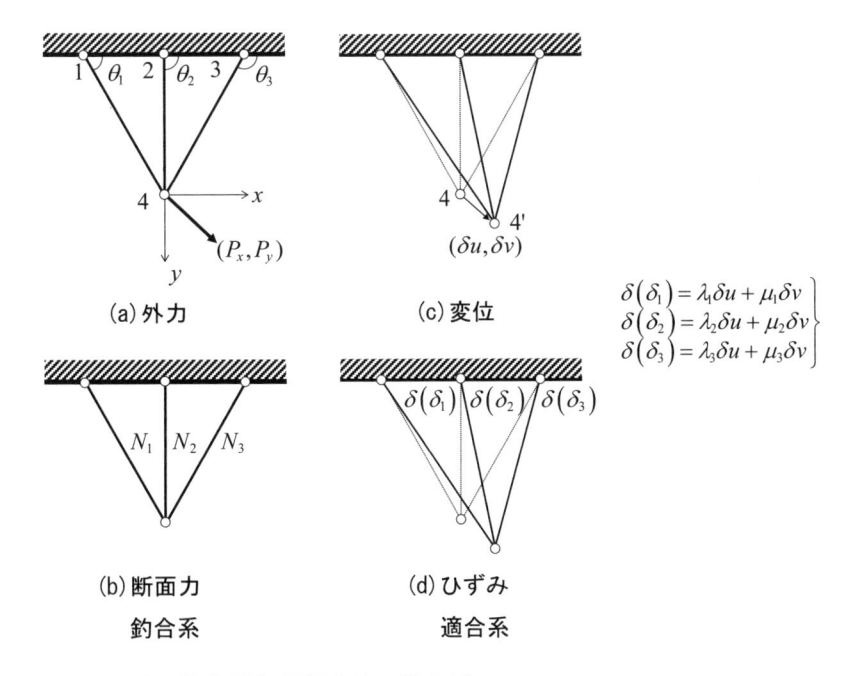

$$\begin{aligned}
\delta(\delta_1) &= \lambda_1 \delta u + \mu_1 \delta v \\
\delta(\delta_2) &= \lambda_2 \delta u + \mu_2 \delta v \\
\delta(\delta_3) &= \lambda_3 \delta u + \mu_3 \delta v
\end{aligned}$$

(a) 外力　　　(c) 変位

(b) 断面力　　　(d) ひずみ

釣合系　　　適合系

図 2.12　釣合系と仮想変位の適合系

仮想仕事の原理は下式となる．

$$P_x \delta u_4 + P_y \delta v_4 = N_1 \delta(\delta_1) + N_2 \delta(\delta_2) + N_3 \delta(\delta_3) \tag{2.57}$$

ここに**仮想変位**（δu_4，δv_4）と対応するひずみ（$\delta(\delta_1)$，$\delta(\delta_2)$，$\delta(\delta_3)$）には式(1.11)を参照すると式(2.58)の関係がある．式(2.58)左辺の最初のδは仮想変位に応じて生じることを，δ_1などのδは伸びを表している．

$$\left.\begin{aligned}
\delta(\delta_1) &= \lambda_1 \delta u_4 + \mu_1 \delta v_4 \\
\delta(\delta_2) &= \lambda_2 \delta u_4 + \mu_2 \delta v_4 \\
\delta(\delta_3) &= \lambda_3 \delta u_4 + \mu_3 \delta v_4
\end{aligned}\right\} \tag{2.58}$$

上式を式(2.57)の右辺に代入すると式(2.59)が得られる.

$$P_x \delta u_4 + P_y \delta v_4 = N_1 \delta\left(\delta_1\right) + N_2 \delta\left(\delta_2\right) + N_3 \delta\left(\delta_3\right)$$
$$= N_1\left(\lambda_1 \delta u_4 + \mu_1 \delta v_4\right) + N_2\left(\lambda_2 \delta u_4 + \mu_2 \delta v_4\right) + N_3\left(\lambda_3 \delta u_4 + \mu_3 \delta v_4\right) \tag{2.59}$$

したがって，式(2.60)が得られる.

$$\left(P_x - N_1\lambda_1 - N_2\lambda_2 - N_3\lambda_3\right)\delta u_4 + \left(P_y - N_1\mu_1 - N_2\mu_2 - N_3\mu_3\right)\delta v_4 = 0 \tag{2.60}$$

任意の仮想変位（δu_4，δv_4）に関して上式が成り立つため，下式が得られる.

$$\left.\begin{array}{l} P_x = N_1\lambda_1 + N_2\lambda_2 + N_3\lambda_3 \\[2mm] P_y = N_1\mu_1 + N_2\mu_2 + N_3\mu_3 \end{array}\right\} \tag{2.61}$$

上式は節点4での**釣合い式**（**力学的境界条件**）であり，式（1.5）と同じである.

2.4　軸力材における最小ポテンシャルエネルギの原理

軸力を受ける単一材の**仮想仕事の原理**は式(2.43)で表現できた.

$$P_1 \delta u_1 + P_2 \delta u_2 = \int_0^l N\delta\varepsilon\,dx = Nl\delta\varepsilon \qquad\qquad 再掲(2.43)$$

この式を下式のように変形する.

$$\int_0^l N\delta\varepsilon\,dx - P_1 \delta u_1 - P_2 \delta u_2 = 0 \tag{2.62}$$

さらに下式のように変換する.

$$\int_0^l N\delta u'\,dx - P_1 \delta u_1 - P_2 \delta u_2 = 0 \tag{2.63}$$

線形弾性体として，$N=EAu'$とすると式(2.64)が得られる.

$$\int_0^l EAu'\delta u'\,dx - P_1 \delta u_1 - P_2 \delta u_2 = 0 \tag{2.64}$$

上式はさらに次のように記述できる.

$$\int_0^l \delta\left(\frac{EAu'^2}{2}\right)dx - P_1 \delta u_1 - P_2 \delta u_2 = 0 \tag{2.65}$$

さらに下式となる.

$$\delta\left(\int_0^l \left(\frac{EAu'^2}{2}\right)dx - P_1 u_1 - P_2 u_2\right) = 0 \tag{2.66}$$

上式左辺の括弧内をΠとおくと，Πは下式となる.

$$\Pi\big[u(x)\big] = \int_0^l \left(\frac{EAu'^2}{2}\right)dx - P_1u_1 - P_2u_2 \tag{2.67}$$

ここに Π は**全ポテンシャルエネルギ**と呼ばれ, 式(2.67)右辺の第 1 項は**ひずみエネルギ** U, 第 2, 3 項は**外力のポテンシャル** V と呼ばれる. 全ポテンシャルエネルギは関数 $u(x)$ の関数であり, **汎関数**と呼ばれる. 第 1 項はひずみエネルギを変位の関数として表現していることに注意されたい. 外力のポテンシャルは, 外力に外力の作用点の作用方向の変位を乗じて負の記号を付けたものであり, 変位で微分して負符号を付ければ外力となる.

式(2.66)は下式のように表現できる. すなわち**全ポテンシャルエネルギの第 1 変分**は 0 となる.

$$\delta\Pi = 0 \tag{2.68}$$

式(2.68)は正解となる変位 $u(x)$ で全ポテンシャルエネルギは極値を持つことを意味しており, 実際には正解となる変位 $u(x)$ で全ポテンシャルエネルギ Π は最小となることより, **最小ポテンシャルエネルギの原理**と呼ばれる. すなわち, **ひずみ－変位関係**と**断面力－ひずみ関係**を用いて全ポテンシャルエネルギ Π を書き下しておけば, 釣合い式, 断面力－ひずみ関係式, ひずみ－変位関係式を満足する正解は Π の**停留条件**で与えられる.

トラス構造において, 全部材のひずみエネルギ U と全外力のポテンシャルエネルギ V を加えることにより全ポテンシャルエネルギ Π が下式のように算定でき, Π を最小とする変位が正解を与える. U_i は i 番目のトラス部材のひずみエネルギ, V_i は i 番目の外力のポテンシャルである. 下式で, 外力 P_{xi}, P_{yi} のポテンシャルに関して, 外力には**上付き横棒**を付けているのは, この外力は与えられたもの, すなわち力学的境界における外力であることを示している.

$$\Pi = U + V = \sum U_i + \sum V_i = \sum U_i - \sum \overline{P}_{xi}u_i - \sum \overline{P}_{yi}v_i \tag{2.69}$$

参考 2.8　最小ポテンシャルエネルギの原理

　最小ポテンシャルエネルギの原理は右図に示す(b), (d), (c)の関係を用いてひずみエネルギ U を, (a), (c)の関係を用いて外力のポテンシャル V を算定し, 全ポテンシャルエネルギを $\Pi = U + V$ で算定すると, その最小化により(a)と(b)の関係が得られるというものである. この関係は外力と変位で表した断面力の関係である.

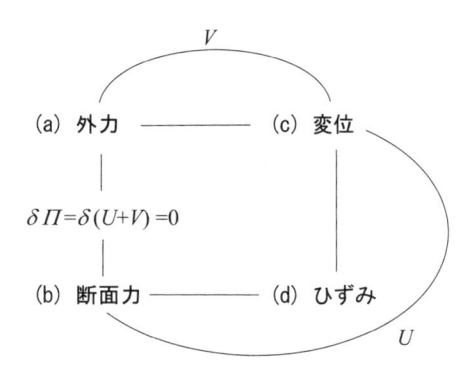

　　式(2.68)の $\delta\Pi$ は**第 1 変分**と呼ばれる．正解となる変位 $u(x)$ と幾何学的境界条件を満足する変位 $\delta u(x)$ を加えた変位を $u^*(x)$ とし，$\Pi[u^*(x)] - \Pi[u(x)]$ を $\Delta\Pi$ として，$\Delta\Pi$ の δu の 1 次項および 2 次項を集めたものを $\delta\Pi$，$\delta^2\Pi$ と定義する．

　　式(2.67)に対しては下式のようになる．

$$\Delta\Pi\big[u(x)\big] = \int_0^l \left(\frac{EA(u'+\delta u')^2}{2}\right)dx - P_1\big(u_1+\delta u_1\big) - P_2\big(u_2+\delta u_2\big) - \int_0^l \left(\frac{EAu'^2}{2}\right)dx - P_1u_1 - P_2u_2$$

$$= \int_0^l EAu'\delta u'dx - P_1\delta u_1 - P_2\delta u_2 + \int_0^l \left(\frac{EA(\delta u')^2}{2}\right)dx$$

$$\equiv \delta\Pi + \delta^2\Pi$$

すなわち，$\delta\Pi$，$\delta^2\Pi$ は下式となる．

$$\delta\Pi = \int_0^l EAu'\delta u'dx - P_1\delta u_1 - P_2\delta u_2, \quad \delta^2\Pi = \int_0^l \left(\frac{EA(\delta u')^2}{2}\right)dx$$

$\delta\Pi$ は**仮想仕事の原理**によれば0となることがわかる．また，$\delta^2\Pi \geqq 0$ であることより，正解の変位のときに，**全ポテンシャルエネルギ**は最小値となることがわかる．

　　関数の関数のことを言う．たとえば，曲線 $y=y(x)$ の長さ

$$L\big[y\big] = \int_{x_0}^{x_1} \sqrt{1+y'(x)^2}\,dx$$

は x の関数 $y(x)$ を与えると，実数値が定まるものである．このように，関数の集合の上で定義され，その値が実数となるようなものは，実数の上で定義されて，実数の値を取る普通の意味の関数の一般化と考えることができる．これを上のように $L[y]$ のような記号で表し，**汎関数**とよぶ．

【例 2.11 軸力を受ける単材の全ポテンシャルエネルギと釣合い式 1】

　　図 2.13 のように左端に P_1，右端に P_2 の軸力が作用し，左端が u_1，右端が u_2 変位したときの P_1，P_2 と u_1，u_2 の関係を算定する．ヤング係数は E，断面積は A，棒の長さは l とする．

　　変位 u を，式(2.70)を満足するものとして，式(2.71)のように仮定する．

$$u\big(0\big) = u_1, \qquad u\big(l\big) = u_2 \tag{2.70}$$

$$u\big(x\big) = \frac{u_1\big(l-x\big)+u_2x}{l} = u_1\left(1-\frac{x}{l}\right) + u_2\frac{x}{l} \tag{2.71}$$

　　したがって，下式が得られる．

$$u' = \frac{du\big(x\big)}{dx} = \frac{u_2-u_1}{l} \tag{2.72}$$

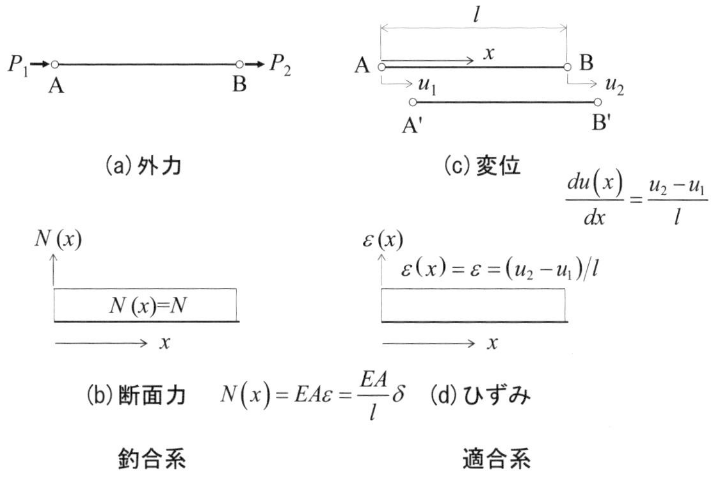

(a) 外力　　　　　　　　　　　(c) 変位

$$\frac{du(x)}{dx} = \frac{u_2 - u_1}{l}$$

$$\varepsilon(x) = \varepsilon = (u_2 - u_1)/l$$

(b) 断面力　　$N(x) = EA\varepsilon = \dfrac{EA}{l}\delta$　　(d) ひずみ

釣合系　　　　　　　　　　　適合系

図 2.13　ひずみエネルギと外力のポテンシャル

全ポテンシャルエネルギ Π は下式となる.

$$
\begin{aligned}
\Pi &= \Pi(u_1, u_2) = \int_0^l \left(\frac{EAu'^2}{2}\right)dx - P_1 u_1 - P_2 u_2 = \int_0^l \left(\frac{EA}{2}\left(\frac{u_2 - u_1}{l}\right)^2\right)dx - P_1 u_1 - P_2 u_2 \\
&= \frac{EA}{2l}\left(u_1{}^2 - 2u_1 u_2 + u_2{}^2\right) - P_1 u_1 - P_2 u_2 \\
&= \frac{1}{2}\frac{EA}{l}\begin{pmatrix} u_1 & u_2 \end{pmatrix}\begin{pmatrix} 1 & -1 \\ -1 & 1 \end{pmatrix}\begin{pmatrix} u_1 \\ u_2 \end{pmatrix} - \begin{pmatrix} u_1 & u_2 \end{pmatrix}\begin{pmatrix} P_1 \\ P_2 \end{pmatrix}
\end{aligned}
\tag{2.73}
$$

最小ポテンシャルエネルギの原理により，下式が得られる．本例では棒の断面力や変位，ひずみは変位 u_1，u_2 で完全に決定できる．したがって，全ポテンシャルエネルギは汎関数でなく u_1，u_2 の関数となり，**第 1 変分**が 0 であることは，下式の左辺の**偏微分**が 0 となることに帰着する．

$$
\left.\begin{array}{l}
\dfrac{\partial \Pi}{\partial u_1} = 0 \\[2mm]
\dfrac{\partial \Pi}{\partial u_2} = 0
\end{array}\right\}
\tag{2.74}
$$

式(2.74)を計算すると式(2.75)が得られる．この式は，変位で表した釣合い式である．この式は，式(1.32)と同じである．

$$
\frac{EA}{l}\begin{pmatrix} 1 & -1 \\ -1 & 1 \end{pmatrix}\begin{pmatrix} u_1 \\ u_2 \end{pmatrix} - \begin{pmatrix} P_1 \\ P_2 \end{pmatrix} = 0
\tag{2.75}
$$

【例 2.12 軸力を受ける単材の全ポテンシャルエネルギと釣合い式 2】

例 2.9 の問題に対する釣合い式を算出する.

全ポテンシャルエネルギは下式となる.

$$\Pi = \Pi\big[u(x)\big] = \int_0^l \left(\frac{EAu'^2}{2}\right)dx - P_2 u_2 - \int_0^l q \cdot u \, dx \tag{2.76}$$

最小ポテンシャルエネルギの原理により, 上式の**第 1 変分**は 0 となる. すなわち,

$$\delta\Pi = \int_0^l EAu'\delta u'dx - P_2\delta u_2 - \int_0^l q \cdot \delta u \, dx = 0 \tag{2.77}$$

上式の中辺を部分積分すると, 下式が得られる. ここに $\delta u_2 = \delta u(l)$ を用いた.

$$\int_0^l EAu'\delta u'dx - P_2\delta u_2 - \int_0^l q \cdot \delta u \, dx = \big[EAu'\delta u\big]_0^l - \int_0^l EAu''\delta u \, dx - P_2\delta u_2 - \int_0^l q \cdot \delta u \, dx$$
$$= \big(EAu'(l) - P_2\big)\delta u(l) - EAu'(0)\delta u(0) - \int_0^l \big(EAu'' + q\big)\delta u \, dx \tag{2.78}$$

すなわち, 式(2.77)は下式となる.

$$\big(EAu'(l) - P_2\big)\delta u(l) - EAu'(0)\delta u(0) - \int_0^l \big(EAu'' + q\big)\delta u \, dx = 0 \tag{2.79}$$

$\delta u(0) = 0$ であること, また任意の仮想変位 $\delta u(x)$ に対して式(2.79)が成り立つことより, 式(2.80), 式(2.81)が得られる.

$$EAu'' + q = 0 \tag{2.80}$$

$$P_2 = EAu'(l) \tag{2.81}$$

式(2.80)は閉区間 $[0, l]$ において成り立つ変位で表した**釣合い微分方程式**であり, 式(2.81)は変位で表した $x = l$ での**力学的境界条件**である.

【例 2.13 先端と中央で軸力を受ける材の変位】

図 2.14 に示す B 点に P_2, C 点に P_3 の軸力を受ける部材の B 点, C 点の変位の関係を算定する. 材長は $2l$ で B 点は材中央点である. B 点および C 点の変位をそれぞれ u_2, u_3, またヤング係数を E, 断面積を A とする.

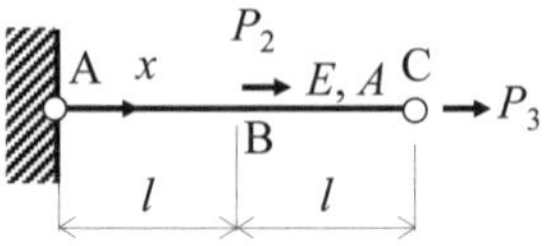

図 2.14　先端と中央で軸力を受ける材

全ポテンシャルエネルギは下式となる.

$$\Pi = \frac{1}{2}\frac{EA}{l}u_2{}^2 + \frac{1}{2}\frac{EA}{l}\begin{pmatrix} u_2 & u_3 \end{pmatrix}\begin{pmatrix} 1 & -1 \\ -1 & 1 \end{pmatrix}\begin{pmatrix} u_2 \\ u_3 \end{pmatrix} - P_2 u_2 - P_3 u_3$$

$$= \frac{1}{2}\frac{EA}{l}\begin{pmatrix} u_2 & u_3 \end{pmatrix}\begin{pmatrix} 2 & -1 \\ -1 & 1 \end{pmatrix}\begin{pmatrix} u_2 \\ u_3 \end{pmatrix} - \begin{pmatrix} u_2 & u_3 \end{pmatrix}\begin{pmatrix} P_2 \\ P_3 \end{pmatrix} \tag{2.82}$$

最小ポテンシャルエネルギの原理より式(2.83)が得られる.

$$\frac{d\Pi}{d\boldsymbol{u}} \equiv \begin{pmatrix} \dfrac{d\Pi}{du_1} & \dfrac{d\Pi}{du_2} \end{pmatrix}^T = \frac{EA}{l}\begin{pmatrix} 2 & -1 \\ -1 & 1 \end{pmatrix}\begin{pmatrix} u_2 \\ u_3 \end{pmatrix} - \begin{pmatrix} P_2 \\ P_3 \end{pmatrix} = \boldsymbol{0} \tag{2.83}$$

したがって，変位 u_2, u_3 が下式のように求まる.

$$\begin{pmatrix} u_2 \\ u_3 \end{pmatrix} = \frac{l}{EA}\begin{pmatrix} 2 & -1 \\ -1 & 1 \end{pmatrix}^{-1}\begin{pmatrix} P_2 \\ P_3 \end{pmatrix} = \frac{l}{EA}\begin{pmatrix} P_2 + P_3 \\ P_2 + 2P_3 \end{pmatrix} \tag{2.84}$$

参考 2.11　マトリックス変位法

例 2.13 において A 点の**反力**を X，変位を $\overline{u_1}$ とすると全ポテンシャルエネルギは下式となる.

$$\Pi = \frac{1}{2}\frac{EA}{l}\begin{pmatrix} \overline{u_1} & u_2 \end{pmatrix}\begin{pmatrix} 1 & -1 \\ -1 & 1 \end{pmatrix}\begin{pmatrix} \overline{u_1} \\ u_2 \end{pmatrix} + \frac{1}{2}\frac{EA}{l}\begin{pmatrix} u_2 & u_3 \end{pmatrix}\begin{pmatrix} 1 & -1 \\ -1 & 1 \end{pmatrix}\begin{pmatrix} u_2 \\ u_3 \end{pmatrix} - \begin{pmatrix} \overline{u_1} & u_2 & u_3 \end{pmatrix}\begin{pmatrix} X \\ P_2 \\ P_3 \end{pmatrix}$$

$$= \frac{1}{2}\frac{EA}{l}\begin{pmatrix} \overline{u_1} & u_2 & u_3 \end{pmatrix}\begin{pmatrix} 1 & -1 & 0 \\ -1 & 2 & -1 \\ 0 & -1 & 1 \end{pmatrix}\begin{pmatrix} \overline{u_1} \\ u_2 \\ u_3 \end{pmatrix} - \begin{pmatrix} \overline{u_1} & u_2 & u_3 \end{pmatrix}\begin{pmatrix} X \\ P_2 \\ P_3 \end{pmatrix}$$

最小ポテンシャルエネルギの原理より下式の **"全体剛性方程式"** が得られる.

$$\frac{EA}{l}\begin{pmatrix} 1 & -1 & 0 \\ -1 & 2 & -1 \\ 0 & -1 & 1 \end{pmatrix}\begin{pmatrix} \overline{u_1} \\ u_2 \\ u_3 \end{pmatrix} = \begin{pmatrix} X \\ P_2 \\ P_3 \end{pmatrix}$$

ところで，**幾何学的境界条件** $\overline{u_1} = 0$ より，上式は下式の 2 つに分けられる.

$$\left. \begin{aligned} \frac{EA}{l}(-u_2) &= X \\ \frac{EA}{l}\begin{pmatrix} 2 & -1 \\ -1 & 1 \end{pmatrix}\begin{pmatrix} u_2 \\ u_3 \end{pmatrix} &= \begin{pmatrix} P_2 \\ P_3 \end{pmatrix} \end{aligned} \right\}$$

上式の下式より変位 u_2, u_3 が算定できる. 変位が求まると反力 X も算定できる. **マトリックス変位法** では以上のように全体剛性方程式を作成し，そのあと境界条件を用いてマトリックスを分割し，変位等を算定する. 例えば B 点で外力が作用してない場合は，材 AB を 2 分割したことにより B 点の変位が求まることとなる. 材の分割数を多くし節点を増やせばその点の変位が計算できる.

【例 2.14 軸力を受ける単材の全ポテンシャルエネルギと釣合い式 3】

図 2.15 に示す PQ 部材の両端に作用する外力と両端の変位の関係を算定する. 図 2.15 に示すように, PQ 部材の節点 P に外力 (X_1, Y_1), 節点 Q に外力 (X_2, Y_2)が作用し, 節点 P および Q の変位をそれぞれ $u_1 = (u_1 \ v_1)^T$, $u_2 = (u_2 \ v_2)^T$ とする. 部材の長さを l, ヤング係数を E, 断面積を A とする.

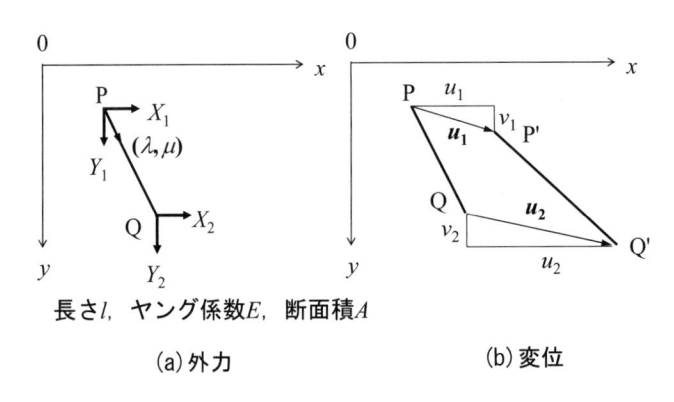

(a)外力　　　　　　　　(b)変位

図 2.15　単材の全ポテンシャルエネルギの原理

全ポテンシャルエネルギ Π は, 式(1.44)を参照して下式となる.

$$\Pi = U + V$$

$$= \frac{EA}{2l}\begin{pmatrix} u_1 & v_1 & u_2 & v_2 \end{pmatrix}\begin{pmatrix} \lambda^2 & \lambda\mu & -\lambda^2 & -\lambda\mu \\ \lambda\mu & \mu^2 & -\lambda\mu & -\mu^2 \\ -\lambda^2 & -\lambda\mu & \lambda^2 & \lambda\mu \\ -\lambda\mu & -\mu^2 & \lambda\mu & \mu^2 \end{pmatrix}\begin{pmatrix} u_1 \\ v_1 \\ u_2 \\ v_2 \end{pmatrix} - X_1 u_1 - Y_1 v_1 - X_2 u_2 - Y_2 v_2 \qquad (2.85)$$

$$= \frac{EA}{2l}\begin{pmatrix} u_1 & v_1 & u_2 & v_2 \end{pmatrix}\begin{pmatrix} \lambda^2 & \lambda\mu & -\lambda^2 & -\lambda\mu \\ \lambda\mu & \mu^2 & -\lambda\mu & -\mu^2 \\ -\lambda^2 & -\lambda\mu & \lambda^2 & \lambda\mu \\ -\lambda\mu & -\mu^2 & \lambda\mu & \mu^2 \end{pmatrix}\begin{pmatrix} u_1 \\ v_1 \\ u_2 \\ v_2 \end{pmatrix} - \begin{pmatrix} u_1 & v_1 & u_2 & v_2 \end{pmatrix}\begin{pmatrix} X_1 \\ Y_1 \\ X_2 \\ Y_2 \end{pmatrix}$$

最小ポテンシャルエネルギの原理, 式(2.86)より式(2.87)が得られる.

$$\frac{d\Pi}{d\boldsymbol{u}} \equiv \begin{pmatrix} \dfrac{d\Pi}{du_1} & \dfrac{d\Pi}{dv_1} & \dfrac{d\Pi}{du_2} & \dfrac{d\Pi}{dv_2} \end{pmatrix}^T = \boldsymbol{0} \qquad (2.86)$$

$$\begin{pmatrix} X_1 \\ Y_1 \\ X_2 \\ Y_2 \end{pmatrix} = \frac{EA}{l}\begin{pmatrix} \lambda^2 & \lambda\mu & -\lambda^2 & -\lambda\mu \\ \lambda\mu & \mu^2 & -\lambda\mu & -\mu^2 \\ -\lambda^2 & -\lambda\mu & \lambda^2 & \lambda\mu \\ -\lambda\mu & -\mu^2 & \lambda\mu & \mu^2 \end{pmatrix}\begin{pmatrix} u_1 \\ v_1 \\ u_2 \\ v_2 \end{pmatrix} \qquad (2.87)$$

上式は**マトリックス変位法**でトラスを解析するときに用いられる.

上式は力と変位の関係を示すものであるが, 右辺の 4 行 4 列のマトリックスに EA/l を乗じたものは**剛性マトリックス**と呼ばれる. なお, 単位仮想変位法にもとづいて X_1 を例 2.7 で求めたが同じ式となっていることを確認されたい.

参考 2.12　2 次形式の微分

　2 次形式を微分すると下式となる. 式(2.82), 式(2.83), また式(2.85), 式(2.87)を吟味されたい.

$$\frac{d}{dx} x^T A x = 2 A x$$

【例 2.15　トラスの全ポテンシャルエネルギと釣合い式】

　図 2.16 の 3 本の軸力材よりなるトラスを考える. このトラスの外力と変位の関係を算出する.

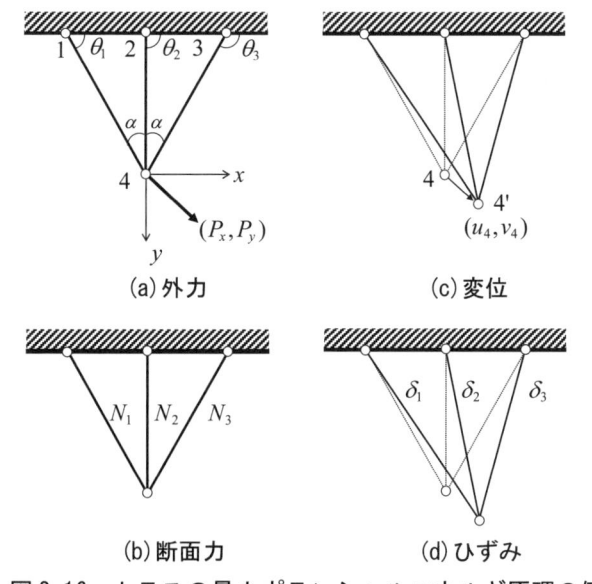

図 2.16　トラスの最小ポテンシャルエネルギ原理の例

このトラスに関する**全ポテンシャルエネルギ**は下式で表現できる.

$$\Pi = U + V = U_{14} + U_{24} + U_{34} + V \tag{2.88}$$

ここに U_{14}, U_{24}, U_{34} はそれぞれ 14 部材, 24 部材, 34 部材の**ひずみエネルギ**, V は**外力のポテンシャル**であり, それぞれ式(2.89), 式(2.90)となる.

$$U_{14} = \frac{EA}{2l}\cos\alpha \begin{pmatrix} u_4 & v_4 \end{pmatrix} \begin{pmatrix} \lambda_1^2 & \lambda_1\mu_1 \\ \lambda_1\mu_1 & \mu_1^2 \end{pmatrix} \begin{pmatrix} u_4 \\ v_4 \end{pmatrix}$$

$$U_{24} = \frac{EA}{2l} \begin{pmatrix} u_4 & v_4 \end{pmatrix} \begin{pmatrix} \lambda_2^2 & \lambda_2\mu_2 \\ \lambda_2\mu_2 & \mu_2^2 \end{pmatrix} \begin{pmatrix} u_4 \\ v_4 \end{pmatrix} \qquad (2.89)$$

$$U_{34} = \frac{EA}{2l}\cos\alpha \begin{pmatrix} u_4 & v_4 \end{pmatrix} \begin{pmatrix} \lambda_3^2 & \lambda_3\mu_3 \\ \lambda_3\mu_3 & \mu_3^2 \end{pmatrix} \begin{pmatrix} u_4 \\ v_4 \end{pmatrix}$$

$$V = -\begin{pmatrix} u_4 & v_4 \end{pmatrix} \begin{pmatrix} P_x \\ P_y \end{pmatrix} \qquad (2.90)$$

したがって，**全ポテンシャルエネルギ**は式(2.91)となる．

$$\Pi = U + V = U_{14} + U_{24} + U_{34} + V$$

$$= \frac{EA}{2l}\cos\alpha \begin{pmatrix} u_4 & v_4 \end{pmatrix} \begin{pmatrix} \lambda_1^2 & \lambda_1\mu_1 \\ \lambda_1\mu_1 & \mu_1^2 \end{pmatrix} \begin{pmatrix} u_4 \\ v_4 \end{pmatrix} + \frac{EA}{2l} \begin{pmatrix} u_4 & v_4 \end{pmatrix} \begin{pmatrix} \lambda_2^2 & \lambda_2\mu_2 \\ \lambda_2\mu_2 & \mu_2^2 \end{pmatrix} \begin{pmatrix} u_4 \\ v_4 \end{pmatrix} \qquad (2.91)$$

$$+ \frac{EA}{2l}\cos\alpha \begin{pmatrix} u_4 & v_4 \end{pmatrix} \begin{pmatrix} \lambda_3^2 & \lambda_3\mu_3 \\ \lambda_3\mu_3 & \mu_3^2 \end{pmatrix} \begin{pmatrix} u_4 \\ v_4 \end{pmatrix} - \begin{pmatrix} u_4 & v_4 \end{pmatrix} \begin{pmatrix} P_x \\ P_y \end{pmatrix}$$

ここで，**方向余弦**は式(1.4)を参照し，また，$c \equiv \cos\alpha$, $s \equiv \sin\alpha$とすると式(2.91) は下式となる．

$$\Pi = \frac{EA}{2l}\cos\alpha \begin{pmatrix} u_4 & v_4 \end{pmatrix} \begin{pmatrix} s^2 & sc \\ sc & c^2 \end{pmatrix} \begin{pmatrix} u_4 \\ v_4 \end{pmatrix} + \frac{EA}{2l} \begin{pmatrix} u_4 & v_4 \end{pmatrix} \begin{pmatrix} 0 & 0 \\ 0 & 1 \end{pmatrix} \begin{pmatrix} u_4 \\ v_4 \end{pmatrix}$$

$$+ \frac{EA}{2l}\cos\alpha \begin{pmatrix} u_4 & v_4 \end{pmatrix} \begin{pmatrix} s^2 & -sc \\ -sc & c^2 \end{pmatrix} \begin{pmatrix} u_4 \\ v_4 \end{pmatrix} - \begin{pmatrix} u_4 & v_4 \end{pmatrix} \begin{pmatrix} P_x \\ P_y \end{pmatrix} \qquad (2.92)$$

$$= \frac{EA}{2l} \begin{pmatrix} u_4 & v_4 \end{pmatrix} \begin{pmatrix} 2cs^2 & 0 \\ 0 & 1+2c^3 \end{pmatrix} \begin{pmatrix} u_4 \\ v_4 \end{pmatrix} - \begin{pmatrix} u_4 & v_4 \end{pmatrix} \begin{pmatrix} P_x \\ P_y \end{pmatrix}$$

最小ポテンシャルエネルギの原理より下式が得られる．

$$\begin{pmatrix} P_x \\ P_y \end{pmatrix} = \frac{EA}{l} \begin{pmatrix} 2cs^2 & 0 \\ 0 & 1+2c^3 \end{pmatrix} \begin{pmatrix} u_4 \\ v_4 \end{pmatrix} \qquad (2.93)$$

上式は式(1.34)に等しい．すなわち，変位で表した釣合い式である．上式より，変位を求めると式(2.94)が得られる．

$$\begin{pmatrix} u_4 \\ v_4 \end{pmatrix} = \begin{pmatrix} \dfrac{1}{2cs^2} \cdot \dfrac{P_x l}{EA} \\ \dfrac{1}{1+2c^3} \cdot \dfrac{P_y l}{EA} \end{pmatrix} \qquad (2.94)$$

2.5　軸力材における補仮想仕事の原理

　補仮想仕事の原理は軸力材のダイバージェンスの定理において，釣合い式を満足する外力を**仮想外力**として与える．このため**仮想力の原理**と呼ぶこともある．この仮想外力は δP と表現することが多い．この仮想外力と，釣合い式から算出する軸力（断面力）が釣合系となる．任意の仮想外力がなす仕事と内力のなす仕事を等値することにより**ひずみ－変位関係**を導出することができる（例 2.1 参照）．

　ダイバージェンスの定理式(2.3)に対応して，補仮想仕事の原理は式(2.95)のように記述できる．

$$P_1^* u_1 + P_2^* u_2 + \int_0^l q^*(x) u(x) dx = \int_0^l N^*(x) \varepsilon(x) dx \qquad \text{再掲}(2.3)$$

$$\delta P_1 \cdot u_1 + \delta P_2 \cdot u_2 + \int_0^l \delta q(x) u(x) dx = \int_0^l \delta N(x) \varepsilon(x) dx \qquad (2.95)$$

　また，ダイバージェンスの定理式(2.13)に対応して，補仮想仕事の原理は式(2.96)のように記述できる．

$$\sum_{j=1}^l P_{xj}^* u_j + \sum_{j=1}^m P_{yj}^* v_j = \sum_{i=1}^n N_i^* \varepsilon_i l_i = \sum_{i=1}^n N_i^* \delta_i \qquad \text{再掲}(2.13)$$

$$\sum_j^l \delta P_{xj} \cdot u_j + \sum_j^m \delta P_{yj} \cdot v_j = \sum_{i=1}^n \delta N_i \cdot \varepsilon_i l_i \qquad (2.96)$$

　式(2.95)，(2.96)において，「δ」が付いた量が**釣合系**の量（仮想外力やそれに対応する軸力）であり，付かない量（変位，ひずみ）が**適合系**の量である．

参考 2.13　補仮想仕事の原理

　補仮想仕事の原理は右図に示すように釣合系の"仮想"外力が適合系の変位に対してなす仕事（外力のなす仮想仕事）と，釣合系の"仮想"外力に対応する断面力が適合系のひずみに対してなす仕事（内力のなす仕事）が等しいことを主張する．釣合い式，力学的境界条件を付帯条件とすると，**ひずみ－変位関係**が得られる．

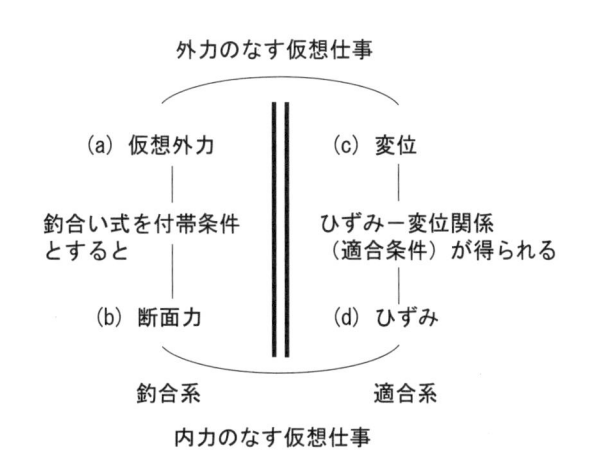

【例 2.16 補仮想仕事の原理を用いた単材のひずみ－変位関係式の導出 1】

図 2.17 の適合系のひずみと変位の関係を算定する.

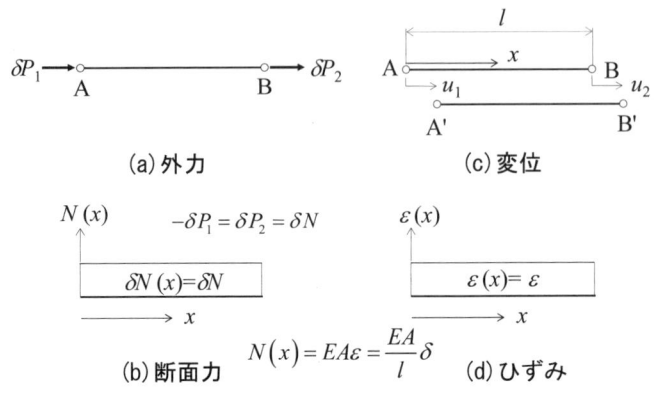

(a) 外力　　　　　　　　(c) 変位

(b) 断面力　　$N(x) = EA\varepsilon = \dfrac{EA}{l}\delta$　　(d) ひずみ

図 2.17　補仮想仕事の原理の例

図 2.17 の軸力材の**補仮想仕事式**は下式となる.

$$\delta P_1 \cdot u_1 + \delta P_2 \cdot u_2 = \int_0^l \delta N \cdot \varepsilon dx = \delta N \cdot \varepsilon l \tag{2.97}$$

釣合った系では下式の関係がある.

$$-\delta P_1 = \delta P_2 = \delta N \tag{2.98}$$

式(2.97)に式(2.98)を代入すると下式が得られる.

$$-\delta N \cdot u_1 + \delta N \cdot u_2 = \delta N \cdot \varepsilon l \quad \therefore \ (u_2 - u_1 - \varepsilon l)\delta N = 0 \tag{2.99}$$

任意の δN に対して上式が成り立つことより下式が得られる.

$$u_2 - u_1 - \varepsilon l = 0 \tag{2.100}$$

ひずみと変位の関係式が得られた.

【例 2.17 補仮想仕事の原理を用いた単材のひずみ－変位関係式の導出 2】

図 2.18 において，左端の移動が止められ，右端に P_2 の外力が作用し図(c)，(d)の変位，ひずみが生じたとき，ひずみ－変位関係を算定する. この問題に対して**幾何学的境界条件**および**力学的境界条件**はそれぞれ式(2.101)，(2.102)となる.

$$u(0) = 0 \tag{2.101}$$

$$N(l) = P_2 \tag{2.102}$$

補仮想仕事式は図(a)，(b)の釣合系の外力，断面力が，(c)，(d)の適合系の変位，ひずみ対してなす仕事として下式となる.

$$\int_0^l \delta q(x)u(x)dx = \int_0^l \delta N(x)\varepsilon(x)dx \tag{2.103}$$

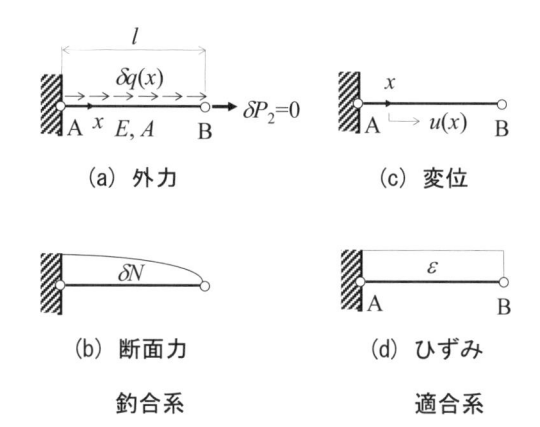

(a)　外力　　　　　　　(c)　変位

(b)　断面力　　　　　　(d)　ひずみ

釣合系　　　　　　　適合系

図 2.18　釣合系を形成する仮想外力と実系の適合系

節点 B では力学的境界なので$\delta P_2=0$ とする必要がある．式(2.103)において，釣合い微分方程式（$\delta q(x)=-\delta N'(x)$）を左辺に代入し，部分積分すると下式が得られる．

$$\int_0^l \delta q(x)u(x)dx = -\int_0^l \delta N'(x)u(x)dx = \left[-\delta N(x)u(x)\right]_0^l + \int_0^l \delta N(x)u'(x)dx \tag{2.104}$$

式(2.103)は，下式となる．

$$\left[-\delta N(x)u(x)\right]_0^l + \int_0^l \delta N(x)\left(u'(x)-\varepsilon(x)\right)dx = 0 \tag{2.105}$$

力学的境界条件を満足する仮想力と対応する軸力が釣合系となるため，$\delta N(l)=0$ であることに注意して，任意の$\delta N(x)$に対して式(2.105)が成り立つことより，式(2.106), 式(2.107)が得られる．

$$\varepsilon(x)=u'(x) \tag{2.106}$$

$$u(0)=0 \tag{2.107}$$

式(2.106)は閉区間[0, l]において成立つ**ひずみ－変位関係**であり，式(2.107)は $x=0$ での**幾何学的境界条件**である．

【例 2.18 補仮想仕事の原理を用いたトラスのひずみ－変位関係式の導出】

図 2.19 に示す 3 本の棒よりなるトラス構造を考える．図 2.19(a),(b)の**釣合系**に対して，図 2.19(c),(d)の**適合系**を考え，ひずみ－変位関係を算出する．

補仮想仕事の原理は下式で表現できる．

$$\delta P_x \cdot u_4 + \delta P_y \cdot v_4 = \delta N_1 \cdot \delta_1 + \delta N_2 \cdot \delta_2 + \delta N_3 \cdot \delta_3 \tag{2.108}$$

釣合系では下式の関係がある．

$$\left.\begin{aligned} \delta P_x &= \lambda_1 \cdot \delta N_1 + \lambda_2 \cdot \delta N_2 + \lambda_3 \cdot \delta N_3 \\ \delta P_y &= \mu_1 \cdot \delta N_1 + \mu_2 \cdot \delta N_2 + \mu_3 \cdot \delta N_3 \end{aligned}\right\} \tag{2.109}$$

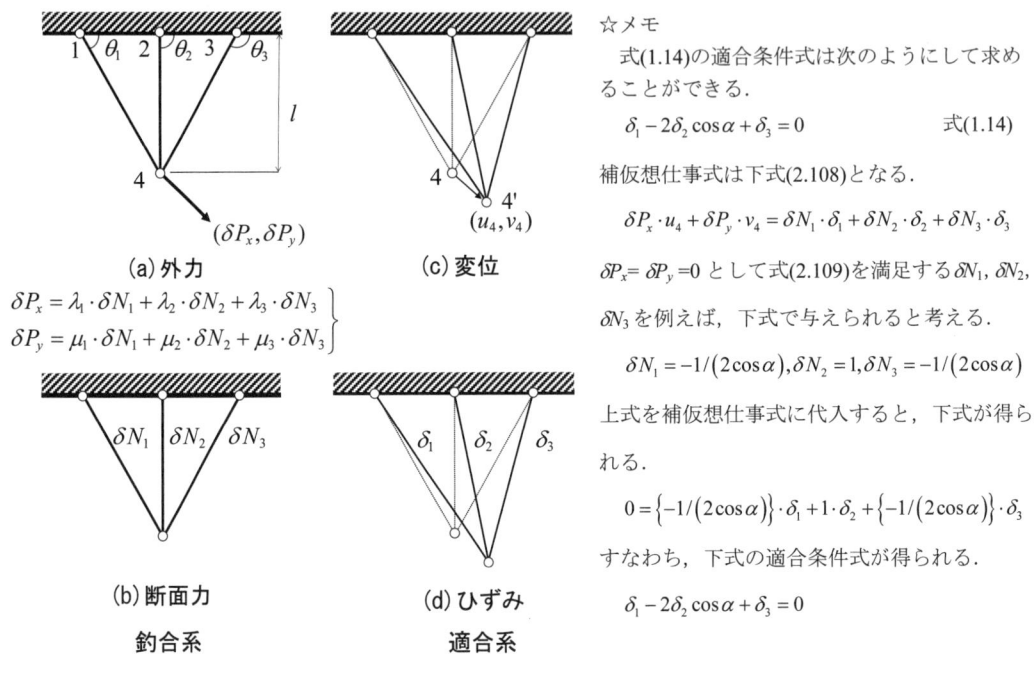

(a)外力　　　　(c)変位

$$\begin{aligned}
\delta P_x = \lambda_1 \cdot \delta N_1 + \lambda_2 \cdot \delta N_2 + \lambda_3 \cdot \delta N_3 \\
\delta P_y = \mu_1 \cdot \delta N_1 + \mu_2 \cdot \delta N_2 + \mu_3 \cdot \delta N_3
\end{aligned}\right\}$$

(b)断面力　　　　(d)ひずみ

釣合系　　　　適合系

☆メモ

　式(1.14)の適合条件式は次のようにして求めることができる.

$$\delta_1 - 2\delta_2 \cos\alpha + \delta_3 = 0 \qquad 式(1.14)$$

補仮想仕事式は下式(2.108)となる.

$$\delta P_x \cdot u_4 + \delta P_y \cdot v_4 = \delta N_1 \cdot \delta_1 + \delta N_2 \cdot \delta_2 + \delta N_3 \cdot \delta_3$$

$\delta P_x = \delta P_y = 0$ として式(2.109)を満足するδN_1, δN_2, δN_3 を例えば, 下式で与えられると考える.

$$\delta N_1 = -1/(2\cos\alpha), \delta N_2 = 1, \delta N_3 = -1/(2\cos\alpha)$$

上式を補仮想仕事式に代入すると, 下式が得られる.

$$0 = \left\{-1/(2\cos\alpha)\right\} \cdot \delta_1 + 1 \cdot \delta_2 + \left\{-1/(2\cos\alpha)\right\} \cdot \delta_3$$

すなわち, 下式の適合条件式が得られる.

$$\delta_1 - 2\delta_2 \cos\alpha + \delta_3 = 0$$

図 2.19　トラスにおける釣合系を形成する仮想外力と実系の適合系

式(2.108)に式(2.109)を代入すると下式が得られる.

$$\begin{aligned}
\left(\lambda_1 \cdot \delta N_1 + \lambda_2 \cdot \delta N_2 + \lambda_3 \cdot \delta N_3\right) \cdot u_4 + \left(\mu_1 \cdot \delta N_1 + \mu_2 \cdot \delta N_2 + \mu_3 \cdot \delta N_3\right) \cdot v_4 \\
= \delta N_1 \cdot \delta_1 + \delta N_2 \cdot \delta_2 + \delta N_3 \cdot \delta_3
\end{aligned} \qquad (2.110)$$

式(2.110)を整理すると下式が得られる.

$$\left(\lambda_1 \cdot u_4 + \mu_1 \cdot v_4 - \delta_1\right)\delta N_1 + \left(\lambda_2 \cdot u_4 + \mu_2 \cdot v_4 - \delta_2\right)\delta N_2 + \left(\lambda_3 \cdot u_4 + \mu_3 \cdot v_4 - \delta_3\right)\delta N_3 = 0 \qquad (2.111)$$

任意の軸力（δN_1, δN_2, δN_3）に対して上式が成り立つことにより下式が得られる.

$$\begin{aligned}
\delta_1 = \lambda_1 \cdot u_4 + \mu_1 \cdot v_4 \\
\delta_2 = \lambda_2 \cdot u_4 + \mu_2 \cdot v_4 \\
\delta_3 = \lambda_3 \cdot u_4 + \mu_3 \cdot v_4
\end{aligned}\right\} \qquad (2.112)$$

上式は, **変位とひずみ（伸び）の関係**であり, 式(1.12)と等しい.

2.6　軸力材における最小コンプリメンタリエネルギの原理

　各部材の**コンプリメンタリエネルギ**U_c^*を書き下し, その和を取り, Π_c^*で表す. Π_c^*は軸力の関数であるが, 釣合い式を付帯条件として最小値を取ると軸力と外力で表現した**適合条件式**が得られる. すなわち, 釣合い式と応力－ひずみ関係式を用いてΠ_c^*を書き下しておけば, 釣合い式,

応力－ひずみ関係式, 適合条件式を満足する正解は Π_c^* の停留条件で与えられる. この停留値は, Π_c^* の最小値なので最小コンプリメンタリエネルギの原理と呼ばれる.

　幾何学的境界条件において変位が 0 でない場合の**全コンプリメンタリエネルギ**は下式となる.

$$\Pi_c^* = U_c^* + V_c^* = \sum_{i=1}^{n} \frac{N_i^2 l_i}{2EA_i} - \sum_{i=1}^{j} \overline{u}_i P_{xi} - \sum_{i=1}^{k} \overline{v}_i P_{yi} \qquad (2.113)$$

　ここに $\overline{u}_i$, $\overline{v}_i$ は与えられた変位であり, 幾何学的境界の量であることを示すため**上付き横棒**を付けている. P_{xi}, P_{yi} はその点に作用する力である. 上式中辺の V_c^* は**コンプリメンタリポテンシャルエネルギ**と呼ばれる.

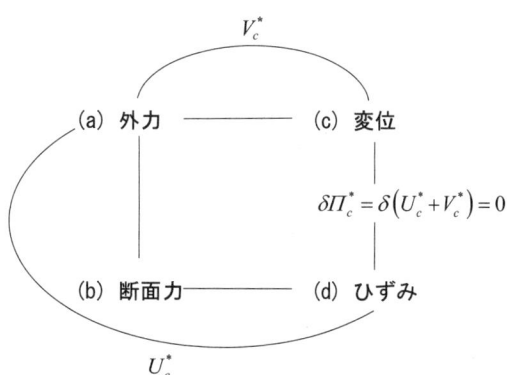

参考 2.14　最小コンプリメンタリエネルギの原理
　最小コンプリメンタリエネルギの原理は右図に示す(a), (b), (d)の関係を用いてコンプリメンタリエネルギ U_c^* を, (a), (c)の関係を用いてコンプリメンタリポテンシャルエネルギ V_c^* を算定し, 全コンプリメンタリエネルギを $\Pi_c^* = U_c^* + V_c^*$ で算定すると, その最小化により(c)と(d)の関係が得られるというものである.

【例 2.19 最小コンプリメンタリエネルギの原理を用いたトラスのひずみ－変位関係式の導出 1】

　図 2.20 に示すトラスの**適合条件式**を算出する.

　1.5.2 項で図 2.20 に対する**全コンプリメンタリエネルギ**の式(1.47)を示した.

$$\Pi_c^* = U_{c14}^* + U_{c24}^* + U_{c34}^* = \frac{N_1^2 l}{2cEA} + \frac{N_2^2 l}{2EA} + \frac{N_3^2 l}{2cEA} \qquad \text{再掲}(1.47)$$

　また, 式(1.5)で力の釣合い式を示した. 方向余弦として式(1.4)を用いて, $c \equiv \cos\alpha$, $s \equiv \sin\alpha$ とすると, 下式が得られる.

$$\left.\begin{aligned} P_x &= sN_1 - sN_3 \\ P_y &= cN_1 + N_2 + cN_3 \end{aligned}\right\} \qquad (2.114)$$

　上式より下式が得られる.

$$\left.\begin{aligned} N_2 &= P_y + \frac{c}{s}P_x - 2cN_1 \\ N_3 &= N_1 - \frac{1}{s}P_x \end{aligned}\right\} \qquad (2.115)$$

　式(2.115)を式(1.47)に代入すると下式が得られる.

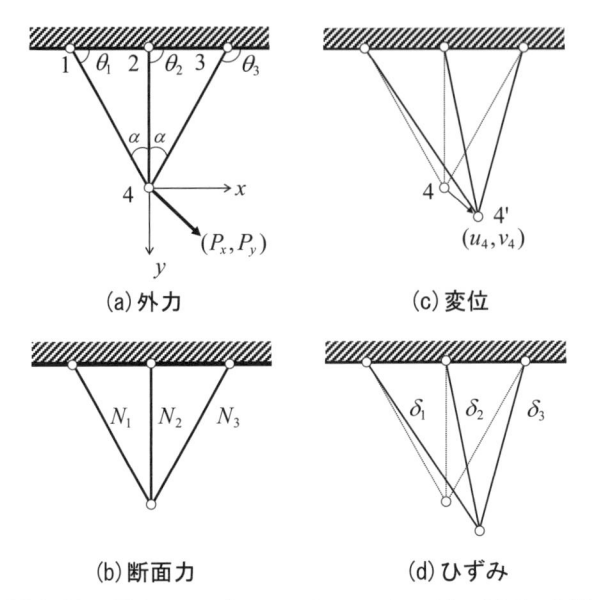

(a) 外力 　　　　　　(c) 変位

(b) 断面力 　　　　　(d) ひずみ

図 2. 20　最小コンプリメンタリエネルギの原理の例題

$$\Pi_c^* = \frac{N_1^2 l}{2cEA} + \frac{N_2^2 l}{2EA} + \frac{N_3^2 l}{2cEA} = \frac{N_1^2 l}{2cEA} + \frac{\left(P_y + \dfrac{c}{s}P_x - 2cN_1\right)^2 l}{2EA} + \frac{\left(N_1 - \dfrac{1}{s}P_x\right)^2 l}{2cEA} \tag{2.116}$$

この Π_c^* を最小にする N_1 が正解を与えるというのが**最小コンプリメンタリエネルギの原理**の主張するところである．全コンプリメンタリエネルギ Π_c^* を軸力 N_1 で微分し，極値を持つ条件として 0 とおくと下式が得られる．

$$\frac{\partial \Pi_c^*}{\partial N_1} = \frac{N_1 l}{cEA} + \frac{\left(P_y + \dfrac{c}{s}P_x - 2cN_1\right)(-2c)l}{EA} + \frac{\left(N_1 - \dfrac{1}{s}P_x\right)l}{cEA} = 0$$

$$\tag{2.117}$$

$$\therefore \quad N_1 + \left(P_y + \frac{c}{s}P_x - 2cN_1\right)(-2c^2) + \left(N_1 - \frac{1}{s}P_x\right) = 0$$

式(2.117)は，**適合条件**を軸力であらわした式(1.38)と等価である．

上式は，$N_i l_i / EA = \delta_i$ と式(2.115)を用いると下式となり，適合条件であることがわかる．

$$\frac{\partial \Pi_c^*}{\partial N_1} = \frac{N_1 l}{cEA} + \frac{N_2 l}{EA}\frac{\partial N_2}{\partial N_1} + \frac{N_3 l}{cEA}\frac{\partial N_3}{\partial N_1} = \delta_1 - 2c\delta_2 + \delta_3 = 0 \tag{2.118}$$

【例 2.20 最小コンプリメンタリエネルギの原理を用いたトラスのひずみ－変位関係式の導出 2】

図 2.21 に示すトラスの**適合条件式**を算出する．節点 4 の変位が与えられているものとして，全コンプリメンタリエネルギを記述する．

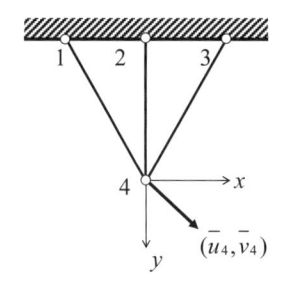

図 2.21　幾何学的境界条件を与えられたトラス

$$\Pi_c^* = \frac{N_1^2 l}{2cEA} + \frac{N_2^2 l}{2EA} + \frac{N_3^2 l}{2cEA} - P_x \overline{u}_4 - P_y \overline{v}_4$$
$$= \frac{N_1^2 l}{2cEA} + \frac{N_2^2 l}{2EA} + \frac{N_3^2 l}{2cEA} - \left(N_1 \lambda_1 + N_2 \lambda_2 + N_3 \lambda_3\right)\overline{u}_4 - \left(N_1 \mu_1 + N_2 \mu_2 + N_3 \mu_3\right)\overline{v}_4 \tag{2.119}$$

上式では，釣合い式である下式を用いた．

$$\left.\begin{array}{l} P_x = N_1 \lambda_1 + N_2 \lambda_2 + N_3 \lambda_3 \\ P_y = N_1 \mu_1 + N_2 \mu_2 + N_3 \mu_3 \end{array}\right\} \tag{再掲(1.5)}$$

したがって，下式が得られる．

$$\left.\begin{array}{l} \dfrac{\partial \Pi_c^*}{\partial N_1} = \dfrac{N_1 l}{cEA} - \lambda_1 \overline{u}_4 - \mu_1 \overline{v}_4 = 0 \\[2ex] \dfrac{\partial \Pi_c^*}{\partial N_2} = \dfrac{N_2 l}{EA} - \lambda_2 \overline{u}_4 - \mu_2 \overline{v}_4 = 0 \\[2ex] \dfrac{\partial \Pi_c^*}{\partial N_3} = \dfrac{N_3 l}{cEA} - \lambda_3 \overline{u}_4 - \mu_3 \overline{v}_4 = 0 \end{array}\right\} \tag{2.120}$$

上式の中辺第一項は，それぞれ 14 部材，24 部材，34 部材の伸び δ_1，δ_2，δ_3 であるから，上式は結局下式となる．

$$\left.\begin{array}{l} \delta_1 = \lambda_1 \overline{u}_4 + \mu_1 \overline{v}_4 \\ \delta_2 = \lambda_2 \overline{u}_4 + \mu_2 \overline{v}_4 \\ \delta_3 = \lambda_3 \overline{u}_4 + \mu_3 \overline{v}_4 \end{array}\right\} \tag{2.121}$$

上式は，式(1.12)と同じで，**ひずみと変位の関係式**を表している．

【例 2.21 最小コンプリメンタリエネルギの原理を用いたトラスの変位の導出】

　図 2.20 に示すトラスの節点 4 の変位と外力の関係を算出する．節点 4 の変位が与えられているものとして，**全コンプリメンタリエネルギ**を記述する．

$$\Pi_c^* = \frac{N_1^2 l}{2cEA} + \frac{N_2^2 l}{2EA} + \frac{N_3^2 l}{2cEA} - P_x \overline{u}_4 - P_y \overline{v}_4 \tag{2.122}$$

上式の断面力 N_1, N_2, N_3 を，式(1.37)を用いて外力 P_x, P_y で表現すると式(2.123)が得られる．

$$\begin{pmatrix} N_1 \\ N_2 \\ N_3 \end{pmatrix} = \begin{pmatrix} \dfrac{1}{2s} & \dfrac{c^2}{1+2c^3} \\ 0 & \dfrac{1}{1+2c^3} \\ -\dfrac{1}{2s} & \dfrac{c^2}{1+2c^3} \end{pmatrix} \begin{pmatrix} P_x \\ P_y \end{pmatrix} \qquad \text{再掲(1.37)}$$

$$
\begin{aligned}
\Pi_c^* &= \frac{N_1^2 l}{2cEA} + \frac{N_2^2 l}{2EA} + \frac{N_3^2 l}{2cEA} - P_x \bar{u}_4 - P_y \bar{v}_4 \\
&= \frac{\left(\dfrac{1}{2s}P_x + \dfrac{c^2}{1+2c^3}P_y \right)^2 l}{2cEA} + \frac{\left(\dfrac{1}{1+2c^3}P_y \right)^2 l}{2EA} + \frac{\left(-\dfrac{1}{2s}P_x + \dfrac{c^2}{1+2c^3}P_y \right)^2 l}{2cEA} - P_x \bar{u}_4 - P_y \bar{v}_4
\end{aligned}
\tag{2.123}
$$

したがって，**最小コンプリメンタリエネルギ原理**より下式が得られる．

$$
\left.
\begin{aligned}
\frac{\partial \Pi_c^*}{\partial P_x} &= \frac{\left(\dfrac{1}{2s}P_x + \dfrac{c^2}{1+2c^3}P_y \right)\dfrac{1}{2s}l}{cEA} + \frac{\left(-\dfrac{1}{2s}P_x + \dfrac{c^2}{1+2c^3}P_y \right)\dfrac{-1}{2s}l}{cEA} - \bar{u}_4 = \frac{l}{2cs^2 EA}P_x - \bar{u}_4 = 0 \\[2ex]
\frac{\partial \Pi_c^*}{\partial P_y} &= \frac{\left(\dfrac{1}{2s}P_x + \dfrac{c^2}{1+2c^3}P_y \right)\dfrac{c^2}{1+2c^3}l}{cEA} + \frac{\left(\dfrac{1}{1+2c^3}P_y \right)\dfrac{1}{1+2c^3}l}{EA} + \frac{\left(-\dfrac{1}{2s}P_x + \dfrac{c^2}{1+2c^3}P_y \right)\dfrac{c^2}{1+2c^3}l}{cEA} - \bar{v}_4 \\[2ex]
&= \frac{l}{\left(1+2c^3\right)EA}P_y - \bar{v}_4 = 0
\end{aligned}
\right\}
\tag{2.124}
$$

変位 $\bar{u}_4$, $\bar{v}_4$ と外力の関係が算定できた．式(2.94)と同じ関係式である．

2.7 軸力材におけるカスティリアーノの定理

2.7.1 カスティリアーノの第1定理

外力が集中荷重の場合，**ひずみエネルギ** U を変位で表現し，変位 u_i で微分するとその点の荷重 P_i が得られる．すなわち下式である．

$$\frac{\partial U}{\partial u_i} = P_i \tag{2.125}$$

図2.22の場合のひずみエネルギは下式となる．

$$U = \frac{EA}{2l}\delta^2 = \frac{EA}{2l}u^2 \tag{2.126}$$

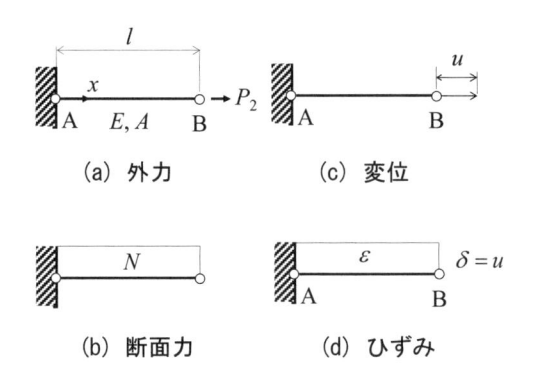

（a）外力　　　（c）変位

（b）断面力　　（d）ひずみ

図 2.22　カスティリアーノの定理の例題

したがって，下式が得られる．

$$\frac{\partial U}{\partial u} = \frac{\partial}{\partial u}\left(\frac{EA}{2l}u^2\right) = \frac{EA}{l}u \tag{2.127}$$

上式の右辺は図 2.22(a)の P_2 に対応している．

【例 2.22 トラスの節点の外力の導出】

図 2.20 にしめす 3 本の棒よりなるトラス構造を考える．このひずみエネルギは，例 2.15 の式 (2.92)の右辺第 1 項の下式となる．

$$U = \frac{EA}{2l}\begin{pmatrix}u_4 & v_4\end{pmatrix}\begin{pmatrix}2cs^2 & 0 \\ 0 & 1+2c^3\end{pmatrix}\begin{pmatrix}u_4 \\ v_4\end{pmatrix} \tag{2.128}$$

上式において，ひずみエネルギ U を u_4, v_4 で微分すると下式が得られる．

$$\left.\begin{aligned}\frac{\partial U}{\partial u_4} &= \frac{2cs^2 EA}{l}u_4 \\ \frac{\partial U}{\partial v_4} &= \frac{(1+2c^3)EA}{l}v_4\end{aligned}\right\} \tag{2.129}$$

上式は，式(1.34)よりわかるように，P_x, P_y である．この解法は最小ポテンシャルエネルギの原理による式(2.93)と対応していることを確認されたい．

2.7.2 カスティリアーノの第 2 定理

外力が集中荷重の場合，**コンプリメンタリエネルギ** U_c^* を外力で表現し，外力 P_i で微分するとその点の変位 u_i が得られる．

$$\frac{\partial U_c^*}{\partial P_i} = u_i \tag{2.130}$$

図 2.22 の場合のコンプリメンタリエネルギは下式となる．

$$U_c^* = \frac{N^2 l}{2EA} = \frac{P_2^2 l}{2EA} \tag{2.131}$$

したがって，下式が得られる．

$$\frac{\partial U_c^*}{\partial P_2} = \frac{\partial}{\partial P_2}\left(\frac{P_2^2 l}{2EA}\right) = \frac{P_2 l}{EA} \tag{2.132}$$

上式の右辺は図 2.22(c)の u に対応している．

【例 2.23 トラスの節点の変位の導出 1】

図 2.20 にしめす 3 本の棒よりなるトラス構造を考える．このコンプリメンタリエネルギは下式となる．

$$U_c^* = U_{c14}^* + U_{c24}^* + U_{c34}^* = \frac{N_1^2 l}{2cEA} + \frac{N_2^2 l}{2EA} + \frac{N_3^2 l}{2cEA} \tag{再掲(1.47)}$$

式(1.37)を，上式に代入すると，式（2.133）が得られる．

$$\begin{pmatrix} N_1 \\ N_2 \\ N_3 \end{pmatrix} = \begin{pmatrix} \dfrac{1}{2s} & \dfrac{c^2}{1+2c^3} \\ 0 & \dfrac{1}{1+2c^3} \\ -\dfrac{1}{2s} & \dfrac{c^2}{1+2c^3} \end{pmatrix} \begin{pmatrix} P_x \\ P_y \end{pmatrix} \tag{再掲(1.37)}$$

$$U_c^* = \frac{\left(\dfrac{1}{2s}P_x + \dfrac{c^2}{1+2c^3}P_y\right)^2 l}{2cEA} + \frac{\left(\dfrac{1}{1+2c^3}P_y\right)^2 l}{2EA} + \frac{\left(-\dfrac{1}{2s}P_x + \dfrac{c^2}{1+2c^3}P_y\right)^2 l}{2cEA} \tag{2.133}$$

上式を P_x，P_y で微分すると下式が得られる．

$$\left.\begin{aligned} \frac{\partial U_c^*}{\partial P_x} &= \frac{\left(\dfrac{1}{2s}P_x + \dfrac{c^2}{1+2c^3}P_y\right)\dfrac{1}{2s}l}{cEA} + \frac{\left(-\dfrac{1}{2s}P_x + \dfrac{c^2}{1+2c^3}P_y\right)\dfrac{-1}{2s}l}{cEA} = \frac{l}{2cs^2 EA}P_x \\ \frac{\partial U_c^*}{\partial P_y} &= \frac{\left(\dfrac{1}{2s}P_x + \dfrac{c^2}{1+2c^3}P_y\right)\dfrac{c^2}{1+2c^3}l}{cEA} + \frac{\left(\dfrac{1}{1+2c^3}P_y\right)\dfrac{1}{1+2c^3}l}{EA} + \frac{\left(-\dfrac{1}{2s}P_x + \dfrac{c^2}{1+2c^3}P_y\right)\dfrac{c^2}{1+2c^3}l}{cEA} \\ &= \frac{l}{\left(1+2c^3\right)EA}P_y \end{aligned}\right\} \tag{2.134}$$

上式は，それぞれ荷重点の変位 u_4，v_4 である．この解法は最小コンプリメンタリエネルギの原理による変位の算定の例 2.21 と対応していることを確認されたい．

【例 2.24 トラスの節点の変位の導出 2】

図 2.23 にしめす 2 本の棒よりなるトラスの節点 4 に鉛直下方向に P_y の力が作用する時の 4 点の鉛直方向の変位を算定する．このトラスは例 2.23 のトラスにおいて 24 部材のないトラスである．

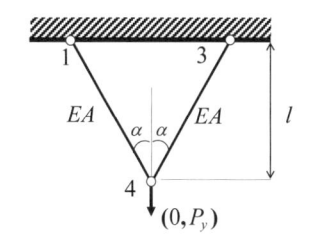

図 2.23　2 本の棒よりなるトラス

静定トラスであるので，力の釣合より 14 部材，34 部材の軸力 N_1, N_3 を求めると下式となる．下式で $c \equiv \cos\alpha$ である．

$$N_1 = N_2 = \frac{P_y}{2c} \tag{2.135}$$

コンプリメンタリエネルギは，下式となる．

$$\begin{aligned} U_c^* &= U_{c14}^* + U_{c34}^* \\ &= \frac{N_1^2 l}{2cEA} + \frac{N_3^2 l}{2cEA} = \frac{P_y^2 l}{4c^3 EA} \end{aligned} \qquad 再掲(1.47)$$

したがって，4 点の鉛直方向変位は下式で算定できる．

$$\frac{\partial U_c^*}{\partial P_y} = \frac{P_y l}{2c^3 EA} \tag{2.136}$$

上記のように静定トラスで軸力が簡単に算定できる場合，変位を簡単に算定できる．

なお，外力が複数ある場合には，カスティリアーノの定理を用いる場合には，それぞれの荷重が独立しているとしてコンプリメンタリエネルギを算定する必要がある．たとえば，点 A に P，点 B に $2P$ の外力があるとき，点 A の P 方向の変位を算定するには，点 A の外力を P_1 としてコンプリメンタリエネルギを算定し，このコンプリメンタリエネルギを P_1 で偏微分し，その後 $P_1 = P$ とすれば良い．

参考 2.15　カスティリアーノの定理

カスティリアーノの定理をまとめると右図のようになる．すなわち，第 1 定理は(b)，(d)，(c)の関係を用いてひずみエネルギ U を算定し，変位で微分すると外力が算定でき，第 2 定理は(a)，(b)，(d)の関係を用いてコンプリメンタリエネルギ U_c^* を算定し，外力で微分すると変位が得られる．

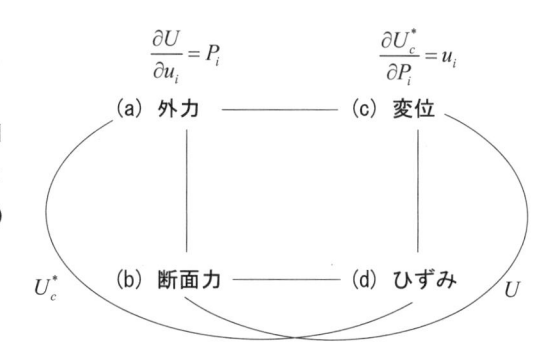

<h1 style="text-align:center">演 習 問 題</h1>

問題 2.1　最小ポテンシャルエネルギの原理と単位仮想荷重法

1) 図 2.24 に示す 13 部材，23 部材のひずみエネルギ U_{13}，U_{23} を記せ.

2) 全ポテンシャルエネルギΠ を記せ.

3) 最小ポテンシャルエネルギの原理を用いて変位 (u_3, v_3) を求めよ.

4) 単位仮想荷重法を用いて変位 (u_3, v_3) を求めよ.

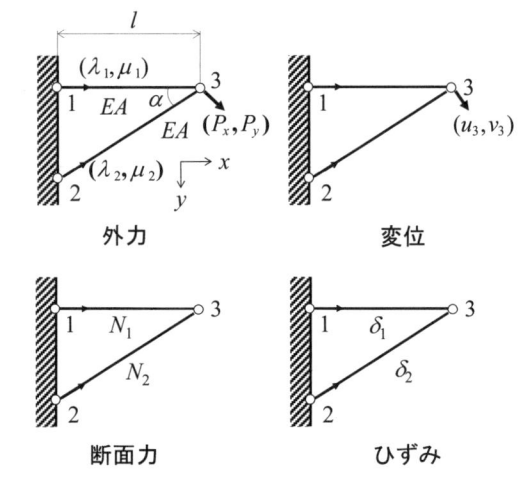

図 2.24

問題 2.2　仮想仕事の原理

図 2.25 を参照し，仮想仕事の原理を用いて式(2.87)を導出せよ.

$$\begin{pmatrix} X_1 \\ Y_1 \\ X_2 \\ Y_2 \end{pmatrix} = \frac{EA}{l} \begin{pmatrix} \lambda^2 & \lambda\mu & -\lambda^2 & -\lambda\mu \\ \lambda\mu & \mu^2 & -\lambda\mu & -\mu^2 \\ -\lambda^2 & -\lambda\mu & \lambda^2 & \lambda\mu \\ -\lambda\mu & -\mu^2 & \lambda\mu & \mu^2 \end{pmatrix} \begin{pmatrix} u_1 \\ v_1 \\ u_2 \\ v_2 \end{pmatrix} \qquad 再掲(2.87)$$

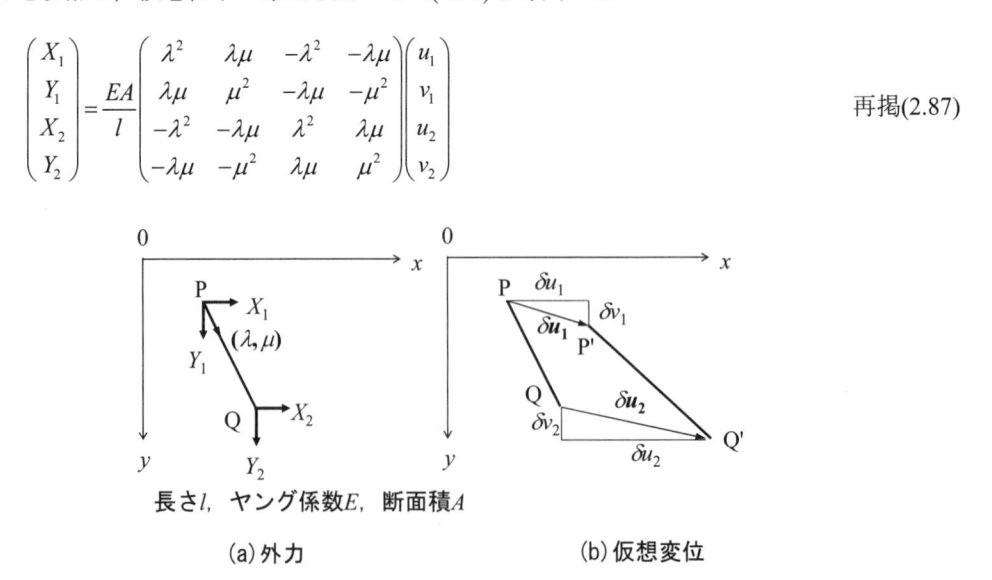

長さl，ヤング係数E，断面積A

(a)外力　　　　　　　　　　(b)仮想変位

図 2.25　外力と仮想変位

問題 2.3　反傾関係

例 2.10 の図 2.12 に示す $P=(P_x\,P_y)^T$，$N=(N_1\,N_2\,N_3)^T$，$\delta u=(\delta u\,\delta v)^T$，$\delta(\delta)=(\delta(\delta_1)\,\delta(\delta_2)\,\delta(\delta_3))^T$ に対して，$\delta(\delta)=B\delta u$ とする．仮想仕事の原理を用いて参考 1.9 で示した反傾関係 $P=B^T N$ が成立つことを示せ.

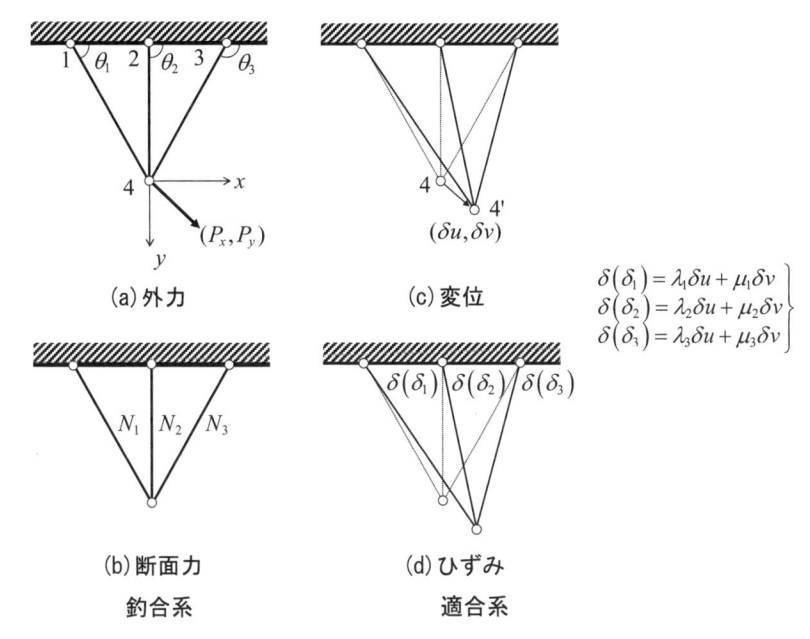

$$\delta\left(\delta_1\right) = \lambda_1\delta u + \mu_1\delta v$$
$$\delta\left(\delta_2\right) = \lambda_2\delta u + \mu_2\delta v$$
$$\delta\left(\delta_3\right) = \lambda_3\delta u + \mu_3\delta v$$

(a) 外力　　　　　(c) 変位

(b) 断面力　　　　(d) ひずみ

釣合系　　　　　適合系

再掲・図 2.12　釣合系と仮想変位の適合系

問題 2.4　複数のばねよりなる系の仮想仕事式

図 2.26 に示す i 節点 $(i=0\sim n)$ に P_i の荷重が作用し,節点 i と $i+1$ の間の軸力が N_i $(i=0\sim(n-1))$ の n 本のばねの系に対して,i 節点の仮想変位を δu_i として仮想仕事式を記し,釣合い式を導出せよ.節点 i と $i+1$ の間のばねの仮想変位に対応する伸びを $\delta(\delta_i)$ $(i=0\sim(n-1))$ とする.また,ばねの長さはすべて $\varDelta x$ とし,$n\varDelta x = l$ とするとき,長さ $\varDelta x$ を 0 に近づけることにより(あるいは,ばねの本数 n を ∞ に近づけることにより),式(2.41)の右辺が得られることを示せ.

$$P_1\delta u_1 + P_2\delta u_2 + \int_0^l q\left(x\right)\delta u\left(x\right)dx = \int_0^l N\left(x\right)\delta\varepsilon\left(x\right)dx \qquad 再掲(2.41)$$

図 2.26　n 本のばねのシステム

問題 2.5　最小ポテンシャルエネルギの原理

例 2.11 において,変位を下式で表現した.

$$u\left(x\right) = u_1\left(1-\frac{x}{l}\right) + u_2\frac{x}{l} = \left(1-\frac{x}{l} \quad \frac{x}{l}\right)\begin{pmatrix} u_1 \\ u_2 \end{pmatrix} \qquad 再掲(2.71)$$

ひずみは下式となる.

$$\varepsilon = u' = \frac{du(x)}{dx} = \begin{pmatrix} -\dfrac{1}{l} & \dfrac{1}{l} \end{pmatrix} \begin{pmatrix} u_1 \\ u_2 \end{pmatrix} \equiv \boldsymbol{Bu}$$

外力ベクトル $\boldsymbol{P}$ を下式で定義して，最小ポテンシャルエネルギの原理より $\boldsymbol{P}$ を E, A, $\boldsymbol{B}$, $\boldsymbol{u}$ を用いて示せ．また，式(1.33)「$\boldsymbol{P}=\boldsymbol{B}^T\boldsymbol{D}\,\boldsymbol{Bu}$」と同形式になっていることを確認しなさい.

$$\boldsymbol{P} = \begin{pmatrix} P_1 \\ P_2 \end{pmatrix}$$

(a)外力　　　　　　　　　　(c)変位

$$\frac{du(x)}{dx} = \frac{u_2 - u_1}{l}$$

$$\varepsilon(x) = \varepsilon = (u_2 - u_1)/l$$

(b)断面力　　$N(x) = EA\varepsilon = \dfrac{EA}{l}\delta$　(d)ひずみ

釣合系　　　　　　　　　　適合系

再掲・図2.13　ひずみエネルギと外力のポテンシャル

第 3 章　梁と骨組の微小変位弾性問題

本章では**梁**と**骨組**を対象とし，その**微小変位弾性問題**を取り扱う．

3.1 節では，梁の問題を形づくる構造として図 3.1 を示した．

3.2 節では 3 次元物体を細長い部材の特性を踏まえて**線材**としてモデル化すること，座標軸の設定などを説明し，さらに**合応力**としての**曲げモーメント**，**せん断力**，**軸力**の定義式を示す．

3.3 節では梁の**外力**，**断面力**，**変位**，**ひずみ**について解説した．

3.4 節では基礎式として，**釣合い式**，**ひずみ－変位関係**，**断面力－ひずみ関係**（**構成方程式**）を示し，これらをまとめると外力とたわみの関係が求まることを示した．

3.5 節では**力学的境界条件**，**幾何学的境界条件**と断面力の連続条件，不連続条件，たわみ，たわみ角の連続条件を示した．

3.6 節では集中荷重やモーメント荷重を分布荷重として取り扱う**マコーリ**（**Macauley**）**の括弧**について解説した．

3.7 節では実際的解法として，変位を未知数とする**変位法**，応力を未知数とする**応力法**を，例題を解くことにより示した．

3.8 節，3.9 節，3.10 節では第 4 章で必要となる**外力のなす仕事**，**ひずエネルギ関数**と梁の**ひずみエネルギ** U，**コンプリメンタリエネルギ関数**と梁の**コンプリメンタリエネルギ** U_c^* を解説する．

3.11 節では骨組の解析法として**たわみ角法**の解説を行うとともに，4 章の準備として骨組のひずみエネルギの算定を例示した．

3.1　梁理論の目的

梁理論のおもな目的とするところは，**外力**を受けて静的釣合い状態にある梁の**断面力**，**ひずみ**，**変位**（たわみ）等を解析することである．本章ではこの問題を定義する基礎方程式を述べ，次章で取り扱う**仕事の原理やエネルギ原理**（**変分原理**）への準備とす

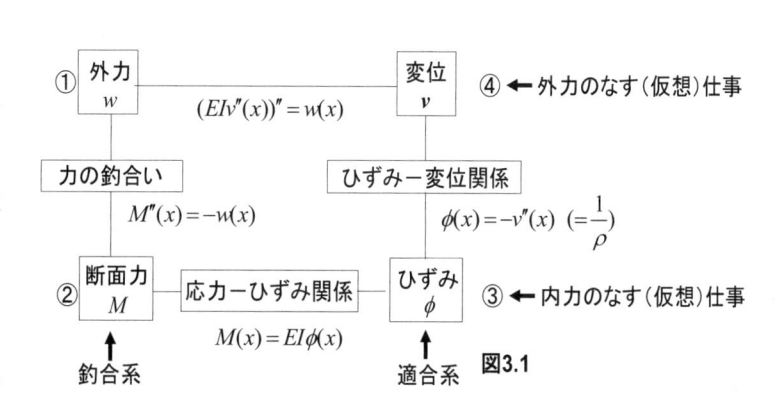

図 3.1　梁の 4 つの量

る．図 3.1 には外力，断面力，ひずみ，変位の 4 つの量に関して，**力の釣合い式**，**応力－ひずみ関係**，**ひずみ－変位関係**があることを示している．ここでは示していないが，**力学的境界条件**，**幾何学的境界条件**も解析を行ううえで重要である．

本書では，平面内で微小変位する**線形弾性体**でできた梁や骨組を対象とする．また特に断らない限り，軸力は作用していない場合を考える．

参考 3.1　微小変位弾性問題

　微小変位弾性問題は外力を受けて釣合い状態にある弾性体の**応力**，**ひずみ**，**変位**等を解析することである．**直交デカルト座標**(x, y, z)の関数となる 6 個の応力成分，6 個のひずみ成分，3 つの変位よりなる合計 15 個の未知関数を求めることが問題となる．解析には，3 つの**釣合い式**，6 つの**応力－ひずみ関係**，6 つの**変位－ひずみ関係**，**力学的境界条件**，**幾何学的境界条件**を用いる．すなわち 15 個の方程式を境界条件の下に解くこととなる．

$$S_\sigma = S \cap \overline{S_u}$$

S_σ, S_u はそれぞれ力学的境界条件，幾何学的境界条件となる表面

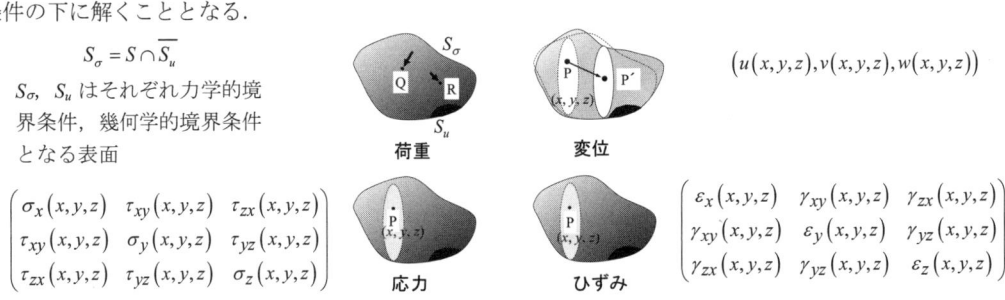

$$\left(u(x,y,z), v(x,y,z), w(x,y,z)\right)$$

荷重　　　　　変位

$$\begin{pmatrix} \sigma_x(x,y,z) & \tau_{xy}(x,y,z) & \tau_{zx}(x,y,z) \\ \tau_{xy}(x,y,z) & \sigma_y(x,y,z) & \tau_{yz}(x,y,z) \\ \tau_{zx}(x,y,z) & \tau_{yz}(x,y,z) & \sigma_z(x,y,z) \end{pmatrix}$$

応力　　　　　ひずみ

$$\begin{pmatrix} \varepsilon_x(x,y,z) & \gamma_{xy}(x,y,z) & \gamma_{zx}(x,y,z) \\ \gamma_{xy}(x,y,z) & \varepsilon_y(x,y,z) & \gamma_{yz}(x,y,z) \\ \gamma_{zx}(x,y,z) & \gamma_{yz}(x,y,z) & \varepsilon_z(x,y,z) \end{pmatrix}$$

3.2　線材へのモデル化

3.2.1 線材

　参考 3.1 に記したように，弾性論の一般的な問題の解析は，15 個の未知関数を偏微分方程式を含む 15 個の方程式を境界条件の下で解くことになるが，一般的な荷重や境界条件の下で**解析解**を得ることはできない．

　梁理論では，細長い部材の特性を踏まえてモデル化する．すなわち**幅・せい**の二つの**ディメンジョン**が同じ程度の大きさであり，もうひとつの**長さ**のディメンジョンに比較して非常に小さい材を**線材**としてモデル化する．モデル化に当たっては，**座標軸**をどのように設定するか，また，長さ方向の座標をもとにどのようにすれば各点の応力やひずみを算定できるモデルとなるかが問題となる．

3.2.2 座標軸の設定

　本書では**座標軸**としてx軸を材の長さ方向に取る．梁は真直ぐでその長さ方向が水平の位置に配置されているとして，図 3.2 に示すように左端を原点にとり，鉛直下方向にy軸を，$x-y$平面に垂直で**右手直交系**となるようにz軸を選ぶ．座標の原点は梁左端の断面の**重心**である．本書では$x-y$平面内の外力を受け，$x-y$平面内で挙動する梁を対象とする．したがって，応力，ひずみ，変位は梁内の点の座標（x, y）のみの関数であらわせる．よって本書では簡単のため，特別な場合以外は座標zの表記はしない．後に述べるように変位はx軸上のy方向変位$v(x, 0)$（$\equiv v(x)$

$\fallingdotseq v(x,\ y)$）が重要で，x 方向変位 $u(x,y)$ は**平面保持仮定**より，y と $v(x)$ の関数であらわせる．

　なお，数学では縦軸は上方向を正とするが，梁の問題では重力が鉛直下方向へ作用し，たわみも下側に生じることが多く，上記のように鉛直下方向に y 軸を設定する．**チモシェンコ（Timoshenko）の座標**とも呼ばれる．

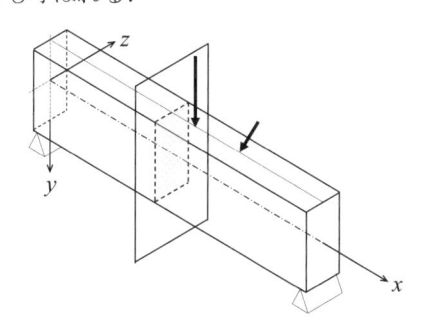

図 3.2　座標軸

3.2.3 線材での応力，ひずみ，変位

　参考 3.1 で示したように応力，ひずみ，変位は点$(x,\ y,\ z)$の関数である．本書の梁理論では次項で解説する**平面保持の仮定**と**微小変形の仮定**が成立し，**線形弾性体**で構成された梁を考える．これらの仮定を用いると，梁理論で得られる応力とひずみは**断面**に垂直方向の応力 σ と材長方向の伸びひずみ ε，および断面に平行なせん断応力 τ のみとなる．なお，平面保持の仮定の下ではせん断変形は生じない．

　梁理論はもっとも重要な，断面に作用する垂直応力，ひずみを算定する理論であり，せん断応力は垂直応力を算定した後，釣合う応力として算定する（3.5.6 節で解説する）．このあたりが梁の理論をわかりにくくしている．

　梁理論では応力は断面全体で積分したいわゆる**合応力**として取り扱う．この合応力を本書では**断面力**と呼ぶ．すなわち，曲げモーメント M，せん断力 Q，軸力 N は下式で定義する．積分記号の右下の A は断面積が積分領域であることを示している．

$$M(x) = \int_A \sigma y\, dA \tag{3.1}$$

$$Q(x) = \int_A \tau\, dA \tag{3.2}$$

$$N(x) = \int_A \sigma\, dA \tag{3.3}$$

　梁理論において一旦，曲げモーメント M やせん断力 Q，軸力 N が求まると，断面力－ひずみ関係，平面保持の仮定，ひずみ－変位関係を用いて，垂直応力 σ を算定できる．せん断応力 τ は垂直応力 σ に釣合う応力として算定する．

応力 σ ，τ と断面力（合応力）$M,\ Q,\ N$ に関する関係は式(3.1)〜(3.3)のようになるが，梁理論においてひずみ ε に対応する量は何であろうか？　先に述べたように曲げを受ける梁のひずみは断面に垂直な材長方向の伸びひずみ ε であるが，これを規定する量は**曲率 ϕ** である．すなわち曲率 $\phi(x)$ がわかれば $(x,\ y)$ の点のひずみが算定できる．

最後に変位であるが，梁理論においては x 軸上の点の y 方向の変位 $v(x)$（$\equiv v(x, 0)$）を**たわみ**と呼び，このたわみが梁理論における変位として重要な量となる．後述するが，たわみの関数として曲率（ひずみ）が算定できる．

境界条件に関しては，**力学的境界条件**は境界における外力と断面力の釣合いを，**幾何学的境界条件**は線材にモデル化した状態での梁の支持条件を記述することとなる．

参考 3.2　断面剛および断面内無応力の仮定

　平面保持の仮定よりより広い仮定として**断面不変の仮定**がある．この断面不変の仮定の解釈として，1）**断面剛の仮定**，2）**断面内無応力の仮定**の二つがある．右図は長方形の梁が純曲げを受けた場合の変形図を示している．すなわち，断面の上側は x 軸方向に圧縮力を受け，その結果 y 方向，z 方向に伸び，下側は x 軸方向に引張力を受け，その結果 y 方向，z 方向に縮む．その結果，右図のような変形をするのである．本書の梁理論では**ポアソン比**が 0 であることを仮定しているため，右図のような変形は考えない．

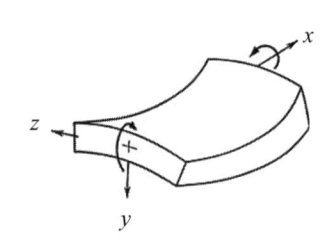

ポアソン比が0でない場合の梁の断面

3.2.4 平面保持の仮定

梁理論においてもっとも重要な仮定である．**平面保持の仮定**は「変形前の材軸に直交する平面は，変形後は変形後の材軸に直交する全く同じ平面になる」と表現できる．

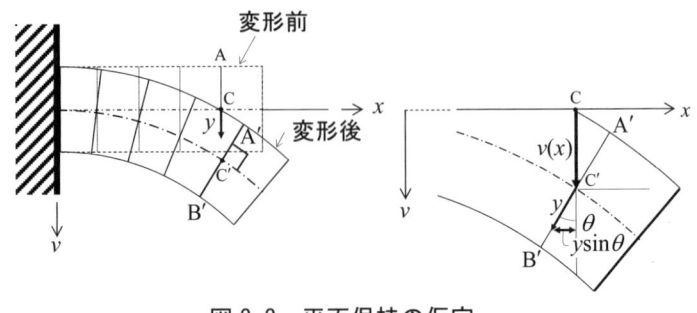

図 3.3　平面保持の仮定

　平面保持の仮定を式で表現すると，材軸上の点は，y 方向のみに変位し，x 方向には変位しないとすると，座標 $(x,\ y)$ の点の x 方向変位 $u(x, y)$ は下式となる（図 3.3 参照）．

$$u(x, y) = -y\sin\theta \tag{3.4}$$

3.3　梁の 4 つの量

3.2.3 項で梁理論における諸量の概略を解説したが，以下に少し詳しく梁理論における外力，断面力，変位，ひずみを解説する．

3.3.1 外力と断面力

外力としては，**集中荷重** P，**分布荷重** $w(x)$，**モーメント荷重** M_0 を対象とする．本書では，分布モーメント荷重や捩りモーメントは考慮しない．与えられた量であることを強調する場合には「$\bar{P}$」のように上付き横棒「－」を用いることもある．集中荷重，分布荷重は鉛直下方向に作用する場合を正とする．

断面力（応力，内力と呼ぶこともある）としては**曲げモーメント** $M(x)$，**せん断力** $Q(x)$，**軸力** $N(x)$ がある．どの断面力も材長方向の座標 x のみの関数である．断面力は梁の材軸上で仮想的に切断したとき，その切断面に作用する力であり，切断した面が**右の面**（断面の**外向き法線**が x 軸と同じ方向の断面）か，**左の面**かにより下図 3.4 の矢印の方向に作用するときを**正の方向**とする．この微小部分を全体として眺めると，曲げモーメントは材の下側が引張りとなる場合，せん断力は右の面が下がり左の面が上がる変形，軸力は引張力となる場合を正と定義していることがわかる．

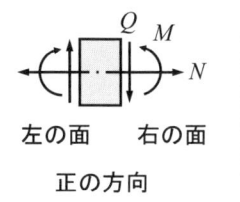

M：下側引張が正
Q：時計回りが正
N：引張りが正

図 3.4　断面力の正の方向

参考 3.3　弾性論における応力

　物体内の任意の 1 点の**応力**は，その点の座標を (x, y, z) とするとき，その点をひとつの頂点 $P^{(0)}$ とし，座標軸に平行な稜線をもつ六面体の 6 個の側面に作用する単位面積あたりの力の六面体を無限小としたときの極限の値で定義される．その成分は 9 つあり，これをマトリックス形で次のように書く．

$$\begin{bmatrix} \sigma_x & \tau_{yx} & \tau_{zx} \\ \tau_{xy} & \sigma_y & \tau_{zy} \\ \tau_{xz} & \tau_{yz} & \sigma_z \end{bmatrix}$$

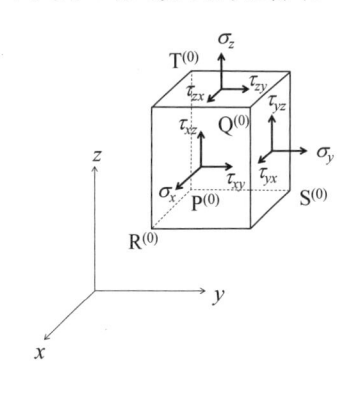

モーメントの釣合い条件から，下式が得られる．

$$\tau_{yz} = \tau_{zy}, \quad \tau_{zx} = \tau_{xz}, \quad \tau_{xy} = \tau_{yx}$$

本書の梁理論では上図の σ_x，τ_{xy}，τ_{yx} を算定する．

3.3.2 変位

梁理論における**変位**は材軸（x軸）と直交方向の変位（たわみ）$v(x)$（$\equiv v(x,0)$）と材軸方向の変位 $u(x,y)$ である．材軸方向の変位は平面保持の仮定により，材軸と直交方向の距離 y とたわみ角で記述できる．すなわち，変形が微小であるとして，式(3.4)をもとに下式で材軸方向の変位は近似的に表現できる．ここに $\sin\theta \fallingdotseq \tan\theta = dv/dx$ としている．

$$u(x,y) = -yv'(x) \tag{3.5}$$

参考 3.4　弾性論における変位

変形前の点 $P^{(0)}$ と変形後の点 P を結ぶベクトルを**変位ベクトル**と呼ぶ．すなわち，点 $P^{(0)}$ の変形前の座標を (x, y, z)，その変位ベクトルを $u(x, y, z)$，変位ベクトルの x, y, z 軸方向への成分を u, v, w とすると，変形後の点 P の座標は $(x+u, y+v, z+w)$ である．

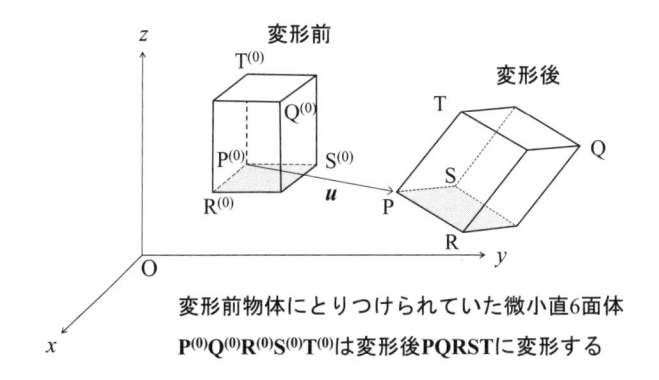

変形前物体にとりつけられていた微小直6面体
$P^{(0)}Q^{(0)}R^{(0)}S^{(0)}T^{(0)}$ は変形後PQRSTに変形する

本書の梁理論では，$u(x,y,z) = -y \cdot v'(x,0,0)$，$v(x,y,z) = v(x,0,0)$，$w(x,y,z) = 0$ である．

3.3.3 ひずみ

物体が変形するということは，物体内の各点の位置が変化し，その結果ある部分の長さが変わったり，角度が変わったりすることを意味する．すなわち，変形を計る尺度として**長さの変化，角度の変化**が重要になってくる．これらは物理量として**ひずみ**と表現することになる．

ところで，3.2.4項に記した**平面保持の仮定**に基づくと，梁の各部分は材長方向に伸びたり，縮んだりする変形のみが生じる．すなわち材長方向およびそれに直角方向で構成される長方形は変形後も角度の変化はなく，材長方向の**線素**が伸び縮みし，長さの変化が生じる．曲げをうける梁において，材長方向の線素の単位長さあたりの長さの変化（すなわちひずみ）を規定する物理量は**曲率** ϕ である．

図3.5(a)に梁が変形したときの材軸を示し，材軸上の P 点での**曲率円**を描いている．半径は ρ である．P 点近傍の拡大図を図(b)に示している．材軸 PQ の長さは図より $\rho\,d\theta$ であり，材軸より y の位置にある RS の長さは $(\rho+y)\,d\theta$ である．したがってこの場合の R 点のひずみは下式となる．

$$\varepsilon = \frac{(\rho+y)d\theta - \rho d\theta}{\rho d\theta} = \frac{y}{\rho} = y\phi \tag{3.6}$$

ここに ϕ は**曲率**で，下式の関係がある．

$$\phi = \frac{1}{\rho} \tag{3.7}$$

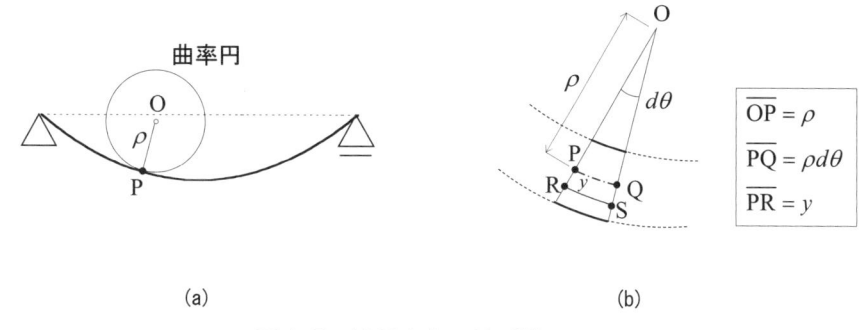

(a)　　　　　　　　　　　　(b)

図 3.5　材長方向の伸び縮み

参考 3.5　曲率円と曲率

　曲線上の点をとおり，曲線の内側（点上における接線に対して曲線のある側）に向かう法線上に中心をもち，半径が**曲率半径**に等しい円を**曲率円**という．

　曲率は曲線上のある点より測った曲線の長さを s，曲線の接線の x 軸となす角度を θ とすると下式であらわせる．

$$\phi = \frac{d\theta}{ds}$$

　上式は，下式となる．

$$\phi = \frac{d\theta}{ds} = \frac{d\theta}{dv'} \cdot \frac{dv'}{dx} \cdot \frac{dx}{ds}$$

$v' = \tan\theta$，$\dfrac{d\theta}{dv'} = \dfrac{1}{1+v'^2}$，$\dfrac{dv'}{dx} = v''$，$\dfrac{dx}{ds} = \dfrac{1}{\sqrt{1+v'^2}}$ を用いると曲率は下式となる．本書の梁の理論では，v'^2 は 1 に比べて十分に小さいとして，下式の分母は 1 としている．後に示す式(3.22) では，ϕ と v'' は異符号であるが，曲げモーメントの正負とたわみ曲線の曲がり方によるものであり，数学的には下式が曲率をあらわす．

$$\phi = \frac{v''}{\left(1+v'^2\right)^{\frac{3}{2}}}$$

参考3.6 弾性論におけるひずみ

　変形前の微小直六面体 $P^{(0)}Q^{(0)}R^{(0)}S^{(0)}T^{(0)}$ は変形後，微小平行六面体 PQRST に変形する．点 $P^{(0)}$ のひずみを，この微小六面体の6個のひずみ成分

$$(PR-P^{(0)}R^{(0)})／P^{(0)}R^{(0)}),\quad (PS-P^{(0)}S^{(0)})／P^{(0)}S^{(0)}),\quad (PT-P^{(0)}T^{(0)})／P^{(0)}T^{(0)}),$$

$$\pi/2-\angle SPT,\quad \pi/2-\angle TPR,\quad \pi/2-\angle RPS,$$

の六面体を無限小としたときの極限の値で定義し，これを6個の成分からなる列マトリックス $\{\varepsilon\}$ を用いて，

$$\{\varepsilon\}^{T}=\left[\varepsilon_{x},\varepsilon_{y},\varepsilon_{z},\gamma_{yz},\gamma_{zx},\gamma_{xy}\right]$$

のようにあらわすことにする．ここに，$\left(\varepsilon_{x},\varepsilon_{y},\varepsilon_{z}\right)$ は伸びひずみであり，$\left(\gamma_{yz},\gamma_{zx},\gamma_{xy}\right)$ はせん断ひずみである．

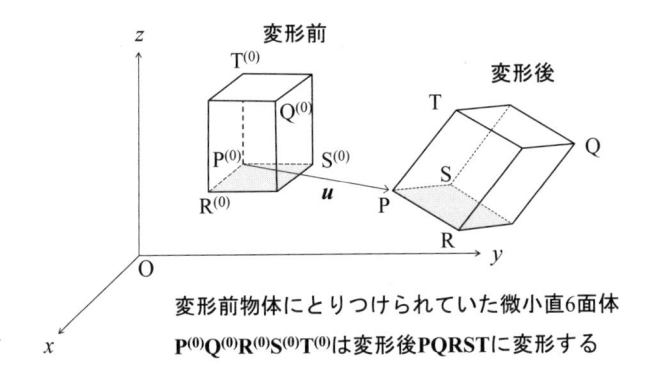

変形前物体にとりつけられていた微小直6面体

$P^{(0)}Q^{(0)}R^{(0)}S^{(0)}T^{(0)}$は変形後PQRSTに変形する

　本書の梁理論では，$(PR-P^{(0)}R^{(0)})／P^{(0)}R^{(0)}$ のみが 0 でない．

3.4　梁の基礎式（4つの量の関係）

　以下，図 3.1 で示した4つの量に関して，その隣あう量の関係を示す．

3.4.1 釣合い式（外力－断面力関係式）

$$\frac{d^{2}M(x)}{dx^{2}}=-w(x)$$

$$\left.\begin{array}{l}\dfrac{dM(x)}{dx}=Q(x)\\[2mm]\dfrac{dQ(x)}{dx}=-w(x)\end{array}\right\}\tag{3.8}$$

以下に上式を誘導する．

　図 3.6(a)に示す材長方向の座標 x と $x+\Delta x$ の間での釣合いを考える．鉛直方向上向きを正として鉛直方向の力の**釣合い式**を**自由体**の図をもとに書き下すと下式が得られる．

$$Q(x)-\int_{x}^{x+\Delta x}w(x)dx-Q(x+\Delta x)=0\tag{3.9}$$

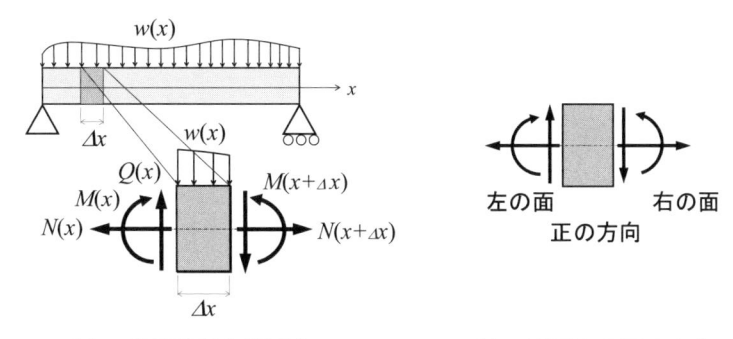

(a)　荷重状態と断面力　　　　(b)　断面力の正の方向

図 3.6　釣合った状態

移項すると下式が得られる.

$$Q(x + \Delta x) - Q(x) = -\int_x^{x+\Delta x} w(x)dx \tag{3.10}$$

右辺に**積分の平均値の定理**を用いると下式が得られる.

$$-\int_x^{x+\Delta x} w(x)dx = -w(x_c)\Delta x, \quad (x \le x_c \le x + \Delta x) \tag{3.11}$$

したがって,

$$\frac{Q(x + \Delta x) - Q(x)}{\Delta x} = -w(x_c) \tag{3.12}$$

上式で, $\Delta x \to 0$ とすると, 左辺および右辺はそれぞれ, 式(3.13), (3.14)となる.

$$\lim_{\Delta x \to 0} \frac{Q(x + \Delta x) - Q(x)}{\Delta x} = \frac{dQ(x)}{dx} \tag{3.13}$$

$$\lim_{\Delta x \to 0} w(x_c) = w(x) \quad (\because \lim_{\Delta x \to 0} x_c = x) \tag{3.14}$$

したがって, 下式が得られる.

$$\frac{dQ}{dx} = -w(x) \tag{3.15}$$

同様に, 曲げモーメントの釣合いより, 下式が得られる (導出されたい).

$$\frac{dM}{dx} = Q(x) \tag{3.16}$$

式(3.15)と(3.16)より, 下式が得られる.

$$\frac{d^2 M(x)}{dx^2} = -w(x) \tag{3.17}$$

上式を積分すると下式が得られる．式(3.19)の誘導は，**部分積分**と，定積分の場合の**積分変数の任意性**を用いる．なお，式(3.18), (3.19)は区間[0, x]での自由体の釣合いより求めることができる．

$$\frac{dM}{dx} = Q(x) = -\int_0^x w(x)dx + Q(0) \tag{3.18}$$

$$M(x) = \int_0^x w(t)(t-x)dt + Q(0)x + M(0) \tag{3.19}$$

以上は，変形前で考えた釣合い式であるが，軸力がある場合には変形後の力の釣合い式が必要となる場合がある．圧縮力が作用する場合には座屈が生じることもあり，また圧縮力と曲げが作用する場合には，圧縮力は曲げ変形を増大させるためである．

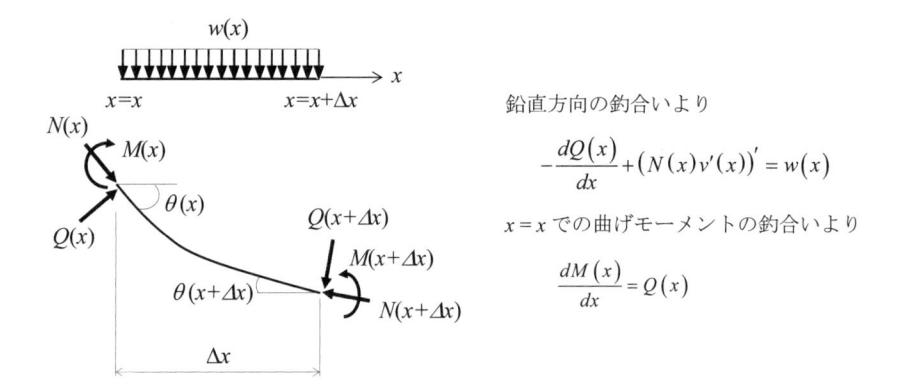

鉛直方向の釣合いより

$$-\frac{dQ(x)}{dx} + \left(N(x)v'(x)\right)' = w(x)$$

$x = x$ での曲げモーメントの釣合いより

$$\frac{dM(x)}{dx} = Q(x)$$

図3.7　軸力のある場合の釣合い状態

図3.7 の $x=x$ と $x=x+\Delta x$ の間の微小部分の自由体より，軸力と曲げモーメントが作用する部材の変形後の釣合い式は下式となる．

$$\frac{d^2M(x)}{dx^2} - \left(N(x)v'(x)\right)' = -w(x) \tag{3.20}$$

上式で，軸力 $N(x)$ が一定値 P であれば，下式が得られる．

$$\frac{d^2M(x)}{dx^2} - Pv''(x) = -w(x) \tag{3.21}$$

参考3.7　積分学の平均値の定理

関数 $f(x)$ が $a \leq x \leq b$ で連続ならば

$$\int_a^b f(x)dx = (b-a)f(\xi), \qquad a < \xi < b$$

を満たすような ξ が少なくとも一つ存在する.

参考 3.8　釣合い微分方程式

　図 3.6 でわかるように，集中荷重やモーメント荷重が作用する点では式(3.17)の微分方程式とはならない.　一般にはそれらの荷重点の右と左でたわみ形が一つの式で表せないとし，たわみ関数を違うものとして微分方程式を立て，荷重点近傍での力の釣合い条件を考慮することにより解析をおこなう.　3.6 節では，一つの式で解析を行うことができる**マコーリの括弧**について解説する.

参考 3.9　弾性論における釣合い式

　参考 3.3 で示した微小部分のそれぞれ x 方向, y 方向, z 方向の力の釣合より下式が得られる. 式中の $\overline{X}$, $\overline{Y}$, $\overline{Z}$ は体積力と呼ばれる.　**コーシー（Cauchy）**が求めた.　コーシの弾性論における業績はまことに偉大である.

$$\left. \begin{aligned} \frac{\partial \sigma_x}{\partial x} + \frac{\partial \tau_{xy}}{\partial y} + \frac{\partial \tau_{zx}}{\partial z} + \overline{X} = 0 \\ \frac{\partial \tau_{xy}}{\partial x} + \frac{\partial \sigma_y}{\partial y} + \frac{\partial \tau_{yz}}{\partial z} + \overline{Y} = 0 \\ \frac{\partial \tau_{zx}}{\partial x} + \frac{\partial \tau_{yz}}{\partial y} + \frac{\partial \sigma_z}{\partial z} + \overline{Z} = 0 \end{aligned} \right\}$$

3.4.2 ひずみ－変位関係式

$$\phi(x) = -v''(x) \tag{3.22}$$

　梁が曲がると**中立軸**を境に圧縮側，引張側の線素はそれぞれ縮みまた伸びる.　これらの線素の単位長さあたりの**縮み**，**伸び**がひずみである.　この縮みおよび伸びを規定する量が**曲率** $\phi(x)$ である.

　梁が曲がると，梁の変形前の座標が (x, y) である $\mathrm{P}^{(0)}$ 点は P 点に移動する.　**平面保持の仮定**のもとでは， x 方向変位 $u(x, y)$ は近似的に下式で表現できる.

$$u(x,y) = -yv'(x) \tag{再掲(3.5)}$$

このとき材長方向の伸びひずみは下式であらわせる（参考 3.10 参照）.

$$\varepsilon = \frac{\partial u}{\partial x} = -yv''(x) \tag{3.23}$$

式(3.6)と対照し，曲率 ϕ と変位 v の関係は下式で表せる.

$$\phi(x) = -v''(x) \tag{3.24}$$

弾性論において**ひずみ**（ε_x, ε_y, ε_z, γ_{yz}, γ_{zx}, γ_{xy}）と**変位**（u, v, w）の関係は下式で与えられる.

$$\left.\begin{array}{l} \varepsilon_x = \dfrac{\partial u}{\partial x}, \quad \varepsilon_y = \dfrac{\partial v}{\partial y}, \quad \varepsilon_z = \dfrac{\partial w}{\partial z} \\[2mm] \gamma_{yz} = \dfrac{\partial w}{\partial y} + \dfrac{\partial v}{\partial z}, \quad \gamma_{zx} = \dfrac{\partial u}{\partial z} + \dfrac{\partial w}{\partial x}, \quad \gamma_{xy} = \dfrac{\partial v}{\partial x} + \dfrac{\partial u}{\partial y} \end{array}\right\}$$

3.4.3 断面力－ひずみ関係式

$$M(x) = EI\phi(x) \tag{3.25}$$

梁理論における**断面力**は，単位面積あたりの応力を積分して求めた「**合応力**」である. すなわち下式で断面力は定義される.

$$M(x) = \int_A \sigma y \, dA \tag{再掲3.1}$$

$$Q(x) = \int_A \tau \, dA \tag{再掲3.2}$$

$$N(x) = \int_A \sigma \, dA \tag{再掲3.3}$$

積分記号の下にある A は断面積で積分することを意味している.

垂直応力度 σ とひずみ度 ε の関係（$\sigma = E\varepsilon$），ひずみ ε と曲率 ϕ の関係（$\varepsilon = y\phi$）を式(3.1)に代入すると，下式が得られる. 式中の I は**断面2次モーメント**である.

$$\begin{aligned} M(x) &= \int_A \sigma y \, dA = \int_A E\varepsilon y \, dA = \int_A E \cdot y\phi(x) \cdot y \, dA \\ &= \int_A Ey^2 \phi(x) \, dA = EI\phi(x) \quad \because I \equiv \int_A y^2 \, dA \end{aligned} \tag{3.26}$$

ところで，式(3.24)のひずみ－変位関係式（$\phi = -v''$）より式(3.25)は下式のようにたわみ v を用いて記述できる.

$$M(x) = -EIv''(x) \tag{3.27}$$

さらに，曲げ剛性 EI が一定の場合，式(3.16)よりせん断力 $Q(x)$ は下式のように記述できる.

$$Q(x) = -EIv'''(x) \tag{3.28}$$

参考 3.11　弾性論における応カーひずみ関係式（等方弾性体）

$$\sigma_x = 2G\left[\varepsilon_x + \frac{\nu}{1-2\nu}\left(\varepsilon_x + \varepsilon_y + \varepsilon_z\right)\right], \quad \tau_{yz} = G\gamma_{yz}$$

$$\sigma_y = 2G\left[\varepsilon_y + \frac{\nu}{1-2\nu}\left(\varepsilon_x + \varepsilon_y + \varepsilon_z\right)\right], \quad \tau_{zx} = G\gamma_{zx}$$

$$\sigma_z = 2G\left[\varepsilon_z + \frac{\nu}{1-2\nu}\left(\varepsilon_x + \varepsilon_y + \varepsilon_z\right)\right], \quad \tau_{xy} = G\gamma_{xy}$$

$$\varepsilon_x = \frac{1}{E}\left[\sigma_x - \nu\left(\sigma_y + \sigma_z\right)\right] \ , \quad \gamma_{yz} = \frac{1}{G}\tau_{yz}$$

$$\varepsilon_y = \frac{1}{E}\left[\sigma_y - \nu\left(\sigma_z + \sigma_x\right)\right] \ , \quad \gamma_{zx} = \frac{1}{G}\tau_{zx}$$

$$\varepsilon_z = \frac{1}{E}\left[\sigma_z - \nu\left(\sigma_x + \sigma_y\right)\right] \ , \quad \gamma_{xy} = \frac{1}{G}\tau_{xy}$$

　線材の理論で用いるのは，$\sigma_x = E\varepsilon_x$, $\tau_{xy} = G\gamma_{xy}$ である．上式の第 2 グループの式でわかるように，**ポアソン比** $\nu = 0$，$\sigma_y = \sigma_z = \tau_{yz} = \tau_{zx} = 0$，$\varepsilon_y = \varepsilon_z = \gamma_{yz} = \gamma_{zx} = 0$ としていることになる．

3.4.4 外力とたわみの関係式

$$\left(EIv''(x)\right)'' = w(x) \tag{3.29}$$

　式(3.8)の釣合い式に式(3.27)を代入すると，上式が得られる．**曲げ剛性** EI が一定であるとすると，下式となる．

$$EIv^{\text{IV}}(x) = w(x) \tag{3.30}$$

　上式の**一般解**は下式で与えられる．式(3.19)と同様に部分積分と定積分の場合の積分変数の任意性を用いる．

$$EIv(x) = \frac{1}{6}\int_0^x (x-t)^3 w(t)dt + EIv(0) + EIv'(0)x + \frac{EIv''(0)}{2}x^2 + \frac{EIv'''(0)}{6}x^3$$

$$EIv'(x) = \int_0^x \frac{(x-t)^2}{2}w(t)dt + EIv'(0) + EIv''(0)x + \frac{EIv'''(0)}{2}x^2$$

$$EIv''(x) = \int_0^x (x-t)w(t)dt + EIv''(0) + EIv'''(0)x \tag{3.31}$$

$$EIv'''(x) = \int_0^x w(x)dx + EIv'''(0)$$

　式(3.27)および(3.28)を用いれば，上式は下式のように $x=0$ でのせん断力 $Q(0)$ や曲げモーメント $M(0)$ で表すことができる．

$$EIv(x) = \frac{1}{6}\int_0^x (x-t)^3 w(t)dt + EIv(0) + EIv'(0)x - \frac{M(0)}{2}x^2 - \frac{Q(0)}{6}x^3$$

$$EIv'(x) = \int_0^x \frac{(x-t)^2}{2}w(t)dt + EIv'(0) - M(0)x - \frac{Q(0)}{2}x^2$$

$$EIv''(x) = \int_0^x (x-t)w(t)dt - M(0) - Q(0)x$$

$$EIv'''(x) = \int_0^x w(x)dx - Q(0)$$

$$(3.32)$$

式(3.30)はたわみ v で表現した**釣合い式**で，4階の微分方程式であるので，4つの境界条件を用いることによりたわみ $v(x)$ が算定できる．境界条件は**力学的境界条件**，**幾何学的境界条件**があるが，3.5節で説明を行う．与えられた境界条件を満足する微分方程式の解を求める問題を**境界値問題**という．ほかに初期値を与えられた微分方程式を解く**初期値問題**，初期値，境界条件を与えた**初期値境界値問題**もある．

式(3.30)は軸力が存在せず，変形前で立てた力の釣合い式であるが，圧縮力 $N(x)$ が存在するときの，変形後の釣合い式は下式となる．この式は，釣合い式(3.20)において，$M(x) = -EIv''(x)$ を代入することにより得られる．

$$(-EIv''(x))'' - (N(x)v'(x))' = -w(x) \tag{3.33}$$

上式で曲げ剛性 EI が一定で，また軸力 $N(x)$ が一定の値 P の時は，下式となる．

$$EIv^{\rm IV}(x) + Pv''(x) = w(x) \tag{3.34}$$

参考 3.12　式(3.29)の流れ

変位（たわみ）で表した釣合い式(3.29)への誘導は下図のようにまとめられる．**ひずみー変位関係，断面力ー歪関係，力の釣合い式**がどのように使われているか吟味されたい．また，ここでは示されていないが，3.5節で解説する**力学的境界条件，幾何学的境界条件**も重要である．

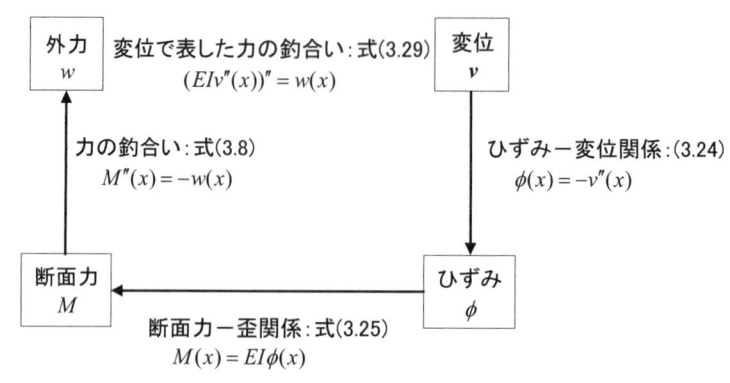

3.5　境界条件と連続条件・不連続条件

3.5.1 力学的境界条件

　境界で外力（集中荷重，モーメント荷重）が断面力と釣合っていることを示す条件である．**境界条件**は**釣合い式**と比較すると蔑ろにされがちであるが，**仮想仕事の原理**などでは常に注意する必要がある．また，3.3.1 項で示した断面力の正の方向に注意する必要がある．すなわち，断面力の正の方向に外力が作用しておれば断面力=外力であるが，正の方向と反対方向に外力が作用していたら，断面力=$-$|外力|となる．**力学的境界条件**は**第2種条件**，**自然境界条件**とも呼ばれる．

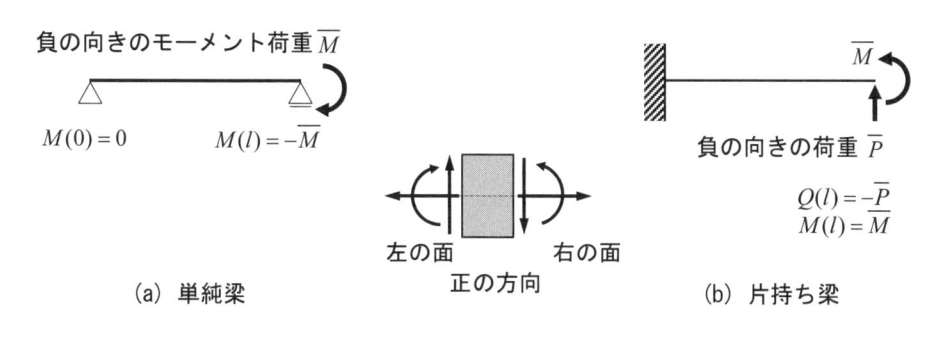

図 3.8　力学的境界条件

a)　単純梁（図 3.8(a)）

　図 3.8(a)の材長 l の単純梁の $x=0$ の点ではモーメント荷重は作用していない．したがって $x=0$ の点では断面力（曲げモーメント）$M(0)$ も 0 である．$x=0$ の点の力学的境界条件は下式となる．

$$M(0) = 0 \tag{3.35}$$

　また，$x=l$ の点では，モーメント荷重が $-\overline{M}$ である．負符号になっている理由は，$x=l$ の右の面に作用している外力（モーメント荷重）は断面力の正の方向と逆方向になっているためである（図 3.4 参照）．$x=l$ の点の力学的境界条件は下式となる．

$$M(l) = -\overline{M} \tag{3.36}$$

b)　片持ち梁（図 3.8(b)）

　図 3.8(b)の材長 l の片持ち梁の $x=l$ の点では，モーメント荷重が $\overline{M}$ である．また，集中荷重は $-\overline{P}$ である．集中荷重が負符号になっている理由は，$x=l$ の右の面に作用している外力 $\overline{P}$ は右の面の断面力 Q の正方向と逆方向になっているためである．したがって図 3.8(b)の $x=l$ の点の力学的境界条件は下式となる．

$$M(l) = \overline{M} \tag{3.37}$$

$$Q(l) = -\overline{P} \tag{3.38}$$

　上式において式(3.27)，(3.28)を用いると，下式のようにたわみ v で表現した力学的境界条件が得られる．

$$-EIv''(l) = \overline{M} \tag{3.39}$$

$$-EIv'''(l) = -\overline{P} \tag{3.40}$$

c) 圧縮力と曲げモーメントを受ける柱の横力

圧縮力と曲げモーメントを受ける柱の変形後で考えた**力学的境界条件**は，曲げモーメントに関しては変形前で考えたものと同様であるが，せん断力に関しては，軸力があり変形後の釣合いとして**横力**を用いることとなる．

図 3.9 を参照して，横力で力学的境界条件を記述すると下式となる．下式はせん断力 $Q(l)$ の鉛直成分と軸力 $N(l)$ の鉛直成分を足したものが外力 $\overline{H}$ に等しいということを示している．

$$Q(l) - N(l)v'(l) = \overline{H} \tag{3.41}$$

上式において式 (3.28)を用いると，下式のようにたわみ v で表現した力学的境界条件が得られる．

$$-EIv'''(l) - N(l)v'(l) = \overline{H} \tag{3.42}$$

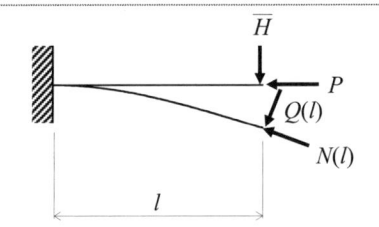

図 3.9　力学的境界条件（横力）

【例 **3.1** 曲げモーメント，せん断力の算定】

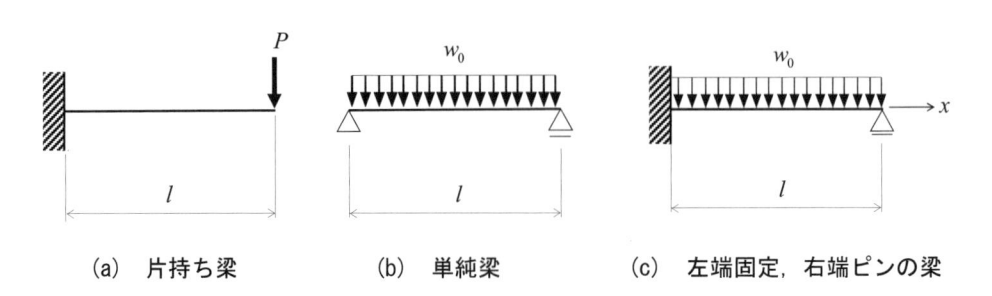

（a）　片持ち梁　　　　（b）　単純梁　　　　（c）　左端固定，右端ピンの梁

図 3.10　梁の荷重と支持条件

a)　片持ち梁の先端に集中荷重 **P** が作用する場合

図 3.10(a)に示す梁の**断面力**を算定する．式(3.18)，(3.19)は下式となる．

$$\frac{dM}{dx} = Q(x) = -\int_0^x w(x)dx + Q(0) \qquad 再掲(3.18)$$

$$M(x) = \int_0^x w(t)(t-x)dt + Q(0)x + M(0) \qquad\qquad 再掲(3.19)$$

図 3.10(a)の**力学的境界条件**は，式(3.43)である．

$$Q(l) = P, \quad M(l) = 0 \tag{3.43}$$

式(3.18)および(3.19)において $w(x)=0$ として，境界条件を用いると下式が得られる．

$$\left.\begin{array}{l} Q(l) = Q(0) = P \\ M(l) = Q(0)l + M(0) = 0 \end{array}\right\} \tag{3.44}$$

式(3.44)より得られる $Q(0)$，$M(0)$ を式(3.19)に代入すると下式が得られる．

$$M(x) = Px - Pl = -P(l-x) \tag{3.45}$$

b)　等分布荷重 w_0 を受ける単純支持梁

図 3.10(b)に示す梁の**断面力**を算定する．**力学的境界条件**は，下式となる．

$$M(0) = M(l) = 0 \tag{3.46}$$

$w(t)=w_0=$const. として，式(3.19)を計算すると下式となる．境界条件 $M(0)=0$ を用いている．

$$\begin{aligned} M(x) &= \int_0^x w(t)(t-x)dt + Q(0)x + M(0) \\ &= w_0\int_0^x (t-x)dt + Q(0)x = w_0\left[\frac{t^2}{2} - xt\right]_0^x + Q(0)x = w_0 \cdot\left(-\frac{x^2}{2}\right) + Q(0)x \end{aligned} \tag{3.47}$$

式(3.46)の $M(l)=0$ より下式が得られる．

$$M(l) = w_0 \cdot\left(-\frac{l^2}{2}\right) + Q(0)\cdot l = 0 \qquad \therefore Q(0) = \frac{w_0 l}{2} \tag{3.48}$$

したがって，曲げモーメント $M(x)$ は下式となる．

$$M(x) = w_0 \cdot\left(-\frac{x^2}{2}\right) + \frac{w_0 l}{2}x = \frac{w_0 x}{2}(l-x) \tag{3.49}$$

c)　左端固定，右端ピンの梁

図 3.10(c)に示す梁の**力学的境界条件**は，下式となる．

$$M(l) = 0 \tag{3.50}$$

上式と式(3.19)より下式が得られる．

$$M(l) = w_0 \cdot\left(-\frac{l^2}{2}\right) + Q(0)\cdot l + M(0) = 0 \tag{3.51}$$

この方程式だけでは $Q(0)$, $M(0)$ を求めることができない．すなわち，図 3.10(c)の梁は**不静定構造**であり，力の釣合いのみでなく，ひずみ－変位関係や断面力－ひずみ関係を用いて解析する必要がある．釣合い式だけで断面力が定まる図 3.10(a)と(b)は**静定構造**である．

3.5.2 集中荷重・モーメント荷重のある点の断面力の連続条件・不連続条件

つぎに，図 3.11 のように梁の中間に**集中荷重** P や**モーメント荷重** M_0 が作用する場合について考察する．

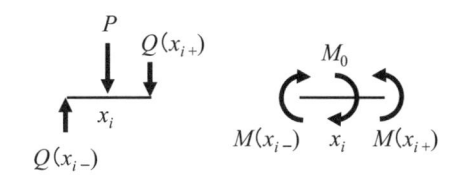

図 3.11　断面力の連続条件・不連続条件

集中荷重 P が作用する場合，作用する点の充分に近い左側の点を x_{i-}，右側の点を x_{i+} で表すと自由体の釣合いより下式が得られる．この式は点 x_i でせん断力が不連続であることを示している．

$$-Q(x_{i-}) + P + Q(x_{i+}) = 0 \tag{3.52}$$

同様にモーメント荷重が作用する場合は下式が得られる．

$$M(x_{i-}) + M_0 - M(x_{i+}) = 0 \tag{3.53}$$

上式は，モーメント荷重が作用する点で曲げモーメントが不連続であることを示している．

参考 3.13　弾性論における力学的境界条件

弾性論において**力学的境界条件**は下式となる．この式は，力学的境界となる表面 S_σ 上での単位面積あたりの内力（たとえば x 方向の内力 X_ν）が与えられた外力（たとえば $\overline{X_\nu}$）に等しいことを意味する．**コーシー（Cauchy）**が求めた．

$$X_\nu = \overline{X}_\nu, \quad Y_\nu = \overline{Y}_\nu, \quad Z_\nu = \overline{Z}_\nu \quad ; \quad S_\sigma \ \text{上}$$

$$\left.\begin{aligned}
X_\nu &= \sigma_x l + \tau_{xy} m + \tau_{zx} n \\
Y_\nu &= \tau_{xy} l + \sigma_y m + \tau_{yz} n \\
Z_\nu &= \tau_{zx} l + \tau_{yz} m + \sigma_z n
\end{aligned}\right\}$$

3.5.3 幾何学的境界条件

ものを空間に固定したり（変位が 0），強制的な変位を与えた場合（ある部分で変位の値が既知）の条件を**幾何学的境界条件**という．幾何学的境界条件は作用している荷重には無関係で，構造的な支持条件のみで決まる．幾何学的境界条件は**第 1 種条件**，**本質的境界条件**とも呼ばれる．

梁の場合の幾何学的境界条件は，**たわみ**が与えられている，**たわみ角**が与えられていることであり，それぞれ特殊な場合としてたわみが 0 である，たわみ角が 0 であるなどがある．

固定端はたわみとたわみ角が 0 であるので，その位置を x_0 とすると下式となる（図 3.12(a) 参照）．

$$v(x_0) = v'(x_0) = 0 \tag{3.54}$$

ピン支点や**ローラ支点**はたわみが 0 となるので，その位置を x_0 とすると下式となる（図 3.12(b) 参照）．

$$v(x_0) = 0 \tag{3.55}$$

また，位置 x_0 でたわみを $\bar{v}$，たわみ角を $\bar{v'}$ とすると幾何学的境界条件は下式となる．上付き横棒は与えられた量であることを意味している．

$$v(x_0) = \bar{v}, \quad v'(x_0) = \bar{v'} \tag{3.56}$$

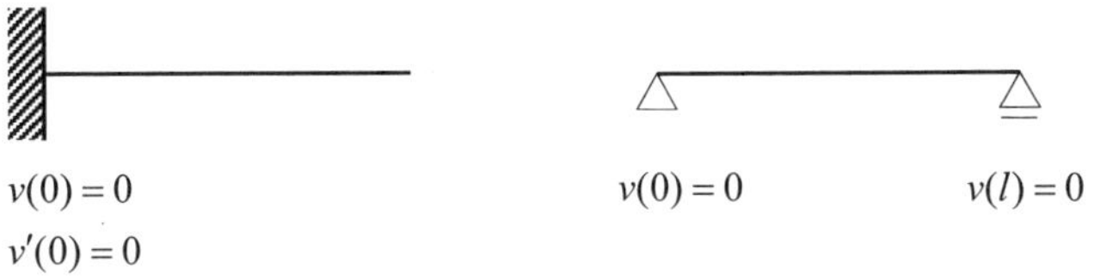

$v(0) = 0$　　　　　　　　　　　　$v(0) = 0$　　　　$v(l) = 0$
$v'(0) = 0$

(a) 固定端　　　　　　　　　　(b) ピン支点

図 3.12　幾何学的境界条件

なお，弾性的に支持されている場合など，力学的境界条件と幾何学的境界条件を組み合わせた条件もあるが，それらは**第 3 種条件**，**混合条件**と呼ばれる．

参考 3.14　力学的境界条件と幾何学的境界条件の組合せ

ある境界（$x=x_0$）で次のような組合せの境界条件はありうるだろうか？

$$Q(x_0) = 0, \quad v(x_0) = 0$$

じつは，上記の境界条件は適切な組合せではない．同様に下式の境界条件も適切な組合せではない．

$$M(x_0) = 0, \quad v'(x_0) = 0$$

その理由は，**エネルギ原理**から説明できる（参考 4.19 参照）．すなわち物理的基礎にたった最小ポテンシャルエネルギの原理により除外されている．適切な境界条件は，**微分方程式論**では**自己随伴**な微分方程式を構成していることとなる．

参考 3.15　弾性論における幾何学的境界条件

弾性論において**幾何学的境界条件**は下式となる．この式は，幾何学的境界となる表面 S_u 上での変位（たとえば x 方向の変位 u）が与えられた変位（たとえば $\bar{u}$）に等しいことを意味する．

$$u = \bar{u}, \quad v = \bar{v}, \quad w = \bar{w} \quad ; \quad S_u \text{上}$$

3.5.4 たわみ，たわみ角の連続条件

図 3.13(a)に示すように梁の中間で，集中荷重（あるいはモーメント荷重）が作用する場合を考える．この場合，荷重を受けても図 3.13(b)，(c)のように「ちぎれたり」，「おれたり」はしないことが条件となる．集中荷重（あるいはモーメント荷重）が作用する点を x_i とし，すぐ左の点を x_{i-}，右の点を x_{i+} と表現すると，上記の条件は下式のように記述できる．この条件はたわみおよびたわみ角の**連続条件**と呼ばれる．

$$v(x_{i-}) = v(x_{i+}) \tag{3.57}$$

$$v'(x_{i-}) = v'(x_{i+}) \tag{3.58}$$

部材の中間に集中荷重やモーメント荷重が作用する場合にたわみで表現した釣合い微分方程式を用いてたわみを算定するときこれらの条件を用いる.

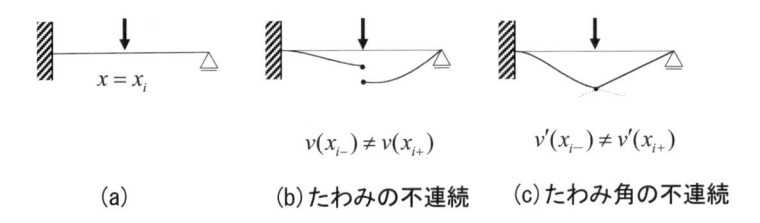

(a)　　　　(b)たわみの不連続　　(c)たわみ角の不連続

$v(x_{i-}) \neq v(x_{i+})$　　$v'(x_{i-}) \neq v'(x_{i+})$

図 3.13　たわみ，たわみ角の連続条件を満足しない場合

3.5.5 梁の基礎式のまとめ

以上により，梁の挙動を支配する**基礎方程式**はすべて求まった．下記にまとめて示すが，図 3.1 と共に確認して欲しい.

$$\frac{d^2 M(x)}{dx^2} = -w(x)$$

$$\left.\begin{aligned} \frac{dM(x)}{dx} &= Q(x) \\ \frac{dQ(x)}{dx} &= -w(x) \end{aligned}\right\} \qquad 再掲(3.8)$$

$$\phi(x) = -v''(x) \qquad 再掲(3.22)$$

$$M(x) = EI\phi(x) \qquad 再掲(3.25)$$

$$EIv^{\mathrm{IV}}(x) = w(x) \qquad 再掲(3.30)$$

微分方程式 (3.30)の解を**力学的境界条件**，**幾何学的境界条件**を用いて求めれば，梁の諸量が計算できる．力学的境界条件は，下式を用いてたわみで表現する.

$$M(x) = -EIv''(x) \qquad 再掲(3.27)$$

$$Q(x) = -EIv'''(x) \qquad 再掲(3.28)$$

軸力が作用する材の変形後の釣合い式は下式である.

$$\frac{d^2 M(x)}{dx^2} - \left(N(x)v'(x)\right)' = -w(x) \qquad 再掲(3.20)$$

$$\left(-EIv''(x)\right)'' - \left(N(x)v'(x)\right)' = -w(x) \qquad\qquad 再掲(3.33)$$

上式で曲げ剛性 EI が一定で，また軸力 $N(x)$ が一定の値 P の時は，下式となる．

$$EIv^{\mathrm{IV}}(x) + Pv''(x) = w(x) \qquad\qquad 再掲(3.34)$$

力学的境界条件として，下式のように横力を用いる場合もある．

$$Q(l) - N(l)v'(l) = \overline{H} \qquad\qquad 再掲(3.41)$$

$$-EIv'''(l) - N(l)v'(l) = \overline{H} \qquad\qquad 再掲(3.42)$$

3.5.6 せん断応力

　3.5.5 項で示した式を解くことにより，荷重を受けた梁の**たわみ**や**断面力**，**ひずみ**を算定することができる．断面力としてせん断力 Q が作用する場合のせん断応力 τ について考える．本書の**梁の理論**の目的は梁に作用する最も大きな応力である垂直応力度 σ あるいは断面力の曲げモーメント M を求めることである．すなわち，**梁理論**は**平面保持の仮定**を用いることにより，梁の主要な応力である**曲げ応力**をできるだけ簡単に算出する理論である．せん断応力 τ は，曲げ応力に比べてそれほど重要ではないことが多く，主要な曲げ応力 σ を算出した後，それに釣合う応力として算定する．

　まず，x および $x+\Delta x$ における，y 点の曲げ応力は下式で与えられる．すなわち，$\sigma = E\varepsilon$ および式(3.23)，(3.24)，(3.25)より求まる．

$$\left.\begin{aligned}
\sigma(x,y) &= \frac{M(x)}{I}y \\
\sigma(x+\Delta x,y) &= \frac{M(x+\Delta x)}{I}y
\end{aligned}\right\} \qquad\qquad (3.59)$$

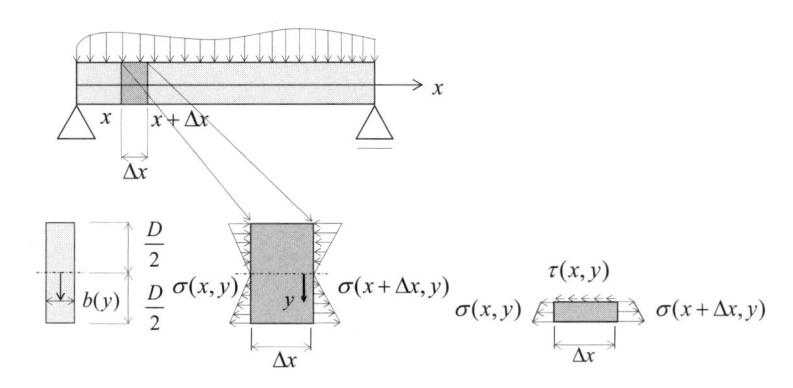

図 3.14　曲げ応力 σ とせん断応力 τ の釣合い

図 3.14 の自由体に対しての釣合いは下式で得られる．ここでせん断応力は面外(z 軸)方向には一定としている．

$$\tau(y)b(y)\Delta x = \int_y^{\frac{D}{2}}\{\sigma(x+\Delta x,y)-\sigma(x,y)\}dA$$
$$= \int_y^{\frac{D}{2}}\left\{\frac{M(x+\Delta x)}{I}y-\frac{M(x)}{I}y\right\}dA = \frac{\{M(x+\Delta x)-M(x)\}}{I}\int_y^{\frac{D}{2}}ydA \tag{3.60}$$

したがって，下式が得られる．

$$\tau(y) = \frac{M(x+\Delta x)-M(x)}{Ib(y)\Delta x}\int_y^{\frac{D}{2}}ydA \tag{3.61}$$

上式で，$\Delta x \to 0$ とすると下式が得られる．ここに $M'(x)=Q(x)$ を用いた．

$$\tau(y) = \lim_{\Delta x \to 0}\frac{M(x+\Delta x)-M(x)}{Ib(y)\cdot\Delta x}\int_y^{\frac{D}{2}}ydA = \frac{Q(x)}{Ib(y)}\int_y^{\frac{D}{2}}ydA \tag{3.62}$$

一つの面にせん断応力が作用すると直交する面にそれと等しいせん断応力が存在するので（**共役のせん断応力**），上式で位置 (x,y) 点のせん断応力が求まる．

【例 3.2：長方形断面のせん断応力】

幅 b，せい D の長方形断面の y 点のせん断応力を求める．式(3.62)より，下式が得られる．

$$\left.\begin{array}{l}\tau(y) = \dfrac{Q(x)}{Ib(y)}\displaystyle\int_y^{\frac{D}{2}}ydA = \dfrac{Q(x)}{Ib}\displaystyle\int_y^{\frac{D}{2}}ybdy = \dfrac{Q(x)}{I}\left[\dfrac{y^2}{2}\right]_y^{\frac{D}{2}} = \dfrac{Q(x)}{I}\left(\dfrac{D^2}{8}-\dfrac{y^2}{2}\right)\\[4mm] I = \dfrac{bD^3}{12}\text{より}\\[4mm] \tau(y) = \dfrac{Q(x)}{I}\left(\dfrac{D^2}{8}-\dfrac{y^2}{2}\right) = Q(x)\cdot\dfrac{12}{bD^3}\left(\dfrac{D^2}{8}-\dfrac{y^2}{2}\right) = \dfrac{3}{2}\cdot\dfrac{Q(x)}{bD}\cdot\left\{1-\left(\dfrac{2y}{D}\right)^2\right\}\end{array}\right\} \tag{3.63}$$

式(3.63)より，せん断応力は断面の中央部分（$y=0$）において最も値が大きく，せん断力 Q を断面積 $A=bD$ で除した値 Q/A の 1.5 倍となっている．また，上下の最外縁においては，$y=-D/2$，$D/2$ を代入すると 0 となることがわかる．図 3.15 にせん断応力の分布を示している．

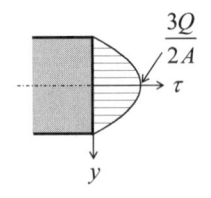

図 3.15　せん断応力分布

3.6　マコーリ（**Macauley**）の括弧

　3.5 節で示したように集中荷重やモーメント荷重が作用した場合は，その点でたわみ，たわみ角の連続条件，断面力の連続条件や不連続条件を考慮する必要がある．これら集中荷重やモーメント荷重を分布荷重として取り扱うのに**マコーリの括弧**を使うことができる．また，分布荷重が材の途中に部分的にある場合にも使用できる．マコーリの括弧を用いると一つの式で，分布荷重，集中荷重，モーメント荷重や，曲げモーメント，せん断力，たわみを表記することができる．

　たとえば，図 3.16 の場合の分布荷重 $w(x)$ は下式のように書ける．$x = a$ および b で集中荷重 P とモーメント荷重 M_1 が作用している．また，$x = c$ と d の間では等分布荷重 w_0 が作用している．片持ち梁の上に作用している図を描いているが，支持条件に無関係である．支持条件は積分した後の積分定数の決定に関係する．なお，モーメント荷重は時計回りに作用する場合である．式(3.64)右辺は形式的にも分布荷重の次元（N/mm）となっていることに注意されたい．

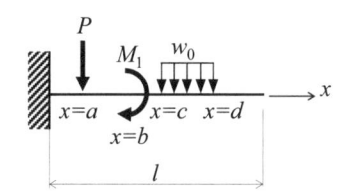

図 3.16　支持条件と荷重

$$w(x) = P\langle x-a \rangle_*^{-1} - M_1 \langle x-b \rangle_*^{-2} + w_0 \langle x-c \rangle^0 - w_0 \langle x-d \rangle^0 \tag{3.64}$$

　ここで，上式右辺の第 3 項，4 項のマコーリの括弧「$\langle\ \rangle$」は下式のようにふるまう．すなわち，x の値が a 以下であれば括弧の部分は 0，大きければ通常の括弧 $(x-a)^n$ である．$n = 0$ の場合は，1 の不連続が生じることに留意されたい．

$$\langle x-a \rangle^n = \begin{cases} 0 & 0 < x \leq a \\ (x-a)^n & a < x \end{cases} \qquad \text{ただし，} n \geqq 0 \quad (n = 0,\ 1,\ 2, \ldots) \tag{3.65}$$

　式(3.64)の右辺の第 1 項および 2 項に関しては，それぞれ次のように積分を定義できる．

$$\int_0^x P \langle x-a \rangle_*^{-1} dx = P \langle x-a \rangle^0 \tag{3.66}$$

$$\left. \begin{array}{l} \int_0^x M_1 \langle x-a \rangle_*^{-2} dx = M_1 \langle x-a \rangle_*^{-1} \\[2mm] \int_0^x M_1 \langle x-a \rangle_*^{-1} dx = M_1 \langle x-a \rangle^0 \end{array} \right\} \tag{3.67}$$

　さらに $n \geqq 0$ に対する $\langle\ \rangle$ 付きの量の積分は次の規約に従う．

$$\int_0^x \langle x-a \rangle^n dx = \frac{1}{n+1} \langle x-a \rangle^{n+1} \qquad (n \geq 0 \text{に対して}) \tag{3.68}$$

このように集中荷重やモーメント荷重を分布荷重として取り扱うと，曲げモーメントやたわみの算定が簡略化される．**マコーリの括弧**を使ったたわみの算定は次節で解説する．$\langle x-a\rangle_*^{-1}$ は**ディラックのデルタ関数**あるいは**単位衝撃関数**とも呼ばれる．

【例 3.3　マコーリの括弧を用いた曲げモーメントの算定】

　図 3.17 の曲げモーメントを**マコーリの括弧**を用いて算定する．

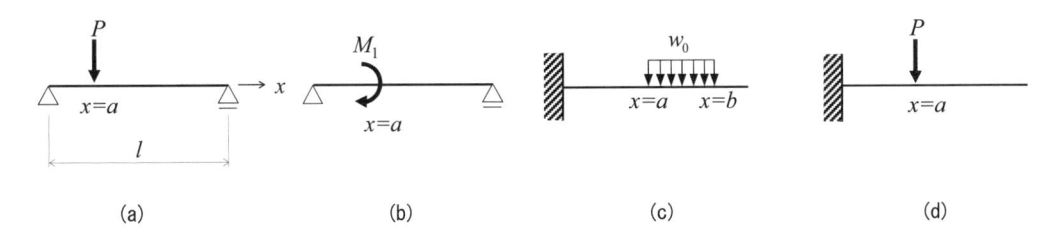

(a)　　　　　　　　　　　(b)　　　　　　　　　　　(c)　　　　　　　　　　　(d)

図 3.17　支持条件と荷重

a)　単純梁の $x=a$ で集中荷重 P を受ける梁

　図 3.17(a)の梁の分布荷重を**マコーリの括弧**を使って記述すると下式となる．

$$w(x) = P\langle x-a\rangle_*^{-1} \tag{3.69}$$

式(3.17)より下式が得られる．

$$M''(x) = -w(x) = -P\langle x-a\rangle_*^{-1} \tag{3.70}$$

順次積分すると下式となる．

$$\left.\begin{aligned} M'(x) &= -P\langle x-a\rangle^0 + C_1 \\ M(x) &= -P\langle x-a\rangle^1 + C_1 x + C_2 \end{aligned}\right\} \tag{3.71}$$

力学的境界条件 $M(0)=M(l)=0$ より下式が得られる．

$$\left.\begin{aligned} M(0) &= C_2 = 0 \\ M(l) &= -P(l-a) + C_1 l + C_2 = 0 \end{aligned}\right\} \tag{3.72}$$

すなわち下式が得られる．ただし，$b=l-a$ である．

$$C_1 = \frac{Pb}{l}, \qquad C_2 = 0 \tag{3.73}$$

したがって，曲げモーメント，せん断力は下式で表せる．

$$\left.\begin{aligned} M(x) &= -P\langle x-a\rangle^1 + \frac{Pb}{l}x \\ Q(x) &= M'(x) = -P\langle x-a\rangle^0 + \frac{Pb}{l} \end{aligned}\right\} \tag{3.74}$$

せん断力 $Q(x)$ は $x=a$ で不連続となる．上式で分かるように**マコーリの括弧**を用いることにより，集中荷重 P が作用する点での曲げモーメントの連続条件，せん断力の不連続条件が自動的に満足される．

b)　単純梁の $x=a$ で時計回りのモーメント荷重 M_1 を受ける梁

図 3.17(b) の梁の分布荷重を**マコーリの括弧**を使って記述すると下式となる．

$$w(x) = -M_1 \langle x-a \rangle_*^{-2} \tag{3.75}$$

前の問題と同様に計算すると下式が得られる．

$$\left.\begin{array}{l} M''(x) = -w(x) = M_1 \langle x-a \rangle_*^{-2} \\ M'(x) = M_1 \langle x-a \rangle_*^{-1} + C_1 \\ M(x) = M_1 \langle x-a \rangle^0 + C_1 x + C_2 \end{array}\right\} \tag{3.76}$$

力学的境界条件 $M(0)=M(l)=0$ より下式が得られる．

$$C_1 = -\frac{M_1}{l}, \qquad C_2 = 0 \tag{3.77}$$

したがって，曲げモーメントは下式で表せる．

$$M(x) = M_1 \langle x-a \rangle^0 - \frac{M_1}{l} x \tag{3.78}$$

c)　片持ち梁の $x=a$ から b の間で等分布荷重 w_0 を受ける梁

図 3.17(c) の梁の分布荷重を**マコーリの括弧**を使って記述すると下式となる．

$$w(x) = w_0 \langle x-a \rangle^0 - w_0 \langle x-b \rangle^0 \tag{3.79}$$

前の問題と同様に計算すると下式が得られる．

$$\left.\begin{array}{l} M''(x) = -w(x) = -w_0 \langle x-a \rangle^0 + w_0 \langle x-b \rangle^0 \\ M'(x) = -w_0 \langle x-a \rangle^1 + w_0 \langle x-b \rangle^1 + C_1 \\ M(x) = -\frac{w_0}{2} \langle x-a \rangle^2 + \frac{w_0}{2} \langle x-b \rangle^2 + C_1 x + C_2 \end{array}\right\} \tag{3.80}$$

力学的境界条件 $M(l)=Q(l)=0$ より下式が得られる．

$$C_1 = w_0(b-a), \qquad C_2 = -\frac{w_0}{2}(b-a)(a+b) \tag{3.81}$$

したがって，曲げモーメント，せん断力は下式で表せる．

$$M(x) = -\frac{w_0}{2}\langle x-a\rangle^2 + \frac{w_0}{2}\langle x-b\rangle^2 + w_0(b-a)x - \frac{w_0}{2}(b-a)(a+b) \left.\begin{array}{c} \\ \\ \end{array}\right\}$$
$$Q(x) = M'(x) = -w_0\langle x-a\rangle^1 + w_0\langle x-b\rangle^1 + w_0(b-a)$$

(3.82)

d) 片持ち梁の $x=a$ で集中荷重 P を受ける梁

図 3.17(d)の梁の分布荷重を**マコーリの括弧**を使って記述すると下式となる.

$$w(x) = P\langle x-a\rangle_*^{-1}$$

(3.83)

前の問題と同様に計算すると下式が得られる.

$$M''(x) = -w(x) = -P\langle x-a\rangle_*^{-1} \left.\begin{array}{c} \\ \\ \\ \end{array}\right\}$$
$$M'(x) = -P\langle x-a\rangle^0 + C_1$$
$$M(x) = -P\langle x-a\rangle^1 + C_1 x + C_2$$

(3.84)

力学的境界条件 $M(l) = Q(l) = 0$ より下式が得られる.

$$C_1 = P, \qquad C_2 = -Pa$$

(3.85)

したがって,曲げモーメントは下式で表せる.

$$M(x) = -P\langle x-a\rangle^1 + Px - Pa$$

(3.86)

以上の例で見るように,マコーリの括弧を用いると集中荷重やモーメント荷重,部分的に分布荷重が作用する場合の曲げモーメントが,比較的簡単に算定できる. 次節では,マコーリの括弧を用いてたわみの算定を行う.

3.7　変位法,応力法

図 3.18 に示す問題を考え,**変位法**と**応力法**で解析する.

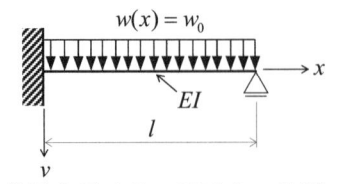

図 3.18　等分布荷重を受ける一端固定,他端ローラ支持の梁

3.7.1 変位法

式(3.27), (3.29)を再記する.

$$M(x) = -EIv''(x) \qquad\qquad 再掲(3.27)$$

$$\frac{d^2\left(EIv''(x)\right)}{dx^2} = w(x) \qquad\qquad 再掲(3.29)$$

一定断面，すなわち EI=const.とすると，下式が得られる.

$$EI\frac{d^4v(x)}{dx^4} = w(x) \qquad\qquad 再掲(3.30)$$

上式は，**たわみ（変位）で表現した釣合い式**である．この式を**力学的境界条件**式(3.87)，**幾何学的境界条件**式(3.88)のもとで解く.

$$M(l) = 0 \tag{3.87}$$

$$v(0) = v'(0) = v(l) = 0 \tag{3.88}$$

力学的境界条件の式（3.87）は，式(3.27)より変位であらわす必要がある．すなわち下式が得られる.

$$M(l) = -EIv''(l) = 0 \tag{3.89}$$

すなわち，力学的境界条件をたわみで表すと，下式となる.

$$v''(l) = 0 \tag{3.90}$$

結局，微分方程式，式(3.30)を境界条件式(3.88)，式(3.90)のもとに解けばよい．たわみ $v(x)$ が求まると，式(3.27)より曲げモーメントが，式(3.23)よりひずみが算定できる.

以下に計算の過程を示す．4 階の微分方程式は下式となる.

$$EIv^{\mathrm{IV}} = w_0 \qquad\qquad 再掲(3.30)$$

順次積分すると，式(3.91)が得られる.

$$\left.\begin{aligned}
EIv''' &= w_0 x + C_1\\[4pt]
EIv'' &= \frac{1}{2}w_0 x^2 + C_1 x + C_2\\[4pt]
EIv' &= \frac{1}{6}w_0 x^3 + \frac{C_1}{2}x^2 + C_2 x + C_3\\[4pt]
EIv &= \frac{1}{24}w_0 x^4 + \frac{C_1}{6}x^3 + \frac{C_2}{2}x^2 + C_3 x + C_4
\end{aligned}\right\} \tag{3.91}$$

境界条件は，左端が固定端，右端がローラ支点で外力モーメントが作用していないので，下式となる（式(3.88)と式(3.90)である）.

$$\left.\begin{aligned}
x=0 で，\quad & v(0)=0,\quad v'(0)=0\\
x=l で，\quad & v(l)=0,\quad v''(l)=0
\end{aligned}\right\} \tag{3.92}$$

$x=0$ の境界条件より，下式が得られる.

$$C_3 = C_4 = 0 \tag{3.93}$$

$x=l$ の境界条件より，下式が得られる.

$$\left.\begin{aligned}
\frac{1}{24}w_0 l^4 + \frac{C_1}{6}l^3 + \frac{C_2}{2}l^2 + C_3 l + C_4 &= 0\\[4pt]
\frac{1}{2}w_0 l^2 + C_1 l + C_2 &= 0
\end{aligned}\right\} \tag{3.94}$$

式(3.93), (3.94)より, 積分定数が式(3.95)となる.

$$C_1 = -\frac{5}{8}w_0, \qquad C_2 = \frac{1}{8}w_0l^2, \qquad C_3 = 0, \quad C_4 = 0 \tag{3.95}$$

したがって, 式(3.91)より**たわみ**は下式となる. 図3.19にたわみ形状を示す.

$$EIv = \frac{1}{24}w_0x^4 - \frac{5}{48}w_0lx^3 + \frac{1}{16}w_0l^2x^2 = \frac{w_0l^4}{48}\left\{2\left(\frac{x}{l}\right)^4 - 5\left(\frac{x}{l}\right)^3 + 3\left(\frac{x}{l}\right)^2\right\} \tag{3.96}$$

中央のたわみ, ローラ支点でのたわみ角は, 下式で得られる.

$$v\left(\frac{l}{2}\right) = \frac{w_0l^4}{192EI}, \; v'(l) = -\frac{w_0l^3}{48EI} \tag{3.97}$$

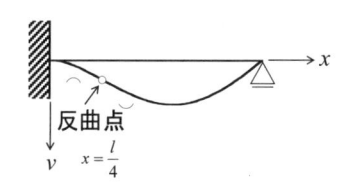

図3.19　たわみ

曲げモーメント, せん断力を求める. 式(3.27), (3.28)より, **曲げモーメント**, **せん断力**は下式となる.

$$M = -EIv'' = -\frac{w_0l^2}{8}\left\{4\left(\frac{x}{l}\right)^2 - 5\left(\frac{x}{l}\right) + 1\right\}$$
$$Q = -EIv''' = -\frac{w_0l}{8}\left(8\frac{x}{l} - 5\right) \tag{3.98}$$

支点反力は, 下式で得られる.

$$M(0) = -\frac{w_0l^2}{8}$$
$$Q(0) = \frac{5}{8}w_0l, \; Q(l) = -\frac{3}{8}w_0l \tag{3.99}$$

【例3.4 静定梁】

例3.1で静定梁の曲げモーメントを下記のように算定した. すなわち, 片持ち梁の先端に集中荷重 P が作用するときは式(3.45), 単純梁に等分布荷重が作用する場合は式(3.49)のように曲げモーメントを算定した.

$$M(x) = Px - Pl = -P(l - x) \qquad\qquad 再掲(3.45)$$

$$M(x) = w_0 \cdot \left(-\frac{x^2}{2}\right) + \frac{w_0l}{2}x = \frac{w_0x}{2}(l - x) \qquad\qquad 再掲(3.49)$$

　このように，静定の梁で曲げモーメント $M(x)$ が求まるときには，式(3.30)の 4 階の微分方程式を用いずとも，式(3.27)と**幾何学的境界条件**を用いることにより，たわみを算定することができる.

a)　片持ち梁の先端に集中荷重 P が作用する場合

　図 3.10(a)に対応する式(3.27)は，下式となる.

$$M(x) = -EIv'' = -P(l-x) \tag{3.100}$$

順次積分すると下式となる.

$$\left.\begin{aligned} -EIv' &= -P\left(lx - \frac{x^2}{2} + C_1\right) \\ -EIv &= -P\left(\frac{lx^2}{2} - \frac{x^3}{6} + C_1 x + C_2\right) \end{aligned}\right\} \tag{3.101}$$

幾何学的境界条件 $v(0)=v'(0)=0$ より，積分定数は下式となる.

$$C_1 = C_2 = 0 \tag{3.102}$$

　したがって，たわみ，たわみ角は下式となる. 分布荷重のない曲げモーメントが線形の状態ではたわみは 3 次式で表現される.

$$\left.\begin{aligned} v &= \frac{Pl^3}{6EI}\left\{3\left(\frac{x}{l}\right)^2 - \left(\frac{x}{l}\right)^3\right\} \\ v' &= \frac{Pl^2}{2EI}\left\{2\left(\frac{x}{l}\right) - \left(\frac{x}{l}\right)^2\right\} \end{aligned}\right\} \tag{3.103}$$

　先端（自由端）のたわみ，たわみ角は下式となる.

$$v(l) = \frac{Pl^3}{3EI}, \qquad v'(l) = \frac{Pl^2}{2EI} \tag{3.104}$$

b)　等分布荷重 w_0 を受ける単純支持梁

　図 3.10(b)対応する式(3.27)は，下式となる.

$$M(x) = -EIv'' = \frac{w_0}{2}\left(lx - x^2\right) \tag{3.105}$$

順次積分すると下式となる.

$$\left.\begin{aligned} -EIv' &= \frac{w_0}{2}\left(\frac{lx^2}{2} - \frac{x^3}{3} + C_1\right) \\ -EIv &= \frac{w_0}{2}\left(\frac{lx^3}{6} - \frac{x^4}{12} + C_1 x + C_2\right) \end{aligned}\right\} \tag{3.106}$$

幾何学的境界条件 $v(0)=v(l)=0$ より，積分定数は下式となる.

$$C_1 = -\frac{l^3}{12}, \quad C_2 = 0 \tag{3.107}$$

したがって，たわみ，たわみ角は下式となる．

$$v = \frac{w_0 l^4}{24EI}\left\{\left(\frac{x}{l}\right)^4 - 2\left(\frac{x}{l}\right)^3 + \frac{x}{l}\right\}$$

$$v' = \frac{w_0 l^3}{24EI}\left\{4\left(\frac{x}{l}\right)^3 - 6\left(\frac{x}{l}\right)^2 + 1\right\}$$

(3.108)

中央のたわみ，左端のたわみ角は下式となる．

$$v\left(\frac{l}{2}\right) = \frac{5w_0 l^4}{384EI}, \qquad v'(0) = \frac{w_0 l^3}{24EI}$$

(3.109)

参考 3.16　積分定数の位置

　釣合い微分方程式を積分すると**積分定数**が表れてくる．式(3.91)の右辺では，独立して積分定数 (C_1 等) を表記したが，式(3.101), (3.106)では荷重 P や w_0 を乗じる形にして積分定数を表記した．一般的には後者の方が，計算が簡便となる．

参考 3.17　式(3.32) を用いた解法

　式(3.32)は下式である．

$$EIv(x) = \frac{1}{6}\int_0^x (x-t)^3 w(t)dt + EIv(0) + EIv'(0)x - \frac{M(0)}{2}x^2 - \frac{Q(0)}{6}x^3$$

$$EIv''(x) = \int_0^x (x-t)w(t)dt - M(0) - Q(0)x$$

$$EIv'''(x) = \int_0^x w(x)dx - Q(0)$$

　例 3.4a)の問題では，$w(x)=0$，**幾何学的境界条件**は $v(0)= v'(0)=0$ である．上式に代入すると下式が得られる．

$$EIv(x) = -\frac{M(0)}{2}x^2 - \frac{Q(0)}{6}x^3$$

$$EIv''(x) = -M(0) - Q(0)x$$

$$EIv'''(x) = -Q(0)$$

　力学的境界条件は，$M(l)=-EIv''(l)=0$, $Q(l)=-EIv'''(l)=P$．上式に力学的境界条件を代入すると下式が得られる．

$$EIv''(l) = -M(0) - Q(0)l = 0$$

$$EIv'''(l) = -Q(0) = -P$$

　したがって，$Q(0)=P$, $M(0)=-Pl$ となり，例 3.4a)の解と一致する．この方法は，**射的法**とか**マクローリン定理の応用**と呼ばれる．

【例 3.5　マコーリの括弧を用いた場合】

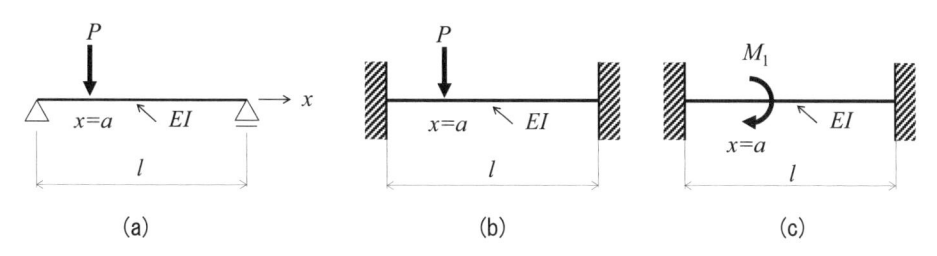

(a)　　　　　　　　　　　(b)　　　　　　　　　　　(c)

図 3.20　支持条件と荷重

a)　単純梁の $x=a$ に集中荷重 P が作用する場合

図 3.20(a)に示す梁の曲げモーメントは下式であらわせる．これは例 3.3a)で算定した．下式で，$b=l-a$ である．

$$M(x) = -P\langle x-a\rangle^1 + \frac{Pb}{l}x \qquad\qquad 再掲(3.74)$$

式(3.27)より，式(3.110)が得られる．

$$M(x) = -EIv''(x) \qquad\qquad 再掲(3.27)$$

$$EIv''(x) = P\langle x-a\rangle^1 - \frac{Pb}{l}x \qquad\qquad (3.110)$$

順次積分すると下式が得られる．

$$\left.\begin{aligned}
EIv'(x) &= \frac{P}{2}\langle x-a\rangle^2 - \frac{Pb}{2l}x^2 + C_1 \\
EIv(x) &= \frac{P}{6}\langle x-a\rangle^3 - \frac{Pb}{6l}x^3 + C_1 x + C_2
\end{aligned}\right\} \qquad (3.111)$$

幾何学的境界条件は下式となる．

$$v(0) = v(l) = 0 \qquad\qquad (3.112)$$

したがって，下式が得られる．

$$\left.\begin{aligned}
EIv(0) &= -\frac{Pb}{6l}\cdot 0 + C_1\cdot 0 + C_2 = 0 \\
EIv(l) &= \frac{P}{6}(l-a)^3 - \frac{Pb}{6l}l^3 + C_1 l + C_2 = 0
\end{aligned}\right\} \qquad (3.113)$$

したがって，下式が得られる．

$$C_1 = \frac{a(l-a)(2l-a)}{6l}P, \qquad C_2 = 0 \qquad\qquad (3.114)$$

上式を式(3.111)に代入することにより，**たわみ**や**たわみ角**が算定できる．

もしマコーリの括弧を使わずに，$x=a$ の左右のたわみをそれぞれ v_1，v_2 とし，式(3.30)の 4 階微

分方程式より出発すると，合計 8 つの積分定数を下式の境界条件やたわみ，たわみ角の連続条件，断面力の連続条件，不連続条件を元に積分定数を算定する必要があり，かなり繁雑な計算が必要となる．

$$\left.\begin{array}{l}
\text{幾何学的境界条件}: v_1(0) = v_2(l) = 0 \\
\text{力学的境界条件}: v_1''(0) = v_2''(l) = 0 \\
\text{たわみとたわみ角の連続条件}: v_1(a) = v_2(a), \qquad v_1'(a) = v_2'(a) \\
\text{曲げモーメントの連続条件}: -EIv_1''(a) = -EIv_2''(a) \\
\text{せん断力の不連続条件}: EIv_1'''(a) + P - EIv_2'''(a) = 0
\end{array}\right\} \tag{3.115}$$

上記の力学的境界条件や曲げモーメントの連続条件，せん断力の不連続条件は式(3.27)や式(3.28)を用いて断面力をたわみの関数として表示している．

マコーリの括弧を用いることにより，たわみ角の連続条件，断面力の連続条件，不連続条件は自動的に考慮でき，計算が簡単となるのがわかる．

b)　固定梁の $x=a$ に集中荷重 P が作用する場合

図 3.20(b)の梁の分布荷重を**マコーリの括弧**を使って記述すると下式となる．

$$w(x) = P\langle x-a\rangle_*^{-1} \qquad\qquad\qquad \text{再掲}(3.69)$$

式(3.30)より下式が得られる．

$$EI\frac{d^4v(x)}{dx^4} = P\langle x-a\rangle_*^{-1} \tag{3.116}$$

順次積分すると下式が得られる．

$$\left.\begin{array}{l}
EIv'''(x) = P\langle x-a\rangle^0 + C_1 \\
EIv''(x) = P\langle x-a\rangle^1 + C_1x + C_2 \\
EIv'(x) = \dfrac{P}{2}\langle x-a\rangle^2 + \dfrac{C_1}{2}x^2 + C_2x + C_3 \\
EIv(x) = \dfrac{P}{6}\langle x-a\rangle^3 + \dfrac{C_1}{6}x^3 + \dfrac{C_2}{2}x^2 + C_3x + C_4
\end{array}\right\} \tag{3.117}$$

境界条件は下式となる．すべて**幾何学的境界条件**である．

$$v(0) = v'(0) = v(l) = v'(l) = 0 \tag{3.118}$$

上式より積分定数を求めると下式となる．

$$C_1 = -\frac{P(l-a)^2(l+2a)}{l^3}, \qquad C_2 = \frac{Pa(l-a)^2}{l^2}, \qquad C_3 = C_4 = 0 \tag{3.119}$$

上式を式(3.117)に代入することにより，たわみやたわみ角が算定できる．左端および右端の曲げモーメントは，下式で曲げモーメントが得られるので，式(3.121)となる．

$$M(x) = -EIv''(x) = -P\langle x-a\rangle^1 + \frac{P(l-a)^2(l+2a)}{l^3}x - \frac{Pa(l-a)^2}{l^2} \tag{3.120}$$

$$M(0) = -\frac{a(l-a)^2}{l^2}P, \qquad M(l) = -\frac{a^2(l-a)}{l^2}P \tag{3.121}$$

上式は固定端での曲げモーメントで**固定端モーメント**と呼ばれ，3.11 節の**たわみ角法**で必要となる．

c)　固定梁の $x=a$ にモーメント荷重 M_1 が作用する場合

図 3.20(c)の梁の分布荷重を**マコーリの括弧**を使って記述すると下式となる．

$$w(x) = -M_1\langle x-a\rangle_*^{-2} \tag{3.122}$$

釣合い微分方程式（$EIv^{\mathrm{IV}} = -M_1\langle x-a\rangle_*^{-2}$）を順次積分すると下式が得られる．

$$\left.\begin{aligned}
EIv'''(x) &= -M_1\langle x-a\rangle_*^{-1} + C_1 \\
EIv''(x) &= -M_1\langle x-a\rangle^0 + C_1 x + C_2 \\
EIv'(x) &= -M_1\langle x-a\rangle^1 + \frac{C_1}{2}x^2 + C_2 x + C_3 \\
EIv(x) &= -\frac{M_1}{2}\langle x-a\rangle^2 + \frac{C_1}{6}x^3 + \frac{C_2}{2}x^2 + C_3 x + C_4
\end{aligned}\right\} \tag{3.123}$$

境界条件は下式となる．すべて**幾何学的境界条件**である．

$$v(0) = v'(0) = v(l) = v'(l) = 0 \tag{3.124}$$

上式より積分定数を求めると下式となる．

$$C_1 = \frac{6M_1 a(l-a)}{l^3}, \qquad C_2 = -\frac{M_1(l-a)(3a-l)}{l^2}, \qquad C_3 = C_4 = 0 \tag{3.125}$$

上式を式(3.123)に代入することにより，たわみやたわみ角，曲げモーメントが算定できる．曲げモーメントは下式となり，左端および右端の曲げモーメントは式(3.127)となる．ただし，$b=l-a$ である．

$$M(x) = -EIv''(x) = M_1\langle x-a\rangle^0 - \frac{6M_1 a(l-a)}{l^3}x + \frac{M_1(l-a)(3a-l)}{l^2} \tag{3.126}$$

$$\left.\begin{aligned}
M(0) &= \frac{M_1(l-a)(3a-l)}{l^2} = \frac{M_1 b(3a-l)}{l^2} \\
M(l) &= \frac{M_1 a(-2l+3a)}{l^2} = \frac{M_1 a(l-3b)}{l^2}
\end{aligned}\right\} \tag{3.127}$$

> **参考 3.18　マコーリの括弧と式(3.32)の右辺第 1 項**
>
> 　$x=t$ の点に $P=w(t)dt$ となる集中荷重があるとする．これをマコーリの括弧を用いて分布荷重としてあらわすと，下式となる．

$$P\langle x-t\rangle_*^{-1}$$

これを 4 回積分し，たわみの項を求めると下式となる．

$$\frac{P}{6}\langle x-t\rangle^3 = \frac{w(t)dt}{6}\langle x-t\rangle^3$$

すべての荷重によるたわみは上式を足し合わせることにより下式が得られる．この式は式(3.32)右辺の第 1 項となっている．

$$\frac{1}{6}\int_0^x (x-t)^3 w(t)dt$$

【例 3.6 座屈の問題】

図 3.21 に示す材の釣合い式は，式(3.34)において，$w(x)=0$ として下式となる．

$$EIv^{\mathrm{IV}}(x) + Pv''(x) = 0 \tag{3.128}$$

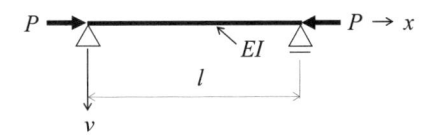

図 3.21　圧縮力を受ける両端単純支持の柱

上式で，$k^2 = P/(EI)$ とおくと，下式となる．

$$v^{\mathrm{IV}}(x) + k^2 v''(x) = 0 \tag{3.129}$$

一般解は下式となる．

$$v = a\cos kx + b\sin kx + c + dx \tag{3.130}$$

a, b, c, d は積分定数である．**境界条件**は，両端が単純支持なので，下式であらわせる．v''に関する条件は曲げモーメントが 0 であることを示す．

$$v(0)=0,\ v''(0)=0,\ v(l)=0,\ v''(l)=0 \tag{3.131}$$

式(3.130)より，v''は下式であらわせるから，境界条件は式(3.133)となる．

$$v'' = -ak^2\cos kx - bk^2\sin kx \tag{3.132}$$

$$\left.\begin{array}{l} a\cos(k\cdot 0) + b\sin(k\cdot 0) + c + d\cdot 0 = 0 \\ -ak^2\cos(k\cdot 0) - bk^2\sin(k\cdot 0) = 0 \\ a\cos kl + b\sin kl + c + dl = 0 \\ -ak^2\cos kl - bk^2\sin kl = 0 \end{array}\right\} \tag{3.133}$$

上式を整理すると，下式となる．

$$\left. \begin{array}{l} a + c = 0 \\ -ak^2 = 0 \\ a\cos kl + b\sin kl + c + dl = 0 \\ -ak^2\cos kl - bk^2\sin kl = 0 \end{array} \right\} \tag{3.134}$$

上式の上二つの式より，　$a=c=0$ が得られる．したがって，式(3.134)の下二つの式は下式となる．

$$\left. \begin{array}{l} b\sin kl + dl = 0 \\ bk^2\sin kl = 0 \end{array} \right\} \tag{3.135}$$

上式の 2 番目の式より，下式が得られる．

$$b=0 \quad あるいは \quad \sin kl = 0 \tag{3.136}$$

$b=0$ とすると，a, b, c, d はすべて 0 となり，$v \equiv 0$ となってたわまないことになる．これは**自明の解**と呼ばれる．式(3.136)のもうひとつの解，　$\sin kl = 0$ より式(3.137)が得られる．

$$kl = \sqrt{\frac{P}{EI}} l = n\pi \tag{3.137}$$

すなわち，**座屈荷重**が下式であらわせる．n は自然数である．

$$P = \frac{n^2\pi^2 EI}{l^2} \tag{3.138}$$

また，たわみ（**座屈モード**）は下式となる（$n=1$ のとき，サインの半波形で座屈するという）．

$$v = b\sin kx = b\sin\frac{n\pi}{l}x \tag{3.139}$$

実際上重要となるのは，式(3.138)の P を最小とする $n=1$ の場合であり，座屈荷重，座屈モードは下式となる．

$$P = \frac{\pi^2 EI}{l^2} \tag{3.140}$$

$$v = b\sin\frac{\pi}{l}x \tag{3.141}$$

参考 3.19　　両端ピンの場合の釣合い微分方程式

通常両端ピンの柱に圧縮力が作用する場合は下式の釣合い式から出発することが多い．

$$EIv''(x) + Pv(x) = 0$$

上式は自由体の釣合いから求まる．また，別の方法としては式(3.128) を 2 回積分すると，下式となるが，境界条件 $v(0) = v(l) = v''(0) = v''(l) = 0$ を用いて，$C_1 = C_2 = 0$ となることより求めることができる．

$$EIv''(x) + Pv(x) = C_1 x + C_2$$

式(3.128)の 4 階微分方程式を用いれば，両端ピンだけでなく，任意の境界条件を持つ柱の座屈荷重を算定することができる．

参考 3.20　　固有値問題と釣合い問題

　数学では，式(3.138)の P を**固有値**，式(3.139)の v を**固有関数（固有モード）**とよぶ．この問題のように，固有値と固有関数を求める問題を**固有値問題**と呼ぶ．たわみ v はその形状が決まるだけで，大きさは決定できない．すなわち式(3.139)右辺の b は不定である．

　連続体として柱を取り扱うと，支配方程式は微分方程式となり，（無限の自由度を持ち）式(3.138)にみられるように無限個の固有値がある．第 5 章で示すように近似解法での算定で，離散化することにより自由度を下げると，その自由度の数だけの固有値が存在する．

　固有値問題に対して，例 3.4 や 3.5 のようにたわみが荷重との関係で求まる問題を**釣合い問題**と呼ぶ．

【例 3.7 軸力と曲げを受ける柱】

　図 3.22 に示す自由端に圧縮力 P と横力 H を受ける材の**釣合い式**は，式(3.34)において，$w(x)=0$ として下式が得られる．

$$EIv^{\mathrm{IV}}(x) + Pv''(x) = 0 \tag{3.142}$$

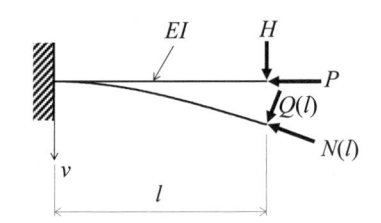

図 3.22　　圧縮力 P と横力 H を受ける片持ち柱

上式で，$k^2 = P/(EI)$ とおくと，式(3.130)で示したように，**一般解**は下式となる．

$$v = a\cos kx + b\sin kx + c + dx \tag{3.143}$$

境界条件は，下式であらわせる．下式の最後の式は，**横力**の釣合いである式(3.42)に相当する．

$$v(0) = 0,\ v'(0) = 0,\ v''(l) = 0,\ -v'''(l) - k^2 v'(l) = \frac{H}{EI} \tag{3.144}$$

積分定数は下式のようになる．

$$a = -\frac{H}{kP}\tan kl, \qquad b = \frac{H}{kP}, \qquad c = -a = \frac{H}{kP}\tan kl, \qquad d = -\frac{H}{P} \tag{3.145}$$

したがって，たわみは下式となる．

$$v = \frac{H}{kP}(-\tan kl \cdot \cos kx + \sin kx + \tan kl - kx) \tag{3.146}$$

自由端のたわみは下式となる．

$$v(l) = \frac{Hl}{P}\left(\frac{\tan kl}{kl} - 1\right) \tag{3.147}$$

3.7.2 応力法

図 3.18 に示す梁を**応力法**より解析する．**釣合い微分方程式**は，下式となる．

$$\frac{d^2 M}{dx^2} = -w(x) = w_0 \qquad\qquad\qquad 再掲(3.8)$$

両辺を積分すると下式が得られる．

$$左辺 = \int_0^x \frac{d^2 M}{dx^2} dx = \left[\frac{dM}{dx}\right]_0^x = M'(x) - M'(0) \tag{3.148}$$

$$右辺 = \int_0^x \{-w(x)\} dx = \int_0^x (-w_0) dx = -w_0 x \tag{3.149}$$

したがって，下式が得られる．

$$M'(x) - M'(0) = -w_0 x \qquad \therefore\quad M'(x) = -w_0 x + M'(0) \tag{3.150}$$

さらに積分すると，下式が得られる．

$$M(x) = -w_0 \frac{x^2}{2} + M'(0)x + M(0) \tag{3.151}$$

式(3.24)と式(3.27)より，下式が得られる．

$$\phi(x) = -v''(x) = \frac{M(x)}{EI} \tag{3.152}$$

式(3.151)と式(3.152)より，下式が得られる．

$$-v''(x) = \frac{M(x)}{EI} = \frac{1}{EI}\left(-w_0 \frac{x^2}{2} + M'(0)x + M(0)\right) \tag{3.153}$$

上式を積分すると，下式となる．

$$-v'(x) = \frac{1}{EI}\left(-w_0 \frac{x^3}{6} + M'(0)\frac{x^2}{2} + M(0)x\right) - v'(0) \tag{3.154}$$

もう一度積分して，

$$-v(x) = \frac{1}{EI}\left(-w_0 \frac{x^4}{24} + M'(0)\frac{x^3}{6} + M(0)\frac{x^2}{2}\right) - v'(0)x - v(0) \tag{3.155}$$

式(3.153)において，**力学的境界条件** $M(l) = 0$，すなわち $v''(l) = 0$ より下式が得られる．

$$-\frac{1}{2} w_0 l^2 + M'(0)l + M(0) = 0 \tag{3.156}$$

式(3.155)において**幾何学的境界条件** $v(0) = v'(0) = v(l) = 0$ より下式が得られる．

$$-\frac{1}{24} w_0 l^4 + \frac{1}{6} M'(0)l^3 + \frac{1}{2} M(0)l^2 = 0 \tag{3.157}$$

式(3.156), 式(3.157)より $M'(0)$, $M(0)$ を求めると下式が得られる.

$$\left.\begin{array}{l} M'(0)=Q(0)=\dfrac{5}{8}w_0 l \\[3mm] M(0)=-\dfrac{1}{8}w_0 l^2 \end{array}\right\} \tag{3.158}$$

上式が算定されると, 式(3.155)に代入することにより, たわみが算定できる.

式(3.157)は**断面力で表した幾何学的境界条件**である. 上で示したように最終的に断面力 (反力) を未知数とした式を解くことに帰結する方法を**応力法**と言う. 図 3.23 に**曲げモーメント図**, せん**断力図**を示す.

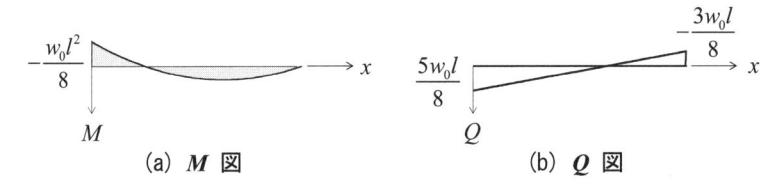

(a) M 図　　　　　(b) Q 図

図 3.23　断面力図

【例 3.8　支点反力を未知数とした解法】

図 3.18 に示す梁のたわみや断面力をローラ支点の反力を X として算定する. 図 3.24 に示すようにローラ支点の反力を X とすると, 固定端を原点とした場合の曲げモーメントは下式となる.

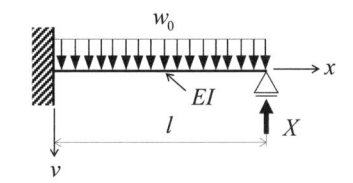

図 3.24　等分布荷重を受ける一端固定, 他端ローラ支持の梁

$$M(x)=-\frac{w_0}{2}(l-x)^2+X(l-x) \tag{3.159}$$

式(3.27)より下式が得られる.

$$M(x)=-EIv''(x)=-\frac{w_0}{2}(l-x)^2+X(l-x) \tag{3.160}$$

順次積分すると下式が得られる.

$$\left.\begin{array}{l} -EIv'(x)=\dfrac{w_0}{6}(l-x)^3-\dfrac{X}{2}(l-x)^2+C_1 \\[3mm] -EIv(x)=-\dfrac{w_0}{24}(l-x)^4+\dfrac{X}{6}(l-x)^3+C_1 x+C_2 \end{array}\right\} \tag{3.161}$$

幾何学的境界条件は, 下式である.

$$v(0)=v'(0)=v(l)=0 \tag{3.162}$$

すなわち，下式が得られる．

$$-\frac{w_0}{24}l^4 + \frac{X}{6}l^3 + C_2 = 0 \quad \Bigg\}$$
$$\frac{w_0}{6}l^3 - \frac{X}{2}l^2 + C_1 = 0 \quad \Bigg\}$$
$$C_1 l + C_2 = 0 \qquad \qquad \Bigg\}$$

(3.163)

上式をとくと，反力 X, C_1, C_2 は下式となる．

$$X = \frac{3w_0 l}{8}, \quad C_1 = \frac{w_0 l^3}{48}, \quad C_2 = -\frac{w_0 l^4}{48}$$

(3.164)

以上より，断面力やたわみが算定できる．

3.8 外力のなす仕事

図 3.25(a)に示すように，外力 $\boldsymbol{P} = \begin{pmatrix} P_x & P_y \end{pmatrix}^T$ が一定のもと，その作用点 Q が Q′ に変位したとき，変位ベクトルを $\boldsymbol{u} = \begin{pmatrix} u & v \end{pmatrix}^T$ とすると外力 $\boldsymbol{P}$ のなす仕事 W は下式で与えられる．すなわち，外力に外力の作用点の作用方向の変位を乗じたものが**外力のなす仕事**である．すなわち，外力 $\boldsymbol{P}$ と変位 $\boldsymbol{u}$ の**内積**（$\boldsymbol{P} \cdot \boldsymbol{u}$）として算定できる．下式の α は $\boldsymbol{P}$ と $\boldsymbol{u}$ のなす角度である．

$$W = \boldsymbol{P} \cdot \boldsymbol{u} = \boldsymbol{P}^T \boldsymbol{u} = \begin{pmatrix} P_x & P_y \end{pmatrix}\begin{pmatrix} u \\ v \end{pmatrix} = P_x u + P_y v = |\boldsymbol{P}| \cdot |\boldsymbol{u}| \cos\alpha$$

(3.165)

また，モーメント荷重 M_0 が一定のもと，その作用点が角度 θ 回転するときのモーメント荷重がなす仕事は下式で与えられる．

$$W = M_0 \cdot \theta$$

(3.166)

次章で解説する**仮想仕事の原理**では，外力が一定の状態で仮想変位を考えたときの外力のなす仮想仕事を算定するが，上記の式を用いることができる．

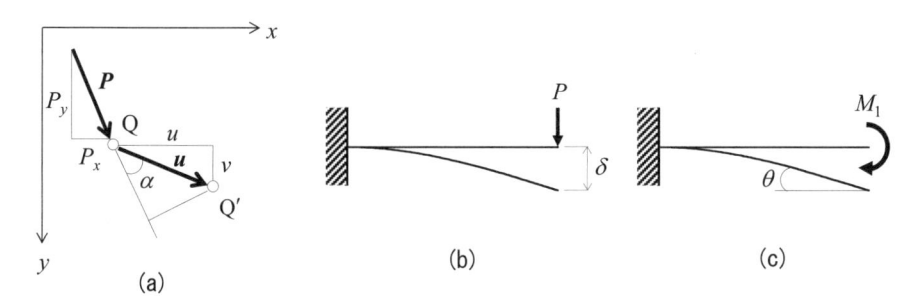

図 3.25 外力のなす仕事

図 3.25(b)，(c)のように外力 P やモーメント荷重 M_1 が 0 から P や M_1 に変化したとき，荷重と比例して変位や回転角が大きくなり，それぞれ δ，θ となったとすると，外力のなす仕事は下式となる．

$$W = \frac{P \cdot \delta}{2} \left.\vphantom{\begin{array}{c} \\ \\ \end{array}}\right\}$$
$$W = \frac{M_1 \cdot \theta}{2} \qquad\qquad (3.167)$$

3.9 ひずみエネルギ関数と梁のひずみエネルギ

単位体積中に蓄えられるひずみエネルギをひずみ成分であらわしたもの，すなわち $A(\varepsilon)$ を**ひずみエネルギ関数**という．すなわち下式となる．

$$A(\varepsilon) = \int_0^\varepsilon \sigma d\varepsilon = \int_0^\varepsilon E\varepsilon d\varepsilon = \frac{E\varepsilon^2}{2} \qquad\qquad (3.168)$$

梁の場合は $\varepsilon = y\phi$ であるので，下式となる．

$$A(\phi) = \frac{Ey^2\phi^2}{2} \qquad\qquad (3.169)$$

梁の単位長さあたりの**ひずみエネルギ**は，上式を断面全体で積分することにより下式で算定できる．

$$\int_A \frac{Ey^2\phi^2}{2} dA = \int_A \frac{Ey^2\phi(x)^2}{2} dydz = \frac{E\phi(x)^2}{2} \int_A y^2 dydz = \frac{EI\phi(x)^2}{2} \qquad\qquad (3.170)$$

$$\because I \equiv \int_A y^2 dydz$$

したがって，梁全体で蓄えられる**ひずみエネルギ**は下式となる．

$$U = \int_l \frac{EI\phi(x)^2}{2} dx \qquad\qquad (3.171)$$

第 4 章で述べる**最小ポテンシャルエネルギの原理**では，ひずみエネルギを変位の関数として表示する．すなわち，下式の表現となる．

$$U = \int_l \frac{EIv''(x)^2}{2} dx \qquad\qquad (3.172)$$

【例 **3.9** ひずみエネルギの計算】

たわみを 3 次関数で仮定して，両端のたわみ，たわみ角を与えたときの**ひずみエネルギ** U を計算する．梁のたわみを下式の 3 次関数で仮定する．

$$v = ax^3 + bx^2 + cx + d \qquad\qquad (3.173)$$

図 3.26 に示す材端でのたわみ，たわみ角の条件，すなわち下式より，式(3.175)が求められる．

$$v(0) = v_A, \qquad v(l) = v_B, \qquad v'(0) = \theta_A, \qquad v'(l) = \theta_B \qquad\qquad (3.174)$$

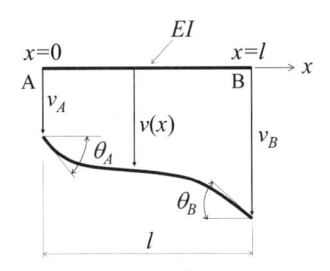

図 3.26　梁の材端のたわみとたわみ角

$$\left.\begin{array}{l} d = v_A \\ al^3 + bl^2 + cl + d = v_B \\ c = \theta_A \\ 3al^2 + 2bl + c = \theta_B \end{array}\right\} \tag{3.175}$$

したがって，a，b，c，dは下式となる．

$$\left.\begin{array}{l} a = \dfrac{2}{l^3}\left(v_A - v_B\right) + \dfrac{1}{l^2}\left(\theta_A + \theta_B\right) \\[2mm] b = -\dfrac{3}{l^2}\left(v_A - v_B\right) - 2\dfrac{1}{l}\theta_A - \dfrac{1}{l}\theta_B \\[2mm] c = \theta_A \\[2mm] d = v_A \end{array}\right\} \tag{3.176}$$

たわみ v は下式となる．

$$v = \left\{2\left(\frac{x}{l}\right)^3 - 3\left(\frac{x}{l}\right)^2 + 1\right\}v_A + \left\{\left(\frac{x}{l}\right)^3 - 2\left(\frac{x}{l}\right)^2 + \frac{x}{l}\right\}l\theta_A \\ + \left\{-2\left(\frac{x}{l}\right)^3 + 3\left(\frac{x}{l}\right)^2\right\}v_B + \left\{\left(\frac{x}{l}\right)^3 - \left(\frac{x}{l}\right)^2\right\}l\theta_B \tag{3.177}$$

たわみ角 v' および曲率（$-v''$）は下式となる．

$$v' = \left\{6\left(\frac{x}{l}\right)^2 - 6\left(\frac{x}{l}\right)\right\}\frac{v_A}{l} + \left\{3\left(\frac{x}{l}\right)^2 - 4\left(\frac{x}{l}\right) + 1\right\}\theta_A \\ + \left\{-6\left(\frac{x}{l}\right)^2 + 6\left(\frac{x}{l}\right)\right\}\frac{v_B}{l} + \left\{3\left(\frac{x}{l}\right)^2 - 2\left(\frac{x}{l}\right)\right\}\theta_B \tag{3.178}$$

$$= \left\{3\left(\frac{x}{l}\right)^2 - 4\left(\frac{x}{l}\right) + 1\right\}\theta_A + \left\{3\left(\frac{x}{l}\right)^2 - 2\left(\frac{x}{l}\right)\right\}\theta_B + \left\{-6\left(\frac{x}{l}\right)^2 + 6\left(\frac{x}{l}\right)\right\}R$$

$$v'' = \left\{12\left(\frac{x}{l}\right)-6\right\}\frac{v_A}{l^2}+\left\{6\left(\frac{x}{l}\right)-4\right\}\frac{\theta_A}{l}+\left\{-12\left(\frac{x}{l}\right)+6\right\}\frac{v_B}{l^2}+\left\{6\left(\frac{x}{l}\right)-2\right\}\frac{\theta_B}{l}$$

$$= \left\{6\left(\frac{x}{l}\right)-4\right\}\frac{\theta_A}{l}+\left\{6\left(\frac{x}{l}\right)-2\right\}\frac{\theta_B}{l}+\left\{-12\left(\frac{x}{l}\right)+6\right\}\frac{R}{l} \tag{3.179}$$

上式中の R は**部材角**で，下式で定義される．

$$R = \frac{v_B - v_A}{l} \tag{3.180}$$

したがって，**ひずみエネルギ**は下式となる．

$$U = \int_0^l \frac{EI}{2}v''^2 dx = \frac{1}{2}\cdot\frac{EI}{l}\begin{pmatrix}v_A/l & \theta_A & v_B/l & \theta_B\end{pmatrix}\begin{pmatrix}12 & 6 & -12 & 6\\ 6 & 4 & -6 & 2\\ -12 & -6 & 12 & -6\\ 6 & 2 & -6 & 4\end{pmatrix}\begin{pmatrix}v_A/l\\ \theta_A\\ v_B/l\\ \theta_B\end{pmatrix}=\frac{1}{2}x^T Kx$$

$$= \frac{1}{2}\cdot\frac{EI}{l}\begin{pmatrix}\theta_A & \theta_B & R\end{pmatrix}\begin{pmatrix}4 & 2 & -6\\ 2 & 4 & -6\\ -6 & -6 & 12\end{pmatrix}\begin{pmatrix}\theta_A\\ \theta_B\\ R\end{pmatrix}=\frac{1}{2}u^T Ku \tag{3.181}$$

　上式は，両端の変位，たわみ角，あるいは部材角とたわみ角でひずみエネルギを表現した．材の中間に荷重がない場合は，たわみ曲線は 3 次式で表現でき，材端の変位，たわみ角を用いてその変形は完全に記述でき，ひずみエネルギもこれらの量を用いて表現できる．

参考 3.21　エルミート（Hermite）の多項式

　式(3.177)の中括弧内の式は**エルミートの多項式**である．下図に関数のあらわす曲線を示す．

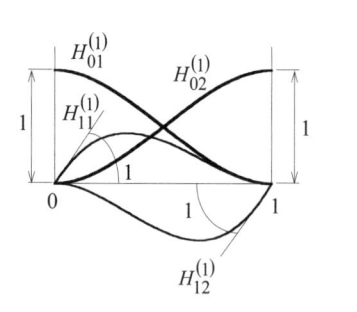

$$\begin{cases}H_{01}^{(1)}(x) = 2\left(\frac{x}{l}\right)^3 - 3\left(\frac{x}{l}\right)^2 + 1\\[2mm] H_{02}^{(1)}(x) = -2\left(\frac{x}{l}\right)^3 + 3\left(\frac{x}{l}\right)^2\\[2mm] H_{11}^{(1)}(x) = \left(\frac{x}{l}\right)^3 - 2\left(\frac{x}{l}\right)^2 + \frac{x}{l}\\[2mm] H_{12}^{(1)}(x) = \left(\frac{x}{l}\right)^3 - \left(\frac{x}{l}\right)^2\end{cases}$$

参考 3.22　ひずみエネルギ関数の性質

　式(3.168)において，**微分積分学の基本定理**より下式が得られる．

$$\frac{dA}{d\varepsilon} = \sigma$$

すなわち，微分すると応力となるような関数を**ひずみエネルギ関数**と定義したこととなる．

参考 3.23　梁の単位長さあたりのひずみエネルギ

式(3.170)は，下式のようにしても算定できる．

$$\int_0^\phi M(\phi)d\phi = \int_0^\phi EI\phi d\phi = \frac{EI\phi^2}{2}$$

参考 3.24　弾性論でのひずみエネルギ関数

弾性論での**ひずみエネルギ関数** A は下式で与えられる．

$$A = \frac{E\nu}{2(1+\nu)(1-2\nu)}\left(\varepsilon_x + \varepsilon_y + \varepsilon_z\right)^2 + G\left(\varepsilon_x^2 + \varepsilon_y^2 + \varepsilon_z^2\right) + \frac{G}{2}\left(\gamma_{yz}^2 + \gamma_{zx}^2 + \gamma_{xy}^2\right)$$

【例 3.10　ひずみエネルギの計算】

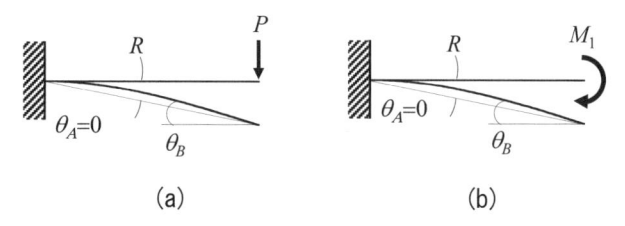

(a)　　　　　　　　　(b)

図 3.27　先端に荷重を受ける片持ち梁

上図の梁の**ひずみエネルギ**を算定する．固定端のたわみ角 θ_A を 0 とすると，ひずみエネルギ U は式(3.181)より下式となる．このひずみエネルギは次章の**最小ポテンシャルエネルギの原理**の例題で用いる（例 4.34 参照）．

$$U = \int_0^l \frac{EI}{2}v''^2 dx = \frac{1}{2}\cdot\frac{EI}{l}\begin{pmatrix}\theta_A = 0 & \theta_B & R\end{pmatrix}\begin{pmatrix}4 & 2 & -6 \\ 2 & 4 & -6 \\ -6 & -6 & 12\end{pmatrix}\begin{pmatrix}\theta_A = 0 \\ \theta_B \\ R\end{pmatrix}$$

$$= \frac{1}{2}\cdot\frac{EI}{l}\begin{pmatrix}\theta_B & R\end{pmatrix}\begin{pmatrix}4 & -6 \\ -6 & 12\end{pmatrix}\begin{pmatrix}\theta_B \\ R\end{pmatrix} \tag{3.182}$$

3.10　コンプリメンタリエネルギ関数と梁のコンプリメンタリエネルギ

コンプリメンタリエネルギ関数 $B(\sigma)$ を下式で定義する．

$$B(\sigma) = \int_0^\sigma \varepsilon d\sigma = \int_0^\sigma \frac{\sigma}{E}d\sigma = \frac{\sigma^2}{2E} \tag{3.183}$$

梁の場合は $\sigma = My/I$ であるので，下式となる．

$$B(\sigma) = \frac{\sigma^2}{2E} = \frac{M^2 y^2}{2EI^2} \tag{3.184}$$

梁の単位長さあたりの**コンプリメンタリエネルギ**は，上式を断面全体で積分することにより下式で算定できる．

$$\int_A \frac{M^2 y^2}{2EI^2} dA = \frac{M^2}{2EI} \tag{3.185}$$

したがって，梁全体での**コンプリメンタリエネルギ** U_c^* は下式となる．

$$U_c^* = \int_l \frac{M^2}{2EI} dx \tag{3.186}$$

参考 3.25　弾性論でのコンプリメンタリエネルギ関数

　弾性論での**コンプリメンタリエネルギ関数** B は下式で与えられる．

$$B = \frac{1}{2E}\left\{(\sigma_x + \sigma_y + \sigma_z)^2 + 2(1+\nu)(\tau_{yz}^2 + \tau_{zx}^2 + \tau_{xy}^2 - \sigma_y\sigma_z - \sigma_z\sigma_x - \sigma_x\sigma_y)\right\}$$

【例 3.11　コンプリメンタリエネルギの計算 1】

　図 3.28 の梁の**コンプリメンタリエネルギ** U_c^* を算定する．

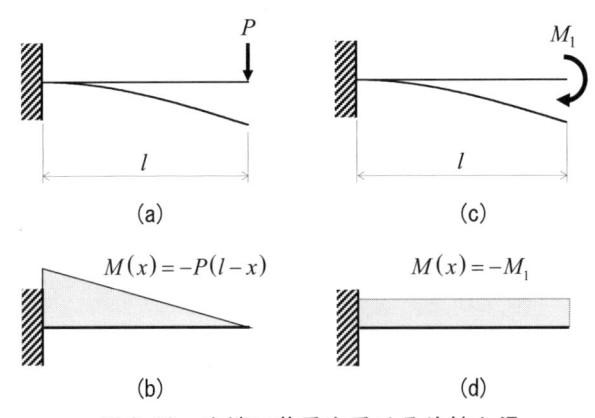

図 3.28　先端に荷重を受ける片持ち梁

　図 3.28(a)の先端に集中荷重 P を受ける梁の曲げモーメントは，$M(x) = -P(l-x)$ となる．したがって，**コンプリメンタリエネルギ** U_c^* は次式のようになる．

$$U_c^* = \int_0^l \frac{M^2}{2EI} dx = \int_0^l \frac{P^2(l-x)^2}{2EI} dx = \frac{P^2 l^3}{6EI} \tag{3.187}$$

　式(3.167)で示した**外力のなす仕事** W と上式を等値すると下式のように荷重点のたわみ δ が求まる．

$$\frac{P \cdot \delta}{2} = \frac{P^2 l^3}{6EI} \quad \therefore \delta = \frac{Pl^3}{3EI} \tag{3.188}$$

図 3.28(c)の場合，全長にわたり曲げモーメントは一定で，$M(x)=-M_1$ である．したがって，**コンプリメンタリエネルギ** U_c^* は次のようになる．

$$U_c^* = \int_0^l \frac{M^2}{2EI}dx = \int_0^l \frac{M_1^2}{2EI}dx = \frac{M_1^2 l}{2EI} \tag{3.189}$$

式(3.167)で示した**外力のなす仕事** W と上式を等値すると下式のようにたわみ角 θ が求まる．

$$\frac{M_1 \cdot \theta}{2} = \frac{M_1^2 l}{2EI} \qquad \therefore \theta = \frac{M_1 l}{EI} \tag{3.190}$$

【例 3.12　コンプリメンタリエネルギの計算 2】

図 3.29 の梁における**コンプリメンタリエネルギ**を算定する．

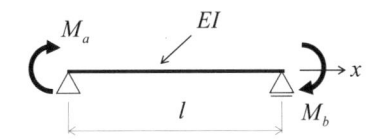

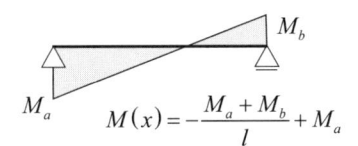

$$M(x) = -\frac{M_a + M_b}{l} + M_a$$

図 3.29　両端にモーメント荷重を受ける単純梁

曲げモーメントは下式となる．

$$M = -\frac{M_a + M_b}{l}x + M_a \tag{3.191}$$

したがって，**コンプリメンタリエネルギ**は下式となる．

$$
\begin{aligned}
U_c^* &= \int_0^l \frac{M^2}{2EI}dx = \int_0^l \frac{1}{2EI} \cdot \left(-\frac{M_a + M_b}{l}x + M_a \right)^2 dx \\
&= \frac{l}{6EI} \cdot \left(M_a^2 - M_a \cdot M_b + M_b^2 \right)
\end{aligned}
\tag{3.192}
$$

モーメント荷重でコンプリメンタリエネルギを記述したこととなる．

【例 3.13　軸力 N およびせん断力 Q のコンプリメンタリエネルギ】

a)　軸力 N によるコンプリメンタリエネルギ

参考 3.25 を参照すると，軸力を受ける場合のコンプリメンタリエネルギ関数は下式となる．

$$B(\sigma) = \frac{\sigma^2}{2E} = \frac{N^2}{2EA^2} \tag{3.193}$$

材の単位長さあたりのコンプリメンタリエネルギは，上式を断面全体で積分することにより下式で算定できる．

$$\int_A \frac{N^2}{2EA^2} dA = \frac{N^2}{2EA} \tag{3.194}$$

したがって，材全体での**コンプリメンタリエネルギ**は下式となる．

$$U_c^* = \int_l \frac{N^2}{2EA} dx \tag{3.195}$$

b) せん断力 Q のコンプリメンタリエネルギ

例 3.2 で長方形断面の場合のせん断応力を算定した．この応力度から，せん断力によるコンプリメンタリエネルギを算定する．幅 b，せい D の長方形断面の y 点のせん断応力は下式で得られた．

$$\tau(y) = \frac{3}{2} \cdot \frac{Q(x)}{bD} \cdot \left\{ 1 - \left(\frac{2y}{D} \right)^2 \right\} \tag{再掲3.63}$$

参考 3.25 を参照して，単位長さあたりのせん断応力によるコンプリメンタリエネルギは式 (3.197)となる．なお，せん断弾性係数 G とヤング係数 E の間にはポアソン比を ν として下式の関係がある．

$$G = \frac{E}{2(1+\nu)} \tag{3.196}$$

$$\int_A \frac{\tau(y)^2}{2G} dA = \int_{-\frac{D}{2}}^{\frac{D}{2}} \frac{1}{2G} \left[\frac{3}{2} \cdot \frac{Q(x)}{bD} \cdot \left\{ 1 - \left(\frac{2y}{D} \right)^2 \right\} \right]^2 b dy = \frac{6}{5} \cdot \frac{Q^2}{2GA} \tag{3.197}$$

上式左辺の A は面積で積分することをあらわす．右辺の 6/5 の値は断面形状によって異なる．本書ではこの値を一般的に κ とする．したがって，材全体でのせん断力の**コンプリメンタリエネルギ** U_c^* は下式となる．

$$U_c^* = \int_l \kappa \frac{Q^2}{2GA} dx \tag{3.198}$$

式(3.186)，(3.195)，(3.198)より，軸力，曲げ，せん断を受ける材の**コンプリメンタリエネルギ**は下式となる．

$$U_c^* = \int_l \frac{M^2}{2EI} dx + \int_l \frac{N^2}{2EA} dx + \int_l \kappa \frac{Q^2}{2GA} dx \tag{3.199}$$

3.11　骨組

　部材を組み合わせて構成される**骨組**の解析法は種々のものがある．ここでは骨組の解析として代表的な**たわみ角法**について概説する．たわみ角法は**変位法**に属する代表的な解析方法である．

　図3.30(a)に示す荷重を受け，図3.30(b)の変形をする梁の材端モーメントと材端のたわみ角の関係を求める．A点を原点とし，A点，B点をそれぞれ $x=0$，$x=l$ とすると，境界条件は下式となる．

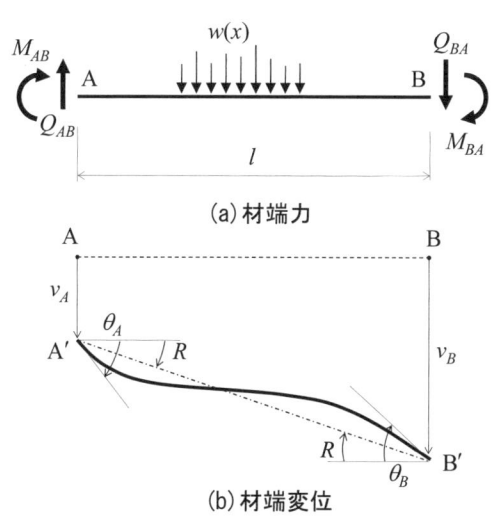

(a)材端力

(b)材端変位

図3.30　材端力と材端変位

$x=0$ において，

$$\left.\begin{array}{l} v(0)=v_A \\ v'(0)=\theta_A \end{array}\right\}$$ (3.200)

$x=l$ において

$$\left.\begin{array}{l} v(l)=v_B \\ v'(l)=\theta_B \end{array}\right\}$$ (3.201)

　釣合い微分方程式の一般解である式(3.31)の中の $v(0),v'(0),v''(0),v'''(0)$ を式(3.200)，(3.201)を用いて $v_A,\ \theta_A,\ v_B,\ \theta_B$ で表現する．$v_A,\ \theta_A,\ v_B,\ \theta_B$ で表現したたわみ $v(x)$ を下式に代入すると，式(3.203)が求まる．すなわち，材端曲げモーメントが材端の変位，たわみ角，固定端モーメントを用いて記述できる．

$$\left.\begin{array}{l} M_{AB}=-EIv''(0) \\ M_{BA}=EIv''(l) \end{array}\right\}$$ (3.202)

$$M_{AB} = \frac{2EI}{l}\left(2\theta_A + \theta_B - 3\frac{v_B - v_A}{l}\right) - \int_0^l \frac{(l-x)^2 x \cdot w(x)}{l^2}dx$$
$$\equiv \frac{2EI}{l}\left(2\theta_A + \theta_B - 3R\right) + C_{AB}$$
$$\equiv 2EK_0k\left(2\theta_A + \theta_B - 3R\right) + C_{AB}$$

$$M_{BA} = \frac{2EI}{l}\left(2\theta_B + \theta_A - 3\frac{v_B - v_A}{l}\right) + \int_0^l \frac{(l-x)x^2 \cdot w(x)}{l^2}dx$$
$$\equiv \frac{2EI}{l}\left(2\theta_B + \theta_A - 3R\right) + C_{BA}$$
$$\equiv 2EK_0k\left(2\theta_B + \theta_A - 3R\right) + C_{BA}$$

$$(3.203)$$

上式中の K_0, k は**基準剛度**および**剛比**である. **剛度** K と剛比 k は下式のように定義される. 基準剛度 K_0 については, たとえば柱の剛度など任意の部材の剛度を基準剛度とすればよい. C_{AB}, C_{BA} は**固定端モーメント**である.

$$\left.\begin{array}{l} K \equiv \dfrac{I}{l} \\[2mm] k \equiv \dfrac{K}{K_0} \end{array}\right\}$$

$$(3.204)$$

参考 3. 26 たわみ角法の公式

公式としては, 下記のように本によっていくつかの書き方がある.

$$\left.\begin{array}{l} M_{AB} = \dfrac{2EI}{l}\left(2\theta_A + \theta_B - 3R\right) + C_{AB} \\[2mm] M_{BA} = \dfrac{2EI}{l}\left(2\theta_B + \theta_A - 3R\right) + C_{BA} \end{array}\right\}$$

$$\left.\begin{array}{l} M_{AB} = 2EK_0k\left(2\theta_A + \theta_B - 3R\right) + C_{AB} \\[2mm] M_{BA} = 2EK_0k\left(2\theta_B + \theta_A - 3R\right) + C_{BA} \end{array}\right\}$$

$$\left.\begin{array}{l} M_{AB} = k\left(2\varphi_A + \varphi_B - 3\Psi\right) + C_{AB} \\[2mm] M_{BA} = k\left(2\varphi_B + \varphi_A - 3\Psi\right) + C_{BA} \\[2mm] \varphi_A \equiv 2EK_0\theta_A, \varphi_B \equiv 2EK_0\theta_B, \Psi = -6EK_0R \end{array}\right\}$$

参考 3. 27 座屈たわみ角法

曲げ剛性に及ぼす軸力の影響と変形後の釣合いを考えた**座屈たわみ角法**がある. 骨組の座屈荷重を算定することができる.

【例 3.14　固定端モーメントの例】

　図 3.31(a), (b)に示す材長 l の梁に 1) 等分布荷重 w_0 が作用する場合と，2) 左から a 離れた点に集中荷重 P が作用する場合の**固定端モーメント**を算定する．**マコーリの括弧**を用いると簡便に計算できることは，例 3.5 で示したので，確認されたい．

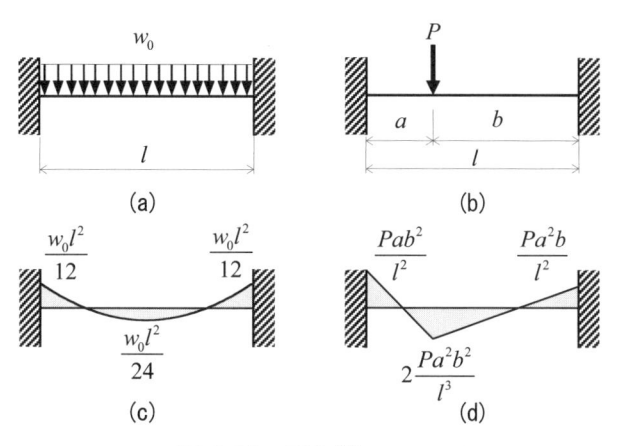

図 3.31　固定端モーメント

1)　**等分布荷重** w_0 が作用する場合は，固定端モーメント C_{AB}, C_{BA} は式(3.203)の右辺第 2 項より下式のように求まる．

$$\left.\begin{aligned} C_{AB} &= -\int_0^l \frac{(l-x)^2 x \cdot w_0}{l^2}dx = -\frac{w_0 l^2}{12} \\ C_{BA} &= \int_0^l \frac{(l-x)x^2 \cdot w_0}{l^2}dx = \frac{w_0 l^2}{12} \end{aligned}\right\} \tag{3.205}$$

2)　左端から a だけ離れた点に**集中荷重** P が作用するときの固定端モーメントは上式の中辺において，$x \to a$, $(l-a) \to b$, $w_0 \to P\langle x-a \rangle_*^{-1}$ として，下式が得られる（式(3.121)参照）．

$$\left.\begin{aligned} C_{AB} &= -\frac{Pab^2}{l^2} \\ C_{BA} &= \frac{Pa^2 b}{l^2} \end{aligned}\right\} \tag{3.206}$$

　式(3.206)において中央に集中荷重が作用する場合は，$a=b=l/2$ とおいて下式となる．

$$\left.\begin{aligned} C_{AB} &= -\frac{Pl}{8} \\ C_{BA} &= \frac{Pl}{8} \end{aligned}\right\} \tag{3.207}$$

　図 3.31(c), (d)に曲げモーメント図を示す．

【例 3.15　ロ形骨組の解析】

図 3.32 に示すロ形骨組の解析を行う．柱の剛度を基準剛度 K_0（$\equiv I/h$）として，梁 BC および梁 AD の剛比をそれぞれ，k_t, k_b とする．未知量は A 点，B 点，C 点，D 点のたわみ角，それぞれ θ_A, θ_B, θ_C, θ_D と柱の部材角 R である．梁の部材角は 0 である.

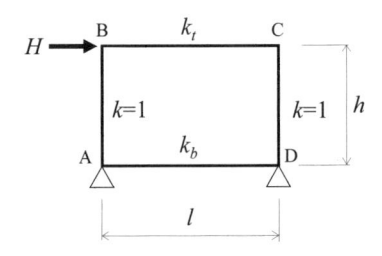

図 3.32　柱頭に水平力を受けるロ形骨組

逆対称の変形をすると判断すると，下式が得られる.

$$\left.\begin{array}{l} \theta_A = \theta_D \\ \theta_B = \theta_C \end{array}\right\} \tag{3.208}$$

たわみ角法の基本式を書くと，下式が得られる.

$$\left.\begin{array}{l} M_{AB} = 2EK_0\left(2\theta_A + \theta_B - 3R\right) \\ M_{BA} = 2EK_0\left(2\theta_B + \theta_A - 3R\right) \\ M_{BC} = 2EK_0 k_t\left(2\theta_B + \theta_B\right) = 6EK_0 k_t \theta_B \\ M_{AD} = 2EK_0 k_b\left(2\theta_A + \theta_A\right) = 6EK_0 k_b \theta_A \end{array}\right\} \tag{3.209}$$

節点方程式は下式となる.

$$\left.\begin{array}{l} M_{AB} + M_{AD} = 0 \\ M_{BA} + M_{BC} = 0 \end{array}\right\} \tag{3.210}$$

したがって,

$$\left.\begin{array}{l} 2EK_0\left(2\theta_A + \theta_B - 3R\right) + 6EK_0 k_b \theta_A = 0 \\ 2EK_0\left(2\theta_B + \theta_A - 3R\right) + 6EK_0 k_t \theta_B = 0 \end{array}\right\} \tag{3.211}$$

したがって, 下式が得られる.

$$\left.\begin{array}{l} (4 + 6k_b)\theta_A + 2\theta_B - 6R = 0 \\ 2\theta_A + \left(4 + 6k_t\right)\theta_B - 6R = 0 \end{array}\right\} \tag{3.212}$$

2 本の柱はどちらも水平力の半分を受け持つとして**層方程式**は下式となる.

$$M_{AB} + M_{BA} = -\frac{1}{2}Hh \tag{3.213}$$

したがって下式が得られる.

$$2EK_0\left(2\theta_A + \theta_B - 3R\right) + 2EK_0\left(2\theta_B + \theta_A - 3R\right) = -\frac{1}{2}Hh \tag{3.214}$$

$$\therefore 2EK_0\left(3\theta_A + 3\theta_B - 6R\right) = -\frac{1}{2}Hh$$

式(3.212), (3.214)よりなる θ_A, θ_B, R を未知数とする 3 元連立方程式を解くと下式となる.

$$\left.\begin{array}{l} \theta_A = \dfrac{Hh}{2EK_0} \cdot \dfrac{1 + 3k_t}{6k_t + 6k_b + 36k_t k_b} \\[3mm] \theta_B = \dfrac{Hh}{2EK_0} \cdot \dfrac{1 + 3k_b}{6k_t + 6k_b + 36k_t k_b} \\[3mm] R = \dfrac{Hh}{2EK_0} \cdot \dfrac{1 + 2k_b + 2k_t + 3k_b k_t}{6k_t + 6k_b + 36k_t k_b} \end{array}\right\} \tag{3.215}$$

上式を式(3.209)に代入すると, 各節点の曲げモーメントが算定できる.

式(3.215)で $k_b \to 0$, $k_t \to \infty$ とすると部材角 R は下式となる.

$$R = \lim_{\substack{k_b \to 0 \\ k_t \to \infty}} \frac{Hh}{2EK_0} \cdot \frac{1 + 2k_b + 2k_t + 3k_b k_t}{6k_t + 6k_b + 36k_t k_b} = \frac{Hh}{6EK_0} \tag{3.216}$$

したがって, 柱頭の水平変位 δ は下式となる.

$$\delta = Rh = \frac{Hh^2}{6EK_0} = \frac{Hh^3}{6EI} \tag{3.217}$$

式(3.215)で $k_b \to \infty$, $k_t \to \infty$ とすると $\theta_A = \theta_B = 0$ で, 部材角 R は下式となる.

$$R = \lim_{\substack{k_b \to \infty \\ k_t \to \infty}} \frac{Hh}{2EK_0} \cdot \frac{1 + 2k_b + 2k_t + 3k_b k_t}{6k_t + 6k_b + 36k_t k_b} = \frac{Hh}{24EK_0} \tag{3.218}$$

したがって，柱頭の水平変位 δ は下式となる．

$$\delta = Rh = \frac{Hh^2}{24EK_0} = \frac{Hh^3}{24EI} \tag{3.219}$$

また，A 点，B 点の曲げモーメントは $M_{AB}=M_{BA}=-Hh/4$ となる．

参考 3.29　剛性方程式

式(3.212)，式(3.214)をマトリックスの形で書くと下式が得られる．

$$\begin{pmatrix} 4+6k_b & 2 & -6 \\ 2 & 4+6k_t & -6 \\ -6 & -6 & 12 \end{pmatrix} \begin{pmatrix} \theta_A \\ \theta_B \\ R \end{pmatrix} = \begin{pmatrix} 0 \\ 0 \\ \dfrac{Hh}{2EK_0} \end{pmatrix}$$

上式左辺の最初のマトリックスは**対称マトリックス**となっている．また，対角項は正の値となっている．なお，マトリックスの最後の行は式(3.214)そのままではなく，両辺を -2 倍している．

【例 3.16　逆対称変形をする口形骨組のひずみエネルギ】

図 3.33 の骨組の柱頭に水平力が作用し，逆対称の変形をする場合の**ひずみエネルギ**を算定する．部材のひずみエネルギは式(3.181)で表現できた．

柱の**曲げ剛性**を EI，長さを h とし，柱の**剛度**を**基準剛度** K_0 として，梁 BC および梁 AD の**剛比**をそれぞれ，k_t，k_b とする．

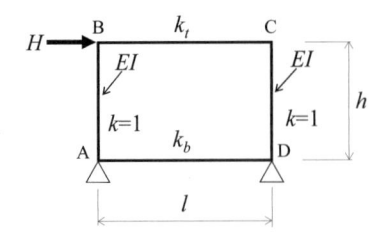

図 3.33　柱頭に水平力を受ける口形骨組

A 点，D 点のたわみ角，および B 点，C 点のたわみ角は等しく，それぞれ θ_A，θ_B とする．AB 部材，CD 部材の部材角を R として，各部材のひずみエネルギの和をとるとこの場合のひずみエネルギが算定できる．式(3.220)，(3.221)，(3.222)はそれぞれ AB 部材，BC 部材，AD 部材のひずみエネルギである．式(3.221)の右辺第 1 行では，変形の逆対称性より $\theta_C=\theta_B$ とし，梁 BC の部材角 R_{BC}=0 としている．式(3.221)の右辺第 1 行の部材角は梁 BC の部材角 R_{BC} だが，第 3 行は柱 AB の部材角 R である．

$$U_{AB} = \frac{1}{2} \cdot \frac{EI}{h} (\theta_A, \theta_B, R) \begin{pmatrix} 4 & 2 & -6 \\ 2 & 4 & -6 \\ -6 & -6 & 12 \end{pmatrix} \begin{pmatrix} \theta_A \\ \theta_B \\ R \end{pmatrix} \tag{3.220}$$

$$U_{BC} = \frac{1}{2} \cdot \frac{k_t EI}{h} (\theta_B, \theta_B, R_{BC}=0) \begin{pmatrix} 4 & 2 & -6 \\ 2 & 4 & -6 \\ -6 & -6 & 12 \end{pmatrix} \begin{pmatrix} \theta_B \\ \theta_B \\ R_{BC} \end{pmatrix} = \frac{1}{2} \cdot \frac{k_t EI}{h} \cdot 12 \theta_B^2$$

$$= \frac{1}{2} \cdot \frac{k_t EI}{h} (\theta_A, \theta_B, R) \begin{pmatrix} 0 & 0 & 0 \\ 0 & 12 & 0 \\ 0 & 0 & 0 \end{pmatrix} \begin{pmatrix} \theta_A \\ \theta_B \\ R \end{pmatrix} \tag{3.221}$$

$$U_{AD} = \frac{1}{2} \cdot \frac{k_b EI}{h} \cdot 12 \theta_A^2$$

$$= \frac{1}{2} \cdot \frac{k_b EI}{h} (\theta_A, \theta_B, R) \begin{pmatrix} 12 & 0 & 0 \\ 0 & 0 & 0 \\ 0 & 0 & 0 \end{pmatrix} \begin{pmatrix} \theta_A \\ \theta_B \\ R \end{pmatrix} \tag{3.222}$$

上記の 3 つのひずみエネルギを加えてひずみエネルギは下式として算定できる. 柱 AB と柱 CD は同じ変形をするので式(3.220)のエネルギを 2 倍している.

$$U = 2U_{AB} + U_{BC} + U_{AD}$$

$$= \frac{1}{2} \cdot \frac{EI}{h} (\theta_A, \theta_B, R) \begin{pmatrix} 8+12k_b & 4 & -12 \\ 4 & 8+12k_t & -12 \\ -12 & -12 & 24 \end{pmatrix} \begin{pmatrix} \theta_A \\ \theta_B \\ R \end{pmatrix} \tag{3.223}$$

次章では上式をつかい，**最小ポテンシャルエネルギの原理**を用いることにより，例 3.15 と同じ解が得られることを示す（例 4.36 参照）.

<h1 style="text-align:center">演 習 問 題</h1>

問題 3.1 変位場とひずみ

参考 3.10 の下記の諸式を用いて，梁理論の変位場（$u(x,y)=-yv'(x)$）よりひずみを計算せよ．

$$\varepsilon_x = \frac{\partial u}{\partial x}, \quad \varepsilon_y = \frac{\partial v}{\partial y}, \quad \varepsilon_z = \frac{\partial w}{\partial z}, \quad \gamma_{yz} = \frac{\partial w}{\partial y}+\frac{\partial v}{\partial z}, \quad \gamma_{zx} = \frac{\partial u}{\partial z}+\frac{\partial w}{\partial x}, \quad \gamma_{xy} = \frac{\partial v}{\partial x}+\frac{\partial u}{\partial y}$$

問題 3.2 ひずみエネルギ関数

参考 3.24 のひずみエネルギ関数において，梁理論におけるように材長方向のひずみ ε_x のみがあるときのひずみエネルギ関数を計算せよ．なお，せん断弾性係数 G と E にはポアソン比 ν を用いて下式の関係がある．

$$G = \frac{E}{2(1+\nu)}$$

問題 3.3 ひずみエネルギ

下図に示す左端にモーメント荷重 $\overline{M}_0$ を受ける単純梁のひずみエネルギを，式(3.172)を用いて計算せよ．たわみは下式で与えられる．

$$v(x) = \frac{\overline{M}_0 l^2}{6EI}\left\{2\left(\frac{x}{l}\right)-3\left(\frac{x}{l}\right)^2+\left(\frac{x}{l}\right)^3\right\}$$

$$U = \int_l \frac{EI v''(x)^2}{2}dx \qquad\qquad 再掲(3.172)$$

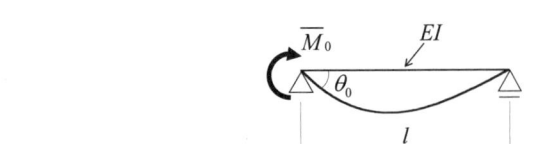

図 3.34　左端にモーメント荷重を受ける単純梁

問題 3.4 コンプリメンタリエネルギとエネルギ保存則

上図 3.34 に示す梁のコンプリメンタリエネルギを計算せよ．また線形弾性体としてモーメント荷重がする外力の仕事を計算せよ．コンプリメンタリエネルギと外力の仕事を等値し，モーメント荷重 $\overline{M}_0$ が作用する点の回転角 θ_0 を求めよ．

問題 3.5 ロピタルの定理

式(3.147)において，$P \to 0$ としたときの値が，$Hl^3/(3EI)$ となることを確かめなさい．なお，$k=\sqrt{P/(EI)}$ である．

$$v(l) = \frac{Hl}{P}\left(\frac{\tan kl}{kl}-1\right) \qquad\qquad 再掲(3.147)$$

第 4 章　梁と骨組の仕事の原理・エネルギ原理

本章では 3 章で対象とした梁と骨組に対する仕事の原理，エネルギの原理を解説する．

4.1 節では本章の構成を示した．

4.2 節では梁における**ダイバージェンスの定理**を解説し，ダイバージェンスの定理に基づいて，**単位仮想荷重法**，**単位仮想変位法**，**相反定理**を示した．

4.3 節ではダイバージェンスの定理において，ひずみ－変位関係，幾何学的境界条件を付帯条件とすることにより**仮想仕事の原理**となることを解説する．仮想仕事の原理は上記付帯条件のもと，力の釣合い式と力学的境界条件を与える．また，弾性論での仮想仕事式に基づけば，変位場を与えることにより自動的に適切な断面力が定義され，また釣合い式が導かれることを示す．

4.4 節では断面力－ひずみ関係を用い，ひずみエネルギ関数の存在を仮定し，**最小ポテンシャルエネルギの原理**を解説する．**全ポテンシャルエネルギ**Π の第 1 変分$\delta\Pi$=0 は仮想仕事の原理と同じく力の釣合い式と力学的境界条件を与えることを示す．

4.5 節では，全ポテンシャルエネルギ等の汎関数が極値をもつ関数を求める**変分法**について解説を行う．

4.6 節ではダイバージェンスの定理において，釣合い式，力学的境界条件を付帯条件とすると**補仮想仕事の原理**となることを解説する．補仮想仕事の原理は上記付帯条件のもと，ひずみ－変位関係と幾何学的境界条件を与える．

4.7 節ではコンプリメンタリエネルギ関数の存在を仮定し，**最小コンプリメンタリエネルギの原理**を解説する．**全コンプリメンタリエネルギ**Π_c^* の第 1 変分$\delta\Pi_c^*$=0 は補仮想仕事の原理と同じくひずみ－変位関係と幾何学的境界条件を与えることを示す．

4.8 節では**カスティリアーノの定理**を解説する．すなわちひずみエネルギ U やコンプリメンタリエネルギ U_c^* をそれぞれ変位，力で微分することにより力，変位が求まることを示す．前者はカスティリアーノの**第 1 定理**，後者は**第 2 定理**である．

4.9 節では本章で解説した仕事の原理やエネルギの原理のまとめを示した．

なお，本書の“ダイバージェンスの定理”を“仮想仕事の原理”，本書の“仮想仕事の原理”を“仮想変位の原理”と呼ぶ図書もある．

4.1　はじめに

3 章で示した一連の基礎方程式を解けば，梁や骨組内の応力分布やひずみ分布，たわみが得られるのであるが，材が**変断面**であったり，荷重が特殊なものになってくると**厳密解**を得ることは難しくなる．実用目的のためには**近似解**で満足しなければならないことも多い．

梁や骨組の問題の厳密解が得られない場合，**仮想仕事の原理**や**エネルギ原理（変分原理）**が近

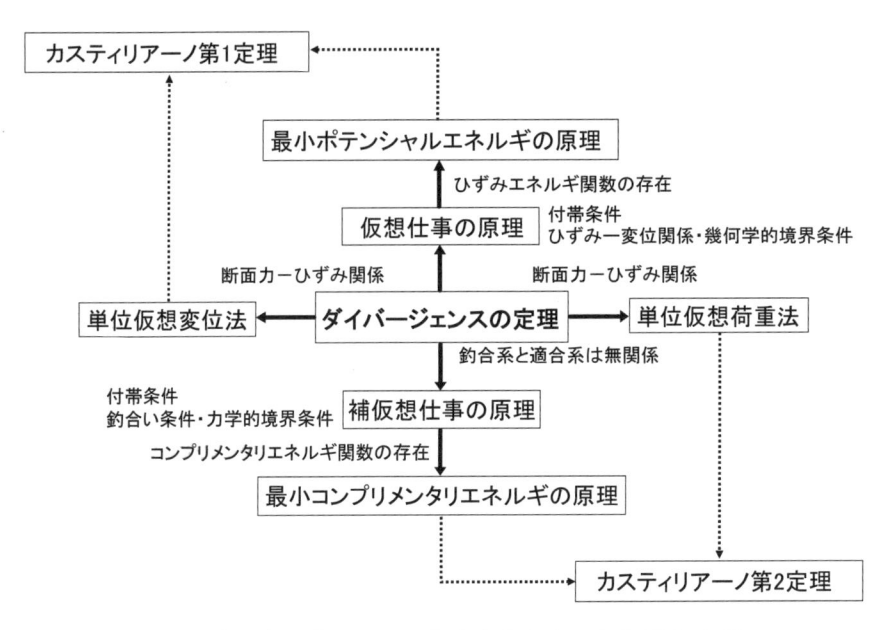

(a)　ダイバージェンスの定理を中心とした原理と定理

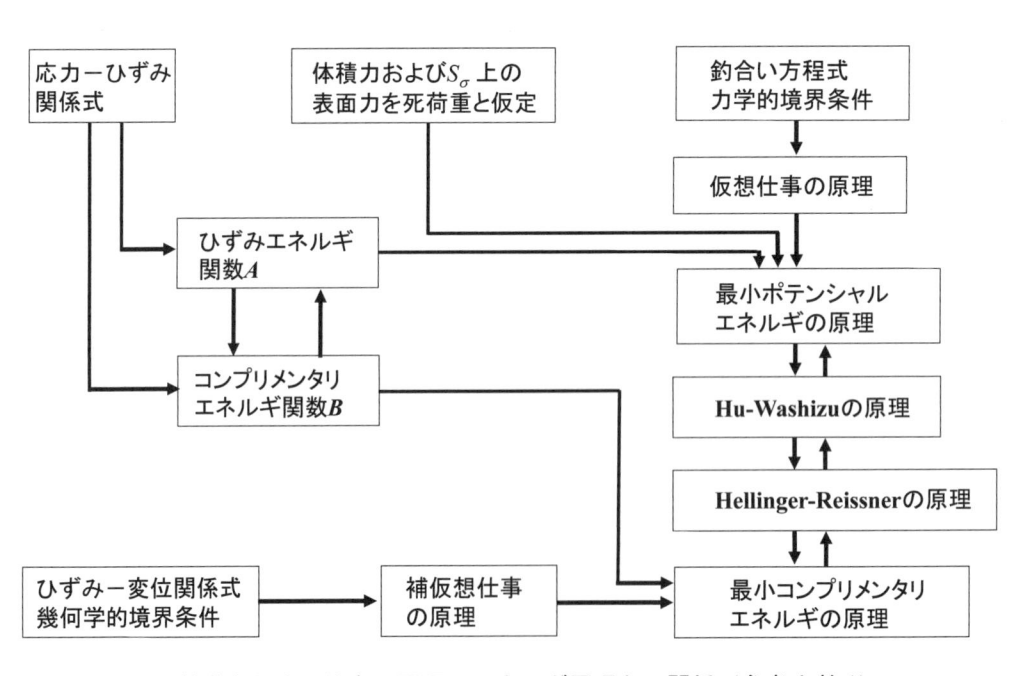

(b)　基礎方程式と仕事の原理・エネルギ原理との関係（参考文献1）

図4.1　仕事の原理・エネルギ原理一覧

似解を得るのに重要な役割を演ずる．すなわち，これらの諸原理が近似的な支配方程式およびそ
れに対応する境界条件式を導く際の重要な指針を与える．

　図 4.1(a)には本章の内容の流れを示している．まず**ダイバージェンスの定理**を解説し，その直接的な応用として**単位仮想荷重法**，**単位仮想変位法**を，また図中には示していないが**相反定理**について学ぶ．**ダイバージェンスの定理**において，ひずみ－変位関係，幾何学的境界条件を**付帯条件**とすると**仮想仕事の原理**となること，仮想仕事の原理は力の釣合い式と力学的境界条件と等価であることを学ぶ．さらに**ひずみエネルギ関数**の存在を仮定すると**最小ポテンシャルエネルギの原理**が得られることを学ぶ．

　上記とは逆方向に釣合い式と力学的境界条件を付帯条件とするとダイバージェンスの定理は**補仮想仕事の原理**となり，さらに**コンプリメンタリエネルギ関数**の存在を仮定すると**最小コンプリメンタリエネルギの原理**となることを学ぶ．最後にひずみエネルギやコンプリメンタリエネルギをそれぞれ変位や外力で微分すると力や変位が求まる**カスティリアーノの定理**を学ぶ．

　図 4.1(b)には 3.1 節で定義した梁の問題における**基礎方程式**と**仕事の原理**や**エネルギ原理（変分原理）**との関係を示している．図中の矢印は，1 つの原理から他の原理を導くとき，通常用いられる順路を示す．図中にもあるが，**力学的境界条件**や**幾何学的境界条件**にも注意をはらって欲しい．本章では，この図中の仮想仕事の原理，最小ポテンシャルエネルギの原理，補仮想仕事の原理，および最小コンプリメタリエネルギの原理などについて説明する．4.9 節では，仕事やエネルギの原理を基礎式との関係で解説している．各節ごとに，4.9 節のまとめを確認すると理解が深まると思われる．

参考 4.1　変分法と変分原理

　関数の関数である**汎関数**の最大化や最小化を扱う．汎関数はしばしば関数とその導関数を含む定積分として表される．与えられた汎関数を最大・最小とするような関数を求めることが**変分法**の問題となる．
　4.4 節の全ポテンシャルエネルギ Π や，4.6 節の全コンプリメンタリエネルギ Π_c^* は汎関数となり，最小ポテンシャルエネルギの原理や最小コンプリメンタリエネルギの原理は**変分原理**と呼ばれる．

4.2　梁におけるダイバージェンスの定理

4.2.1 ダイバージェンスの定理

　本項で用いる基礎式は下式の通りである．すなわち，**釣合い微分方程式**，**ひずみ－変位関係**である．さらには**力学的境界条件**である．

$$\left.\begin{array}{l} \dfrac{d^2 M(x)}{dx^2} = -w(x) \\[2mm] \dfrac{dM(x)}{dx} = Q(x) \\[2mm] \dfrac{dQ(x)}{dx} = -w(x) \end{array}\right\}$$

再掲(3.8)

$$\phi(x) = -v''(x)$$

再掲(3.24)

1章や2章で軸力材における釣合系，適合系を示した．梁や骨組でも軸力材と同様に外力と断面力が釣合う**釣合系**と変位（たわみ）とひずみが適合した**適合系**を考える．図4.2のような釣合系と適合系を考える．釣合系と適合系は無関係で良い．すなわち，たわみやひずみは釣合系の外力や断面力によるもので無くて良い．さらには，幾何学的境界条件も釣合系と適合系で異なっても良い．

　以下，3通りの方法で**ダイバージェンスの定理**の誘導を行う．一つ目はa) **外力のなす仕事**を計算し，釣合い式，ひずみ－変位関係を用いると**内力のなす仕事**となること，二つ目はb) 釣合い微分方程式に**重み**としてたわみを乗じて積分したものは0であるが，部分積分をすることにより上記a)で求めたものと同じ式がでること，c) 部分積分の公式において，**被積分関数**に曲げモーメントやたわみを用いることにより上記と同じ式がでることを示す．3種類の方法を示したのは，書籍により誘導の仕方がいくつかあるが，読者がどの説明でも理解できるように考慮したものである．

a. ダイバージェンスの定理の誘導1

　図4.2の(a)で示す**釣合系**の外力が，(c)で示す**適合系**の変位に対してなす仕事は下式となる（定義したと考えるほうが良いかもしれない）．ここでは，釣合系に関係する諸量に「*」を付けている．適合系のたわみやひずみは釣合系の外力や断面力によるものでなく，全く無関係のもので良いことに留意されたい．

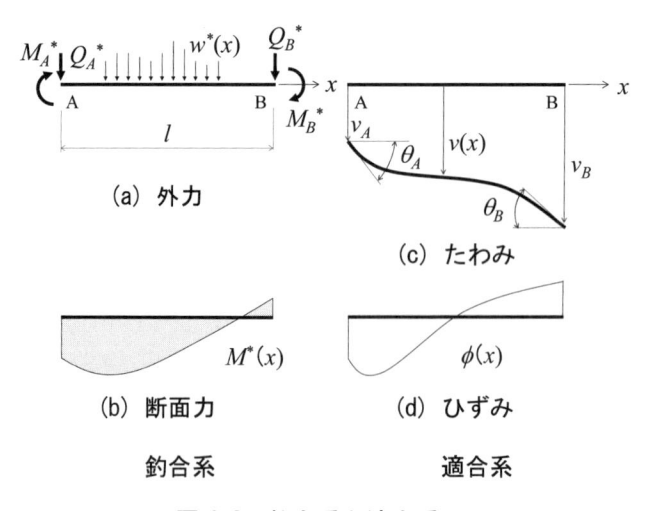

(a) 外力

(c) たわみ

(b) 断面力

(d) ひずみ

釣合系　　　　　　　　　　適合系

図4.2　釣合系と適合系

$$Q_A^* \cdot v_A + M_A^* \cdot \theta_A + Q_B^* \cdot v_B + M_B^* \cdot \theta_B + \int_0^l w^*(x)v(x)dx \tag{4.1}$$

以下，変形すると下式が得られる．

① $\quad Q_A^* \cdot v_A + M_A^* \cdot \theta_A + Q_B^* \cdot v_B + M_B^* \cdot \theta_B + \int_0^l w^*(x)v(x)dx$

② $\quad = -Q^*(0) \cdot v(0) + M^*(0) \cdot v'(0) + Q^*(l) \cdot v(l) - M^*(l) \cdot v'(l) + \int_0^l w^*(x)v(x)dx$

③ $\quad = [Q^*(x) \cdot v(x)]_0^l - [M^*(x) \cdot v'(x)]_0^l + \int_0^l w^*(x)v(x)dx$

④ $\quad = \int_0^l (Q^*(x) \cdot v(x))'dx - \int_0^l (M^*(x) \cdot v'(x))'dx + \int_0^l w^*(x)v(x)dx$

⑤ $\quad = \int_0^l Q^{*\prime}(x) \cdot v(x)dx + \int_0^l Q^*(x) \cdot v'(x)dx - \int_0^l M^{*\prime}(x) \cdot v'(x)dx - \int_0^l M^*(x) \cdot v''(x)dx + \int_0^l w^*(x)v(x)dx$

⑥ $\quad = -\int_0^l M^*(x) \cdot v''(x)dx$

⑦ $\quad = \int_0^l M^*(x) \cdot \phi(x)dx$

$$(4.2)$$

上式で第②行は，第①行において**力学的境界条件**をもちい，さらに両端のたわみ角やたわみをたわみ関数 v で表現している．第③行は第2行を定積分の上端と下端の値の差となる部分を記号「[　]」で表現した．第④行は，通常の**定積分**の流れを逆に示したものであり，第⑤行は第④行の**積の微分**を計算したものである．第⑥行は第⑤行において**釣合い微分方程式**を用い，第⑦行は第⑥行において**ひずみ－変位関係**を用いたものである．

すなわち，梁において，**ダイバージェンスの定理**は下記のように表現できる．

$$Q_A^* \cdot v_A + M_A^* \cdot \theta_A + Q_B^* \cdot v_B + M_B^* \cdot \theta_B + \int_0^l w^*(x)v(x)dx = \int_0^l M^*(x) \cdot \phi(x)dx \qquad (4.3)$$

上記の誘導で示したように，釣合い微分方程式，力学的境界条件，ひずみ－変位関係を用いたが，**応力－ひずみ関係**は用いてないこと，すなわち，材料の構成則に無関係に上式は成り立つことに注意が必要である．

参考4.2　式(4.2)の流れ

式(4.2)の式の変形の流れは右図のように表せる．すなわち，外力のなす仕事（式(4.1)）を外力（Q_A^*，w^* など），変位 v で表現する．次に材端での外力と断面力の関係（**力学的境界条件**）をもちいて，材端断面力（$Q^*(0)$ など），外力 w^*，変位 v で表現する．続いて**ガウスの発散定理**を用いて，断面力（$Q^*(x)$，$M^*(x)$），外力 w^*，変位 v で表現する．さらに**釣合い微分方程式，ひずみ－変位関係**を用いると曲げ

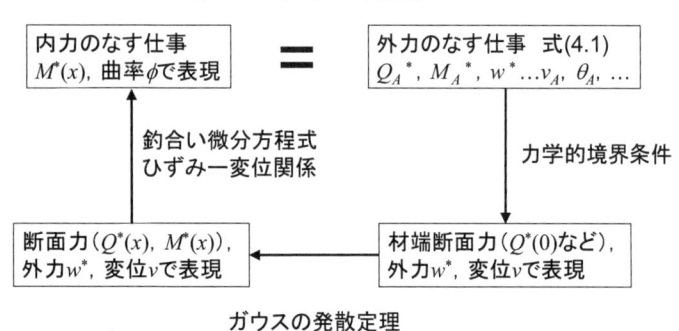

モーメント $M'(x)$，曲率 $\phi(x)$ で表現できる．

　以上の外力のなす仕事から内力のなす仕事への流れは，軸力材や弾性論においても同様である．

　なお，1 次元における**ガウスの発散定理**は通常の定積分の公式に等しい．下式の意味は，曲げモーメント M^* が座標 x でなす単位長さあたりの（M^* と v' が無関係という意味で**仮想**の）仕事 $(-M^* \cdot v')'$ を材全体で足し合わせると，材端での仕事 $(M^*(0)\,v'(0),\ M^*(l)\,v'(l))$ を用いて表現できるということである．せん断力 Q^* についても同様である．式(4.2)の流れの肝は下式の右辺を左辺に変換して，材端断面力と変位で表した仕事を断面力と変位で表現した所にある．

$$\int_0^l \left(-M^*(x)v'(x)\right)' dx = \left[-M^*(x)v'(x)\right]_0^l$$

参考 4.3　材間の集中荷重やモーメント荷重の取り扱い

　式(4.3)は材間に分布荷重 $w^*(x)$ が作用する場合であるが，**集中荷重** P_i^* や**モーメント荷重** M_i^* がそれぞれ $x=x_i$, $x=x_j$ に作用している場合を考える．3.6 節の式(3.64)で示したように，集中荷重 P_i^* やモーメント荷重 M_j^* は下式のように**分布荷重**として表現できる．

$$w^*(x) = P_i^* \left\langle x-x_i \right\rangle_*^{-1}$$
$$w^*(x) = -M_j^* \left\langle x-x_j \right\rangle_*^{-2}$$

したがって，集中荷重 P_i^* やモーメント荷重 M_j^* に対して，下式が得られる．参考 3.28 を参照されたい．

$$\int_0^l w^*(x)v(x)dx = \int_0^l P_i^* \left\langle x-x_i \right\rangle_*^{-1} \cdot v(x)dx = P_i^* \cdot v(x_i)$$

$$\int_0^l w^*(x)v(x)dx = \int_0^l -M_j^* \left\langle x-x_j \right\rangle_*^{-2} \cdot v(x)dx = M_j^* \cdot v'(x_j)$$

すなわち，集中荷重 P_i^* やモーメント荷重 M_j^* が作用するときは外力のなす仕事として式(4.3)の左辺に上式に相当する量を加えれば良い．さらに一般的には，**適合系**において "折れ" や "ちぎれ" が生じたときのダイバージェンスの定理を示すことができる（参考 4.13 参照）．

b.　ダイバージェンスの定理の誘導 2

　3.4 節で示した**釣合い式**（3.8）にたわみ v を掛けて積分しても 0 であるので，式(4.4)が得られる．

$$M''(x) = -w(x) \tag{再掲3.8}$$

$$\int_0^l \left(M^{*''}(x)+w^*(x)\right)v(x)dx = 0 \tag{4.4}$$

左辺第 1 項を**部分積分**すると下式が得られる．

$$\int_0^l M^{*''}(x)v(x)dx = \left[M^{*'}v\right]_0^l - \int_0^l M^{*'}(x)v'(x)dx = \left[M^{*'}v\right]_0^l - \left[M^*v'\right]_0^l + \int_0^l M^*(x)v''dx$$
$$= M^{*'}(l)v(l) - M^{*'}(0)v(0) - M^*(l)v'(l) + M^*(0)v'(0) + \int_0^l M^*(x)v''dx \tag{4.5}$$

　上式と，式(3.8)の曲げモーメントとせん断力の関係 $M' = Q$ を用いると式(4.4)は下式となる．

$$Q^*(l)v(l) - Q^*(0)v(0) - M^*(l)v'(l) + M^*(0)v'(0) + \int_0^l \left(M^*(x)v'' + w^*(x)v(x) \right) dx = 0 \quad (4.6)$$

力学的境界条件および**ひずみ－変位関係**を用いて，移項すると下式が得られる．

$$Q_A^* \cdot v_A + M_A^* \cdot \theta_A + Q_B^* \cdot v_B + M_B^* \cdot \theta_B + \int_0^l w^*(x)v(x)dx = \int_0^l M^*(x) \cdot \phi(x)dx \quad (4.7)$$

上式は式(4.3)と同じである．

参考4.4　部分積分

　仕事の原理やエネルギ原理（変分原理）では下式の**部分積分**を良く使う．計算がすぐにできるようになることが必要である．下式2行目の2回の部分積分も即座に計算できるようになると良い．

$$\int_a^b f(x)g'(x)dx = \left[f(x)g(x) \right]_a^b - \int_a^b f'(x)g(x)dx$$

$$\int_a^b f(x)g''(x)dx = \left[f(x)g'(x) - f'(x)g(x) \right]_a^b + \int_a^b f''(x)g(x)dx$$

---

c. ダイバージェンスの定理の誘導3

　部分積分の公式は参考4.4で示したように下式で表現できる．

$$\left. \begin{array}{l} \int_a^b f(x)g'(x)dx = \left[f(x)g(x) \right]_a^b - \int_a^b f'(x)g(x)dx \\ \int_a^b f(x)g''(x)dx = \left[f(x)g'(x) - f'(x)g(x) \right]_a^b + \int_a^b f''(x)g(x)dx \end{array} \right\} \quad (4.8)$$

上式の第2式において，$f(x)=M^*(x)$，$g(x)=-v(x)$，$a=0$，$b=l$ とすると，下式が得られる．

$$\int_0^l M^*(x)\left(-v''(x)\right)dx = \left[M^*(x)\left(-v'(x)\right) - M^{*\prime}(x)\left(-v(x)\right) \right]_0^l + \int_0^l M^{*\prime\prime}(x)\left(-v(x)\right)dx \quad (4.9)$$

ひずみ－変位関係，**釣合い微分方程式**，**力学的境界条件**を用いると式(4.3)と同じ式が得られる．

$$Q_A^* \cdot v_A + M_A^* \cdot \theta_A + Q_B^* \cdot v_B + M_B^* \cdot \theta_B + \int_0^l w^*(x)v(x)dx = \int_0^l M^*(x) \cdot \phi(x)dx \qquad \text{再掲}(4.3)$$

　誘導3を眺めると，**恒等式**である式(4.8)において，ひずみ－変位関係，釣合い微分方程式，力学的境界条件を用いると，別の言い方をすると**付帯条件**とすると梁におけるダイバージェンスの定理が得られる．

　式(4.3)は**釣合系の外力**が**適合系の変位**に対してなす**外力のなす仕事**は，式(4.3)右辺のように，釣合系の断面力 M^* に適合系の曲率（ひずみ）ϕ を乗じて長さにわたって積分したものとなることを示している．この量は**内力のなす仕事**である．

　骨組の場合に対しては，骨組を構成するすべての部材に対して式(4.3)の総和を取ることにより，

下式が得られる.

$$\sum \left\{ Q_A^* \cdot v_A + M_A^* \cdot \theta_A + Q_B^* \cdot v_B + M_B^* \cdot \theta_B + \int_0^l w^*(x)v(x)dx \right\} = \sum \int_0^l M^*(x) \cdot \phi(x)dx \qquad (4.10)$$

以下，ダイバージェンスの定理において，適合系の条件を与えると釣合い式と力学的境界条件が得られること（仮想仕事の原理），釣合系の条件を与えるとひずみ－変位関係と幾何学的境界条件が得られること（補仮想仕事の原理）を示す．なお，以下の例では簡単のため釣合系の諸量には「*」を付けていないが，釣合系と適合系は無関係で良いことに留意されたい．

参考 4.5　エネルギ保存則

式(4.3)において**適合系**の諸量（v_A, θ_A など）が**釣合系**の諸量（Q_A^*, w^* など）によるものであれば，$v_A^* \equiv v_A$, $\theta_A^* \equiv \theta_A$ 等として下式が得られる．

$$Q_A^* \cdot v_A^* + M_A^* \cdot \theta_A^* + Q_B^* \cdot v_B^* + M_B^* \cdot \theta_B^* + \int_0^l w^*(x)v^*(x)dx = \int_0^l M^*(x) \cdot \phi^*(x)dx$$

線形弾性体として，$\phi^*(x)=M^*(x)/(EI)$ とし，両辺に 1/2 を乗じると下式が得られる．

$$\frac{1}{2}Q_A^* \cdot v_A^* + \frac{1}{2}M_A^* \cdot \theta_A^* + \frac{1}{2}Q_B^* \cdot v_B^* + \frac{1}{2}M_B^* \cdot \theta_B^* + \frac{1}{2}\int_0^l w^*(x)v^*(x)dx = \int_0^l \frac{M^*(x)^2}{2EI}dx = \int_0^l \frac{EI\phi^*(x)^2}{2}dx$$

上式は「**外力のなす仕事＝ひずみエネルギ**」を示しており，**エネルギ保存則**である．このように，ダイバージェンスの定理（式(4.3)）より線形弾性体のエネルギ保存則は導かれる．しかしながら，エネルギ保存則からダイバージェンスの定理（あるいは仮想仕事の原理）が導かれるものではない．

【例 4.1　剛体の場合】

図 4.3 に示す**釣合系**の外力と**適合系**の変位を考える．適合系のピン支点では鉛直方向に変位しないという**幾何学的境界条件**は満足していないことに注意されたい．4.3 節で示すように**仮想仕事の原理**が**幾何学的境界条件**を満足させる**仮想変位**を与える必要があることと異なっている．

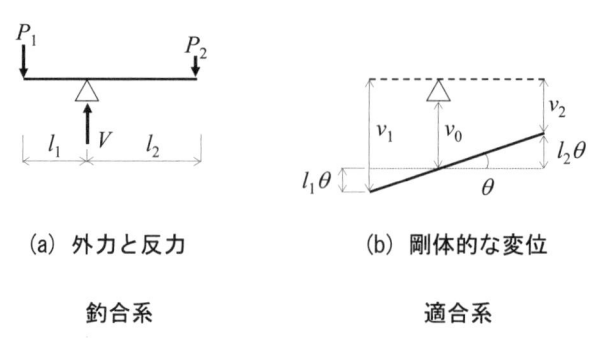

(a) 外力と反力　　　　　　　(b) 剛体的な変位

釣合系　　　　　　　　　　　適合系

図 4.3　剛体の釣合いと変位

ダイバージェンスの定理より，反力を V として，**剛体**であるので式(4.3)右辺の ϕ は 0 であることに注意して，下式が得られる．

$$P_1 v_1 + P_2 v_2 - V v_0 = 0 \tag{4.11}$$

1) **適合系**として，v_1, v_2 は支点位置の鉛直方向変位 v_0 と棒の回転角 θ を用いて下式で表現する．

$$\left.\begin{array}{l} v_1 = v_0 + l_1 \theta \\ v_2 = v_0 - l_2 \theta \end{array}\right\} \tag{4.12}$$

上式(4.12)を式(4.11)に代入すると下式が得られる．

$$P_1 \left(v_0 + l_1 \theta \right) + P_2 \left(v_0 - l_2 \theta \right) - V v_0 = 0$$
$$\therefore \ \left(P_1 + P_2 - V \right) v_0 + \left(P_1 l_1 - P_2 l_2 \right) \theta = 0 \tag{4.13}$$

任意の v_0 と θ に関して式(4.13)が成り立つことより下式が得られる．

$$\left.\begin{array}{l} P_1 + P_2 - V = 0 \\ P_1 l_1 - P_2 l_2 = 0 \end{array}\right\} \tag{4.14}$$

上式第 1 式は鉛直方向の**釣合い式**であり，これより反力 V が算定できる．第 2 式はモーメントの釣合い式である．これは 4.3 節で解説する**仮想仕事の原理**に相当する．

2) **釣合系**として，下式の釣合った状態を考える．

$$\left.\begin{array}{l} P_1 + P_2 = V \\ P_1 l_1 = P_2 l_2 \end{array}\right\} \tag{4.15}$$

式(4.11)に代入すると下式が得られる．

$$\frac{v_1 - v_0}{l_1} = \frac{v_0 - v_2}{l_2} \tag{4.16}$$

上式は剛体として，変形していることを示している．すなわち，**適合条件**が得られた．これは 4.6 節で解説する**補仮想仕事の原理**に相当する．

【例 4.2　ゲルバー梁の反力】

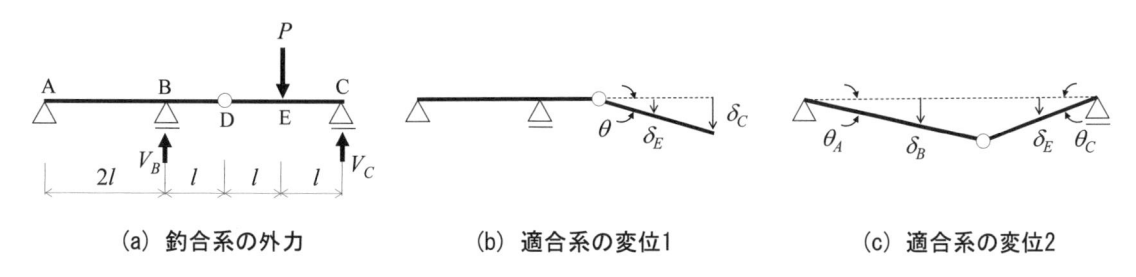

　　(a)　釣合系の外力　　　　　　(b)　適合系の変位1　　　　　(c)　適合系の変位2

図 4.4　梁の場合

図 4.4 に示す**ゲルバー梁**の**支点反力**を算定する．図 4.4(b)の**適合系**の変位を考えると**ダイバージ**

ェンスの定理より下式が得られる.

$$P\delta_E - V_C\delta_C = 0 \qquad (4.17)$$

適合条件よりδ_E=$l\theta$, δ_C=$2l\theta$とすると下式が得られる.

$$V_C = \frac{P}{2} \qquad (4.18)$$

つぎに図4.4(c)の変位を考えると下式が得られる.

$$P\delta_E - V_B\delta_B = 0 \qquad (4.19)$$

適合条件よりδ_E=$l\theta_C$, δ_B=$2l\theta_A$, θ_C=$3\theta_A$／2 とすると下式が得られる.

$$V_B = \frac{3P}{4} \qquad (4.20)$$

4.3節で示す仮想仕事の原理では仮想変位は幾何学的境界条件を満足する必要があるため，ローラ支点を動かすことはできないが，ダイバージェンスの定理では上記のように支点を動かすことが許される.

【**例4.3　梁の場合**】

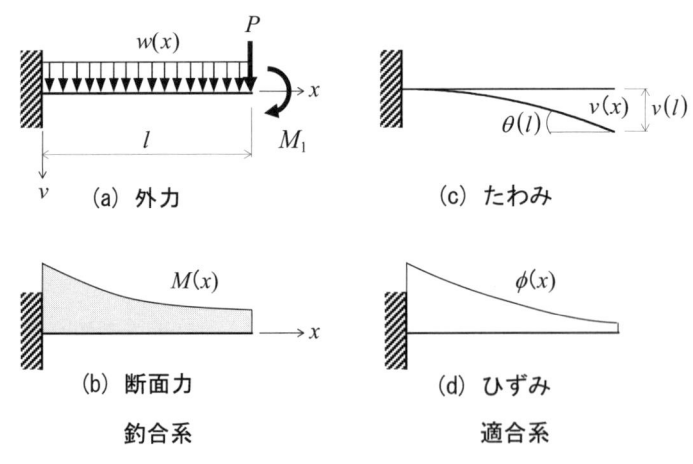

図4.5　梁の場合

図4.5に示す分布荷重$w(x)$，自由端に集中荷重P，モーメント荷重M_1が作用している片持ち梁を考える．図(a)，(b)の**釣合系**と図(c)，(d)の**適合系**に対して，ダイバージェンスの定理は下式となる.

$$P \cdot v(l) + M_1 \cdot v'(l) + \int_0^l w(x)v(x)dx = \int_0^l M(x) \cdot \phi(x)dx \qquad (4.21)$$

1)　**適合系**として，**ひずみ－変位関係，幾何学的境界条件**を下式のように与える．

$$\left.\begin{array}{l} \phi = -v'' \\ v(0) = 0 \\ v'(0) = 0 \end{array}\right\} \tag{4.22}$$

ひずみ－変位関係を用いると式(4.21)の右辺は部分積分をすることにより下式となる.

$$\begin{aligned} \int_0^l M(x)\cdot\phi(x)dx &= -\int_0^l M(x)\cdot v''(x)dx \\ &= \left[-M(x)v'(x)\right]_0^l + \left[M'(x)v(x)\right]_0^l - \int_0^l M''(x)\cdot v(x)dx \end{aligned} \tag{4.23}$$

幾何学的境界条件と上式を用いると,式(4.21)は下式となる.

$$\int_0^l \big(M''(x)+w(x)\big)\cdot v(x)dx + \big(M_1+M(l)\big)v'(l) + \big(P-M'(l)\big)v(l) = 0 \tag{4.24}$$

任意のたわみに対して上式が成り立つことより下式が得られる.

$$\left.\begin{array}{l} M''(x)+w(x)=0 \\ M(l)=-M_1 \\ M'(l)=P \end{array}\right\} \tag{4.25}$$

すなわち,**釣合い微分方程式**と**力学的境界条件**が得られた.これは 4.3 節で示す**仮想仕事の原理**そのものである.なお,上式の第 2 行,3 行の力学的境界条件 $M(l)=-M_1$,$M'(l)=P$ の右辺の外力の符号は,右の面に作用する外力 M_1,P がそれぞれ負,正であることに対応する(図 3.8 参照).

2) **釣合系**として,下式の**釣合い式**と**力学的境界条件**を与える.

$$\left.\begin{array}{l} M''(x)=-w(x) \\ M(l)=-M_1 \\ M'(l)=P \end{array}\right\} \tag{4.26}$$

式(4.21)左辺の第 3 項は下式となる.

$$\int_0^l w(x)v(x)dx = -\int_0^l M''(x)\cdot v(x)dx = \left[-M'(x)v(x)\right]_0^l + \left[M(x)v'(x)\right]_0^l - \int_0^l M(x)\cdot v''(x)dx \tag{4.27}$$

力学的境界条件と上式を用いると,式(4.21)は下式となる.

$$-\int_0^l M(x)\cdot\big(v''(x)+\phi(x)\big)dx + M'(0)v(0) - M(0)v'(0) = 0 \tag{4.28}$$

任意の断面力に対して上式が成り立つことより下式が得られる.

$$\left.\begin{array}{l} v''(x)+\phi(x)=0 \\ v(0)=0 \\ v'(0)=0 \end{array}\right\} \tag{4.29}$$

すなわち，**ひずみ－変位関係**と**幾何学的境界条件**が得られた．これは 4.6 節で示す**補仮想仕事の原理**そのものである．

【例 4.4　ヒンジで折れ曲がる梁】

図 4.6 のような片持ち梁の先端に集中荷重が作用した釣合系を考える．**適合系**として，$x=a$ の点が角度 θ_A で折れ曲がった変位を考える．これ以外の部分は**剛体**とする．この変位の適合系のひずみは，**マコーリの括弧**（ディラックのデルタ関数）を用いれば，下式のように表現できる．本書では，式(4.30)などのデルタ関数は図 4.6(d)に示すように矢印で表現する．

$$\phi(x)=\theta_A\langle x-a\rangle_*^{-1} \tag{4.30}$$

ところで，マコーリの括弧（デルタ関数）は下式の挙動をする．すなわち，関数 $f(x)$ とデルタ関数を乗じて積分した値は，デルタ関数が値を持つ点（式(4.31)では $x=a$ ）の $f(x)$ の値，$f(a)$ を与える（参考 3.28 参照）．

$$\int_0^l f(x)\langle x-a\rangle_*^{-1}dx=f(a) \tag{4.31}$$

ダイバージェンスの定理を書き下すと下式となる．

$$P(l-a)\theta_A=\int_0^l M(x)\phi(x)dx \tag{4.32}$$

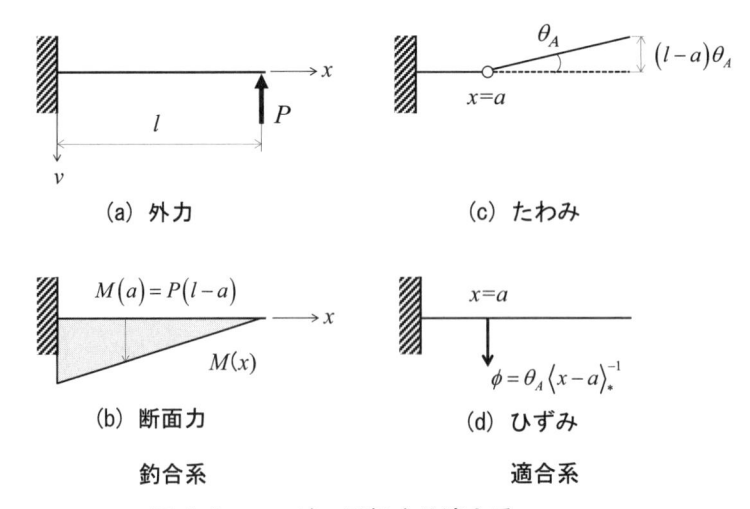

(a) 外力　　(c) たわみ

(b) 断面力　　(d) ひずみ

釣合系　　　　　　適合系

図 4.6　ヒンジで回転する適合系

1)　**適合系**として，**ひずみ－変位関係**を下式のように与える．

$$\phi(x)=\theta_A\langle x-a\rangle_*^{-1} \tag{4.33}$$

式(4.32)は下式となる．

$$P(l-a)\theta_A=\int_0^l M(x)\theta_A\langle x-a\rangle_*^{-1}dx=M(a)\theta_A \tag{4.34}$$

したがって，下式の**釣合い式**が得られる．

$$P(l-a)=M(a) \tag{4.35}$$

式(4.34)の右辺は a 点の曲げモーメントに折れ曲がり角 θ_A を乗じたものが**内力のなす仕事**となることを示している．上記の折れ曲がりはヒンジが回転したときの回転角と考えることができる．すなわち，部材にヒンジを挿入し，そのヒンジの回転角に，釣合系のその点の断面力（曲げモーメント）を乗じれば内力のなす仕事が算定できる．例 4.5 でこの考えを用いて内力のなす仕事を算定することにより，層方程式の導出を行う．

2)　**釣合系**として，下式の**釣合い式**を与える．

$$M(x)=P(l-x) \tag{4.36}$$

式(4.32)は下式となる．

$$P(l-a)\theta_A=\int_0^l P(l-x)\,\phi(x)dx \tag{4.37}$$

上式より，下式が得られる．

$$\phi(x)=\theta_A\langle x-a\rangle_*^{-1} \tag{4.38}$$

すなわち，ひずみ（曲率）－変位（ヒンジの回転角）関係が得られた．

参考 4.6　ヒンジを作る曲率とたわみ

　回転角 θ_A のヒンジを作る曲率は，**マコーリの括弧**を用いると，$\phi(x)=\theta_A\langle x-a\rangle_*^{-1}$ であった．この曲率に対応する梁のたわみを算定する．

$\phi(x)=-v''(x)$ なので，下式が得られる．

$$v''(x)=-\phi(x)=-\theta_A\langle x-a\rangle_*^{-1}$$

したがって，下式が得られる．

$$v'(x)=-\theta_A\langle x-a\rangle^0+C_1$$
$$v(x)=-\theta_A\langle x-a\rangle^1+C_1x+C_2$$

境界条件 $v'(a)=-\theta_A$ より $C_1=0$，$v(l)=-\theta_A(l-a)$ より $C_2=0$ となる．したがって，たわみは下式となる．

$$v(x)=-\theta_A\langle x-a\rangle^1$$

上式は正しく図 4.6(c)のたわみを表現している．

【例 4.5　ロ形骨組の場合】

　図 4.7 に示す骨組に対する**ダイバージェンスの定理**は下式で与えられる．柱頭と柱脚に例 4.4 で解説したヒンジができた場合が適合系である．

$$Pv_B=M_A\theta_A+M_B\theta_B+M_C\theta_C+M_D\theta_D \tag{4.39}$$

1)　**適合系**として，**ひずみ－変位関係**を下式のように与える．

$$v_B = h\theta_A \atop \theta_A = \theta_B = \theta_C = \theta_D \Big\} \tag{4.40}$$

上式を式(4.39)に代入すると下式が得られる.

$$Ph\theta_A = M_A\theta_A + M_B\theta_A + M_C\theta_A + M_D\theta_A = \left(M_A + M_B + M_C + M_D \right)\theta_A \tag{4.41}$$

したがって下式が得られる.

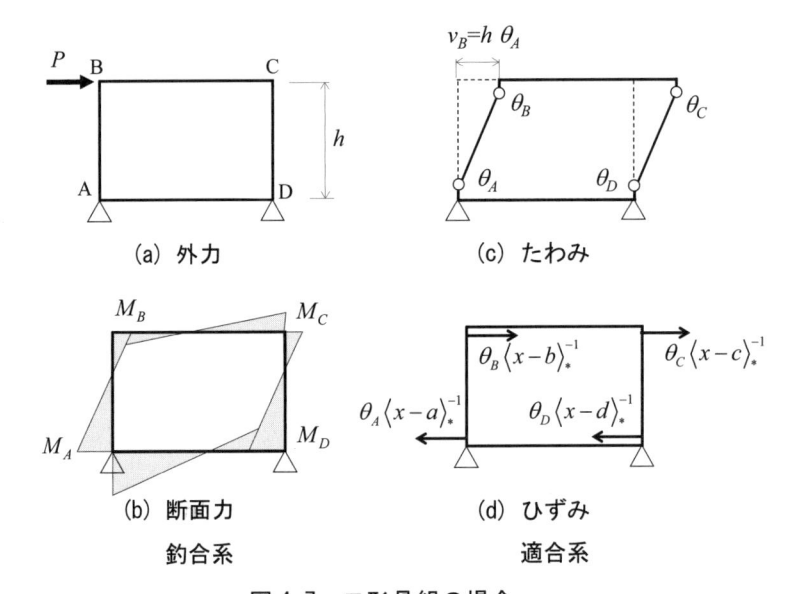

(a) 外力

(c) たわみ

(b) 断面力
釣合系

(d) ひずみ
適合系

図 4.7　口形骨組の場合

$$Ph = M_A + M_B + M_C + M_D \tag{4.42}$$

外力 P と A, B, C, D 点の断面力の関係, すなわち**釣合い式**が得られた. この式は**たわみ角法**において用いる**層方程式**である.

2)　**釣合系**として, **釣合い式**を下式のように与える.

$$Ph = M_A + M_B + M_C + M_D \tag{4.43}$$

上式を式(4.39)に代入すると下式が得られる.

$$\frac{M_A + M_B + M_C + M_D}{h}v_B = M_A\theta_A + M_B\theta_B + M_C\theta_C + M_D\theta_D \tag{4.44}$$

したがって下式が得られる.

$$M_A\left(\frac{v_B}{h} - \theta_A\right) + M_B\left(\frac{v_B}{h} - \theta_B\right) + M_C\left(\frac{v_B}{h} - \theta_C\right) + M_D\left(\frac{v_B}{h} - \theta_D\right) = 0 \tag{4.45}$$

任意の断面力（M_A, M_B, M_C, M_D）に対して, 上式が成り立つことより下式が得られる.

$$\frac{v_B}{h} = \theta_A = \theta_B = \theta_C = \theta_D \tag{4.46}$$

荷重点での水平変位 v_B とヒンジの回転角の関係，および各ヒンジの回転角の関係が得られた．

4.2.2 単位仮想荷重法

ダイバージェンスの定理において，断面力－ひずみ関係を**線形弾性体**として変位を求めることのできる**単位仮想荷重法**がある．

式(4.3)の左辺の外力（反力も含む）のなす仮想仕事に関して，集中荷重 P_k=1 として，他の外力（反力も含む）が仕事をしない状況を作ると，下式が得られる．外力 P_k=1 と釣合う断面力 $\overline{M}$ で**釣合系**を作り，求めたい変位を構成するたわみと曲率で**適合系**を作っていると考えれば良い．$v(x_k)$ は，P_k=1 を作用させた点の P_k の作用方向の変位である．

$$v(x_k) = \int_0^l \overline{M}\phi dx \tag{4.47}$$

線形弾性体であれば $M=EI\phi$ であるから，適合系の曲率 ϕ を M/EI と表現すると下式となる．

$$v(x_k) = \int_0^l \frac{M\overline{M}}{EI}dx \tag{4.48}$$

同様に M_k=1 として，他の外力が仕事をしない状況を作ると下式が得られる．

$$v'(x_k) = \int_0^l \frac{M\overline{M}}{EI}dx \tag{4.49}$$

すなわち変位（たわみ角）を求めたいときは，求めたい点に求めたい方向に 1 の集中荷重（モーメント荷重）をかけてそのときの曲げモーメントを $\overline{M}$ として，式(4.48)，(4.49)で変位，たわみ角が算定できる．

上式は**曲げ変形**のみを考えたもので，細長い材では上式で精度よく変位を算定できる．より一般的に軸力，せん断力の影響を考えると下式となる．

$$v(x_k) \text{ or } v'(x_k) = \int_0^l \frac{M\overline{M}}{EI}dx + \int_0^l \frac{N\overline{N}}{EA}dx + \int_0^l \kappa\frac{Q\overline{Q}}{GA}dx \tag{4.50}$$

骨組の場合も同様に計算できる．

参考4.7　単位仮想荷重法の公式の別の誘導

$x=x_i$ に作用する単位の集中荷重を分布荷重（$w(x) = \langle x-x_i\rangle_*^{-1}$）とした**釣合い微分方程式**（$M''+w=0$）は下式となる．$\overline{M}$ は単位の集中荷重が作用したときの曲げモーメントである．

$$\overline{M}'' + \langle x-x_i\rangle_*^{-1} = 0$$

上式の**釣合系**に対して，**適合系**の変位 $v(x)$ に関して下式を考える．

$$\int_0^l v(x)\left(\overline{M}'' + \langle x - x_i \rangle_*^{-1}\right)dx = 0$$

左辺の各項は**部分積分**や**デルタ関数**の定義より下式となる.

$$\int_0^l v(x)\overline{M}''dx = \left[v\cdot\overline{M}' - v'\cdot\overline{M}\right]_0^l + \int_0^l v''(x)\overline{M}dx, \qquad \int_0^l v(x)\cdot\langle x - x_i \rangle_*^{-1}dx = v(x_i)$$

したがって下式が得られる.

$$\left[v\cdot\overline{M}' - v'\cdot\overline{M}\right]_0^l + \int_0^l v''(x)\overline{M}dx + v(x_i) = 0$$

したがって，適合系の曲げモーメント M を $M = -EIv''$ とし，さらに $\overline{Q} = \overline{M}'$ として下式が得られる.

$$v(x_i) = \int_0^l \frac{M\cdot\overline{M}}{EI}dx - \left[v\cdot\overline{Q} - v'\cdot\overline{M}\right]_0^l$$

釣合系の幾何学的境界条件が適合系の幾何学的境界条件と同じであれば，上式右辺の第 2 項は 0 となるが，そうでない場合は 0 とならないことがある．そうでない場合，右辺第 2 項を左辺に移項すれば，その項は釣合系の反力のなす仕事を計算していることになる.

$x = x_i$ に作用する単位のモーメント荷重（$-\langle x - x_i \rangle_*^{-2}$）に対して，単位荷重が作用する場合と同様な計算をされたい.

【例 4.6　片持ち梁のたわみ，たわみ角】

1)　図 4.8 に示す**実系**の片持ち梁の先端のたわみ $v(l)$ とたわみ角 $\theta(l)$ を式(4.48)，(4.49)を用いて求める．**実系**は適合系のたわみ，ひずみは釣合系の外力，断面力により生じたものであることを意味している．実系の図(c), (d)に，先端に荷重が作用したときの**適合系**となるたわみと曲率を示している．先端のたわみ，たわみ角を求めるために**単位仮想荷重**を作用させた場合の**釣合系 1** および**釣合系 2** も示している.

　先端のたわみ $v(l)$ は，下式(4.51)で求まる.

$$v(l) = \int_l \frac{M\overline{M}}{EI}dx = \int_0^l \frac{\{-P(l-x)\}\{-(l-x)\}}{EI}dx = \frac{P}{EI}\left[-\frac{(l-x)^3}{3}\right]_0^l = \frac{Pl^3}{3EI} \tag{4.51}$$

2)　先端のたわみ角 $\theta(l)$ は，釣合系 2 に示す単位 1 のモーメント荷重を作用させた場合の曲げモーメントを $\overline{M}$ として，下式で求まる.

$$\theta(l) = v'(l) = \int_l \frac{M\overline{M}}{EI}dx = \int_0^l \frac{-P(l-x)\cdot(-1)}{EI}dx = \frac{Pl^2}{2EI} \tag{4.52}$$

3)　図 4.8 の梁の $x = l/2$ の点のたわみを求める．図 4.8 の釣合系 3 に示す単位仮想荷重を作用させた時の曲げモーメントは，**マコーリの括弧**を用いると，3 章の例 3.3 の式(3.86)で示した式で $P=1$，$a = l/2$ として下式となる.

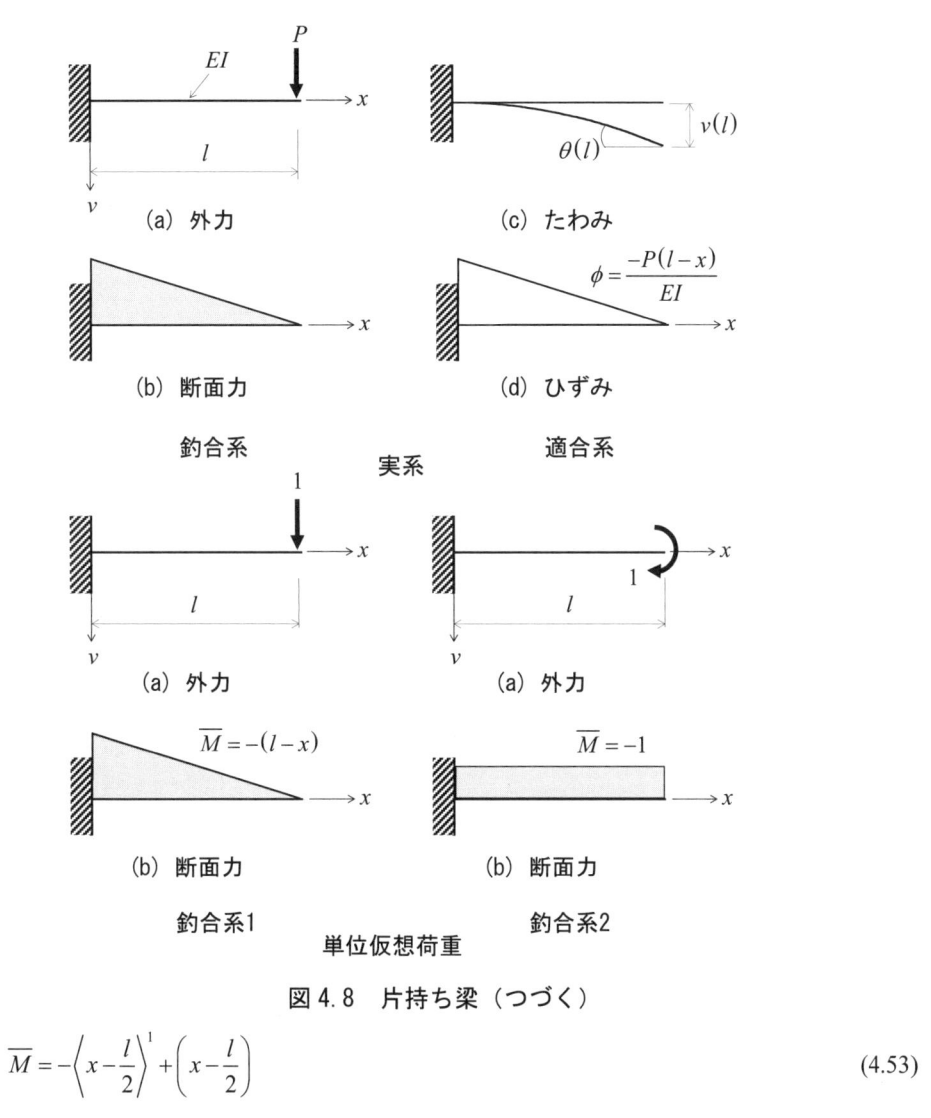

図 4.8　片持ち梁（つづく）

$$\overline{M} = -\left\langle x - \frac{l}{2} \right\rangle^1 + \left(x - \frac{l}{2} \right) \tag{4.53}$$

したがって，たわみは下式で求まる．

$$v\left(\frac{l}{2}\right) = \int_l \frac{M\overline{M}}{EI}dx = \int_0^{\frac{l}{2}} \frac{\{-P(l-x)\}\cdot\left(x - \frac{l}{2}\right)}{EI}dx = -\frac{P}{EI}\left[-\frac{1}{3}x^3 + \frac{3l}{4}x^2 - \frac{l^2}{2}x\right]_0^{\frac{l}{2}} = \frac{5Pl^3}{48EI} \tag{4.54}$$

4)　図 4.8 の実系の梁の $x = l/2$ の点のたわみ角を求める．図 4.8 の釣合系 4 に示す単位仮想荷重を作用させた時の曲げモーメントは，下式となる．

$$\left.\begin{array}{ll}\overline{M} = -1 & \left(0 \leq x < \dfrac{l}{2}\right)\\[2mm]\overline{M} = 0 & \left(\dfrac{l}{2} \leq x \leq l\right)\end{array}\right\} \tag{4.55}$$

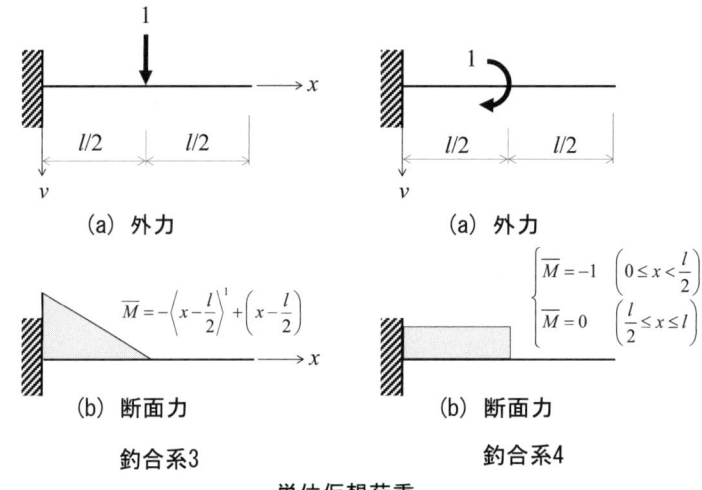

(a) 外力   (a) 外力

$$\overline{M} = -\left\langle x-\frac{l}{2}\right\rangle^1 + \left(x-\frac{l}{2}\right)$$

$$\begin{cases} \overline{M} = -1 & \left(0 \le x < \frac{l}{2}\right) \\ \overline{M} = 0 & \left(\frac{l}{2} \le x \le l\right) \end{cases}$$

(b) 断面力   (b) 断面力

釣合系3   釣合系4

単位仮想荷重

図 4.8　片持ち梁（つづき）

したがって，たわみ角は下式で求まる．

$$\theta\left(\frac{l}{2}\right) = v'\left(\frac{l}{2}\right) = \int_l \frac{M\overline{M}}{EI}dx = \int_0^{\frac{l}{2}} \frac{\{-P(l-x)\}\cdot(-1)}{EI}dx = \frac{P}{EI}\left[lx - \frac{1}{2}x^2\right]_0^{\frac{l}{2}} = \frac{3Pl^2}{8EI} \tag{4.56}$$

【例 4.7　せん断変形の影響】

　例 4.6 では式(4.48)，(4.49)を用いてたわみ，たわみ角を算定した．すなわち**せん断変形**は考慮していない．式(4.50)の右辺の第 1 項と第 3 項を用いて先端に集中荷重 P が作用したときのせん断変形を考慮したたわみを算定する．

　式(4.50)で必要な諸量は下式である．

$$\left.\begin{array}{l} M = -P(l-x) \\ \overline{M} = -(l-x) \\ Q = P \\ \overline{Q} = 1 \end{array}\right\} \tag{4.57}$$

　したがって，先端のたわみは下式となる．

$$\begin{aligned} v(l) &= \int_l \frac{M\overline{M}}{EI}dx + \int_l \kappa \frac{Q\overline{Q}}{GA}dx = \int_0^l \frac{\{-P(l-x)\}\cdot\{-(l-x)\}}{EI}dx + \int_0^l \kappa\frac{P\cdot 1}{GA}dx \\ &= \frac{Pl^3}{3EI} + \kappa\frac{Pl}{GA} = \frac{Pl^3}{3EI}\left(1 + 3\kappa\frac{EI}{GAl^2}\right) \end{aligned} \tag{4.58}$$

ここで，長方形断面（幅 $b×$せい D）とし，断面積 $A=bD$，断面 2 次モーメント $I=bD^3/12$，さらにヤング係数 E と剪断弾性係数 G の関係を $G=E/\{2\cdot(1+\nu)\}$ とすると下式が得られる．ν は**ポアソン**比である．

$$v(l) = \frac{Pl^3}{3EI}\left(1+3\kappa\frac{EI}{GAl^2}\right) = \frac{Pl^3}{3EI}\left\{1+\frac{\kappa}{2}(1+\nu)\left(\frac{D}{l}\right)^2\right\} \tag{4.59}$$

上式の右辺の中括弧内の第2項，すなわち**曲げ変形**δ_bに対する**せん断変形**δ_sの比δ_s/δ_bとl/Dの関係を図4.9に示す．係数κは1.2，ポアソン比νは0.3とした．梁せいDに比較して梁の長さが大きくなると曲げ変形に比べてせん断変形は小さく，l/Dの値が10の時0.8%程度である．図には単純梁の中央に集中荷重が作用する場合も示しているが，l/Dの値が10の時，3%程度であり，片持ち梁の場合よりは大きい．一般にせん断変形は曲げ変形に比較して小さく，無視することが多い．

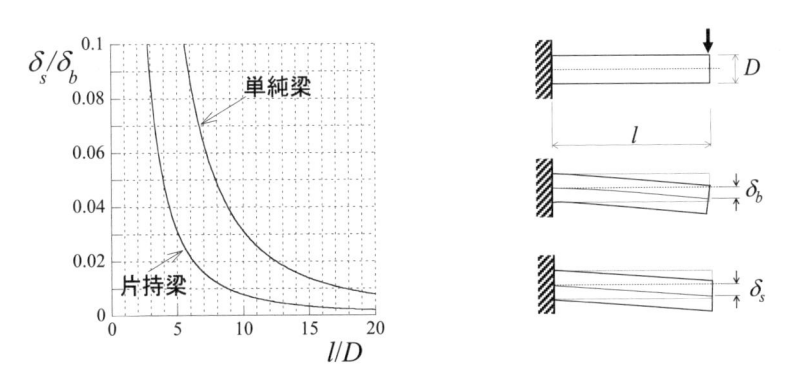

図4.9　せん断変形と曲げ変形の比－スパン・断面せい比の関係

参考4.8　κ の値

　式(4.50)のκの値は，長方形断面で1.2（=6/5），円形断面で1.11(=10/9)である．

【例4.8　等分布荷重を受ける固定－ローラ梁】

　図4.10に示す梁の中央点のたわみを**単位仮想荷重法**で算定する．変位を求めようとしている梁のたわみと曲率が，**実系の適合系**である．図4.10の実系の**釣合系**の曲げモーメントは下式とわかっているとする．

$$M(x) = -\frac{w_0}{8}(4x^2 - 5lx + l^2) \tag{4.60}$$

　このときの曲率は下式となる．

$$\phi(x) = -\frac{w_0}{8EI}(4x^2 - 5lx + l^2) \tag{4.61}$$

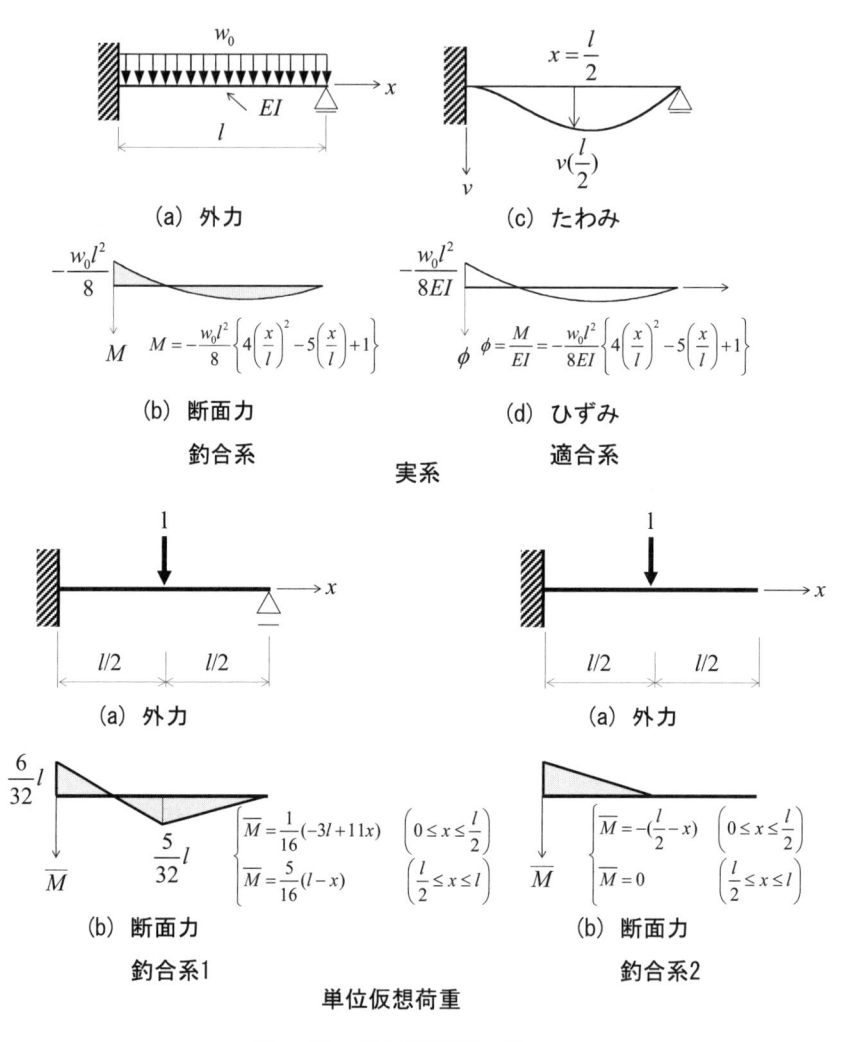

図 4.10　単位仮想荷重法

　釣合系として図 4.10 の釣合系 1 に示す梁中央点に 1 の力を作用させた時を考える．曲げモーメントは下式となる．

$$\left.\begin{array}{ll}\overline{M}=\dfrac{1}{16}(-3l+11x) & (0\le x\le \dfrac{l}{2})\\[2mm]\overline{M}=\dfrac{5}{16}(l-x) & (\dfrac{l}{2}\le x\le l)\end{array}\right\}\qquad(4.62)$$

したがって，中央点のたわみは，下式で計算できる．

$$v\left(\frac{l}{2}\right) = \int_0^l \overline{M}\phi dx = \int_0^l \overline{M}\frac{M}{EI}dx$$

$$= \int_0^{\frac{l}{2}}\frac{1}{16}(3l-11x)\cdot\frac{w_0}{8EI}(4x^2-5lx+l^2)dx + \int_{\frac{l}{2}}^l\frac{5}{16}(-l+x)\cdot\frac{w_0}{8EI}(4x^2-5lx+l^2)dx \quad (4.63)$$

$$= \frac{w_0\cdot l^4}{192EI}$$

ここで，ひずみと変位の適合した系と釣合系はまったく無関係でよいから，**釣合系**として図 4.10 の釣合系 2 のように片持ち梁の中央に荷重が作用する場合をとる．このときの**釣合系**の曲げモーメントは下式となる（M 図が梁の上に出る場合，曲げモーメントは負である）．

$$\left.\begin{array}{ll}\overline{M} = -(\frac{l}{2}-x) & (0\le x\le\frac{l}{2}) \\[2mm] \overline{M} = 0 & (\frac{l}{2}\le x\le l)\end{array}\right\} \quad (4.64)$$

中央点のたわみは，下式で計算できる．

$$v\left(\frac{l}{2}\right) = \int_0^l \overline{M}\phi dx = \int_0^l \overline{M}\frac{M}{EI}dx = \int_0^{\frac{l}{2}}(\frac{l}{2}-x)\cdot\frac{w_0}{8EI}(4x^2-5lx+l^2)dx = \frac{w_0\cdot l^4}{192EI} \quad (4.65)$$

図 4.10 の釣合系 2 を考えることにより，釣合系 1 とした場合より大幅に計算が簡単となった．

【例 4.9　水平力を受ける梁剛のロ形骨組の変位】

図 4.11 に示す梁が剛なロ形骨組の柱頭に水平力 H が作用する時の柱頭の変位を算定する．3 章の例 3.15 の結果を参照すると，柱の曲げモーメント $M(x)$ は柱脚を原点にとり，柱頭方向に x 軸をとると下式が得られる．

$$M(x) = \frac{H}{4}(h-2x) \quad (4.66)$$

図 4.11 の釣合系 1 による曲げモーメントは下式となる．

$$\overline{M}(x) = \frac{1}{4}(h-2x) \quad (4.67)$$

したがって，柱頭の変位 δ は下式となる．

$$\delta = 2\int_0^h\frac{M\overline{M}}{EI}dx = 2\int_0^h\frac{\frac{H}{4}(h-2x)\cdot\frac{1}{4}(h-2x)}{EI}dx = \frac{H}{8EI}\int_0^h(h-2x)^2dx = \frac{Hh^3}{24EI} \quad (4.68)$$

図 4.11 の釣合系 2 による曲げモーメントは下式となる．

$$\overline{M}(x) = h-x \quad (4.69)$$

したがって，柱頭の変位 δ は下式となる．

$$\delta = \int_0^h\frac{M\overline{M}}{EI}dx = \int_0^h\frac{\frac{H}{4}(h-2x)\cdot(h-x)}{EI}dx = \frac{H}{4EI}\int_0^h(h-2x)\cdot(h-x)dx = \frac{Hh^3}{24EI} \quad (4.70)$$

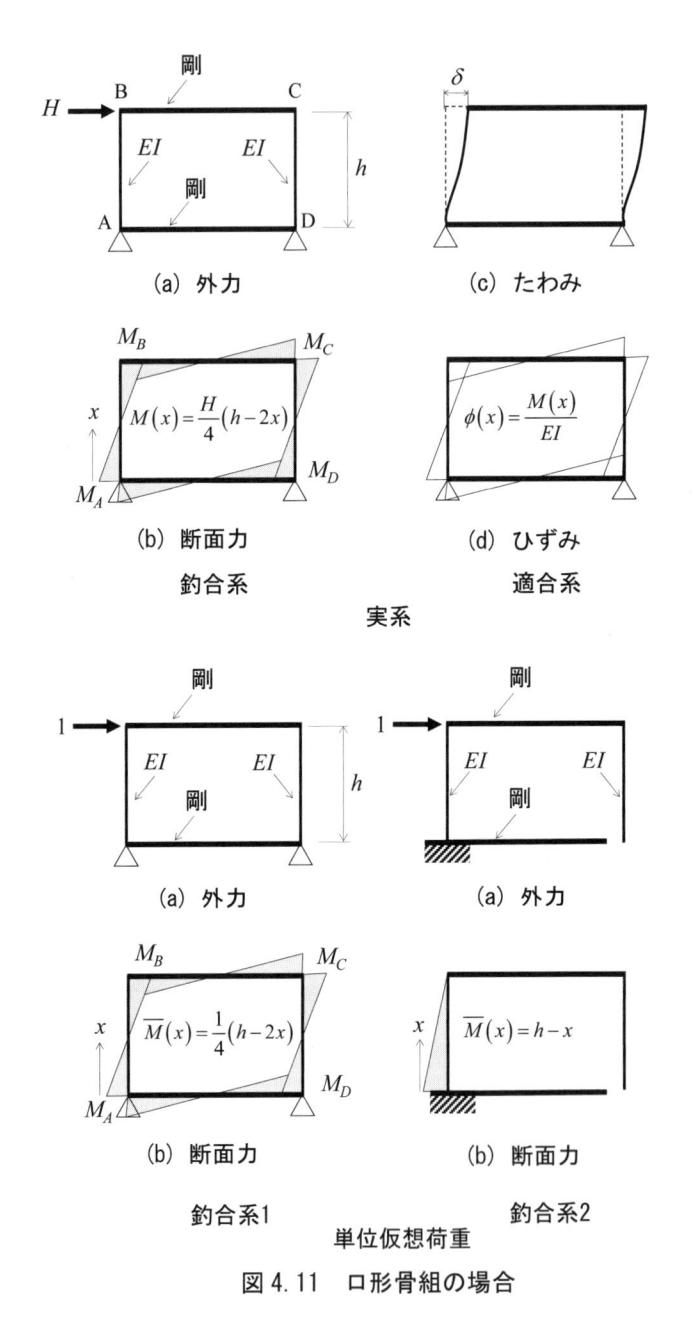

図 4. 11　ロ形骨組の場合

釣合系は異なるが，同じ結果が得られた．

参考 4.9　釣合系と適合系

　例 4.8 の問題を適合系と異なる幾何学的境界条件を持つ片持ち梁に単位仮想荷重を作用させ梁の中央点のたわみを算定したが，下図のような**釣合系**を考えると，右端の反力曲げモーメントが適合系に対して仕事をするため，中央点のたわみと右端の回転角の関係が得られることになる．

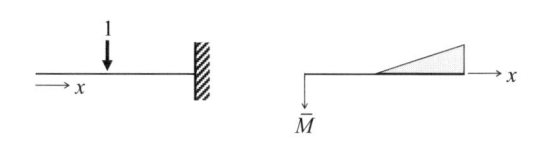

4.2.3 単位仮想変位法

断面力－ひずみ関係を**線形弾性体**として，単位の変位（回転角）を与えたときの変位と対応するひずみ（曲率）を**適合系**とし，実系の**釣合系**の外力，断面力との間でダイバージェンスの定理を用いると，**単位仮想変位法**となる．

たとえば，ある点に 1 の変位を与えてそのときのひずみを $\bar{\phi}$，1 の変位を与えた点に作用する釣合い系の外力を P_i とし，断面力を M とすると下式が得られる．

$$P_i \cdot 1 = \int_0^l M \bar{\phi} dx = \int_0^l EI \phi \bar{\phi} dx \tag{4.71}$$

同様にある点に 1 の回転角を与える場合は下式が得られる．

$$M_i \cdot 1 = \int_0^l M \bar{\phi} dx = \int_0^l EI \phi \bar{\phi} dx \tag{4.72}$$

【例 4.10　片持ち梁に単位仮想変位法を適用】

図 4.12 の片持ち梁の先端に集中荷重 P とモーメント荷重 M_1 が作用する場合を考える．第 3 章の例 3.9 では 3 次関数でたわみを仮定したとき，左端のたわみ，たわみ角を v_A，θ_A，右端のたわみ，たわみ角を v_B，θ_B とするとたわみ v は下式となった．

$$v = \left\{2\left(\frac{x}{l}\right)^3 - 3\left(\frac{x}{l}\right)^2 + 1\right\}v_A + \left\{\left(\frac{x}{l}\right)^3 - 2\left(\frac{x}{l}\right)^2 + \frac{x}{l}\right\}l\theta_A + \left\{-2\left(\frac{x}{l}\right)^3 + 3\left(\frac{x}{l}\right)^2\right\}v_B + \left\{\left(\frac{x}{l}\right)^3 - \left(\frac{x}{l}\right)^2\right\}l\theta_B \tag{4.73}$$

固定端での**幾何学的境界条件** $v_A = \theta_A = 0$ より上式は下式となる．

$$v = \left\{-2\left(\frac{x}{l}\right)^3 + 3\left(\frac{x}{l}\right)^2\right\}v_B + \left\{\left(\frac{x}{l}\right)^3 - \left(\frac{x}{l}\right)^2\right\}l\theta_B \tag{4.74}$$

したがって，たわみの 2 階微分は下式となる．

$$v'' = \left\{-12\left(\frac{x}{l}\right) + 6\right\}\frac{v_B}{l^2} + \left\{6\left(\frac{x}{l}\right) - 2\right\}\frac{\theta_B}{l} \tag{4.75}$$

したがって，曲げモーメントは下式となる．

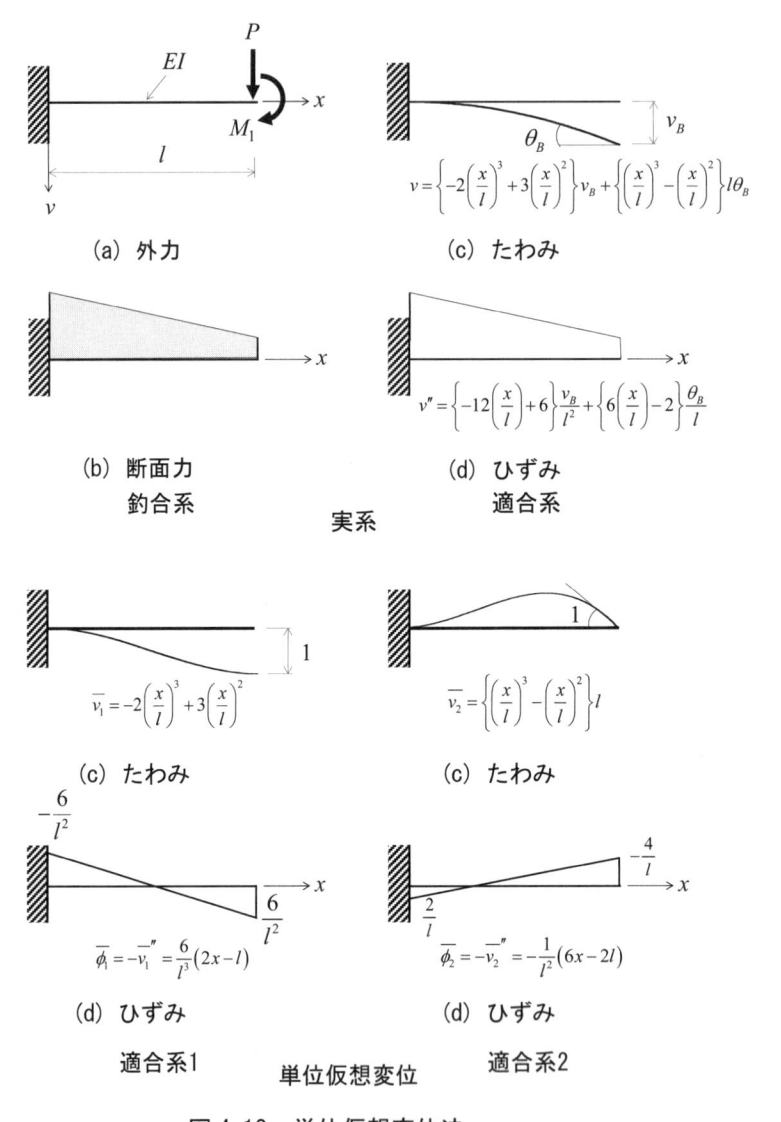

(a) 外力

$$v=\left\{-2\left(\frac{x}{l}\right)^3+3\left(\frac{x}{l}\right)^2\right\}v_B+\left\{\left(\frac{x}{l}\right)^3-\left(\frac{x}{l}\right)^2\right\}l\theta_B$$

(c) たわみ

(b) 断面力
　　釣合系

$$v''=\left\{-12\left(\frac{x}{l}\right)+6\right\}\frac{v_B}{l^2}+\left\{6\left(\frac{x}{l}\right)-2\right\}\frac{\theta_B}{l}$$

(d) ひずみ
　　適合系

実系

$$\overline{v_1}=-2\left(\frac{x}{l}\right)^3+3\left(\frac{x}{l}\right)^2$$

(c) たわみ

$$\overline{v_2}=\left\{\left(\frac{x}{l}\right)^3-\left(\frac{x}{l}\right)^2\right\}l$$

(c) たわみ

$$\overline{\phi_1}=-\overline{v_1}''=\frac{6}{l^3}(2x-l)$$

$$\overline{\phi_2}=-\overline{v_2}''=-\frac{1}{l^2}(6x-2l)$$

(d) ひずみ

(d) ひずみ

適合系1

単位仮想変位

適合系2

図 4.12　単位仮想変位法

$$M=-EIv''=-EI\left[\left\{-12\left(\frac{x}{l}\right)+6\right\}\frac{v_B}{l^2}+\left\{6\left(\frac{x}{l}\right)-2\right\}\frac{\theta_B}{l}\right] \tag{4.76}$$

つぎに，図 4.12 の**適合系** 1 に示す片持ち梁の先端が 1 の変位となる下式のたわみを考える（第 3 章の参考 3.21，あるいは式(3.177) 右辺第 3 項参照）.

$$\overline{v_1}=-2\left(\frac{x}{l}\right)^3+3\left(\frac{x}{l}\right)^2 \tag{4.77}$$

このたわみは，固定端でたわみ・たわみ角，自由端でたわみ角が 0 である．このたわみに対応す

る曲率 $\overline{\phi_1}$ は下式となる.

$$\overline{\phi_1} = -\overline{v_1}'' = \frac{6}{l^3}(2x - l) \tag{4.78}$$

単位仮想変位法の式(4.71)より下式が得られる.

$$P \cdot 1 = \int_0^l M\overline{\phi_1}dx = \int_0^l EI\phi\overline{\phi_1}dx = -\int_0^l EI\left[\left\{-12\left(\frac{x}{l}\right) + 6\right\}\frac{v_B}{l^2} + \left\{6\left(\frac{x}{l}\right) - 2\right\}\frac{\theta_B}{l} \cdot \frac{6}{l^3}(2x - l)dx\right.$$

$$= \frac{12EI}{l^3}v_B - \frac{6EI}{l^2}\theta_B$$

$$\tag{4.79}$$

つぎに, 図 4.12 の**適合系**2 に示す片持ち梁の先端が 1 のたわみ角となる下式で表現できるたわみを考える.

$$\overline{v_2} = \left\{\left(\frac{x}{l}\right)^3 - \left(\frac{x}{l}\right)^2\right\}l \tag{4.80}$$

このたわみは, 固定端でたわみ・たわみ角, 自由端でたわみが 0 である. このたわみに対応する曲率 $\overline{\phi_2}$ は下式となる.

$$\overline{\phi_2} = -\overline{v_2}'' = -\frac{1}{l^2}(6x - 2l) \tag{4.81}$$

単位仮想変位法の式(4.72)より下式が得られる.

$$M_1 \cdot 1 = \int_0^l M\overline{\phi_2}dx = \int_0^l EI\phi\overline{\phi_2}dx$$

$$= \int_0^l EI\left[\left\{-12\left(\frac{x}{l}\right) + 6\right\}\frac{v_B}{l^2} + \left\{6\left(\frac{x}{l}\right) - 2\right\}\frac{\theta_B}{l}\right] \cdot \frac{1}{l^2}(6x - 2l)dx \tag{4.82}$$

$$= -\frac{6EI}{l^2}v_B + \frac{4EI}{l}\theta_B$$

式(4.79)と式(4.82)をまとめると下式となる.

$$\begin{pmatrix} P \\ M_1 \end{pmatrix} = \begin{pmatrix} \dfrac{12EI}{l^3} & -\dfrac{6EI}{l^2} \\ -\dfrac{6EI}{l^2} & \dfrac{4EI}{l} \end{pmatrix}\begin{pmatrix} v_B \\ \theta_B \end{pmatrix} \tag{4.83}$$

参考 4.10　固定端にヒンジができた場合

　固定端にヒンジができ, 自由端の変位が 1 となる曲率 $\langle x \rangle_c^{-1}/l$ を考える. このとき, 自由端の回転角は $1/l$ である. 図 4.12 の**実系の釣合系**に対して**ダイバージェンスの定理**を用いると下式となる. 式(4.31)の関係に注意されたい.

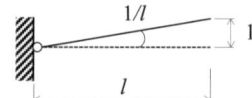

$$-P \cdot 1 - M_1 \cdot \frac{1}{l} = \int_0^l EI\phi\bar{\phi}dx = -\int_0^l EIv''(x)\frac{\langle x\rangle_*^{-1}}{l}dx = -EI\left(\frac{6}{l^3}v_B - 2\frac{\theta_B}{l^2}\right)$$

式(4.83)の関係は上式を満足していることを確認されたい.

4.2.4 相反定理

ダイバージェンスの定理において，断面力－ひずみ関係を**線形弾性体**とすると**相反定理**が得られる．図 4.13 に**実系 1**，**実系 2** の外力，断面力，たわみ，ひずみを描いている．実系 1 の n 個の外力（$P_1^a, \ldots P_n^a$）が実系 2 のたわみに対してなす仕事は下式となる.

$$P_1^a \cdot v_1^b + \ldots + P_n^a \cdot v_n^b \tag{4.84}$$

ここで，v_i^b（$i=1, 2, \ldots n$）は実系 1 で P_i^a が作用する点の実系 2 での P_i^a 方向の変位である．すなわち図中で①と示した部分での外力のなす仕事である．同様に実系 2 の m 個の外力（$P_1^b, \ldots P_m^b$）が実系 1 のたわみに対してなす仕事は下式となる．図中で②と示した部分での外力のなす仕事である.

$$P_1^b \cdot v_1^a + \ldots + P_m^b \cdot v_m^a \tag{4.85}$$

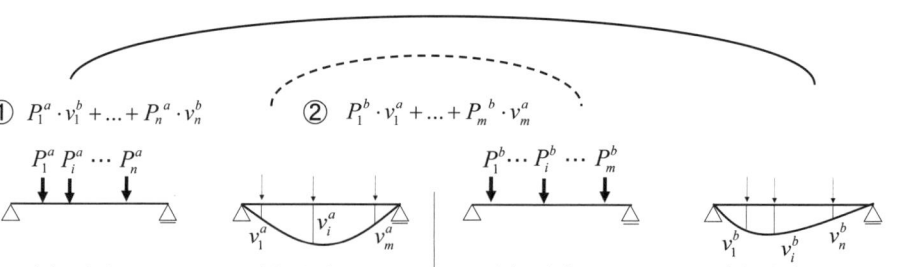
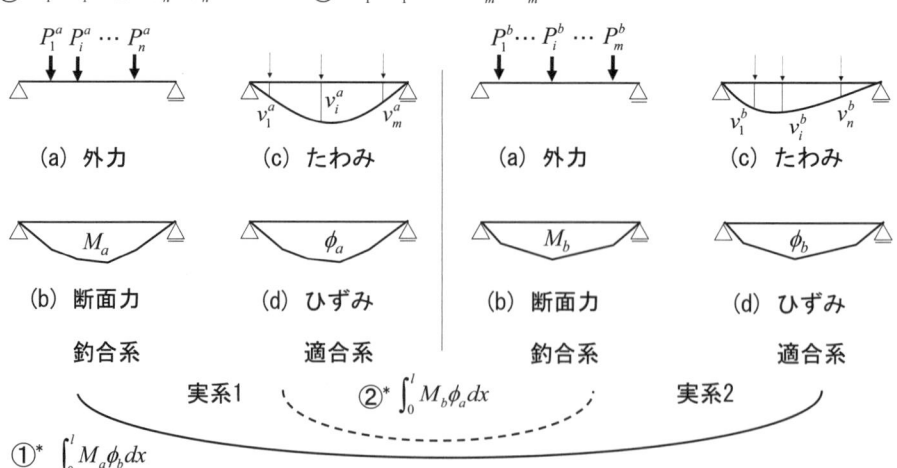

図 4.13　相反定理

　上記の二つの**外力のなす仕事**は，それぞれ図 4.13 の①*および②*で示す**断面力（内力）**のなす**仕事**に等しい．これらは，材長を l とすると，それぞれ式(4.86)，(4.87)となる.

$$\int_0^l M_a\phi_b dx \qquad\qquad (4.86)$$

$$\int_0^l M_b\phi_a dx \qquad\qquad (4.87)$$

上式で，M_a，M_b はそれぞれ実系 1 および 2 の断面力であり，ϕ_a，ϕ_b はそれぞれ実系 1 および 2 のひずみ（曲率）である．

ここで**線形弾性体**であれば，**曲げ剛性**を EI とすると下式の関係がある．

$$\phi_a = \frac{M_a}{EI}, \quad \phi_b = \frac{M_b}{EI} \qquad\qquad (4.88)$$

したがって下式が得られる．

$$\int_0^l M_a\phi_b dx = \int_0^l M_b\phi_a dx = \int_0^l \frac{M_a M_b}{EI}dx \qquad\qquad (4.89)$$

すなわち実系 1 の断面力が実系 2 のひずみに対してなす仕事は，実系 2 の断面力が実系 1 のひずみに対してなす仕事に等しい．したがって，実系 1 の外力が実系 2 のたわみに対してなす仕事は，実系 2 の外力が実系 1 のたわみに対してなす仕事に等しい．すなわち下式が得られる．この関係は**ベッティ**（**Betti**）**の相反定理**と呼ばれる．下式は集中荷重とたわみに関して記述しているが，モーメント荷重とたわみ角としても成立する．

$$P_1^a \cdot v_1^b + ... + P_n^a \cdot v_n^b = P_1^b \cdot v_1^a + ... + P_m^b \cdot v_m^a \qquad\qquad (4.90)$$

さらに，実系 1, 2 とも外力が 1 つずつ（P_1^a と P_1^b）で，その外力の大きさが等しく 1 とすると，下式が得られる．

$$v_1^b = v_1^a \qquad\qquad (4.91)$$

上式を，一般的には下式のように表現する．

$$v_{ik} = v_{ki} \qquad\qquad (4.92)$$

図 4.14 に示すように，v_{ik} は点 k に作用する単位荷重 P_k=1 によって，点 i が点 i に作用する荷重 P_i の方向に変位する量である．上式は点 k に単位力が作用するときに生じるある点 i の変位は，i 点に単位力を加えたときに生じる k 点の変位に等しいといえる．これは**マックスウェル**（**Maxwell**）**の定理**と呼ばれる．

ところで，図 4.13 では実系 1 と実系 2 の幾何学的境界条件を同じとして解説を行ったが，**ダイバージ**

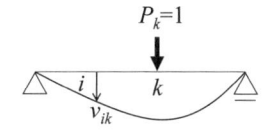

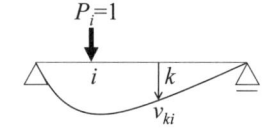

図 4.14　マックスウェルの定理

ェンスの定理においては**釣合系**と**適合系**の幾何学的境界条件は同じである必要はない. 同じ境界条件でない場合は反力が仕事をする場合があるので,その点に注意が必要である.

以下に相反定理を用いた例を示す. 材長は l,曲げ剛性は EI とし,材の中間に集中荷重が 1 つ作用する場合は中央点にあるとする.

【例 4.11 単純梁】

図 4.15 で実系 1 の左端のたわみ角が下式のようにわかっているものとし,実系 2 の中央点のたわみ δ_B を求める.

$$\bar{\theta}_A = \frac{P_A l^2}{16EI} \tag{4.93}$$

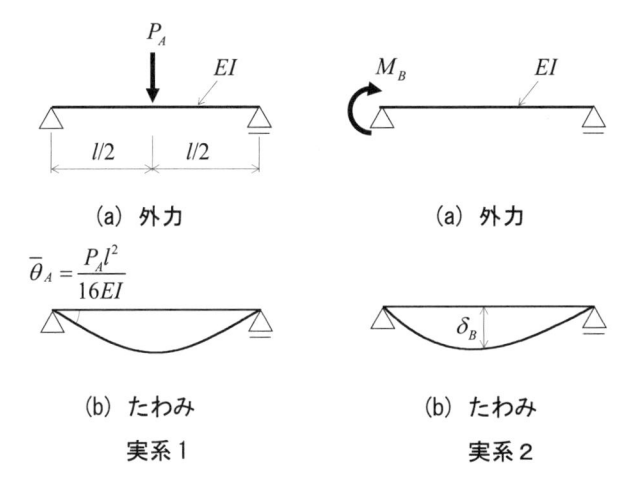

(a) 外力   (a) 外力

(b) たわみ   (b) たわみ

実系 1   実系 2

図 4.15 単純梁

相反定理により下式が得られる.

$$P_A \cdot \delta_B = M_B \cdot \bar{\theta}_A \tag{4.94}$$

式(4.93)を代入すると,δ_B は下式のように求まる.

$$P_A \cdot \delta_B = M_B \cdot \frac{P_A l^2}{16EI} \qquad \therefore \; \delta_B = \frac{M_B l^2}{16EI} \tag{4.95}$$

なお,実系 2 のたわみ曲線は,下式となる.

$$v(x) = \frac{M_B l^2}{6EI}\left\{2\frac{x}{l} - 3\left(\frac{x}{l}\right)^2 + \left(\frac{x}{l}\right)^3\right\} \tag{4.96}$$

$x=l/2$ を上式に代入すると,下式がえられ相反定理を用いて得た結果と同じになる.

$$v\left(\frac{l}{2}\right) = \frac{M_B l^2}{6EI}\left\{2\frac{1}{2} - 3\left(\frac{1}{2}\right)^2 + \left(\frac{1}{2}\right)^3\right\} = \frac{M_B l^2}{16EI} \tag{4.97}$$

【例 4.12　片持ち梁】

図 4.16 で実系 1 の自由端のたわみ角は下式のようにわかっているものとする. 実系 2 の自由端のたわみ δ_B を求める.

$$\bar{\theta}_A = \frac{P_A l^2}{2EI} \tag{4.98}$$

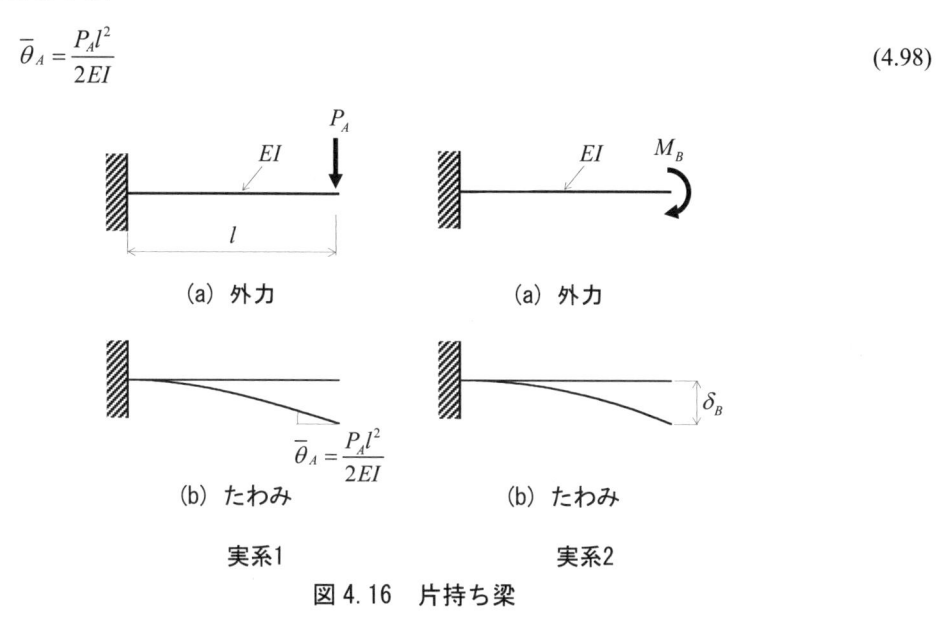

（a）外力　　　　　　　　（a）外力

$$\bar{\theta}_A = \frac{P_A l^2}{2EI}$$

（b）たわみ　　　　　　　（b）たわみ

実系1　　　　　　　　　実系2

図 4.16　片持ち梁

相反定理により下式が得られる.

$$P_A \cdot \delta_B = M_B \cdot \bar{\theta}_A = M_B \cdot \frac{P_A l^2}{2EI} \tag{4.99}$$

したがって，下式が得られる.

$$\delta_B = \frac{M_B l^2}{2EI} \tag{4.100}$$

【例 4.13　両端固定梁と単純梁】

図 4.17 で実系 2 の中央のたわみと両端のたわみ角は下式のようにわかっているものとする. 実系 1 の反力の曲げモーメント M_A を求める.

$$\bar{\delta}_B = \frac{M_B l^2}{8EI}, \ \bar{\theta}_B = \frac{M_B l}{2EI} \tag{4.101}$$

　相反定理により下式が得られる. **実系 1** と**実系 2** の**幾何学的境界条件**が異なるため，実系 1 の反力（両端での曲げモーメント）が仕事をすることに注意が必要である. 式(4.102)の左辺で，$-M_A \bar{\theta}_B$ と負符号が付いているのは，たとえば実系 1 での左端の曲げモーメントは反時計方向に向いているのに対して，実系 2 の左端部は時計方向に回転しており，仕事としては負の値となるためである.

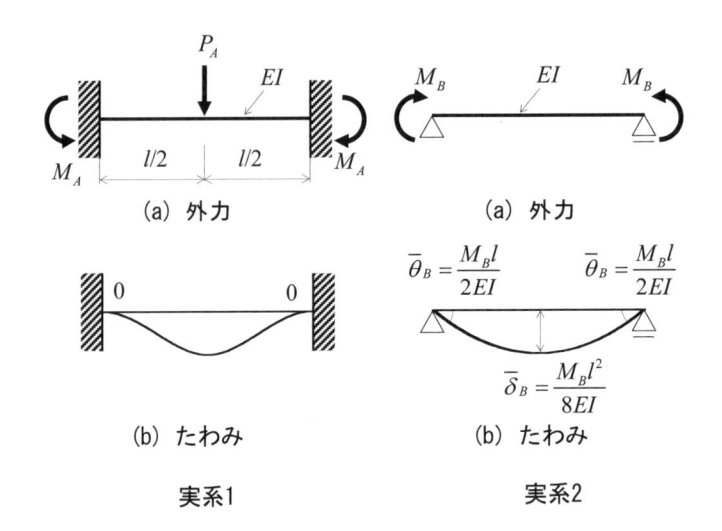

(a) 外力　　　　　　　　　　　(a) 外力

(b) たわみ　　　　　　　　　　(b) たわみ

実系1　　　　　　　　　　実系2

図 4.17　両端固定梁と単純梁（幾何学的境界条件が異なる場合）

$$P_A \overline{\delta}_B + (-M_A \overline{\theta}_B) \times 2 = M_B \times 0 \times 2 = 0 \tag{4.102}$$

したがって下式が得られる．

$$P_A \frac{M_B l^2}{8EI} + (-M_A \frac{M_B l}{2EI}) \times 2 = 0 \quad \therefore \quad M_A = \frac{P_A l}{8} \tag{4.103}$$

固定端モーメントの値が得られた．第 3 章 3.11 節の式(3.207)を参照されたい．

【例 4.14　片持ち梁と単純梁】

図 4.18 で実系 1 の自由端のたわみと実系 2 の左端のたわみ角は下式のようにわかっているものとする．実系 1 の中央のたわみ δ_{A1} を求める．

$$\overline{\delta}_{A2} = \frac{P_A l^3}{3EI}, \; \overline{\theta}_B = \frac{P_B l^2}{16EI}, \; M_A = P_A l \tag{4.104}$$

相反定理により下式が得られる．実系 1 と実系 2 の幾何学的境界条件が異なるため，実系 1 の固定端の反力 $M_A (=P_A l)$，実系 2 の右支点反力 $P_B/2$ が仕事をすることに注意が必要である．

$$P_A \times 0 - M_A \overline{\theta}_B = P_B \delta_{A1} - \frac{P_B}{2} \overline{\delta}_{A2} \tag{4.105}$$

したがって下式が得られる．

$$-P_A l \frac{P_B l^2}{16EI} = P_B \delta_{A1} - \frac{P_B}{2} \frac{P_A l^3}{3EI} \quad \therefore \quad \delta_{A1} = \frac{5P_A l^3}{48EI} \tag{4.106}$$

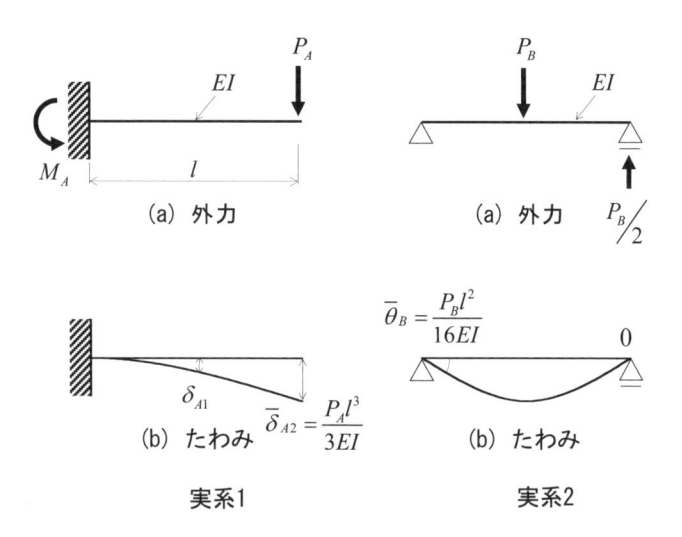

(a) 外力　　　　　　　　　　　(a) 外力　$P_B/2$

$\bar{\theta}_B = \dfrac{P_B l^2}{16EI}$　　　　　0

δ_{A1}　$\bar{\delta}_{A2} = \dfrac{P_A l^3}{3EI}$

(b) たわみ　　　　　　　　　　(b) たわみ

実系1　　　　　　　　　　　　実系2

図 4.18　片持ち梁と単純梁（幾何学的境界条件が異なる場合）

【例 4.15　反力の算定】

　図 4.19 の実系 1 に示す反力 R_A を算定する．実系 2 の自由端のたわみと材中央点のたわみは下式のようにわかっているものとする．

$$\bar{\delta}_{B1} = \frac{5P_B l^3}{48EI}, \ \bar{\delta}_{B2} = \frac{P_B l^3}{3EI} \tag{4.107}$$

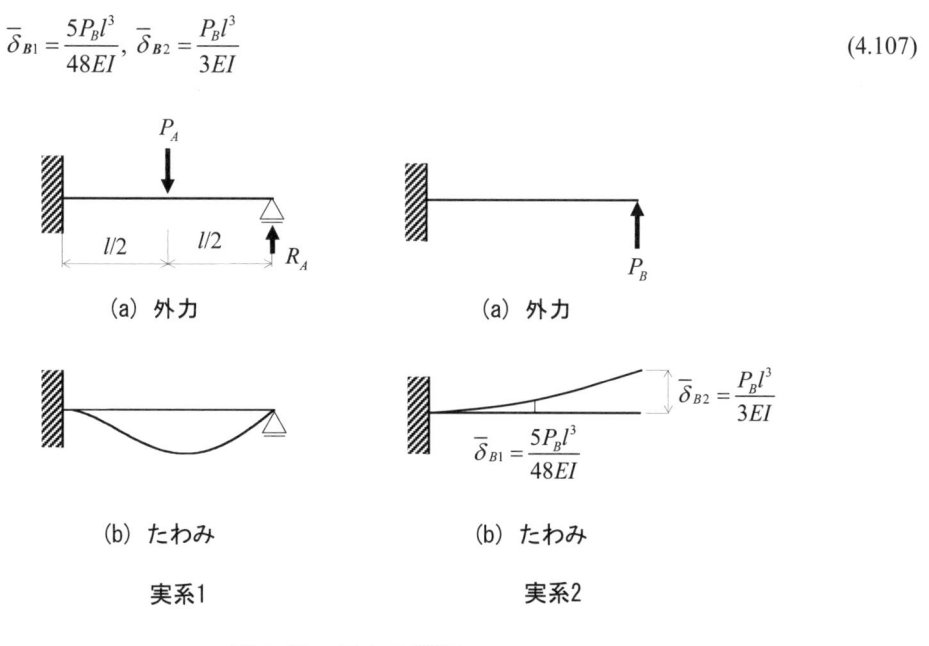

P_A　　　　　　　　　　　　　P_B

$l/2$　$l/2$　R_A

(a) 外力　　　　　　　　　　　(a) 外力

(b) たわみ　　　　　　　　　　$\bar{\delta}_{B2} = \dfrac{P_B l^3}{3EI}$

$\bar{\delta}_{B1} = \dfrac{5P_B l^3}{48EI}$

(b) たわみ

実系1　　　　　　　　　　　　実系2

図 4.19　反力の算定

相反定理により下式が得られる．

$$-P_A \cdot \overline{\delta}_{B1} + R_A \cdot \overline{\delta}_{B2} = P_B \times 0 \tag{4.108}$$

したがって，反力 R_A は下式となる．

$$R_A = \frac{\overline{\delta}_{B1}}{\overline{\delta}_{B2}} P_A = \frac{\dfrac{5 P_B l^3}{48EI}}{\dfrac{P_B l^3}{3EI}} P_A = \frac{5}{16} P_A \tag{4.109}$$

【例 4.16　ロ形骨組での相反定理】

図 4.20 の実系 1 に示す上下の梁が剛のロ形骨組の柱頭に水平力 H が作用する場合と実系 2 に示す柱の中央に水平力 H が作用する場合を考える．第 3 章の例 3.15 で示したように図 4.20 の実系 1 に示す荷重が作用するときの柱頭の水平変位 δ は $Hh^3/(24EI)$ である．

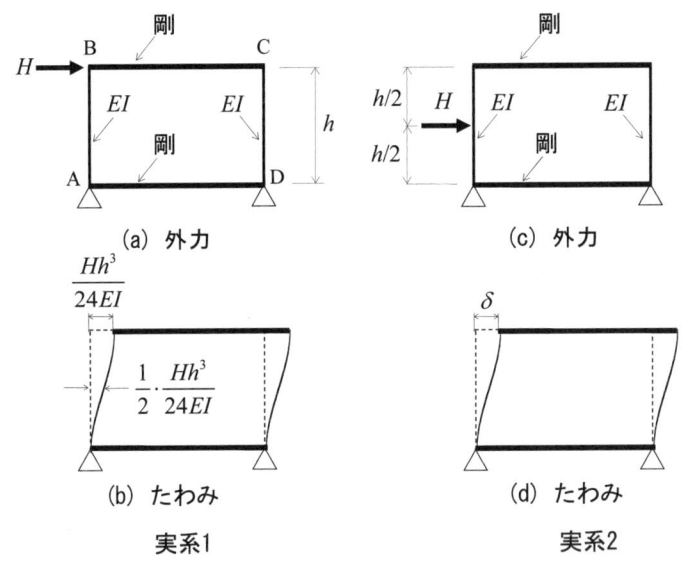

(a) 外力　　　　　　　　(c) 外力

(b) たわみ　　　　　　　(d) たわみ

実系1　　　　　　　　実系2

図 4.20　ロ形骨組

図 4.20 の実系 2 の荷重が作用するときの柱頭の柱頭の水平変位を δ とすると，**相反定理**より下式が得られる．

$$H \cdot \delta = H \cdot \frac{1}{2} \cdot \frac{Hh^3}{24EI} \tag{4.110}$$

したがって，水平変位 δ は下式となる．

$$\delta = \frac{Hh^3}{48EI} \tag{4.111}$$

参考 4.11　線形弾性体

「弾性の概念は，歴史的には 1676 年 Robert Hooke がなぞの形，ceiiinosssttuv として最初に発表した．

彼は 1678 年これを　Ut tensio sic vis,　すなわち，"ばねのような物体にかかる力は伸びに比例する"と説明した.」（Y.C.ファン，固体の力学／理論）

4.3　仮想仕事の原理

4.3.1 仮想仕事の原理

　仮想仕事の原理は「釣合った系に対して**幾何学的境界条件**を満足する**仮想変位**をさせると**外力のなす仮想仕事**と**内力（断面力）のなす仮想仕事**は等しい」という原理である. 式(4.3)のダイバージェンスの定理において仮想変位をδvとすると下式となる. 左辺は外力のなす仮想仕事であり，右辺は内力のなす仮想仕事である.

$$Q_A^* \cdot \delta v_A + M_A^* \cdot \delta\theta_A + Q_B^* \cdot \delta v_B + M_B^* \cdot \delta\theta_B + \int_0^l w^*(x)\delta v(x)dx = \int_0^l M^*(x) \cdot \delta\phi(x)dx \qquad (4.112)$$

　上式の仮想変位δvは 4.5 節で解説するが，変位vの**変分**と呼ぶ. またδを**デルタ演算子（変分演算子）**と呼ぶ. また，上式において，δvと$\delta\phi$は下式の関係がある. すなわち**ひずみ－変位関係**を**付帯条件**としている.

$$\delta\phi(x) = -\frac{d^2\big(\delta v(x)\big)}{dx^2} \qquad (4.113)$$

4.5 節で解説するが，上式の右辺の量は下式の関係がある. 仮想変位を 2 度微分したものは，変位を 2 度微分したものの変分に等しい. このことを**デルタ演算子**と**微分演算子**とは**交換可能**という. また，デルタ演算子と**積分演算子**も交換可能である.

$$\frac{d^2\big(\delta v(x)\big)}{dx^2} = \delta\left(\frac{d^2 v(x)}{dx^2}\right) \qquad (4.114)$$

上式を簡潔に書くと下式となる.

$$\big(\delta v(x)\big)'' = \delta v'' \qquad (4.115)$$

　以下，図 4.21 に示す梁に対して，式(4.112)を用いる. 固定端ではたわみおよびたわみ角は 0 である. またローラ端ではたわみは 0 である. **仮想変位**としては**幾何学的境界条件**を満足する必要があり，下記の条件を満足させる必要がある.

$$\delta v(0) = \delta v'(0) = \delta v(l) = 0 \qquad (4.116)$$

すなわち，式(4.112)の左辺の$\delta v_A = \delta\theta_A = \delta v_B = 0$である. また，$M_B^* = M_1$，$w^* = w$とすると下式が得られる.

$$M_1 \cdot \delta\theta_B + \int_0^l w(x)\delta v(x)dx = \int_0^l M(x) \cdot \delta\phi(x)dx \qquad (4.117)$$

　上式左辺第 1 項はモーメント荷重がその大きさを保って$\delta\theta_B$回転したときの仕事であり，左辺

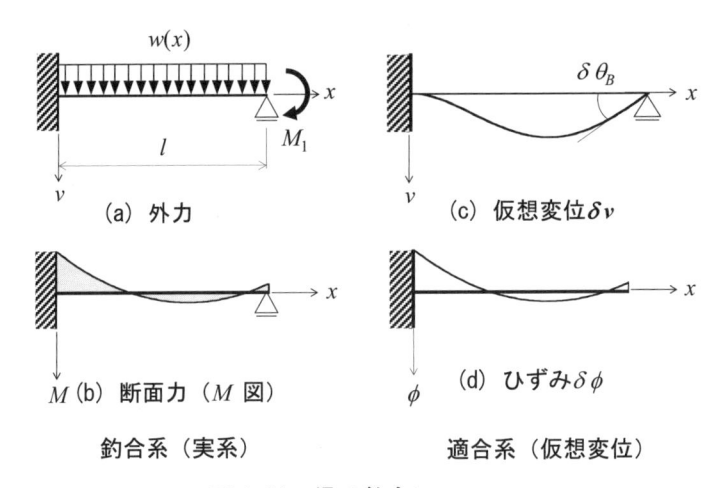

図 4.21　梁の釣合い

第2項は分布荷重がその大きさを保って$\delta v(x)$変位したときの仕事である. すなわち, 左辺は図4.21に示す外力が, 幾何学的境界条件を満足する変位に対してなす**仮想仕事**であり, 右辺は外力に対応する断面力が幾何学的境界条件を満足する仮想変位に対応する曲率（ひずみ）に対して行う**内力のなす仮想仕事**である.

　外力によって生じる実系の変位と仮想変位δvは無関係である. 幾何学的境界条件を満足する変位（**許容変位**ともよぶ）をδvのように記述したことになる.

　式(4.117)の右辺は**ひずみ—変位関係**を用い, **部分積分**を行うことにより下式となる.

$$\int_0^l M\delta\phi dx = -\int_0^l M\delta v'' dx = \left[-M\delta v'\right]_0^l + \left[M'\delta v\right]_0^l - \int_0^l M''\delta v dx \tag{4.118}$$

ここに, 下式に示されるようなデルタ演算子と積分演算子が交換可能であることを用いている.

$$\int \delta v'' dx = \delta \int v'' dx = \delta v' \tag{4.119}$$

　仮想仕事の原理において, 仮想変位は幾何学的境界条件を満足するので, 式(4.116)の$\delta v(0) = \delta v'(0) = \delta v(l) = 0$に注意して, 式(4.118)を式(4.117)に代入すると下式が得られる. ここに, $\delta v'(l) = \delta\theta_B$を用いた.

$$\left(M_1 + M(l)\right)\delta v'(l) + \int_0^l \left(M'' + w\right)\delta v dx = 0 \tag{4.120}$$

　上式が幾何学的境界条件だけを満足する任意の仮想変位に対して成り立つためには, 下式が成立すればよい.

$$M'' + w = 0 \tag{4.121}$$

$$M_1 + M(l) = 0 \tag{4.122}$$

　式(4.121)は**釣合い微分方程式**, 式(4.122)は**力学的境界条件**である.

　いったん式(4.117)のように**仮想仕事式**を記述すると（定義に従って書けばよいので容易である），内力のなす仮想仕事においてひずみと変位の関係を用い，さらに部分積分することにより，**釣合い微分方程式**と**力学的境界条件**が得られる．すなわち，**幾何学的境界条件**と，**ひずみ－変位関係**を満足する**仮想変位**を用いて**仮想仕事の原理**を書き下すと，力の**釣合い条件**と**力学的境界条件**が得られる．

　以上の計算過程でわかるように仮想仕事の原理は**応力－ひずみ関係**に関係なく成立する．すなわち，梁の状態が弾性状態，非弾性状態等に無関係に成立する．

> **参考 4. 12　強形式と弱形式**
>
> 　本 4.3.1 項の梁の曲げに関する**釣合い微分方程式**と**力学的境界条件**は式(4.121)，(4.122)である．これらは**強形式**と呼ばれる．それに対して仮想仕事式(4.117)は**弱形式**と呼ばれる．強形式が**微分形式の方程式**であるのに対して，弱形式は**積分形式の方程式**である．本書では述べないが，弱形式と近似関数を用いることにより，離散化された有限要素式を導出することができる．

4.3.2 仮想仕事式の記述について－釣合系と適合系－

　仮想仕事式を間違いなく記述するためには，**釣合系**と**適合系**の概念を用いると良い．式(4.117)の左辺の M_1，w は外力であり，右辺の M はこの外力に釣合う断面力（内力）である．この系を**釣合系**という．一方，左辺の $\delta\theta_B$，δv は**仮想変位**であり，右辺の $\delta\phi$ は仮想変位より，**ひずみ－変位関係式**で関係付けられる曲率である．この系を**適合系**と呼ぶ．

$$M_1\delta\theta_B + \int_0^l w\delta v dx = \int_0^l M\delta\phi dx \qquad\qquad 再掲(4.117)$$

　これらを図 4.21 のように描き，上の段(a)図の外力と(c)図の仮想変位を掛け合わせた**外力のなす仮想仕事**と，下の段(b)図の断面力と(d)図の仮想変位に対応するひずみ（曲率）を掛け合わせて積分した**断面力（内力）のなす仮想仕事**が等しいのである．(a)図の外力と(b)図の断面力は釣合っており，**釣合系**である．(c)図の仮想変位と(d)図のひずみはひずみ－変位関係を満足しており，**適合系**である．また(c)図の**仮想変位**は釣合系の**幾何学的境界条件**を満足する必要がある．幾何学的境界条件を満足することにより固定端やピン端での反力が仕事をしない状況を作っている．4.2 節で解説した**ダイバージェンスの定理**では，適合系の幾何学的境界条件は釣合系の幾何学的境界条件と異なって良い（すなわち支持条件がちがっても良い）．この点が仮想変位は幾何学的境界条件を満足させる必要のある仮想仕事の原理とダイバージェンスの定理の違いである．

4.3.3 仮想仕事の原理をもちいた釣合い式の誘導

【例 4.17 剛体の場合】

図 4.22 のように釣合った系に対して，ピン支点が動かないという**幾何学的境界条件**より，左端の仮想変位 δv_1，右端の仮想変位 δv_2 は棒の仮想回転を $\delta\theta$ とすると下式となる.

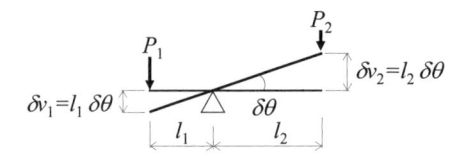

図 4.22　剛体の釣合

$$\left.\begin{array}{l} \delta v_1 = l_1\delta\theta \\ \delta v_2 = l_2\delta\theta \end{array}\right\} \tag{4.123}$$

棒は剛なので曲率 $\delta\phi = 0$ すなわち，**内力のなす仮想仕事**は 0 となることに注意して**仮想仕事の原理**より

$$P_1 l_1 \delta\theta - P_2 l_2 \delta\theta = 0 \tag{4.124}$$

となり，したがって下式が得られる.

$$P_1 l_1 - P_2 l_2 = 0 \tag{4.125}$$

次節で解説するが，上式は下式のようにも記述できる.

$$\delta\Pi = -P_1\delta v_1 + P_2\frac{l_2}{l_1}\delta v_1 = 0 \tag{4.126}$$

【例 4.18 仮想変位としてのヒンジ】

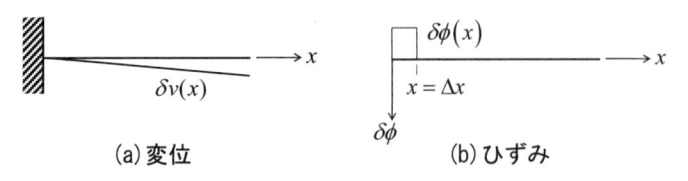

(a) 変位　　　　　　　　　(b) ひずみ

図 4.23　仮想変位と対応するひずみ（曲率）

例 4.4 においてヒンジで回転する**適合系**について，ひずみ（曲率）として**マコーリの括弧（デルタ関数）**を用いれば計算できることを示した. 同じことを次にように考える. 片持ち梁の**仮想変位**を図 4.23 のように固定端から Δx の部分だけが曲率 $\delta\phi(x)$ となり，他の部分は変形しない仮想変位である. このとき**内力のなす仕事**は下式となる.

$$\int_0^l M(x)\delta\phi(x)dx = \int_0^{\Delta x} M(x)\delta\phi(x)dx + \int_{\Delta x}^l M(x)\cdot 0 dx = \int_0^{\Delta x} M(x)\delta\phi(x)dx \tag{4.127}$$

ここで，かつ$\delta\phi \cdot \varDelta x$が一定値$\delta\theta$のままで，$\varDelta x \to 0$とすると上式は下式となる．

$$\lim_{\varDelta x \to 0}\int_0^{\varDelta x} M(x)\delta\phi(x)dx = M(0)\delta\phi(0)\varDelta x = M(0)\delta\theta \tag{4.128}$$

すなわち，ある点で$\delta\theta$の回転が生じる場合，内力のなす仕事はその点の曲げモーメントにその点の回転角$\delta\theta$を乗ずればよい．

【例 4.19 曲げモーメント・せん断力の関係】

a) **単純梁の荷重点の曲げモーメント**

図 4.24(a)の$x=a$点での曲げモーメントM_Aを算定する．$x=a$においてヒンジとなる**適合系**を考え，その点で梁は角度$\delta\theta$だけ回転するとする．このとき，左端および右端ではそれぞれ$b\delta\theta/l$および$a\delta\theta/l$回転する．**仮想仕事の原理**より下式が得られる．

$$P\frac{l}{2}\frac{b\delta\theta}{l} = M_A\delta\theta \qquad \therefore M_A = \frac{Pb}{2} \tag{4.129}$$

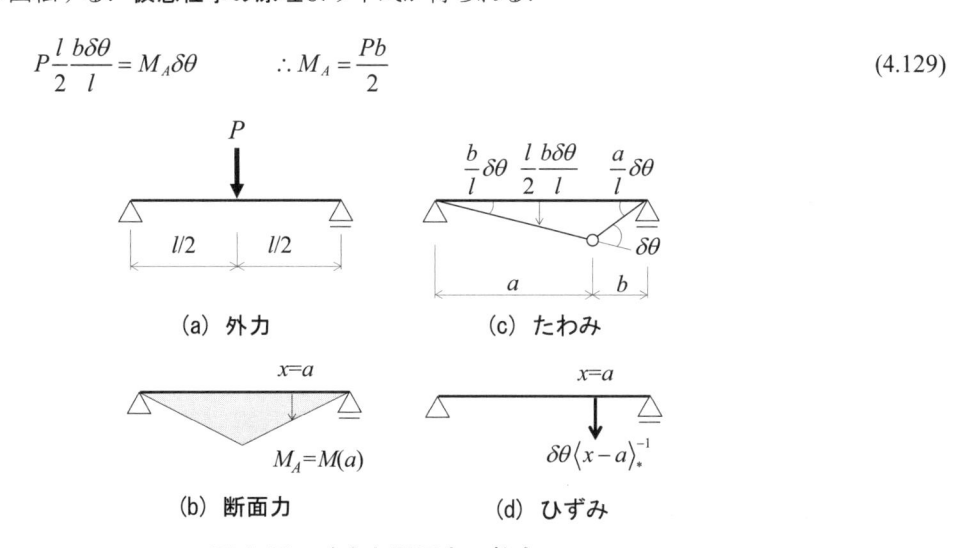

(a) 外力

(c) たわみ

(b) 断面力

(d) ひずみ

図 4.24 外力と断面力の釣合い

b) **外力と曲げモーメントの関係**

図 4.25 の固定梁の固定端 A 点，B 点，荷重点 C 点それぞれの曲げモーメントM_A，M_B，M_Cと外力Pの関係を算定する．A 点，B 点，荷重点 C 点それぞれの回転角を$\delta\theta_A$，$\delta\theta_B$，$\delta\theta_C$とすると下式の関係がある．

$$\left.\begin{array}{l}\delta\theta_c = \delta\theta_A + \delta\theta_B \\[2mm] \delta\theta_B = \dfrac{a}{b}\delta\theta_A\end{array}\right\} \tag{4.130}$$

仮想仕事の原理より下式が得られる．

$$Pa\delta\theta_A = M_A\delta\theta_A + M_C\delta\theta_C + M_B\delta\theta_B \tag{4.131}$$

適合条件式(4.130)を代入すると下式が得られる．

$$Pa\delta\theta_A = M_A\delta\theta_A + M_C\frac{l}{b}\delta\theta_A + M_B\frac{a}{b}\delta\theta_A \tag{4.132}$$

したがって下式が得られる.

$$Pab = M_Ab + M_Cl + M_Ba \tag{4.133}$$

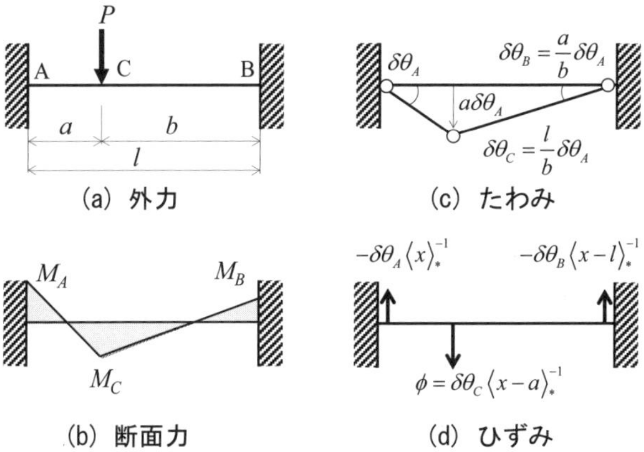

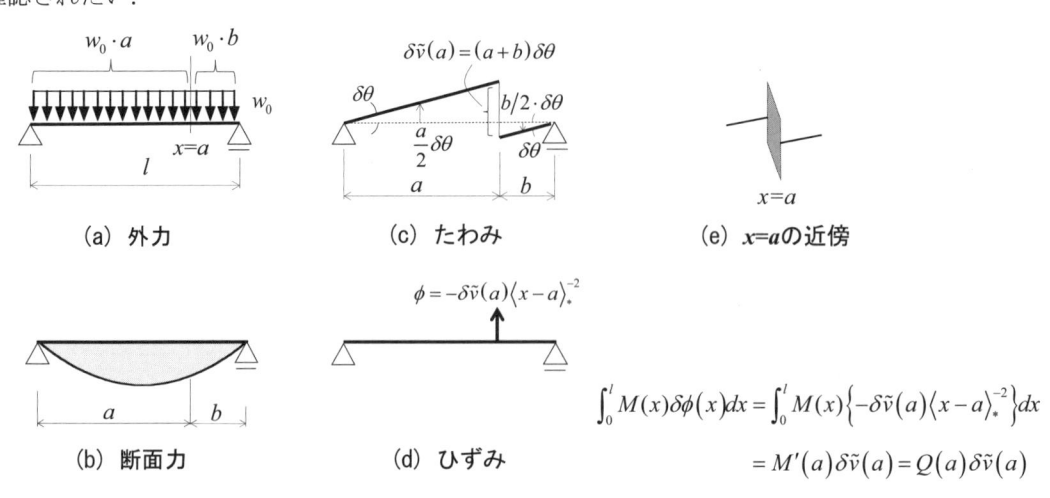

図 4.25　外力と断面力の釣合い

外力 P と断面力 M_A, M_B, M_C の関係が得られた. 第 3 章の例 3.14 で示した図 3.31(d)に示す曲げモーメントが式(4.133)を満足していることを確認されたい.

c)　外力とせん断力の関係

　次に図 4.26(a)に示す等分布荷重 w_0 が作用する単純梁の $x=a$ でのせん断力 $Q(a)$ を算定する. 図 4.26(c)の**仮想変位**を考える. この変位は $x=a$ の点で $\delta\tilde{v}(a)$ の**不連続**がある. $\delta\tilde{v}(a)$ は変位ではないことに注意されたい. また, この仮想変位は曲率 $\delta\phi = -\delta\tilde{v}(a)\langle x-a\rangle_*^{-2}$ により与えられることを確認されたい.

$$\int_0^l M(x)\delta\phi(x)dx = \int_0^l M(x)\left\{-\delta\tilde{v}(a)\langle x-a\rangle_*^{-2}\right\}dx$$
$$= M'(a)\delta\tilde{v}(a) = Q(a)\delta\tilde{v}(a)$$

図 4.26　外力と断面力の釣合い

　この仮想変位は，梁は直線でまた，$x=a$ の点より左部分の右端の回転角と右部分の左端の回転角は等しいため曲げモーメントは仕事をしない．断面力のなす仕事は，この点のせん断力 $Q(a)$ に不連続の変位 $\delta\tilde{v}(a)$ を乗じたものとなる（参考 3.28 参照）．なお，仮想変位で $x<a$ で梁は右上がりとしているのは，せん断力 $Q(a)$ が正のときに生じる変形としたためである．すなわち $x=a$ の右側が下がり，左側が上がる変形としたためである（図(e)参照）．

　仮想仕事の原理より下式が得られる．

$$-w_0 a\frac{a}{2}\delta\theta + w_0 b\frac{b}{2}\delta\theta = Q(a)\cdot\delta\tilde{v}(a) = Q(a)\cdot(a+b)\delta\theta = Q(a)l\delta\theta \tag{4.134}$$

したがって下式が得られる．

$$Q(a) = \frac{w_0}{2}(b-a) \tag{4.135}$$

> **参考 4.13　梁の一般的な仮想仕事式**
>
> 　参考 4.3 で述べた材間の集中荷重やモーメント荷重に加えて，折れたり千切れたりする場合を含めた**仮想仕事式**は下式となる．
>
> $$Q_A^* \cdot\delta v_A + M_A^*\cdot\delta\theta_A + Q_B^*\cdot\delta v_B + M_B^*\cdot\delta\theta_B + \sum_{i=1}P_i^*\delta v(x_i) + \sum_{i=1}M_i^*\delta v'(x_i) + \int_0^l w^*(x)\delta v(x)dx$$
> $$= \int_0^l M^*(x)\delta\phi(x)dx + \sum_{j=1}Q_j^*(x_j)\delta\tilde{v}(x_j) + \sum_{j=1}M_j^*(x_j)\delta\tilde{v}'(x_j)$$
>
> 　左辺の総和記号のある項は x_i 点にある集中荷重 P_i^* やモーメント荷重 M_i^* がなす仮想仕事である．右辺の総和記号のある項は，x_j 点の断面力（せん断力 $Q_j^*(x_j)$ や曲げモーメント $M_j^*(x_j)$）のなす仮想仕事であり，$\delta\tilde{v}(x_j)$，$\delta\tilde{v}'(x_j)$ は x_j 点の変位やたわみ角の不連続量である．

【例 4.20　釣合った骨組の各点の曲げモーメントの関係】

　図 4.27 に 2 本の**剛棒**を 0 点，2 点で，**回転ばね**で繋いだ構造を示す．力の釣合い式を，仮想仕事の原理を用いて誘導する．仮想変位は 0 点と 2 点で折れ曲がるがその他の点は変形しないとしたものであり，折れ曲がった点だけで内力は仕事をする．
図 4.27 より外力のなす仮想仕事は下式となる．

$$P\delta v_1 \tag{4.136}$$

内力のなす仮想仕事は下式となる．

$$M_0\delta\theta + M_2\cdot 3\delta\theta \tag{4.137}$$

適合系の変位と回転角には下式の関係がある．

$$l\delta\theta = \delta v_1 \tag{4.138}$$

上式を用いて，**外力のなす仮想仕事**と**内力のなす仮想仕事**を等値すると下式が得られる．

$$P\delta v_1 = Pl\delta\theta = M_0\delta\theta + M_2 3\delta\theta \tag{4.139}$$

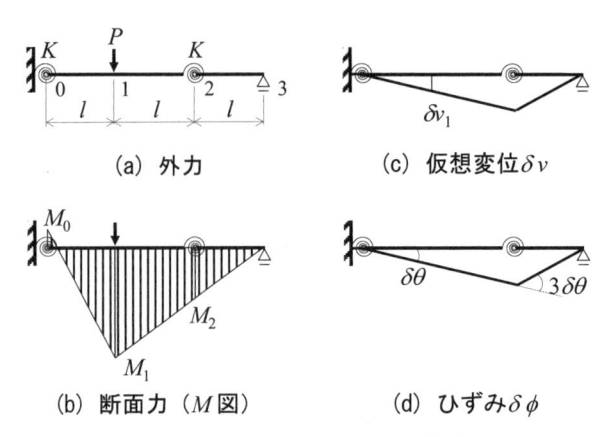

(a) 外力　　　　　　　　(c) 仮想変位 δv

(b) 断面力（M図）　　　　　(d) ひずみ $\delta\phi$

図 4.27　外力と断面力の釣合い

すなわち，下式が得られる.

$$Pl = M_0 + 3M_2 \tag{4.140}$$

参考 4.14　内力のなす仮想仕事の正負について

　図 4.27 について内力のなす仮想仕事は，0 点において曲げモーメントは上側引張りであり，**曲率（回転角）** も釣合系の曲げモーメントに対応する方向に回転している，また 2 点では下側が引張りの釣合系の曲げモーメントに対して，対応する方向に折れ曲がっている．したがって，この場合どちらの点においても式(4.139)の右辺のように内力のなす仮想仕事は正の値をとる．

【例 4.21　長方形骨組の層方程式】

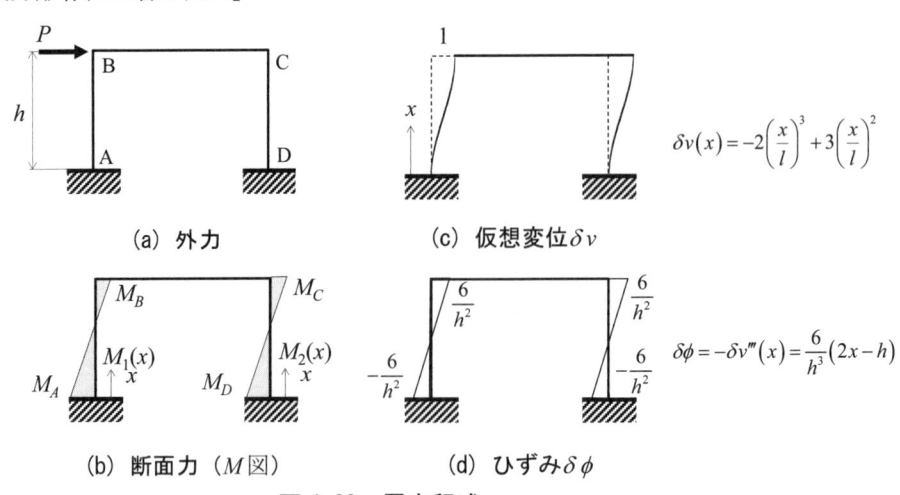

(a) 外力　　　　　　　(c) 仮想変位 δv

$$\delta v(x) = -2\left(\frac{x}{l}\right)^3 + 3\left(\frac{x}{l}\right)^2$$

(b) 断面力（M図）　　　　　(d) ひずみ $\delta\phi$

$$\delta\phi = -\delta v'''(x) = \frac{6}{h^3}(2x - h)$$

図 4.28　層方程式

　柱頭に水平力 P が作用する門形骨組の**層方程式**を求める．例 4.5 において，適合系を与えた場合としてすでに水平力 P と柱頭，柱脚の曲げモーメントの関係は算出した．

　図4.28(a)を外力，(b)を柱の曲げモーメント図とする**釣合系**に対して，(c)図の**仮想変位**，(d)図のひずみ（回転角）の**適合系**に対して**仮想仕事式**を記述する.

　左右の柱の曲げモーメント，それぞれ M_1, M_2 は下式となる.

$$\left.\begin{aligned} M_1(x) &= -M_A + \left(M_A + M_B\right)\frac{x}{h} \\ M_2(x) &= -M_D + \left(M_C + M_D\right)\frac{x}{h} \end{aligned}\right\} \tag{4.141}$$

仮想変位は柱だけが変形し，左右どちらの柱も柱頭，柱脚でたわみ角が0である下式で与える（例4.10参照）. すなわち，梁は変形しない. 柱頭の変位が1であるため，**単位仮想変位法**と考えても良い.

$$\delta v(x) = -2\left(\frac{x}{h}\right)^3 + 3\left(\frac{x}{h}\right)^2 \tag{4.142}$$

対応する曲率は下式となる.

$$\delta\phi = -\delta v''(x) = \frac{6}{h^3}(2x - h) \tag{4.143}$$

柱頭の変位が1であることに注意すると，**仮想仕事式**は下式となる.

$$P \cdot 1 = \int_0^h M_1 \cdot \delta\phi\, dx + \int_0^h M_2 \cdot \delta\phi\, dx = \frac{1}{h}\left(M_A + M_B + M_C + M_D\right) \tag{4.144}$$

式(4.42)と同じ式が得られた.

　上式は**たわみ角法**などで用いられる**層方程式**である. ただし，図4.28(b)の曲げモーメントはたわみ角の正の方向（部材端で時計回りを正）と逆なので，その点は考慮する必要がある.

【例4.22　台形骨組の層方程式】

　図4.29に示す**台形骨組**があり，水平力 P が作用して，曲げモーメント図が図4.29(b)に示すようになっているとする. 曲げモーメントは材端でたわみ角法基本式において正となる，すなわち，時計回りの曲げモーメントを考えている. たわみ角法で必要な**層方程式**は**仮想仕事の原理**より求めることができる. たわみ角法において，未知数は節点回転角と部材角である. したがって，**仮想変位**としては，ヒンジの回転角が部材角と等しくなるようなものを仮定すると，都合が良い. すなわち，部材角とヒンジの回転角が同じとなる図4.29(c), (d)に示す6つの点のヒンジが回転して動く**適合系**を考える. この適合系はB, C点において節点は回転せず，節点の両隣にヒンジを作っている. この仮想変位においてヒンジの回転角は部材角に等しい. すなわち，AB部材の部材角 R_1 とAB部材の両端のヒンジの回転角は同じとなる. 他の部材でも同様に部材角と両端のヒンジの回転角は等しい.

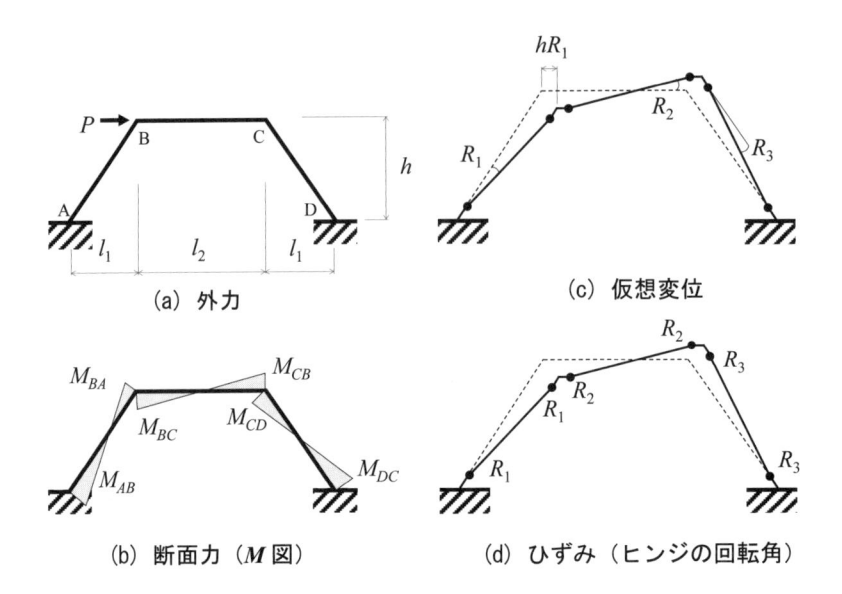

(a) 外力

(c) 仮想変位

(b) 断面力（**M** 図）

(d) ひずみ（ヒンジの回転角）

図 4.29　台形骨組の層方程式

外力のなす仮想仕事は下式となる．

$$外力のなす仮想仕事 = PhR_1 \tag{4.145}$$

内力のなす仮想仕事は，曲げモーメントとヒンジの回転角が逆方向であることに留意すると下式となる．

$$内力のなす仮想仕事 =$$

$$= \left(-M_{AB}R_1 - M_{BA}R_1\right) + \left(-M_{BC}R_2 - M_{CB}R_2\right) + \left(-M_{CD}R_3 - M_{DC}R_3\right)$$
$$= -\left(M_{AB} + M_{BA}\right)R_1 - \left(M_{BC} + M_{CB}\right)R_2 - \left(M_{CD} + M_{DC}\right)R_3 \tag{4.146}$$

部材角相互の関係は下式で与えられる．

$$R_1 = R_3, \quad R_2 = -\frac{2l_1}{l_2}R_1 \tag{4.147}$$

したがって，内力のなす仮想仕事は下式となる．

$$-\left(M_{AB} + M_{BA}\right)R_1 - \left(M_{BC} + M_{CB}\right)R_2 - \left(M_{CD} + M_{DC}\right)R_3$$
$$= -\left(M_{AB} + M_{BA}\right)R_1 - \left(M_{BC} + M_{CB}\right)\left(-\frac{2l_1}{l_2}R_1\right) - \left(M_{CD} + M_{DC}\right)R_1 \tag{4.148}$$

内力のなす仮想仕事と外力のなす仮想仕事を等値することにより，下式が得られる．

$$M_{AB} + M_{BA} + \left(M_{BC} + M_{CB}\right)\left(-\frac{2l_1}{l_2}\right) + M_{CD} + M_{DC} + Ph = 0 \tag{4.149}$$

上式がたわみ角法で用いる層方程式である．

【例 4.23　座屈の問題 1】

　図 4.30 に示す長さの同じ 2 本の**剛棒**が**回転ばね**で繋がれている構造に圧縮力 P が作用し，**座屈**して曲がったときの**仮想仕事式**を記述する．**釣合系**の中央の曲げモーメントを M_c とする．釣合系の外力と内力が**適合系**の仮想変位，仮想変位に対応するひずみに対してなす外力のなす仮想仕事と内力のなす仕事を等値すると下式となる．

$$P\delta\Delta = M_c \cdot 2\delta\theta \tag{4.150}$$

適合系では下式の関係がある．

$$\delta\Delta = l\theta\delta\theta \tag{4.151}$$

上式を式(4.150)に代入すると下式が得られる．

$$P\delta\Delta = Pl\theta\delta\theta = M_c 2\delta\theta \qquad \therefore Pl\theta = 2M_c \tag{4.152}$$

　仮想仕事の原理より，外力 P と断面力 M_c の関係が得られた．

　ここで示したように変形後の釣合い式を考える場合には変形した状態からさらに仮想変位を与える必要がある．

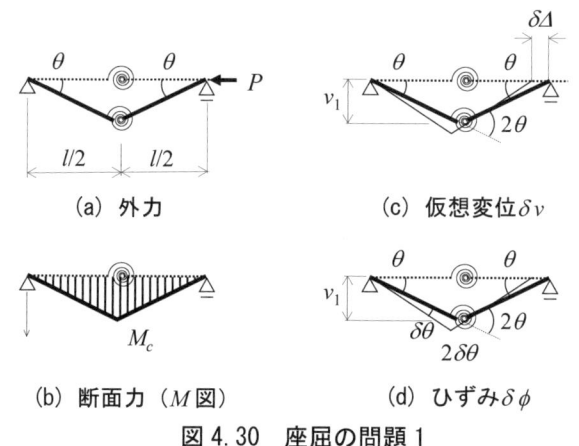

図 4.30　座屈の問題 1

下式のばねの回転角とモーメントの関係を用いると，**座屈荷重**が式(4.154)のように算定できる．なお，K はばね定数である．

$$M_c = K \cdot 2\theta \tag{4.153}$$

$$Pl\theta = 2M_c = 4K\theta \qquad \therefore P = \frac{4K}{l} \tag{4.154}$$

参考 4.15　棒が回転することにより生じる軸方向変位
　長さ l の棒が θ だけ回転すると**軸方向変位**は下式となる．

$$l(1-\cos\theta) \approx l\left\{1-\left(1-\frac{\theta^2}{2}\right)\right\} = \frac{l\theta^2}{2}$$

この状態からさらに $\Delta\theta$ だけ回転すると軸方向変位の**増分**は下式となる．

$$\frac{l(\theta+\Delta\theta)^2}{2} - \frac{l\theta^2}{2} = l\theta\Delta\theta - \frac{l(\Delta\theta)^2}{2}$$

微分は下式となる．この微分を式(4.151)では用いた．

$$d\left(\frac{l\theta^2}{2}\right) = l\theta d\theta$$

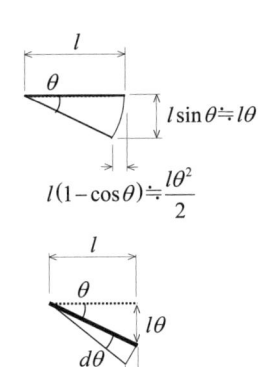

【例 4.24 座屈の問題 2】

図 4.31 の座屈した柱の**仮想仕事式**を記述する．図(c)の右端の荷重点は**仮想変位**により下式だけ変位する．これは参考 4.15 において，$l \to dx$，$d\theta \to \delta\theta$ として，材長にわたって加えたものと考えれば良い．

$$\delta\Delta = \int_0^l \theta\delta\theta dx \tag{4.155}$$

$\theta \approx \tan\theta = v'$ なので，**外力のなす仮想仕事**は下式となる．

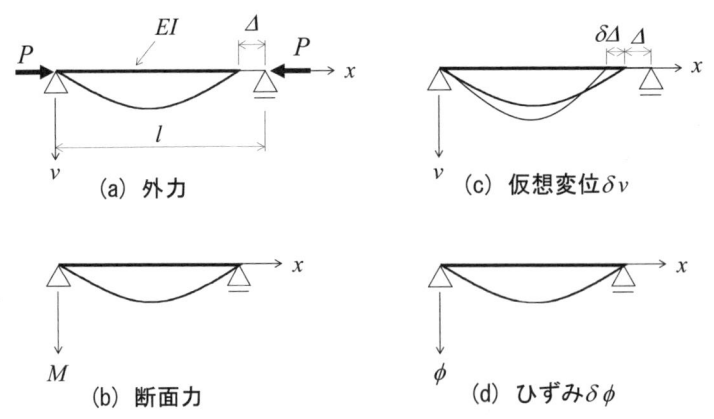

図 4.31　座屈の問題 2

$$P\int_0^l v'\delta v'dx \tag{4.156}$$

仮想仕事式は下式となる．

$$P\int_0^l v'\delta v'dx = \int_0^l M\delta\phi dx \tag{4.157}$$

上式の左辺を部分積分すると下式となる．

$$P\int_0^l v'\delta v'dx = \left[Pv'\delta v\right]_0^l - P\int_0^l v''\delta vdx \tag{4.158}$$

式(4.157)の右辺は，**ひずみ－変位関係**を用い，部分積分すると下式となる．

$$\int_0^l M\delta\phi dx = -\int_0^l M\delta v''dx = \left[-M\delta v'\right]_0^l + \left[M'\delta v\right]_0^l - \int_0^l M''\delta vdx \tag{4.159}$$

したがって下式が得られる．

$$\left[-M\delta v'\right]_0^l + \left[\left(M'-Pv'\right)\delta v\right]_0^l + \int_0^l\left(-M''+Pv''\right)\delta vdx = 0 \tag{4.160}$$

仮想変位は**幾何学的境界条件**を満足するので，$\delta v(0)= \delta v(l)=0$ に注意すると下式が得られる．

$$-M'' + Pv'' = 0 \tag{4.161}$$

$$M(0) = M(l) = 0 \tag{4.162}$$

式(4.161)は，外力と断面力の**釣合い式**であり，式(4.162)は**力学的境界条件**である．

断面力 M とひずみ ϕ の関係，ひずみ ϕ と変位 v の関係を用いて，$M = EI\phi = -EIv''$ を式(4.161)に代入すると下式が得られる．

$$EIv^{\mathrm{IV}} + Pv'' = 0 \tag{4.163}$$

上式と幾何学的境界条件 $v(0)=v(l)=0$，式(4.162)の力学的境界条件をたわみで表現した $v''(0)=v''(l)=0$ を用いれば座屈荷重を算定できる．第3章例3.6で座屈荷重と座屈モードの算定を行ったので，参照されたい．

参考 4.16　仮想仕事の原理は釣合い式

　仮想仕事の原理は断面力－ひずみ関係（応力－ひずみ関係）に関係なく成立する．すなわち，式(4.161)はどのような材料でできた梁においても，外力 P と断面力 M の**釣合い式**として成立する．断面力－ひずみ関係を用いると式(4.163)のたわみで表現した釣合い式が得られる．

4.3.4 仮想仕事の原理の有用性

　仮想仕事の原理の本質的な有用性は，一般的な3次元の仮想仕事の原理を表す式において，**変位場を仮定**し，次に変位場より適合するひずみを計算し，仮想仕事式に代入するだけで**釣合い式**と**力学的境界条件**が得られることである．

　下式に弾性論における仮想仕事の原理を示す．

$$\iiint_V \left(\sigma_x\delta\varepsilon_x + \sigma_y\delta\varepsilon_y + \tau_{yz}\delta\gamma_{yz} + \tau_{zx}\delta\gamma_{zx} + \tau_{xy}\delta\gamma_{xy}\right)dV = \iint_{S_\sigma}\left(X_\nu\delta u + Y_\nu\delta v + Z_\nu\delta w\right)dS \tag{4.164}$$

　仮想仕事の原理は，**幾何学的境界条件**を満足するので，幾何学的境界の S_u 上での積分は 0 となる．また，**体積力**（X, Y, Z）がないものとしている（参考3.9参照）．

本書の梁で考えている応力は式(4.164)でσ_xのみである．また梁の**変位場**は，下式で与えられる．

$$u = -y \cdot v' \tag{4.165}$$

したがって，仮想変位および仮想変位に対応するひずみは下式となる．

$$\left. \begin{array}{l} \delta u = -y \cdot \delta v' \\ \delta \varepsilon \equiv \delta \varepsilon_x = \delta \left(\dfrac{\partial u}{\partial x} \right) = \dfrac{\partial \delta u}{\partial x} = -y \cdot \delta v'' \end{array} \right\} \tag{4.166}$$

したがって，式(4.164)の左辺は下式となる．

$$\iiint_V \sigma_x \delta \varepsilon_x dV = \iiint_V \sigma_x \cdot (-y \cdot \delta v'') dV = \int_l \left(\int_A \sigma_x \cdot y dA \right)(-\delta v'') dx = -\int_l M(x) \delta v'' dx \tag{4.167}$$

式 (4.164)の右辺は，表面力のなす仮想仕事であり，例えば図 4.21 の梁に対しては，下式となる．

$$\iint_{S_\sigma} \left(X_\nu \delta u + Y_\nu \delta v + Z_\nu \delta w \right) dS = M_1 \delta \theta(l) + \int_0^l w(x) \delta v(x) dx \tag{4.168}$$

したがって，下式が得られる．

$$M_1 \delta \theta(l) + \int_0^l w(x) \delta v(x) dx = -\int_0^l M(x) \delta v'' dx \tag{4.169}$$

上式は本質的に式(4.117)と同じである．したがって，式(4.121)，(4.122)で見たように，力の**釣合い微分方程式**と，**力学的境界条件**が算定できる．同じようなやり方で，梁以外においても変位場を仮定することにより釣合い式と力学的境界条件が得られる．すなわち，3 章で示した図 3.6 のような微小部分図を描くことなく，演算だけで力の釣合い式が求まる．また，式(4.167)でわかるように，変位場に応じて断面力も自動的に定義できる．平板や，曲げと振りを受ける梁の釣合い式を導出するための非常に有力な道具として，仮想仕事の原理は役に立つ．

4.4 最小ポテンシャルエネルギの原理

全ポテンシャルエネルギΠを最小とする変位が正解の変位であることを主張する原理であり，仮想仕事の原理より誘導できる．4.3 節で示したように，**仮想仕事の原理**は釣合った系に対して**幾何学的境界条件**を満足する**仮想変位**をさせると**外力のなす仮想仕事**と**内力のなす仮想仕事**は等しいという原理であった．

全ポテンシャルエネルギΠは，ある系において外力が作用し，変形したときその系に蓄えられる**ひずみエネルギ**Uと**外力のポテンシャルエネルギ**Vを加えたものと定義できる．すなわち，全ポテンシャルエネルギは下式となる．ここに，$\overline{P_i}$，$\overline{M_i}$，$\overline{w(x)}$ は与えられた荷重であることを示すため上付き横棒を付けている．

$$\Pi = U + V = U - \sum_{i=1}^{j} \overline{P_i} v_i - \sum_{i=1}^{k} \overline{M_i} \theta_i - \int_0^l \overline{w}(x) v(x) dx \qquad (4.170)$$

最小ポテンシャルエネルギの原理は，全ポテンシャルエネルギ Π を最小とする変位 $v(x)$ が正解値を与えることを主張する．この問題は数学的には**変分法**と呼ばれ，数学者オイラーなどにより発展した．自然現象においては，変分法に帰着する**最小原理**が数多く存在する．変分法については 4.5 節で解説を行う．

4.4.1 ひずみエネルギ U

3.9 節で**ひずみエネルギ関数**（単位体積あたりのエネルギ，ひずみエネルギ密度関数とも呼ばれる）を下式で定義した．σ は応力，ε はひずみである．下式はひずみで微分すると応力となることを表しており（**微分積分学の基本定理**），このような意味でひずみエネルギを定義したこととなる．あるいは応力－ひずみ関係が ε 軸と囲む面積と考えても良い．

$$A(\varepsilon) = \int_0^\varepsilon \sigma d\varepsilon \qquad \text{再掲(3.168)}$$

曲げ材について式(3.168)は，応力－ひずみ関係 $\sigma = E\varepsilon$ およびひずみが $\varepsilon = y\phi$ となることより下式となることを示した．

$$A = \int_0^\varepsilon \sigma d\varepsilon = \int_0^\varepsilon E\varepsilon d\varepsilon = \frac{E\varepsilon^2}{2} = \frac{Ey^2\phi^2}{2} \qquad \text{再掲(3.169)}$$

上式右辺の ϕ は**曲率**であり**梁理論**において**ひずみ**と考えてよく，式(3.169)の A はひずみの関数となっていることに注意が必要である．

式(3.169)は単位体積当りのひずみエネルギであるので，全体積にわたり積分すればひずみエネルギが算定できた．はり材の材長方向に x 軸を取り，断面の主軸を y, z とするとひずみエネルギは下式となることを 3 章で示した．

$$U = \int_V A dV = \int_V \frac{Ey^2\phi^2}{2} dV = \int_l \int_A \frac{Ey^2\phi^2}{2} dA dx = \int_l \frac{EI\phi^2}{2} dx \quad \left(\because \int y^2 dA \equiv I \right) \qquad \text{再掲(3.171)}$$

上式の I は断面 2 次モーメントである．上式のひずみエネルギはひずみ（曲率：梁の場合のひずみ）ϕ を引数としていることに注意が必要である．

上記は曲げによるひずみエネルギを示したが，補剛材（ばね）があれば補剛材が蓄えるひずみエネルギ，**曲げねじれ座屈**（横座屈）を考える場合にはサンブナンのねじれによるひずみエネルギ，そりによるひずみエネルギを考慮する必要がある．

4.4.2 外力のポテンシャルエネルギ V

外力のポテンシャルエネルギは「－外力×外力の作用点の作用方向の変位」として定義される．この外力は**死荷重**であって，後に示す**変分**の間その大きさも方向も変化しない**保存力**であるとする．

たとえば $x=l$ に，集中荷重 P が作用し，その点の荷重方向の変位が $v(l)$ とすると，外力のポテンシャルエネルギは下式となる．

$$V = -Pv(l) \tag{4.171}$$

また，たとえば材長 l の梁に分布荷重 $w(x)$ が作用するときの外力のポテンシャルエネルギは下式となる．

$$V = -\int_0^l w(x)v(x)dx \tag{4.172}$$

モーメント荷重が作用する場合も同様に外力のポテンシャルエネルギを算定できる．

4.4.3 全ポテンシャルエネルギ Π

式(4.170)で示したように，**ひずみエネルギ** U **と外力のポテンシャルエネルギ** V **を加えると全ポテンシャルエネルギ Π** が得られる．

$$\Pi = U + V \tag{4.173}$$

4.4.4 最小ポテンシャルエネルギの原理

まず，具体例で説明する．図 4.32 に示すように材長 l の単純ばりに分布荷重 $w(x)$ が作用している場合を考える．この場合の**全ポテンシャルエネルギ Π** は下式となる．

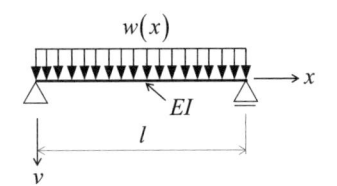

図 4.32　分布荷重が作用する単純梁

$$\Pi\left[v(x)\right] = U + V = \int_0^l \frac{EIv''(x)^2}{2}dx - \int_0^l w(x)v(x)dx \tag{4.174}$$

上式の右辺の第 1 項は，曲率 ϕ を変位（たわみ）v で表現していることに注意すること．すなわちひずみと変位の関係を用いて全ポテンシャルエネルギを変位（たわみ）で表現している．また上式の左辺の $\Pi[v(x)]$ は，関数 $v(x)$ の関数であることを示している（通常の関数は $f(x)$ と表記するが，$\Pi[v]$ と「[ ]」を用いる）．全ポテンシャルエネルギ Π は関数 $v(x)$ の関数であるので，関数の関数ということで，**汎関数**(functional)と呼ばれる．最小ポテンシャルエネルギの原理は，上記問題において，式(4.174)の全ポテンシャルエネルギを最小とする変位 $v(x)$ が正解値を与えることを主張する．

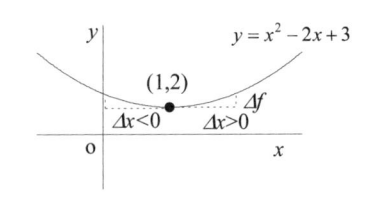

図 4.33　関数 y の極値

式(4.174)を最小とする問題を考える前に，通常の関数の極値の問題を考えよう．たとえば図4.33の関数 $y = x^2 - 2x + 3$ を考える．極値を取る点は微分して $y' = 2x - 2 = 0$ として，$x = 1$ で極値をとることがわかる．これを別の方法で考えると，x で極値をとるとして，x より少し離れた $x + \Delta x$ の値との差 Δf を考える．

$$\Delta f = f(x + \Delta x) - f(x) = \left\{ (x + \Delta x)^2 - 2(x + \Delta x) + 3 \right\} - (x^2 - 2x + 3)$$
$$= 2x\Delta x - 2\Delta x + (\Delta x)^2 = (2x - 2)\Delta x + (\Delta x)^2 \tag{4.175}$$

上式は Δx と $(\Delta x)^2$ の項に分けて記している．極値をとる点近傍の十分小さな Δx を考えると，$(\Delta x)^2$ の項は十分に1より小さく，また極値をとることより式(4.175)は0となる．すなわち，下式が得られる．

$$\Delta f = (2x - 2)\Delta x = 0 \tag{4.176}$$

したがって，$2x - 2 = 0$ の点，$x = 1$ において極値をとる．

以下に同様なことを式(4.174)に対して行う．**幾何学的境界条件**を満足する関数を $\delta v(x)$，正解を $v(x)$ として，正解より少し離れた関数 $v(x) + \delta v(x)$ に対応する全ポテンシャルエネルギ $\Pi[v(x) + \delta v(x)]$ と正解 $v(x)$ に対応する全ポテンシャルエネルギ $\Pi[v(x)]$ の差をとる．

$$\Delta \Pi \equiv \Pi\left[v(x) + \delta v(x) \right] - \Pi\left[v(x) \right]$$
$$= \left\{ \int_0^l \frac{EI\left\{ v(x) + \delta v(x) \right\}''^2}{2}dx - \int_0^l w(x)\left\{ v(x) + \delta v(x) \right\}dx \right\} - \left\{ \int_0^l \frac{EIv''(x)^2}{2}dx - \int_0^l w(x)v(x)dx \right\}$$
$$= \left\{ \int_0^l \frac{EI\left\{ v''(x)^2 + 2v''(x)\delta v''(x) + \delta v''(x)^2 \right\}}{2}dx - \int_0^l w(x)\left\{ v(x) + \delta v(x) \right\}dx \right\}$$
$$- \left\{ \int_0^l \frac{EIv''(x)^2}{2}dx - \int_0^l w(x)v(x)dx \right\}$$
$$= \left\{ \int_0^l EIv''(x)\delta v''(x)dx - \int_0^l w(x)\delta v(x)dx \right\} + \int_0^l \frac{EI\delta v''(x)^2}{2}dx$$
$$\equiv \delta \Pi + \delta^2 \Pi \tag{4.177}$$

上式の最終式の $\delta \Pi$，$\delta^2 \Pi$ はそれぞれ**第1変分**，**第2変分**と呼ばれる．それぞれ δv と δv の2乗の項を集めたものである．$\delta \Pi$ は「内力のなす仮想仕事－外力のなす仮想仕事」を表しており，**仮想仕事の原理**より0となる．すなわち，釣合い状態にあれば第1変分が0となる．すなわち，

$$\delta \Pi = 0 \tag{4.178}$$

上式より，式(4.177)は下式となる．

$$\Delta \Pi = \delta^2 \Pi = \int_0^l \frac{EI\delta v''(x)^2}{2}dx \geq 0 \tag{4.179}$$

$$\therefore \Pi\left[v + \delta v \right] \geq \Pi\left[v \right] \tag{4.180}$$

上式より正解の場合$\varPi$は最小値となることがわかる．式(4.178)をきちんと表現すると下式となる．

$$\delta\varPi \ = \int_0^l EIv''(x)\delta v''(x)dx - \int_0^l w(x)\delta v(x)dx = 0 \tag{4.181}$$

上式の中辺の第1項を2回部分積分して，この式がたわみで表した力の釣合い式および力学的境界条件を表現していることを以下に示す．

$$
\begin{aligned}
\int_0^l & EIv''(x)\delta v''(x)dx - \int_0^l w(x)\delta v(x)dx \\
&= \Big[EIv''(x)\delta v'(x)\Big]_0^l - \int_0^l EIv'''(x)\delta v'(x)dx - \int_0^l w(x)\delta v(x)dx \\
&= \Big[EIv''(x)\delta v'(x)\Big]_0^l - \Big[EIv'''(x)\delta v(x)\Big]_0^l + \int_0^l EIv^{IV}(x)\delta v(x)dx - \int_0^l w(x)\delta v(x)dx \\
&= \Big[EIv''(x)\delta v'(x)\Big]_0^l - \Big[EIv'''(x)\delta v(x)\Big]_0^l + \int_0^l \big(EIv^{IV}(x)-w(x)\big)\delta v(x)dx \\
&= 0
\end{aligned} \tag{4.182}
$$

上式において，δvは**幾何学的境界条件**を満足するように選ぶことが必要である．すなわち，$\delta v(0)= \delta v(l)=0$．この条件のみ満足し他はなんらの拘束もない$\delta v$に対して，常に式(4.182)が成立するためには下式が必要である．

$$
\left.
\begin{aligned}
EIv^{IV}(x)-w(x) &= 0 \\
EIv''(0) &= 0 \\
EIv''(l) &= 0
\end{aligned}
\right\} \tag{4.183}
$$

上式の第1式は力の**釣合い微分方程式**である．上式の2式，3式は，$\cdot M(x) = -EIv''(x)$であるから，$x=0$，lで外力のモーメントが作用していないという**力学的境界条件**を表している．このように**最小ポテンシャルエネルギの原理**より変位で表した**釣合い微分方程式**と**力学的境界条件**が求まる．

境界条件を用いて釣合い微分方程式の4つの積分定数を算定すれば，たわみv，たわみ角v'が下式のように求まる（第3章例3.4参照）．

$$
\left.
\begin{aligned}
v &= \frac{w_0 l^4}{24EI}\left\{\left(\frac{x}{l}\right)^4 - 2\left(\frac{x}{l}\right)^3 + \frac{x}{l}\right\} \\
v' &= \frac{w_0 l^3}{24EI}\left\{4\left(\frac{x}{l}\right)^3 - 6\left(\frac{x}{l}\right)^2 + 1\right\}
\end{aligned}
\right\} \qquad \text{再掲}(3.108)
$$

次に，より一般的な場合を考えてみる．図4.34に示す梁は全領域にわたり外力が与えられているものとする．全ポテンシャルエネルギは下式であらわせる．

$$\varPi = \int_0^l \frac{EIv''^2}{2}dx - \int_0^l wvdx - M_A \cdot v'(0) - M_B \cdot v'(l) - Q_A \cdot v(0) - Q_B \cdot v(l) \tag{4.184}$$

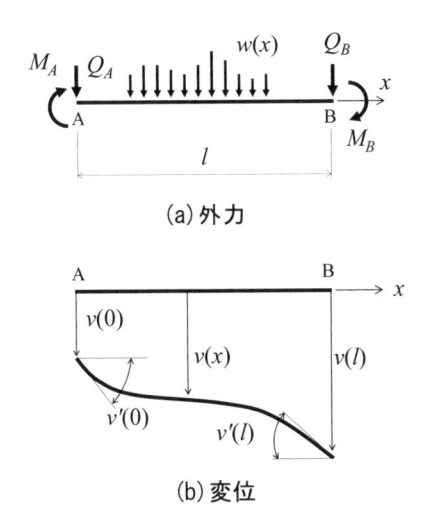

図 4.34　外力と変位

第 1 変分を計算すると下式が得られる．最小ポテンシャルエネルギの原理では，変分は変位 v に対してとることに留意されたい．

$$\delta\Pi = \int_0^l EIv''\delta v''dx - \int_0^l w\delta vdx - M_A\cdot\delta v'(0) - M_B\cdot\delta v'(l) - Q_A\cdot\delta v(0) - Q_B\cdot\delta v(l) \tag{4.185}$$

上式右辺の第 1 項を部分積分して $\delta\Pi=0$ とすると下式が得られる．

$$\delta\Pi = \int_0^l \left(EIv^{\text{IV}}-w\right)\delta vdx + \left(-EIv''(0)-M_A\right)\delta v'(0) + \left(EIv''(l)-M_B\right)\delta v'(l)$$
$$-\left(-EIv'''(0)+Q_A\right)\delta v(0) - \left(EIv'''(l)+Q_B\right)\delta v(l) \tag{4.186}$$
$$= 0$$

任意のたわみおよびたわみ角に関して第 1 変分が 0 となることより，下式が得られる．

$$\left.\begin{aligned}
EIv^{\text{IV}} &= w(x)\\
-EIv''(0) &= M_A\\
-EIv''(l) &= -M_B\\
-EIv'''(0) &= -Q_A\\
-EIv'''(l) &= Q_B
\end{aligned}\right\} \tag{4.187}$$

式(4.187)の最初の式は，たわみで表した**釣合い微分方程式**であり，残りの 4 式はたわみで表した**力学的境界条件**である．すなわち，全ポテンシャルエネルギを記述し，最小化を行うことにより，釣合い微分方程式および力学的境界条件が得られる．

　上記の説明は全領域で外力が与えられているとしたが，そうで無い場合は，その点では一般に変位が与えられており，**幾何学的境界条件**を形作る．その場合は，式(4.185), (4.186)の δ が付く部分が 0 とならなければならない．変分 δv, $\delta v'$ は幾何学的境界条件を満足する必要があるためで

ある.

参考 4.17　最小ポテンシャルエネルギの原理

　最小ポテンシャルエネルギの原理は下図のように説明される. すなわち, 断面力とひずみの関係, 外力と変位を用いてひずみエネルギと外力のポテンシャルを算定する. つづいて, ひずみ－変位関係を用いて, 全ポテンシャルエネルギを変位で表現する. このようにして求めた全ポテンシャルエネルギを最小にすれば変位であらわした**釣合い式**と**力学的境界条件**が得られる.

最小ポテンシャルエネルギの原理

$\delta \Pi [v(x)] = 0$ 　　変位で表した釣合い式　　　変位 v

外力
断面力－ひずみ関係

最小ポテンシャルエネルギの原理

$\Pi [v(x)] = U [v(x)] + V [v(x)]$ ←　ひずみエネルギ $U [\phi (x)]$
外力ポテンシャル $V [v(x)]$

ひずみ ϕ － 変位 v 関係

参考 4.18　重ね合わせの原理

　線形弾性体と**微小変形**の仮定が成り立つ場合には, **重ね合わせの原理**が成立する. たわみや, 断面力の算定は式(4.187)の第 1 式 ($EIv^{IV} = w(x)$) に代表される**線形の微分方程式**を**線形の境界条件**のもとでとくことに帰着する. その結果, 複数の荷重が作用する場合, それぞれの荷重による断面力やたわみを加えれば, 複数の荷重が作用するときのそれになる.

4.4.5 全ポテンシャルエネルギの例と最小ポテンシャルエネルギの原理の意味するところ

　以下, 種々の条件での全ポテンシャルエネルギの具体的表現と最小ポテンシャルネルギの原理の意味するところを示す.

【例 4.25　剛体の場合】

　例 4.17 で示した図 4.35 の剛棒に対して, 支配する**全ポテンシャルエネルギ**は下式となる. 剛体であるので, **ひずみエネルギ**は 0 である.

$$\Pi = -P_1 v_1 + P_2 v_2 \tag{4.188}$$

v_2 と v_1 には下式の関係がある.

$$v_2 = l_2 \theta = \frac{l_2}{l_1} v_1 \tag{4.189}$$

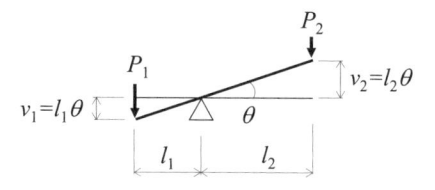

図 4.35　剛体の釣合い

したがって，**全ポテンシャルエネルギ**は下式となる．

$$\Pi = -P_1 v_1 + P_2 \frac{l_2}{l_1} v_1 \tag{4.190}$$

最小ポテンシャルエネルギの原理より下式が得られる．

$$\frac{d\Pi}{dv_1} = -P_1 + P_2 \frac{l_2}{l_1} = 0 \tag{4.191}$$

すなわち，下式の力の**釣合い式**が得られる．

$$P_1 l_1 = P_2 l_2 \tag{4.192}$$

【例 4.26 分布荷重が作用する一端固定・一端ローラ梁】

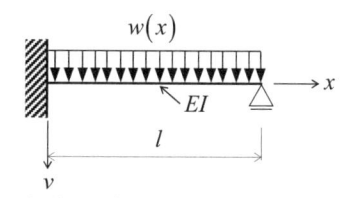

図 4.36　分布荷重が作用する固定－ローラ梁

図 4.36 に示す梁の**全ポテンシャルエネルギ**Πは下式となる．

$$\Pi\left[v(x)\right] = U + V = \int_0^l \frac{EI v''(x)^2}{2} dx - \int_0^l w(x) v(x) dx \tag{4.193}$$

第 1 変分$\delta\Pi$は下式となる．

$$
\begin{aligned}
\delta\Pi &= \int_0^l EI v'' \delta v'' dx - \int_0^l w(x) \delta v(x) dx \\
&= \left[EI v'' \delta v'\right]_0^l - \left[EI v''' \delta v\right]_0^l + \int_0^l EI v^{\mathrm{IV}} \delta v\, dx - \int_0^l w(x) \delta v(x) dx \\
&= \left[EI v'' \delta v'\right]_0^l - \left[EI v''' \delta v\right]_0^l + \int_0^l \left(EI v^{\mathrm{IV}} - w(x)\right) \delta v\, dx
\end{aligned} \tag{4.194}
$$

第 1 変分 = 0 の条件を常に満足するためには，**幾何学的境界条件** $v(0) = v'(0) = v(l) = 0$ に留意すると，下式の**釣合い微分方程式**と**力学的境界条件**が**必要条件**として得られる．

$$EIv^{\text{IV}} - w(x) = 0 \left.\vphantom{\begin{array}{c}a\\b\end{array}}\right\}$$
$$EIv''(l) = 0 \quad \therefore v''(l) = 0$$
$$\tag{4.195}$$

等分布荷重が作用するとして，$w(x)=w_0$ として，幾何学的境界条件 $v(0) = v'(0)=v(l)=0$ と上記の力学的境界条件 $v''(l)=0$ を用いて，釣合い微分方程式を 4 回積分して出てくる 4 つの積分定数を算定すれば，たわみ v が下式のように求まる（第 3 章 3.7.1 項参照）．

$$v(x) = \frac{w_0 l^4}{48EI}\left\{2\left(\frac{x}{l}\right)^4 - 5\left(\frac{x}{l}\right)^3 + 3\left(\frac{x}{l}\right)^2\right\} \tag{再掲(3.96)}$$

参考 4.19　幾何学的境界条件と力学的境界条件の組合せ

　式(4.194)の右辺には，$EIv''\delta v'$ と $EIv'''\delta v$ の項がある．これらは**境界条件**を決定するが，曲げモーメントに関係する EIv'' とたわみ角に関係する $\delta v'$ の組と，せん断力に関係する EIv''' とたわみに関係する δv の組になっている．すなわち，境界では曲げモーメントが与えられているか，たわみ角が与えられている，また，せん断力が与えられているかたわみが与えられているというセットで境界条件は決まってくる．すなわち，曲げモーメントとたわみ角が同時に与えられることはないし，せん断力とたわみが同時に与えられることはない（参考 3.14 参照）．

【例 4.27　集中荷重を受ける片持ち梁】

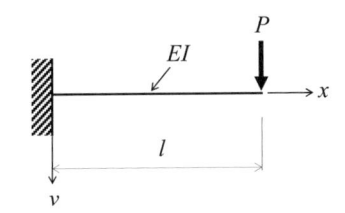

図 4.37　集中荷重を受ける片持ち梁

図 4.37 の梁について，**全ポテンシャルエネルギ Π** は下式となる．

$$\Pi\big[v(x)\big] = U + V = \int_0^l \frac{EIv''(x)^2}{2}dx - Pv(l) \tag{4.196}$$

第 1 変分 $\delta\Pi$ は下式となる．

$$\delta\Pi = \int_0^l EIv''\delta v''dx - P\delta v(l) = \big[EIv''\delta v'\big]_0^l - \big[EIv'''\delta v\big]_0^l + \int_0^l EIv^{\text{IV}}\delta vdx - P\delta v(l) \tag{4.197}$$

第 1 変分=0 の条件を常に満足するためには，**幾何学的境界条件** $v(0)=v'(0)=0$ に留意して，下式の**釣合い微分方程式**と**力学的境界条件**が得られる．下式の第 1 行は分布荷重が作用していない梁の釣合い微分方程式である．第 2, 3 行はそれぞれ $x=l$ において，モーメント荷重が作用していな

いこと，集中荷重 P が下方向に作用していることを記述した力学的境界条件である．

$$
\left.\begin{aligned}
EIv^{\mathrm{IV}} &= 0 \\
EIv''(l) &= 0 \\
EIv'''(l) + P &= 0
\end{aligned}\right\}
\tag{4.198}
$$

　幾何学的境界条件 $v(0) = v'(0) = 0$ と上記力学的境界条件を用いればたわみ v, たわみ角 v' が下式のように求まる（第 3 章例 3.4 参照）．

$$
\left.\begin{aligned}
v &= \frac{Pl^3}{6EI}\left\{3\left(\frac{x}{l}\right)^2 - \left(\frac{x}{l}\right)^3\right\} \\[2ex]
v' &= \frac{Pl^2}{2EI}\left\{2\left(\frac{x}{l}\right) - \left(\frac{x}{l}\right)^2\right\}
\end{aligned}\right\}
\qquad 再掲(3.103)
$$

【例 4.28　ばねで構成された棒の座屈】

　図 4.38 に示す剛棒とばねのシステムについて，圧縮力 P が作用して座屈した場合を考える．右端にあるばねのばね剛性は K として荷重点が δ だけ鉛直方向に変位したとき，**全ポテンシャルエネルギ Π は下式となる**．外力 P の作用点の作用方向変位は参考 4.15 を参照されたい．

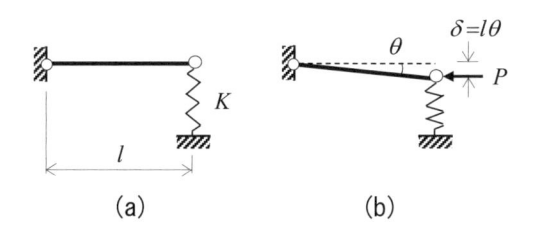

図 4.38　ばねで構成された剛棒の座屈

$$
\Pi = U + V = \frac{1}{2}K\delta^2 - P\cdot\frac{1}{2}l\theta^2 = \frac{1}{2}K\delta^2 - P\cdot\frac{1}{2}l\left(\frac{\delta}{l}\right)^2 = \frac{1}{2}K\delta^2 - P\cdot\frac{1}{2l}\delta^2
\tag{4.199}
$$

最小ポテンシャルエネルギの原理より下式が得られる．

$$
\frac{d\Pi}{d\delta} = K\delta - \frac{P}{l}\delta = 0, \quad \therefore\ P = Kl
\tag{4.200}
$$

【例 4.29 回転ばねで構成された棒の座屈】

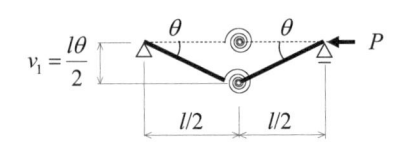

図 4.39　剛体が中央の回転ばねで繋がった構造の座屈

　図4.39に示す**剛棒**と**回転ばね**のシステムについて，圧縮力Pが作用して**座屈**した場合を考える．中央にあるばねのばね剛性はKとしてその点の曲げモーメントがMの時，$\theta = M/K$だけ回転する．このとき，**全ポテンシャルエネルギ**Πは下式となる．図4.39に示すように棒はθ回転し，ばねは2θ回転している．

$$\Pi = \frac{1}{2}K(2\theta)^2 - P \cdot 2 \cdot \frac{l}{2} \cdot \frac{\theta^2}{2} = \frac{1}{2}K\left(2\frac{v_1}{l/2}\right)^2 - P \cdot \frac{l}{2} \cdot \left(\frac{v_1}{l/2}\right)^2 = 8K\left(\frac{v_1}{l}\right)^2 - 2Pl\left(\frac{v_1}{l}\right)^2 \qquad (4.201)$$

　最小ポテンシャルエネルギの原理にしたがうと下式が得られる．

$$\frac{d\Pi}{dv_1} = \frac{d}{dv_1}\left\{8K\left(\frac{v_1}{l}\right)^2 - 2Pl\left(\frac{v_1}{l}\right)^2\right\} = 16K\left(\frac{v_1}{l}\right)\cdot\frac{1}{l} - 4Pl\left(\frac{v_1}{l}\right)\cdot\frac{1}{l} = 0 \qquad (4.202)$$

　したがって，下式が得られる．

$$P = \frac{4K}{l} \qquad (4.203)$$

【例 4.30 圧縮力が作用する柱】

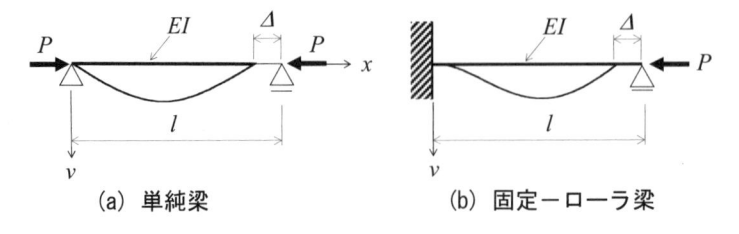

（a）単純梁　　　　　　　　（b）固定－ローラ梁

図 4.40　圧縮力が作用する柱

a)　両端ピンの場合

　図4.40(a)に示す柱の**全ポテンシャルエネルギ**Πは下式となる．下式の右辺第1項は座屈して曲がったことによるひずみエネルギであり，第2項は圧縮力Pのポテンシャルである．

$$\Pi\big[v(x)\big] = \int_0^l \frac{EIv''(x)^2}{2}dx - \frac{P}{2}\int_0^l v'^2 dx \qquad (4.204)$$

第 1 変分 $\delta\Pi$ は下式となる.

$$\delta\Pi = \int_0^l EIv''\delta v''dx - P\int_0^l v'\delta v'dx$$

$$= \left[EIv''\delta v'\right]_0^l - \left[EIv'''\delta v\right]_0^l + \int_0^l EIv^{IV}\delta vdx - P\left[v'\delta v\right]_0^l + P\int_0^l v''\delta vdx \tag{4.205}$$

$$= \left[EIv''\delta v'\right]_0^l - \left[\left(EIv''' + Pv'\right)\delta v\right]_0^l + \int_0^l \left(EIv^{IV} + Pv''\right)\delta vdx$$

第 1 変分=0 の条件を常に満足するためには，**幾何学的境界条件** $v(0)=v(l)=0$ に留意して，下式の**釣合い微分方程式**と**力学的境界条件**が得られる.

$$\left.\begin{array}{l} EIv^{IV} + Pv'' = 0 \\ EIv''(0) = EIv''(l) = 0 \quad \therefore v''(0) = v''(l) = 0 \end{array}\right\} \tag{4.206}$$

幾何学的境界条件 $v(0)=v(l)=0$ と上記，力学的境界条件を用いれば座屈条件式，座屈荷重を算定できる. 第 3 章例 3.6 で算定したように，座屈荷重，座屈モードは下式となる.

$$P = \frac{\pi^2 EI}{l^2} \hspace{4cm} 再掲(3.140)$$

$$v = b\sin\frac{\pi}{l}x \hspace{4cm} 再掲(3.141)$$

b)　固定－ピンの場合

図 4.40(b)に示す左端が固定端の場合には，**幾何学的境界条件** $v(0)=v'(0)=v(l)=0$ と**力学的境界条件** $v''(l)=0$ を用いると，**釣合い微分方程式**の式(4.207)の**一般解**をもとに式(4.208)が得られる. ここに $k^2=P/(EI)$ である.

$$v = a\cos kx + b\sin kx + c + dx \tag{4.207}$$

$$\begin{pmatrix} 1 & 0 & 1 & 0 \\ 0 & k & 0 & 1 \\ \cos kl & \sin kl & 1 & l \\ -k^2\cos kl & -k^2\sin kl & 0 & 0 \end{pmatrix}\begin{pmatrix} a \\ b \\ c \\ d \end{pmatrix} = \begin{pmatrix} 0 \\ 0 \\ 0 \\ 0 \end{pmatrix} \tag{4.208}$$

上式は，a, b, c, d を未知数とする**斉次**の**連立方程式**であるが，$a=b=c=d=0$ は一つの解である. しかしながらこの場合，$v\equiv0$ となり，たわまないこととなる. すなわち**自明の解**である. 自明の解以外の解を持つ条件は，式(4.208)左辺のマトリックスの**行列式**が 0 となることである. すなわち下式が得られる.

$$\begin{vmatrix} 1 & 0 & 1 & 0 \\ 0 & k & 0 & 1 \\ \cos kl & \sin kl & 1 & l \\ -k^2 \cos kl & -k^2 \sin kl & 0 & 0 \end{vmatrix} = 0 \tag{4.209}$$

上式を展開すると下式が得られる.

$$\tan kl = kl \tag{4.210}$$

したがって，kl の最小値として下式が得られる.

$$kl = 4.4934 \tag{4.211}$$

したがって，座屈荷重 P として下式が得られる.

$$P = \frac{4.4934^2 EI}{l^2} = \frac{20.191 EI}{l^2} \tag{4.212}$$

座屈モードは，式(4.208)より，$b = -a/(kl)$，$c = -a$，$d = a/l$ となり，下式となる.

$$v = a\left(\cos 4.493 \frac{x}{l} - \frac{1}{4.493} \sin 4.493 \frac{x}{l} - 1 + \frac{x}{l} \right) \tag{4.213}$$

第 3 章参考 3.19 に記したように式(4.206)の第 1 式の 4 階の微分方程式を用いれば，任意の境界条件を持つ柱の座屈荷重を算定できる.

【例 4.31　軸力が作用する中央にばねのある柱】

図 4.41 に示す中央にばね定数が K のばねが取り付いている曲げ剛性が EI の柱に圧縮力 P が作用して座屈する場合を考える. **全ポテンシャルエネルギΠ**は下式となる. 下式右辺の第 1 項は座屈して曲がったときのひずみエネルギ，第 2 項は外力 P のポテンシャル，第 3 項はばねが蓄えるひずみエネルギである.

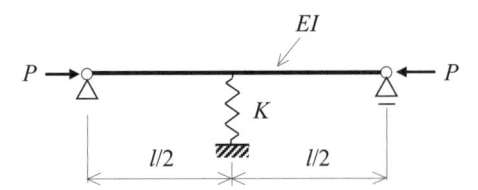

図 4.41　圧縮力が作用する中央にばねのある柱

$$\Pi\big[v(x)\big] = \int_0^l \frac{EIv''(x)^2}{2} dx - \frac{P}{2} \int_0^l v'^2 dx + \frac{1}{2} Kv\left(\frac{l}{2}\right)^2 \tag{4.214}$$

第 1 変分$\delta\Pi$ は下式となる.

$$\delta \Pi = \int_0^l EIv'' \delta v'' dx - P \int_0^l v' \delta v' dx + Kv\left(\frac{l}{2}\right) \delta v\left(\frac{l}{2}\right)$$

$$= \left[EIv'' \delta v'\right]_0^l - \left[\left(EIv''' + Pv'\right) \delta v\right]_0^l + \int_0^l \left(EIv^{IV} + Pv''\right) \delta v dx + Kv\left(\frac{l}{2}\right) \delta v\left(\frac{l}{2}\right) \tag{4.215}$$

上式右辺第 1 項，第 2 項を下式のように表現する．

$$\left[EIv'' \delta v'\right]_0^l = \left[EIv'' \delta v'\right]_0^{\frac{l}{2}\big|_-} + \left[EIv'' \delta v'\right]_{\frac{l}{2}\big|_+}^l \tag{4.216}$$

$$\left[\left(EIv''' + Pv'\right) \delta v\right]_0^l = \left[\left(EIv''' + Pv'\right) \delta v\right]_0^{\frac{l}{2}\big|_-} + \left[\left(EIv''' + Pv'\right) \delta v\right]_{\frac{l}{2}\big|_+}^l \tag{4.217}$$

$\dfrac{l}{2}\Big|_-, \dfrac{l}{2}\Big|_+$ はそれぞれ，中央点より十分に小さい左と右の座標である．**幾何学的境界条件** $v(0)=v(l)=0$

に留意すると，式(4.215)より下式の**釣合い微分方程式**と**力学的境界条件**，$x=l/2$ での曲げモーメントの連続条件，**横力**の不連続条件が得られる．

$$\left.\begin{aligned} & EIv^{IV} + Pv'' = 0 \\ & EIv''(0) = EIv''(l) = 0 \quad \therefore v''(0) = v''(l) = 0 \\ & EIv''\left(\frac{l}{2}\Big|_-\right) - EIv''\left(\frac{l}{2}\Big|_+\right) = 0 \\ & -\left\{EIv'''\left(\frac{l}{2}\Big|_-\right) + Pv'\left(\frac{l}{2}\Big|_-\right)\right\} + Kv\left(\frac{l}{2}\right) + \left\{EIv'''\left(\frac{l}{2}\Big|_+\right) + Pv'\left(\frac{l}{2}\Big|_+\right)\right\} = 0 \end{aligned}\right\} \tag{4.218}$$

ばねより左の部分のたわみを v_1，右の部分を v_2 とすると，微分方程式の一般解として 8 個の積分常数が出てくる．式(4.218)の 4 つの条件に，ばねの位置での左右のたわみとたわみ角が連続するという 2 つの条件と幾何学的境界条件 2 つを加えて積分定数は決定することができる．実際的な解法としては**座屈たわみ角法**を用いるのが簡便である．

参考 4. 20　*x=l/2* での横力の不連続条件

式(4.218)の最後の条件は**横力**の不連続条件を表している．横力は第 3 章の式(3.42)で示したように変形後の状態を考え軸力 P の影響を考えた変形前の材軸と直交する方向の力である．

$$-EIv'''\left(\frac{l}{2}\Big|_-\right) - Pv'\left(\frac{l}{2}\Big|_-\right) \qquad -EIv'''\left(\frac{l}{2}\Big|_+\right) - Pv'\left(\frac{l}{2}\Big|_+\right)$$

$$Kv\left(\frac{l}{2}\right)$$

【例 4.32 圧縮力が作用する連続ばねのある柱】

図 4.42 に示すばね定数が k の連続ばねが取り付いている柱が,圧縮力 P が作用して座屈する場合を考える.**全ポテンシャルエネルギΠ**は下式となる.式(4.219)の右辺第 3 項は連続ばねが座屈に際して蓄えるひずみエネルギである.

$$\Pi\left[v(x)\right] = \int_0^l \frac{EIv''(x)^2}{2}dx - \frac{P}{2}\int_0^l v'^2 dx + \int_0^l \frac{1}{2}kv^2 dx \tag{4.219}$$

第 1 変分$\delta\Pi$ は下式となる.

$$\delta\Pi = \int_0^l EIv''\delta v''dx - P\int_0^l v'\delta v'dx + \int_0^l kv\delta vdx$$

$$= \left[EIv''\delta v'\right]_0^l - \left[(EIv''' + Pv')\delta v\right]_0^l + \int_0^l \left(EIv^{IV} + Pv'' + kv\right)\delta vdx \tag{4.220}$$

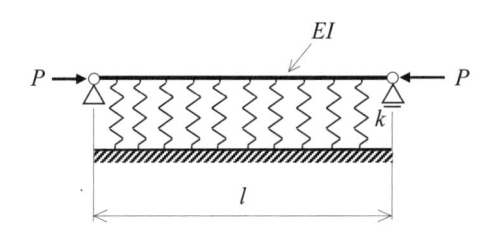

図 4.42 圧縮力が作用する連続ばねのある柱

第 1 変分=0 の条件を常に満足するためには,**幾何学的境界条件** $v(0)=v(l)=0$ に留意して,下式の**釣合い微分方程式**と**力学的境界条件**が得られる.

$$EIv^{IV} + Pv'' + kv = 0$$

$$EIv''(0) = EIv''(l) = 0 \quad \therefore v''(0) = v''(l) = 0 \tag{4.221}$$

この微分方程式は,ばね定数 k の大きさにより 3 つの場合に分けられ解くことができる.しかし少々煩雑である.

【例 4.33 変軸力を受ける柱】

図 4.43 に示す左端に軸力 N_1,右端が軸力 N_2 で材中間に分布軸力が作用し座屈する時の柱の**全ポテンシャルエネルギ**は下式となる.式中の $N(x)$ は x 点での軸力である.

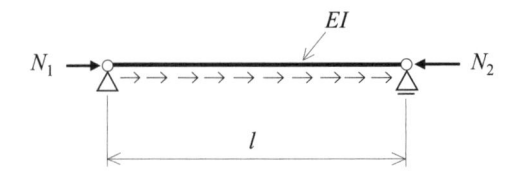

図 4.43 変軸力を受ける柱

$$\Pi\big[v(x)\big]=\int_0^l \frac{EIv''(x)^2}{2}dx-\frac{1}{2}\int_0^l N(x)v'^2dx \tag{4.222}$$

第 1 変分 $\delta\Pi$ は下式となる.

$$\delta\Pi=\int_0^l EIv''\delta v''dx-\int_0^l N(x)v'\delta v'dx$$

$$=\big[EIv''\delta v'\big]_0^l-\big[EIv'''\delta v\big]_0^l+\int_0^l EIv^{\mathrm{IV}}\delta vdx-\big[N(x)v'\delta v\big]_0^l+\int_0^l\big(N(x)v'\big)'\delta vdx \tag{4.223}$$

$$=\big[EIv''\delta v'\big]_0^l-\Big[\big(EIv'''+N(x)v'\big)\delta v\Big]_0^l+\int_0^l\Big(EIv^{\mathrm{IV}}+\big(N(x)v'\big)'\Big)\delta vdx$$

第 1 変分=0 の条件を常に満足するためには，**幾何学的境界条件** $v(0)=v(l)=0$ に留意して，下式の**釣合い微分方程式**と**力学的境界条件**が得られる.

$$\left.\begin{aligned}&EIv^{\mathrm{IV}}+\big(N(x)v'(x)\big)'=0\\&EIv''(0)=EIv''(l)=0\quad\therefore v''(0)=v''(l)=0\end{aligned}\right\} \tag{4.224}$$

釣合い微分方程式は，第 3 章の式(3.33)において分布荷重 $w(x)$ を 0 とおいた場合に等しい．軸力 $N(x)$ の分布にもよるが一般的にはこの微分方程式の**解析解**は得られず，第 5 章で解説する**近似解法**を用いて座屈荷重を求めることとなる.

【例 4.34　集中荷重とモーメント荷重を受ける片持ち梁】

図 4.44 に示す梁のひずみエネルギを 3 章の式(3.182)で算定した．**全ポテンシャルエネルギ**は下式となる.

$$\Pi=\frac{1}{2}\cdot\frac{EI}{l}\begin{pmatrix}\theta_B & R\end{pmatrix}\begin{pmatrix}4 & -6\\-6 & 12\end{pmatrix}\begin{pmatrix}\theta_B\\R\end{pmatrix}-PRl-M_1\theta_B \tag{4.225}$$

したがって，下式が得られる.

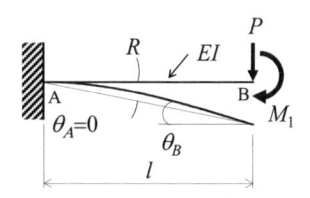

図 4.44　先端に集中荷重とモーメント荷重を受ける片持ち梁

$$\begin{pmatrix}\dfrac{\partial\Pi}{\partial\theta_B}\\[2mm]\dfrac{\partial\Pi}{\partial R}\end{pmatrix}=\frac{EI}{l}\begin{pmatrix}4 & -6\\-6 & 12\end{pmatrix}\begin{pmatrix}\theta_B\\R\end{pmatrix}-\begin{pmatrix}M_1\\Pl\end{pmatrix}=\begin{pmatrix}0\\0\end{pmatrix} \tag{4.226}$$

したがって先端のたわみ角，部材角は下式となる．

$$\begin{pmatrix} \theta_B \\ R \end{pmatrix} = \frac{l}{6EI} \begin{pmatrix} 6 & 3 \\ 3 & 2 \end{pmatrix} \begin{pmatrix} M_1 \\ Pl \end{pmatrix} \tag{4.227}$$

4.2.3 項の**単位仮想変位法**で算定した例 4.10 の結果と対応していることを確認されたい．

参考 4.21　相反定理

　式(4.227)の右辺の 2×2 のマトリックスは**対称マトリックス**である．式中右辺で，M_1=1，Pl=0 および M_1=0，Pl=1 とすると，それぞれ下式が得られる．

$$\left. \begin{array}{l} R = \dfrac{l}{2EI} \\[2ex] \theta_B = \dfrac{l}{2EI} \end{array} \right\}$$

この場合，$R=\theta_B$ となるが，これは**相反定理**（**マックスウェルの定理**）が成り立つことを意味している．

【例 4.35　横荷重がない場合のたわみ角法の基本式】

3 章の式(3.181)に梁の両端のたわみ，たわみ角を用いて表記したひずみエネルギ U を示した．

$$U = \frac{1}{2} \cdot \frac{EI}{l} \begin{pmatrix} v_A/l & \theta_A & v_B/l & \theta_B \end{pmatrix} \begin{pmatrix} 12 & 6 & -12 & 6 \\ 6 & 4 & -6 & 2 \\ -12 & -6 & 12 & -6 \\ 6 & 2 & -6 & 4 \end{pmatrix} \begin{pmatrix} v_A/l \\ \theta_A \\ v_B/l \\ \theta_B \end{pmatrix} \tag{4.228}$$

この場合，**全ポテンシャルエネルギ**Π は下式となる．

$$\Pi = \frac{1}{2} \cdot \frac{EI}{l} \begin{pmatrix} v_A/l & \theta_A & v_B/l & \theta_B \end{pmatrix} \begin{pmatrix} 12 & 6 & -12 & 6 \\ 6 & 4 & -6 & 2 \\ -12 & -6 & 12 & -6 \\ 6 & 2 & -6 & 4 \end{pmatrix} \begin{pmatrix} v_A/l \\ \theta_A \\ v_B/l \\ \theta_B \end{pmatrix} - Q_A v_A - M_A \theta_A - Q_B v_B - M_B \theta_B \tag{4.229}$$

したがって下式が得られる．

$$\begin{pmatrix} Q_A l \\ M_A \\ Q_B l \\ M_B \end{pmatrix} = \frac{EI}{l} \begin{pmatrix} 12 & 6 & -12 & 6 \\ 6 & 4 & -6 & 2 \\ -12 & -6 & 12 & -6 \\ 6 & 2 & -6 & 4 \end{pmatrix} \begin{pmatrix} v_A/l \\ \theta_A \\ v_B/l \\ \theta_B \end{pmatrix} \tag{4.230}$$

上式の M_A，M_B は 3 章の式(3.203)で示した**たわみ角法**の基本式において，横荷重がなく固定端モーメント C_{AB} や C_{BA} が 0 の場合と同じである．

【例 4.36 ロ形骨組】

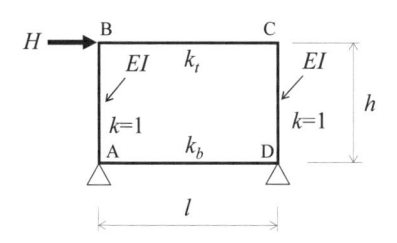

図 4.45 柱頭に水平力を受けるロ形骨組

図 4.45 に示すロ形骨組のひずみエネルギは，3 章式(3.223)で示した．**全ポテンシャルエネルギ**は下式となる．

$$\Pi\left(\theta_A, \theta_B, R\right) = \frac{1}{2} \cdot \frac{EI}{h}\begin{pmatrix}\theta_A & \theta_B & R\end{pmatrix}\begin{pmatrix} 8+12k_b & 4 & -12 \\ 4 & 8+12k_t & -12 \\ -12 & -12 & 24 \end{pmatrix}\begin{pmatrix}\theta_A \\ \theta_B \\ R\end{pmatrix} - HRh \tag{4.231}$$

最小ポテンシャルエネルギの原理より，下式が得られる．

$$\frac{EI}{h}\begin{pmatrix} 8+12k_b & 4 & -12 \\ 4 & 8+12k_t & -12 \\ -12 & -12 & 24 \end{pmatrix}\begin{pmatrix}\theta_A \\ \theta_B \\ R\end{pmatrix} = \begin{pmatrix} 0 \\ 0 \\ Hh \end{pmatrix} \tag{4.232}$$

上式は，3 章の参考 3.29 で示した式と本質的に同じ式である．上式を解けば，下式が得られる．

$$\left.\begin{aligned} \theta_A &= \frac{Hh}{2EK_0} \cdot \frac{1+3k_t}{6k_t + 6k_b + 36k_t k_b} \\[2mm] \theta_B &= \frac{Hh}{2EK_0} \cdot \frac{1+3k_b}{6k_t + 6k_b + 36k_t k_b} \\[2mm] R &= \frac{Hh}{2EK_0} \cdot \frac{1+2k_b+2k_t+3k_b k_t}{6k_t + 6k_b + 36k_t k_b} \end{aligned}\right\} \qquad 再掲(3.215)$$

4.5 変分原理と変分法概説

本節では**変分原理**と**変分法**についてその概略を示す．4.4 節の**最小ポテンシャルエネルギの原理**は，全ポテンシャルエネルギΠ を変位で記述したひずみエネルギ U と外力のポテンシャル V の和として算定すると，正解となるたわみ $v(x)$ は全ポテンシャルエネルギΠ を最小とすると言うことであった．事実，最小化することにより**釣合い微分方程式**と**力学的境界条件**を導くことができた．

梁の問題に限らず**極小原理**が数多く存在する．この原理を**変分原理**と呼ぶ．本書の最小ポテン

シャルエネルギの原理や最小コンプリメンタリエネルギの原理は変分原理である．たとえば，全ポテンシャルエネルギ Π は関数（梁の場合はたわみ $v(x)$）の関数であるので，**汎関数**と呼ばれる．また，関数における「変数」に照らして汎関数を形づける関数を**変関数**と呼ぶこともある．この汎関数を最小化する関数を求めることが**変分法**の問題である．

4.5.1 関数の極小値，極大値

まず通常の関数の極値の問題について考える．関数 $y=f(x)$ において，**極大値**，**極小値**となる x を求める．図 4.46 に示すように x_0 において極小となるということは，x_0 の**近傍**の点 x における $f(x)$ が $y=f(x_0)$ より大きいということである．同様に f の極大値が点 x_1 であるとき，x_1 の近傍において $f(x)$ は $f(x_1)$ より小さい必要がある．極小値，極大値を与える点 x_0，x_1 の近傍の値 x のことを**許容値**と呼ぶ． $x=a$ で極値となるとして，関数を**テイラー（Taylor）展開**すると下式が得られる．

$$f(x) = f(a) + f'(a)(x-a) + \frac{1}{2!}f''(a)(x-a)^2 + \frac{1}{3!}f'''(a)(x-a)^3 + \cdots \tag{4.233}$$

したがって，下式となる．

$$f(x) - f(a) = f'(a)(x-a) + \frac{1}{2!}f''(a)(x-a)^2 + \frac{1}{3!}f'''(a)(x-a)^3 + \cdots \tag{4.234}$$

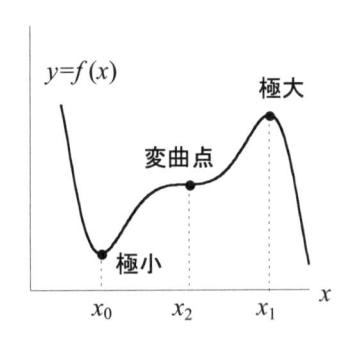

図 4.46　関数の極小，極大，変曲点

$f(a)$ が極小値であるためには，前述したように a の近傍で下式が満足される必要がある．

$$f(x) - f(a) > 0 \tag{4.235}$$

式(4.234)の右辺の中で左辺の値の正負を決める主要項は第 1 項である．ところで $(x-a)$ の値は許容値 x に対して正負のいずれの値も取り得ることから，右辺第 1 項が正あるいは負にならないようにするためには，$f'(a)$ が 0 で無くてはならない．すなわち $f'(a)=0$ であることが必要である．先ほどの議論からわかるように，これは極大値に関しても同じである．

$f'(a)=0$ として，式(4.234)右辺の第 2 項を考えると，$f''(a) > 0$ であれば極小値，$f''(a) < 0$ であれば極大値となることがわかる．すなわち，$f''(a)$ の正負によって極大，極小が決定される．それで

は $f'(a)=0$, $f''(a)=0$ で $f'''(a)\neq0$ の場合はどうなるであろうか. この場合は x の許容値に対して「$f(x)-f(a)$」の符号は a の前後で変化する. このような点は**変曲点**と呼ばれる. 以上のことから, $f'(a)=0$ となる点では, **極小値**, **極大値**, **変曲点**のいずれかとなることがわかる.

4.5.2 汎関数の極値

つぎに変分の問題として汎関数を考える. 以下, 図 4.32 の分布荷重を受ける梁について解説を行う. **全ポテンシャルエネルギΠ**は下式となった.

$$\Pi\big[v(x)\big]=U+V=\int_0^l \frac{EIv''(x)^2}{2}dx-\int_0^l w(x)v(x)dx \tag{4.236}$$

汎関数, すなわち関数の関数という意味で, 左辺の括弧は「（　）」ではなく,「[ ]」を用いている. さてこの全ポテンシャルエネルギΠは**定積分**で与えられているので実数である. またこのΠ の値は, 明らかに関数 $v(x)$ に依存する. 前述したように x の許容値（すなわち極値を取る a の近傍点 x)を考えることよって a において f が極値となるための**必要条件**を定めることができたように, **許容関数**の組に関してΠを極値化するための必要条件を求めることができる.

式(4.236) を一般的に, 下式のように記述する.

$$\Pi\big[v\big]\equiv\int_0^l f(x,v,v'')dx \tag{4.237}$$

すなわち, 下式である.

$$f(x,v,v'')=\frac{EIv''(x)^2}{2}-w(x)v(x) \tag{4.238}$$

ここで, たわみ $v(x)$ が Π を極値にするものとし, その近傍のたわみを $v*(x)$ とおく. 関数の極値化の問題で示した「a」が, 現在の問題の $v(x)$ に, また「a」の近傍点 x が $v*(x)$ に対応する. $v(x)$ は**極値曲線**, $v*(x)$ は**比較曲線**と呼ばれる.

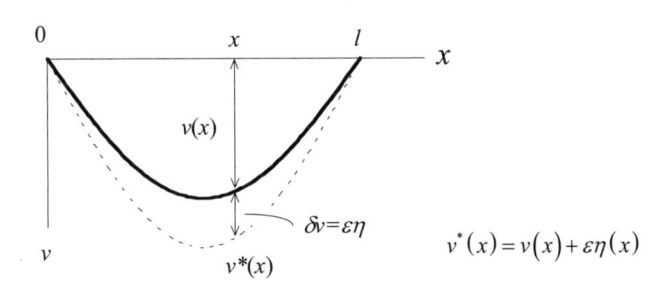

図 4.47　比較曲線

さて図 4.47 に示すように, **比較曲線群**として下式を考える.

$$v^*(x) = v(x) + \varepsilon\eta(x) \tag{4.239}$$

ここで ε は微小パラメータであり，$\eta(x)$ は下式を満足する．

$$\eta(0) = \eta(l) = 0 \tag{4.240}$$

パラメータ ε を種々与えることにより，与えられた関数 $\eta(x)$ にたいして無数の比較曲線を考えることができる．任意の関数 $\eta(x)$ にたいして比較曲線は $\varepsilon=0$ とおいたときに極値曲線に一致する．極値曲線 $v(x)$ の時，式(4.237)の Π は極値となる．比較曲線に対する Π は下式で与えられる．

$$\Pi^* \equiv \Pi\left[v^*(x)\right] = \int_0^l f(x, v^*, v^{*\prime\prime})dx = \int_0^l f(x, v+\varepsilon\eta, v''+\varepsilon\eta'')dx \tag{4.241}$$

上式はパラメータ ε の関数と考えることができる．したがって下式が得られる．

$$\Pi^* = \Pi^*\big|_{\varepsilon=0} + \frac{d\Pi^*}{d\varepsilon}\bigg|_{\varepsilon=0} \cdot \varepsilon + \frac{d^2\Pi^*}{d\varepsilon^2}\bigg|_{\varepsilon=0} \cdot \frac{\varepsilon^2}{2!} + \cdots \tag{4.242}$$

上式の右辺第1項は Π であるので，下式が得られる．

$$\Pi^* - \Pi = \frac{d\Pi^*}{d\varepsilon}\bigg|_{\varepsilon=0} \cdot \varepsilon + \frac{d^2\Pi^*}{d\varepsilon^2}\bigg|_{\varepsilon=0} \cdot \frac{\varepsilon^2}{2!} + \cdots \tag{4.243}$$

パラメータ $\varepsilon=0$ のとき Π は極値となるので，関数の極値の問題と同様に考えれば下式が極値を取るための必要条件となる．

$$\frac{d\Pi^*}{d\varepsilon}\bigg|_{\varepsilon=0} = 0 \tag{4.244}$$

この条件は下式となる．

$$\frac{d\Pi^*}{d\varepsilon}\bigg|_{\varepsilon=0} = \int_0^l \left(\frac{df}{dv^*}\frac{dv^*}{d\varepsilon} + \frac{df}{dv^{*\prime\prime}}\frac{dv^{*\prime\prime}}{d\varepsilon}\right)dx\bigg|_{\varepsilon=0} = 0 \tag{4.245}$$

ここに，$dv^*/d\varepsilon = \eta$，$dv^{*\prime\prime}/d\varepsilon = \eta''$ であり，$\varepsilon=0$ では $v^*=v$ と $v^{*\prime\prime}=v''$ となることに注意すると上式は下式となる．

$$\int_0^l \left(\frac{df}{dv}\eta + \frac{df}{dv''}\eta''\right)dx = 0 \tag{4.246}$$

上式左辺の第2項を2度部分積分すると下式となる．

$$\begin{aligned}
\int_0^l \left(\frac{df}{dv''}\eta''\right)dx &= \left[\frac{df}{dv''}\eta'\right]_0^l - \int_0^l \left(\frac{d}{dx}\left(\frac{df}{dv''}\right)\eta'\right)dx \\
&= \left[\frac{df}{dv''}\eta'\right]_0^l - \left[\frac{d}{dx}\left(\frac{df}{dv''}\right)\eta\right]_0^l + \int_0^l \left(\frac{d^2}{dx^2}\left(\frac{df}{dv''}\right)\eta\right)dx \\
&= \left[\frac{df}{dv''}\eta'\right]_0^l + \int_0^l \left(\frac{d^2}{dx^2}\left(\frac{df}{dv''}\right)\eta\right)dx
\end{aligned} \tag{4.247}$$

上式では，式(4.240)の$\eta(0) = \eta(l) = 0$を用いた．結局，式(4.246)は下式となる．

$$\int_0^l \left(\frac{df}{dv}\eta + \frac{df}{dv''}\eta'' \right) dx = \int_0^l \left(\frac{d^2}{dx^2}\left(\frac{df}{dv''} \right) + \frac{df}{dv} \right)\eta\, dx + \left[\frac{df}{dv''}\eta' \right]_0^l = 0 \tag{4.248}$$

$\eta(x)$は両端間で任意であるから，**変分法の基本補助定理**より上記積分の括弧内の関数が0である．すなわち下式が得られる．これは**オイラー（Euler）の方程式**と呼ばれる．

$$\frac{d^2}{dx^2}\left(\frac{df}{dv''} \right) + \frac{df}{dv} = 0 \tag{4.249}$$

上式に式(4.238)を代入すると下式が得られる．

$$\frac{d^2(EIv'')}{dx^2} - w(x) = 0 \tag{4.250}$$

これは第3章式(3.30)のたわみvで表した**釣合い微分方程式**である．また，式(4.248)には下式であらわせる項がある．

$$\left[\frac{df}{dv''}\eta' \right]_0^l \tag{4.251}$$

この項のη'は特に制約条件はないので，常に式(4.248)が成立するためには下式が成り立つことが必要である．

$$\left. \frac{df}{dv''} \right|_{x=0} = \left. \frac{df}{dv''} \right|_{x=l} = 0 \tag{4.252}$$

この式も，式(4.250)の微分方程式が成り立つことが汎関数Πが極値を持つために必要であることと同様に，成立する必要がある．変分学では**自然境界条件**と呼ばれる．自然境界条件は変分法を用いなければ容易に導かれない場合もあり，自然境界条件は変分法による吟味の貴重な産物である．自然境界条件は，力学の問題では**力学的境界条件**として取り扱う．事実，式(4.252)は$EIv''(0)=EIv''(l)=0$となり，両端でモーメント荷重が作用しないことを意味している．

参考4.22 変分法の基本補助定理

区間$[a, b]$で連続なある関数$f(x)$に対して，$\eta(a) = \eta(b) = 0$かつ連続微分可能な関数$\eta(x)$に対して，下式が成り立つとき，$f(x) \equiv 0$である．

$$\int_a^b f(x)\eta(x)\,dx = 0$$

4.5.3 デルタ演算子

デルタ演算子（変分演算子）と呼ばれる演算子を下式で定義する．これは**第1変分**を求める場

合に用いられる.

$$\delta v \equiv \delta[v(x)] = v^*(x) - v(x) \tag{4.253}$$

この演算子は変数 x に対する関数 $v(x)$ の微小な変化をあらわす. δv を v の**変分**と呼ぶ. 変分 δv はある x の同じ値に対する異なる曲線上の縦方向の値の差である. **変分** δv, **微分** dv との違いを図4.48 に示す.

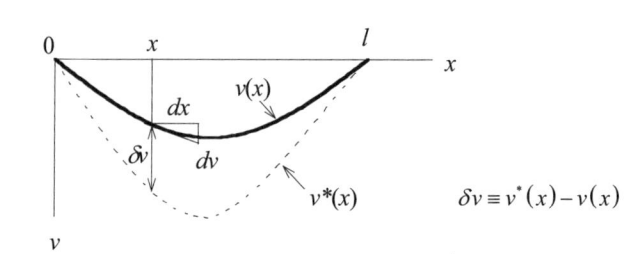

図4.48　変分 δv と微分 dv

デルタ演算子を一般化して, 関数 dv/dx の変分を考える. ここで v の比較関数 v^* の導関数 dv^*/dx を比較関数として用いると下式が得られる.

$$\delta v' \equiv \delta\left[\frac{dv(x)}{dx}\right] = \frac{dv^*(x)}{dx} - \frac{dv(x)}{dx} = \frac{d}{dx}(v^*(x) - v(x)) = \frac{d(\delta v)}{dx} \tag{4.254}$$

上式はデルタ演算子と微分演算子は**交換可能**であることを示す. 同様なことが積分 $\delta(\int v(x)dx)$ にも言えるので, デルタ演算子は**積分演算子**とも交換可能である. 変分の計算では, 変分 δv, $\delta v'$, $\delta v''$ 等の付いた項の微分や積分が頻繁に現れるが, 演算子同士が交換可能であることから, 機械的な操作が行える.

ここで式(4.253)へ戻り, デルタ演算子を用いて第1変分について考える. 式(4.239)は変分 δv であらわすと下式となる.

$$\left.\begin{array}{l} \delta v(x) = v^*(x) - v(x) = \varepsilon\eta(x) \\[2mm] \delta v''(x) = v^{*''}(x) - v''(x) = \varepsilon\eta''(x) \end{array}\right\} \tag{4.255}$$

式(4.238)の比較関数に関して, デルタ演算子を用いれば下式となる.

$$f(x, v + \delta v, v'' + \delta v'') \tag{4.256}$$

上式を**テイラー（Taylor）展開**すると下式が得られる.

$$f(x, v + \delta v, v'' + \delta v'') = f(x, v, v'') + \left(\frac{\partial f}{\partial v}\delta v + \frac{\partial f}{\partial v''}\delta v''\right) + 0(\delta^2) \tag{4.257}$$

すなわち, 下式となる.

$$f(x, v + \delta v, v'' + \delta v'') - f(x, v, v'') = \left(\frac{\partial f}{\partial v} \delta v + \frac{\partial f}{\partial v''} \delta v'' \right) + 0(\delta^2) \tag{4.258}$$

上式を 0 から l まで積分すると下式が得られる.

$$\int_0^l f(x, v + \delta v, v'' + \delta v'') dx - \int_0^l f(x, v, v'') dx = \int_0^l \left(\frac{\partial f}{\partial v} \delta v + \frac{\partial f}{\partial v''} \delta v'' \right) dx + 0(\delta^2) \tag{4.259}$$

すなわち, 式(4.237)より下式となる.

$$\Pi^* - \Pi = \int_0^l \left(\frac{\partial f}{\partial v} \delta v + \frac{\partial f}{\partial v''} \delta v'' \right) dx + 0(\delta^2) \equiv \delta \Pi + 0(\delta^2) \tag{4.260}$$

この式の右辺第 1 項は Π の第 1 変分 $\delta \Pi$ である. すなわち, 下式である.

$$\delta \Pi = \int_0^l \left(\frac{\partial f}{\partial v} \delta v + \frac{\partial f}{\partial v''} \delta v'' \right) dx \tag{4.261}$$

ところで, 式(4.246)で汎関数が極値となるための必要条件として下式を導いた. すなわち, この式は, $d\Pi^*/d\varepsilon \mid_{\varepsilon=0}$ として導出した.

$$\int_0^l \left(\frac{df}{dv} \eta + \frac{df}{dv''} \eta'' \right) dx = 0 \qquad\qquad 再掲(4.246)$$

$\delta v = \varepsilon \eta$ であるから, 式(4.261)の右辺と式(4.246)の左辺の間には下式の関係がある.

$$\delta \Pi = \int_0^l \left(\frac{\partial f}{\partial v} \delta v + \frac{\partial f}{\partial v''} \delta v'' \right) dx = \varepsilon \cdot \int_0^l \left(\frac{df}{dv} \eta + \frac{df}{dv''} \eta'' \right) dx \tag{4.262}$$

すなわち, $d\Pi^*/d\varepsilon \mid_{\varepsilon=0}$ とすることは Π の第 1 変分 $\delta \Pi = 0$ とすることに等しい. 本章4.3節では仮想仕事の原理より釣合い微分方程式, 力学的境界条件を導いた. 4.4節では Euler の方程式を用いず, 逐次第 1 変分を取り, 部分積分することにより支配方程式と境界条件を算定した.

【例 4.37　単純梁】

　下式の**汎関数**を考える. これは軸力 P と分布荷重 $w(x)$ が作用する図 4.49 の梁に相当する. **幾何学的境界条件**は特に両端ピン支持である必要は無い.

$$\left. \begin{aligned} \Pi[v] &\equiv \int_0^l f(x, v, v', v'') dx \\[2mm] f(x, v, v', v'') &= \frac{EIv''(x)^2}{2} - \frac{P}{2} v'(x)^2 - w(x) v(x) \end{aligned} \right\} \tag{4.263}$$

　第 1 変分を取ると下式となる.

$$\delta \Pi[v] \equiv \int_0^l \left(\frac{df}{dv} \delta v + \frac{df}{dv'} \delta v' + \frac{df}{dv''} \delta v'' \right) dx \tag{4.264}$$

右辺の第 2 項を部分積分すると下式が得られる.

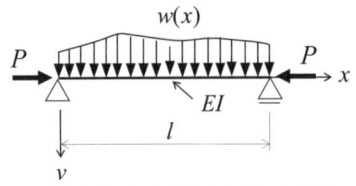

図 4.49 　軸力と分布荷重を受ける梁

$$\int_0^l \frac{df}{dv'}\delta v' dx = \left[\frac{df}{dv'}\delta v\right]_0^l - \int_0^l \frac{d}{dx}\left(\frac{df}{dv'}\right)\delta v dx \tag{4.265}$$

右辺の第3項を部分積分すると下式が得られる.

$$\int_0^l \frac{df}{dv''}\delta v'' dx = \left[\frac{df}{dv''}\delta v'\right]_0^l - \left[\frac{d}{dx}\left(\frac{df}{dv''}\right)\delta v\right]_0^l + \int_0^l \frac{d^2}{dx^2}\left(\frac{df}{dv''}\right)\delta v dx \tag{4.266}$$

したがって，式(4.264) は下式となる.

$$\delta\Pi[v] \equiv \int_0^l \left\{\frac{df}{dv} - \frac{d}{dx}\left(\frac{df}{dv'}\right) + \frac{d^2}{dx^2}\left(\frac{df}{dv''}\right)\right\}\delta v dx + \left[\frac{df}{dv'}\delta v\right]_0^l + \left[\frac{df}{dv''}\delta v'\right]_0^l - \left[\frac{d}{dx}\left(\frac{df}{dv''}\right)\delta v\right]_0^l \tag{4.267}$$

ここで，極値となるときは$\delta\Pi$=0 となる.

　上記右辺の諸量を，式(4.263)をもとに計算すると下式が得られる.

$$\left.\begin{aligned}
\frac{df}{dv} &= -w(x)\\[2mm]
\frac{df}{dv'} &= -Pv'(x)\\[2mm]
\frac{df}{dv''} &= EIv''(x)\\[2mm]
\frac{d}{dx}\left(\frac{df}{dv'}\right) &= \frac{d\{-Pv'(x)\}}{dx}\\[2mm]
\frac{d^2}{dx^2}\left(\frac{df}{dv''}\right) &= \frac{d^2\{EIv''(x)\}}{dx^2}
\end{aligned}\right\} \tag{4.268}$$

したがって，式(4.267)は下式となる.

$$\delta\Pi[v] \equiv \int_0^l \left\{-w(x) + (Pv'(x))' + (EIv''(x))''\right\}\delta v dx + [-Pv'(x)\delta v]_0^l + [EIv''(x)\delta v']_0^l - [EIv'''(x)\delta v]_0^l$$

$$= \int_0^l \left\{-w(x) + (Pv'(x))' + (EIv''(x))''\right\}\delta v dx + [EIv''(x)\delta v']_0^l - [(EIv'''(x) + Pv'(x))\delta v]_0^l \tag{4.269}$$

上式右辺の第 2 項，第 3 項は幾何学的境界条件や力学的境界条件に関係するものであり，これらの境界条件を満足しておれば 0 となる．右辺第 1 項は，任意の δv に対して 0 であるために，**変分法の基本補助定理**より必要条件として下式が得られる．この式は**オイラーの方程式**である．オイラーの微分方程式が成り立つことは，汎関数の極値を与えるための関数 $v(x)$ に対する必要条件である．

$$-w(x)+\left(Pv'(x)\right)'+\left(EIv''(x)\right)''=0 \tag{4.270}$$

軸力 P，曲げ剛性 EI が一定値であれば，下式が得られる．

$$EIv^{\text{IV}}(x)+Pv''(x)=w(x) \tag{4.271}$$

上式は，図 4.49 の梁を支配する微分方程式である．境界条件に従って，上式を解けばたわみが算定できる．

【例 4.38　$\varPi(\varepsilon)-\varepsilon$ の関係】

単純梁に等分布荷重 $w(x)=w_0$ が作用する場合を考える．この場合，式(4.241)は下式となる．

$$
\begin{aligned}
\varPi^* &= \int_0^l f(x,v+\varepsilon\eta,v''+\varepsilon\eta'')dx = \int_0^l \left\{ \frac{EI(v''+\varepsilon\eta'')^2}{2} - w_0\cdot(v+\varepsilon\eta) \right\}dx \\
&= \varepsilon^2 \cdot \int_0^l \frac{EI}{2}\eta''^2 dx + \varepsilon\cdot\int_0^l \left(EIv''\eta'' - w_0\cdot\eta\right)dx + \int_0^l \left(\frac{EI}{2}v''^2 - w_0\cdot v\right)dx
\end{aligned}
\tag{4.272}
$$

ここで，等分布荷重が作用する時を考えると正解のたわみ v は下式となる．

$$v=\frac{w_0 l^4}{24EI}\left\{\left(\frac{x}{l}\right)^4 - 2\left(\frac{x}{l}\right)^3 + \frac{x}{l}\right\},\quad \therefore\ v''=\frac{w_0 l^2}{2EI}\left\{\left(\frac{x}{l}\right)^2 - \frac{x}{l}\right\} \hfill 再掲(3.108)$$

関数 $\eta(x)$ としては，幾何学的境界条件，力学的境界条件を満足する下式を与えてみる．

$$\eta=\frac{w_0 l^4}{EI}\sin\frac{3\pi x}{l},\quad \therefore\ \eta''=-\frac{w_0 l^4}{EI}\cdot\left(\frac{3\pi}{l}\right)^2\sin\frac{3\pi x}{l} \tag{4.273}$$

式(3.108)と(4.273)を式(4.272)に代入すると下式が得られる．

$$\frac{\varPi^*}{\left(\dfrac{w_0^2 l^5}{EI}\right)}=\frac{81\pi^4}{4}\varepsilon^2 - \frac{1}{240} \tag{4.274}$$

式(4.244)で解説したように，正解のたわみ v を用いた場合，$\varepsilon=0$ の点で極小値を取る．すなわち ε の 1 次の項の係数は 0 である．

次に，正解ではないたわみ形を下式であらわそう．このたわみは第 5 章で示す近似解法により算定できる（例 5.1 参照）．

$$v = \frac{4}{\pi^5} \cdot \frac{w_0 l^4}{EI} \sin\frac{\pi x}{l}, \quad \therefore \quad v'' = -\frac{4}{\pi^5} \cdot \frac{w_0 l^4}{EI} \cdot \left(\frac{\pi}{l}\right)^2 \sin\frac{\pi x}{l} \tag{4.275}$$

関数 $\eta(x)$ は式(4.273)と同じ関数を与えてみる．式(4.275)と(4.273)を式(4.272)に代入すると下式が得られる．

$$\frac{\Pi^*}{\left(\frac{w_0^2 l^5}{EI}\right)} = \frac{81\pi^4}{4}\varepsilon^2 - \frac{2}{3\pi}\varepsilon - \frac{4}{\pi^6} \tag{4.276}$$

式（4.274)と(4.276）より $\Pi^* - \varepsilon$ 関係を図 4.50 に示す．正解の場合は ε が 0 の時に全ポテンシャルエネルギは最小値を取っているが，正解でない場合は $\varepsilon \neq 0$ で最小値を取っている．

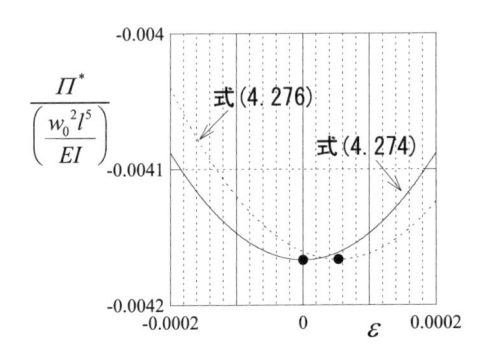

図 4.50　$\Pi(\varepsilon) - \varepsilon$ 関係

参考 4.23　直接法

　4.4 節の**最小ポテンシャルエネルギの原理**において見たように，汎関数を最小とする変関数は，必要条件としての**オイラー微分方程式**を境界条件の下に解けば良い．常にオイラーの微分方程式を解かねばならないのだろうか？という疑問が生じるが，実はそうとは限らず第 5 章で示すように**直接法**といって，直接に求める方法がある．

参考 4.24　変分法の問題

　本書で取り扱う最小ポテンシャルエネルギの原理や最小コンプリメンタリ原理の問題は変分法の問題である．有名な変分法の問題としては，1) ヨハン　ベルヌーイ（Johann Bernoulli）の考えた垂直面内の 2 点を結ぶ摩擦なし滑降路のうち 2 点を滑る時間が最短となる**最短降下線**の問題（答えはサイクロイド），2) 与えられた曲面上の 2 点を結ぶ線の内，最短距離のものを決定する問題（**測地線**の問題）．3) 平面上の長さが L と定められている閉曲線のうち，どのような曲線が最大面積 A を囲むかという問題（**等周問題**），がある．

4.6　補仮想仕事の原理

　補仮想仕事の原理では，**仮想外力**とそれに対応する断面力がつくる**釣合系**の外力・断面力が**実系**の**適合系**に対してなす仕事を考える．仮想仕事の原理が実系の釣合系の外力・断面力が，適合系を形づくる仮想変位とそれに対応するひずみに対してなす仕事を考えるのと相補的である．補仮想仕事の原理を書くと下式となる．

$$\delta Q_A^* \cdot v_A + \delta M_A^* \cdot \theta_A + \delta Q_B^* \cdot v_B + \delta M_B^* \cdot \theta_B + \int_0^l \delta w^*(x) \cdot v(x) dx = \int_0^l \delta M^*(x) \cdot \phi(x) dx \qquad (4.277)$$

上式左辺において，実系で**力学的境界**となる部分では仮想外力は 0 でなければならない．また，δw と δM は下式の関係を満足する必要がある．

$$\left(\delta M^*\right)'' = -\delta w^* \qquad (4.278)$$

以下，具体的な問題で補仮想仕事の原理を解説する．

図 4.51 に示す**適合系**があるとする．変位はすべて与えられているものとする．図 4.51(a)に示すように，**釣合系**として，仮想分布荷重 $\delta w(x)$ を与える．対応する断面力は釣合い式より求まる．

補仮想仕事の原理は下式となる．

$$\int_0^l \delta w \cdot v dx = \int_0^l \delta M \cdot \phi dx \qquad (4.279)$$

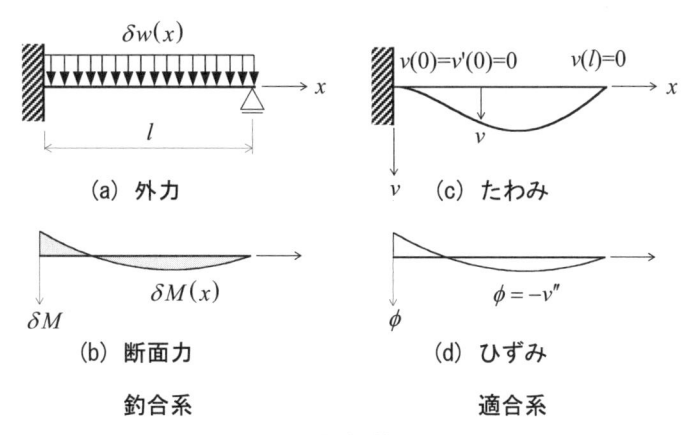

(a)　外力

(c)　たわみ

(b)　断面力

(d)　ひずみ

釣合系　　　　　　　　　適合系

図 4.51　仮想荷重

式(4.278)の δw を式(4.279)の左辺に代入すると，下式が得られる．

$$\int_0^l (-\delta M)'' v dx = \int_0^l \delta M \cdot \phi dx \qquad (4.280)$$

上式の左辺は部分積分すると下式となる．

$$\int_0^l (-\delta M)'' v dx = \left[-\delta M' \cdot v\right]_0^l + \int_0^l \delta M' \cdot v' dx = \left[-\delta M' \cdot v\right]_0^l + \left[\delta M \cdot v'\right]_0^l - \int_0^l \delta M \cdot v'' dx \qquad (4.281)$$

したがって下式が得られる．

$$\left[-\delta M' \cdot v\right]_0^l + \left[\delta M \cdot v'\right]_0^l - \int_0^l \delta M \cdot (\phi + v'') dx = 0$$
$$\therefore -\delta M'(l)v(l) + \delta M'(0)v(0) + \delta M(l)v'(l) - \delta M(0)v'(0) - \int_0^l \delta M(\phi + v'') dx = 0 \qquad (4.282)$$

$\delta M(x)$は任意であるので，下式が得られる．なお$\delta M(l)=0$ なので，一般的には$v'(l)\neq 0$ である．

$$\left.\begin{array}{l} \phi = -v'' \\ v(l) = 0 \\ v(0) = 0 \\ v'(0) = 0 \end{array}\right\} \tag{4.283}$$

上式は，**ひずみと変位の関係，幾何学的境界条件**である．

式(4.280)は，力の釣合い式を用いたため，ひずみと変位の関係を表す**積分方程式**になったと解釈できる．事実，部分積分を行うことにより，式(4.283)のひずみ－変位関係と幾何学的境界条件が得られた．

上記のように，補仮想仕事の原理はひずみ－変位関係および幾何学的境界条件と等価である．

また，図 4.51 の釣合系の外力を$\delta w(x)=\langle x-x_i\rangle_*^{-1}$とすると，すなわち$x=a$において単位 1 の荷重を作用させると，断面力$\delta M(x)$は単位 1 の荷重を受けたときの曲げモーメントで 4.2.2 項の**単位仮想荷重法**での$\overline{M}$に等しい．この釣合系の外力，断面力が実系の適合系に対してなす仕事を等しいとすると，単位仮想荷重法の式(4.48)が得られる．すなわち単位仮想荷重法は補仮想仕事の原理からも説明できる．ただし，この場合は釣合系と適合系の幾何学的境界条件は同じと考える必要がある．

【**例 4.39　一端固定，他端ローラの梁の解析**】

図 4.52(a)において，実系のローラ端の鉛直方向反力をXとすると，曲げモーメントは下式となる．すなわち，片持ち梁に等分布荷重が作用したときの曲げモーメントと反力Xが作る曲げモーメントを加えたものとして曲げモーメントを算定する．

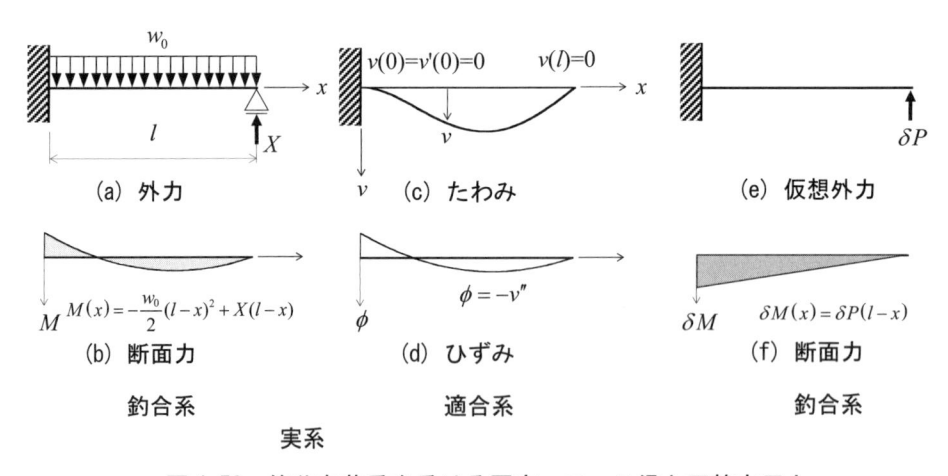

図 4.52　等分布荷重を受ける固定－ローラ梁と不静定反力

$$M(x) = -\frac{w_0}{2}(l-x)^2 + X(l-x) \tag{4.284}$$

上記の曲げモーメントに対して，**線形弾性体**とし，**曲げ剛性**をEIとすると，曲率ϕは下式となる．

$$\phi(x) = \frac{-\dfrac{w_0}{2}(l-x)^2 + X(l-x)}{EI} \tag{4.285}$$

図 4.52(e)に示すようにローラ端に仮想外力 δP を作用させる．**釣合系**としてこの仮想外力に対応する断面力 δM は下式となる．

$$\delta M(x) = \delta P(l-x) \tag{4.286}$$

補仮想仕事の原理を記述すると，下式が得られる．仮想外力 δP の作用点は適合系ではローラ支点となっているので仕事をしないことに注意されたい．

$$\int_0^l \delta M \cdot \phi\, dx = \int_0^l \delta P(l-x)\frac{\left\{-\dfrac{w_0}{2}(l-x)^2 + X(l-x)\right\}}{EI}dx = 0 \tag{4.287}$$

上式中辺は，$\delta P=1$ とおくと，ローラ端の鉛直方向変位を算定する**単位仮想荷重法**の式を表しており，この値が 0 ということはローラ端は鉛直方向に変位しないということを示している．すなわち，**幾何学的境界条件**を記述したものである．上式を変形し計算すると下式が得られる．

$$X = \frac{\displaystyle\int_0^l \frac{w_0}{2}(l-x)^3\, dx}{\displaystyle\int_0^l (l-x)^2 \cdot dx} = \frac{3}{8}w_0 l \tag{4.288}$$

すなわち，ローラ端の反力が求まった．

4.7　最小コンプリメンタリエネルギの原理

2 章 2.6 節でも示したが，**コンプリメンタリエネルギ** U_c^* を書き下し，複数部材の場合はその和を取り Π_c^* で表す．コンプリメンタリエネルギ U_c^* は断面力の関数であるが，釣合い式より外力で表現する．最小ポテンシャルエネルギの原理においてひずみエネルギをひずみ－変位関係を用いて変位で表現するのと同様である．釣合い式と断面力－ひずみ関係式を用いて外力の関数として Π_c^* を書き下しておけば，釣合い式，断面力－ひずみ関係式，適合条件式を満足する正解は Π_c^* の**停留条件**で与えられる．この停留値は Π_c^* の最小値なので**最小コンプリメンタリエネルギの原理**と呼ばれる．

　幾何学的境界条件において変位が 0 でない場合の全コンプリメンタリエネルギは下式となる．

$$\Pi_c^* = U_c^* + V_c^* = U_c^* - \sum_{i=1}^{j}\overline{v}_i P_i - \sum_{i=1}^{k}\overline{\theta}_i M_i - \int_0^l \overline{v}(x)w(x) \tag{2.289}$$

　ここに，$\overline{v}_i$，$\overline{\theta}_i$，$\overline{v}$ は与えられた変位（たわみ角も含む）であることを示すため上付き横棒を付けている．P_i, M_i, $w(x)$はその点に作用する外力である．上式中辺の V_c^* は**コンプリメンタリポテンシャルエネルギ**と呼ばれる．変分問題としては，変分は荷重に対してとることに注意された

い.

　図 4.53 に示す梁は全領域にわたりたわみが与えられているものとする. **全コンプリメンタリエネルギ**は下式であらわせる.

$$\Pi_c^* = \int_0^l \frac{M^2}{2EI}dx - \int_0^l wvdx - M_A \cdot \theta_A - M_B \cdot \theta_B - Q_A \cdot v_A - Q_B \cdot v_B \tag{4.290}$$

釣合い式 $w = -M''$ を代入すると下式となる.

$$\Pi_c^* = \int_0^l \frac{M^2}{2EI}dx + \int_0^l M''vdx - M_A \cdot \theta_A - M_B \cdot \theta_B - Q_A \cdot v_A - Q_B \cdot v_B \tag{4.291}$$

　第1変分を計算すると下式が得られる. 最小コンプリメンタリエネルギの原理では, 変分は断面力, 外力に対してとることに留意されたい.

$$\delta\Pi_c^* = \int_0^l \frac{M\delta M}{EI}dx + \int_0^l \delta M''vdx - \delta M_A \cdot \theta_A - \delta M_B \cdot \theta_B - \delta Q_A \cdot v_A - \delta Q_B \cdot v_B \tag{4.292}$$

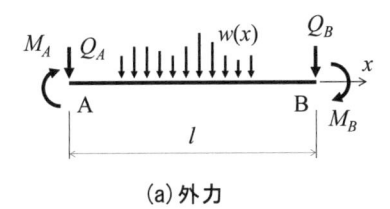

(a) 外力

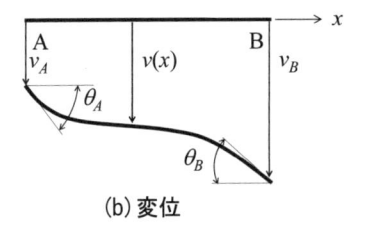

(b) 変位

図 4.53　荷重と変位

上式右辺の第2項を部分積分し, 下式を考慮すると式(4.294)が得られる.

$$\left.\begin{array}{l} \delta M_A = \delta M(0) \\ \delta M_B = -\delta M(l) \\ \delta Q_A = -\delta Q(0) \\ \delta Q_B = \delta Q(l) \end{array}\right\} \tag{4.293}$$

$$\begin{aligned} \delta\Pi_c^* = &\int_0^l \left(\frac{M}{EI}+v''\right)\delta M dx \\ &- \delta M_A \cdot \left(\theta_A - v'(0)\right) - \delta M_B \cdot \left(\theta_B - v'(l)\right) - \delta Q_A \cdot \left(v_A - v(0)\right) - \delta Q_B \cdot \left(v_B - v(l)\right) \end{aligned} \tag{4.294}$$

　任意の断面力および外力に関して第 1 変分が 0 となることより，下式が得られる．式(4.295)の最初の式は，曲げモーメントで表した**ひずみ－変位関係**であり，残りの 4 式は**幾何学的境界条件**である．すなわち，全コンプリメンタリエネルギを記述し，最小化を行うことにより，ひずみ－変位関係および幾何学的境界条件が得られる．

$$\left.\begin{array}{l}\dfrac{M}{EI}+v''=0\\ \theta_A=v'(0)\\ \theta_B=v'(l)\\ v_A=v(0)\\ v_B=v(l)\end{array}\right\} \tag{4.295}$$

上記の説明は全領域でたわみが与えられているとしたが，そうで無い場合は，その点では一般に力が与えられており，力学的境界条件を形作る．その場合は，式(4.292)の δ が付く部分が 0 とならなければならない．変分 δM，δM_A，δQ_A 等は力の釣合い条件式と力学的境界条件を満足する必要があるためである．

【例 4.40　梁の解析】

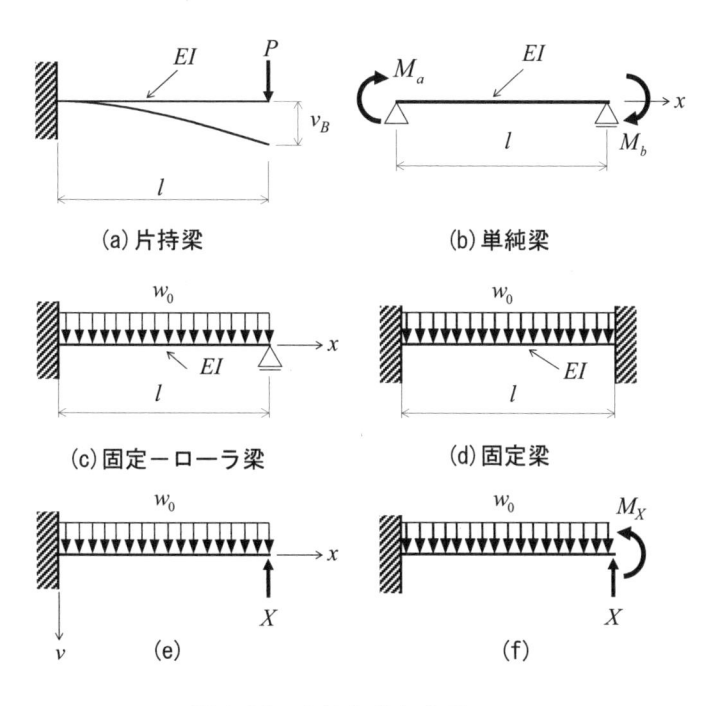

図 4.54　支持条件と荷重

a)　片持ち梁（図 4.54(a)）

　図 4.54(a)において，片持ち梁先端のたわみが v_B と与えられたと考える．すなわち $x=l$ での**幾何**

学的境界条件は下式である.

$$v(l) = v_B \tag{4.296}$$

曲げモーメント $M(x)$ は下式となる.

$$M(x) = -P(l - x) \tag{4.297}$$

したがって，全コンプリメンタリエネルギは下式となる.

$$\Pi_c^* = \int_0^l \frac{\{-P(l-x)\}^2}{2EI} dx - P \cdot v_B = \frac{P^2 l^3}{6EI} - P \cdot v_B \tag{4.298}$$

最小コンプリメンタリエネルギの原理より下式が得られる.

$$\frac{\partial \Pi_c^*}{\partial P} = \frac{P l^3}{3EI} - v_B = 0 \qquad \therefore v_B = \frac{P l^3}{3EI} \tag{4.299}$$

b)　単純梁（図 4.54(b)）

　図 4.54(b)において，A 点，B 点のたわみ角が**幾何学的境界条件**として，与えられているとする．すなわち下式とする.

$$v'(0) = \theta_A, \qquad v'(l) = \theta_B \tag{4.300}$$

全コンプリメンタリエネルギは下式となる．コンプリメンタリエネルギは 3 章の式(3.192)を参照されたい.

$$\Pi_c^* = \frac{l}{6EI} \cdot \left(M_a{}^2 - M_a \cdot M_b + M_b{}^2 \right) - M_a \cdot \theta_A - M_b \cdot \theta_B \tag{4.301}$$

最小コンプリメンタリエネルギの原理より下式が得られる.

$$\left. \begin{aligned} \frac{\partial \Pi_c^*}{\partial M_a} &= \frac{l}{6EI} \cdot \left(2M_a - M_b \right) - \theta_A = 0 \\ \frac{\partial \Pi_c^*}{\partial M_b} &= \frac{l}{6EI} \cdot \left(-M_a + 2M_b \right) - \theta_B = 0 \end{aligned} \right\} \qquad \therefore \left. \begin{aligned} \theta_A &= \frac{\left(2M_a - M_b \right) l}{6EI} \\ \theta_B &= \frac{\left(-M_a + 2M_b \right) l}{6EI} \end{aligned} \right\} \tag{4.302}$$

c)　一端固定・他端ローラ梁（図 4.54(c)）

　図 4.54 (c)において，図 4.54 (e)に示すように右端の鉛直方向の反力を X とすると曲げモーメントは下式であらわせる.

$$M(x) = -\frac{w_0}{2}(l - x)^2 + X(l - x) \tag{4.303}$$

全コンプリメンタリエネルギは下式となる.

$$\Pi_c^* = \int_0^l \frac{\left\{ -\dfrac{w_0}{2}(l-x)^2 + X(l-x) \right\}^2}{2EI} dx \tag{4.304}$$

最小コンプリメンタリエネルギの原理より下式が得られる.

$$\frac{\partial \Pi_c^*}{\partial X} = \int_0^l \frac{\left\{-\dfrac{w_0}{2}(l-x)^2 + X(l-x)\right\}(l-x)}{EI} dx = 0 \tag{4.305}$$

したがって，下式が得られ，反力 X が求まる.

$$-\frac{w_0}{8}l^4 + \frac{X}{3}l^3 = 0 \qquad \therefore \qquad X = \frac{3}{8}w_0 l \tag{4.306}$$

補仮想仕事の原理を用いて算定した式(4.288)と同じ結果が得られた.

d) 両端固定梁（図 4.54(d)）

図 4.54 (d)において，図 4.54 (f)に示すように右端の鉛直方向の反力を X，反力の曲げモーメントを M_X とすると曲げモーメントは下式であらわせる.

$$M(x) = -\frac{w_0}{2}(l-x)^2 + X(l-x) + M_X \tag{4.307}$$

全コンプリメンタリエネルギは下式となる.

$$\Pi_c^* = \int_0^l \frac{\left\{-\dfrac{w_0}{2}(l-x)^2 + X(l-x) + M_X\right\}^2}{2EI} dx \tag{4.308}$$

最小コンプリメンタリエネルギの原理より下式が得られる.

$$\left.\begin{aligned}
\frac{\partial \Pi_c^*}{\partial X} &= \int_0^l \frac{\left\{-\dfrac{w_0}{2}(l-x)^2 + X(l-x) + M_X\right\}(l-x)}{EI} dx = 0 \\[2ex]
\frac{\partial \Pi_c^*}{\partial M_X} &= \int_0^l \frac{\left\{-\dfrac{w_0}{2}(l-x)^2 + X(l-x) + M_X\right\}}{EI} dx = 0
\end{aligned}\right\} \tag{4.309}$$

したがって，下式が得られ，反力は式(4.311)となる．3 章の例 3.14 の結果と同じになっていることを確認されたい.

$$\left.\begin{aligned}
-\frac{w_0}{8}l^4 + \frac{X}{3}l^3 + \frac{M_X}{2}l^2 &= 0 \\[2ex]
-\frac{w_0}{6}l^3 + \frac{X}{2}l^2 + M_X l &= 0
\end{aligned}\right\} \tag{4.310}$$

$$\left.\begin{aligned}
X &= \frac{w_0 l}{2} \\[2ex]
M_X &= -\frac{w_0 l^2}{12}
\end{aligned}\right\} \tag{4.311}$$

【例 4.41　梁が剛のロ形骨組】

図 4.55(a)に示す梁が剛のロ形骨組の解析を行う．図 4.55(b)に示すように右側の柱脚の断面力を M_X, Q_X, N_X とする．コンプリメンタリエネルギの算定において梁は剛としているので，右と左の柱の曲げモーメントをそれぞれ $M_1(x)$, $M_2(x)$ として算定する．$M_1(x)$, $M_2(x)$ は下式のように求まる．x 軸の原点は図中に示している．

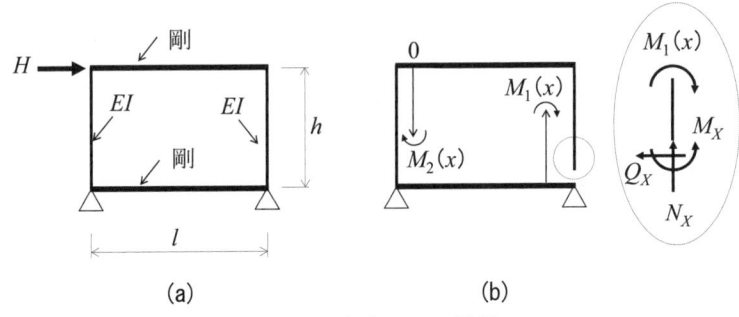

図 4.55　梁が剛のロ形骨組

$$M_1(x) = M_X - Q_X x \left.\begin{array}{l}\\\\\end{array}\right\} \tag{4.312}$$
$$M_2(x) = M_X - Q_X(h-x) + N_X l - Hx$$

全コンプリメンタリエネルギは下式となる．

$$\Pi_c^* = \int_0^h \frac{\{M_X - Q_X x\}^2}{2EI} dx + \int_0^h \frac{\{M_X - Q_X(h-x) + N_X l - Hx\}^2}{2EI} dx \tag{4.313}$$

最小コンプリメンタリエネルギの原理より，下式が得られる．

$$\frac{\partial \Pi_c^*}{\partial M_X} = \frac{\partial \Pi_c^*}{\partial Q_X} = \frac{\partial \Pi_c^*}{\partial N_X} = 0 \tag{4.314}$$

上式を整理すると下式が得られる．

$$\left.\begin{array}{l} 2M_X - Q_X h + N_X l = \dfrac{H}{2} h \\[2mm] M_X - \dfrac{2}{3}Q_X h + \dfrac{1}{2}N_X l = \dfrac{H}{6}h \\[2mm] M_X - \dfrac{1}{2}Q_X h + N_X l = \dfrac{H}{2}h \end{array}\right\} \tag{4.315}$$

したがって，断面力 M_x, Q_x, N_x は下式のように求まる．

$$M_X = \frac{Hh}{4}, \qquad Q_X = \frac{H}{2} \qquad N_X = \frac{H}{2}\cdot\frac{h}{l} \tag{4.316}$$

4.8　カスティリアーノの定理

4.8.1 カスティリアーノの第 1 定理

2.7.1 項で解説したが，外力が集中荷重やモーメント荷重の場合，**ひずみエネルギ** U を変位で表現し，変位 u_i で微分するとその点の荷重 P_i が得られる．すなわち下式である．

$$\frac{\partial U}{\partial u_i} = P_i \tag{4.317}$$

3 章の式(3.181)で両端のたわみ，たわみ角が v_A, v_B, θ_A, θ_B となる時の梁のひずみエネルギ U を下式のように求めた．

$$U = \int_0^l \frac{EI}{2} v''^2 dx = \frac{1}{2} \cdot \frac{EI}{l} \left(v_A/l, \theta_A, v_B/l, \theta_B \right) \begin{pmatrix} 12 & 6 & -12 & 6 \\ 6 & 4 & -6 & 2 \\ -12 & -6 & 12 & -6 \\ 6 & 2 & -6 & 4 \end{pmatrix} \begin{pmatrix} v_A/l \\ \theta_A \\ v_B/l \\ \theta_B \end{pmatrix} = \frac{1}{2} \boldsymbol{x}^T \boldsymbol{K} \boldsymbol{x}$$

再掲(3.181)

カスティリアーノの第 1 定理より下式が得られる．

$$\begin{pmatrix} \dfrac{\partial U}{\partial (v_A/l)} \\ \dfrac{\partial U}{\partial \theta_A} \\ \dfrac{\partial U}{\partial (v_B/l)} \\ \dfrac{\partial U}{\partial \theta_B} \end{pmatrix} = \begin{pmatrix} Q_A l \\ M_A \\ Q_B l \\ M_B \end{pmatrix} = \frac{EI}{l} \begin{pmatrix} 12 & 6 & -12 & 6 \\ 6 & 4 & -6 & 2 \\ -12 & -6 & 12 & -6 \\ 6 & 2 & -6 & 4 \end{pmatrix} \begin{pmatrix} v_A/l \\ \theta_A \\ v_B/l \\ \theta_B \end{pmatrix} \tag{4.318}$$

上式のように，ひずみエネルギ U を算定すると，**節点力**が定義でき，また，**マトリックス変位法**における**剛性マトリックス**の算出ができることとなる．

4.8.2 カスティリアーノの第 2 定理

外力が集中荷重やモーメント荷重の場合，**コンプリメンタリエネルギ** U_c^* を外力で表現し，外力 P_i で微分するとその点の変位 u_i が得られる．すなわち下式である．

$$\frac{\partial U_c^*}{\partial P_i} = u_i \tag{4.319}$$

3 章の例 3.11，3.12 で図 4.56 に示す梁のコンプリメンタリエネルギ U_c^* を算定した．

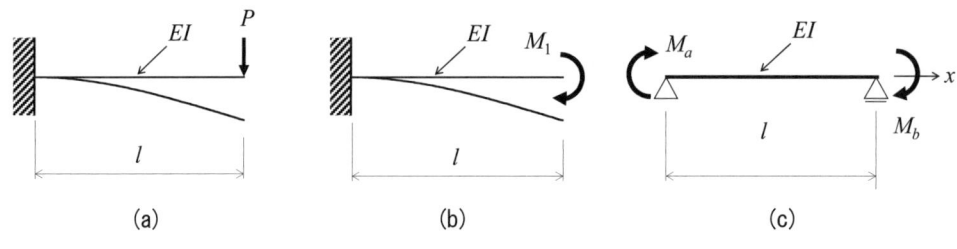

図 4.56　支持条件と荷重

図 4.56(a)，(b)，(c)の場合のコンプリメンタリエネルギは下式となった（例 3.11，3.12 参照）.

図 4.56 (a)の場合　$U_c^* = \dfrac{P^2 l^3}{6EI}$　　　　　　　　　　　　　　再掲(3.187)

図 4.56 (b)の場合　$U_c^* = \dfrac{M_1^2 l}{2EI}$　　　　　　　　　　　　　　再掲(3.189)

図 4.56 (c)の場合　$U_c^* = \dfrac{l}{6EI} \cdot \left(M_a^2 - M_a \cdot M_b + M_b^2 \right)$　　　　　　再掲(3.192)

したがって，荷重の作用点でのたわみ，たわみ角は下式となる.

図 4.55 (a)の場合　$\dfrac{\partial U_c^*}{\partial P} = \dfrac{Pl^3}{3EI}$　　　　　　　　　　　　　　(4.320)

図 4.55(b)の場合　$\dfrac{\partial U_c^*}{\partial M_1} = \dfrac{M_1 l}{EI}$　　　　　　　　　　　　　　(4.321)

図 4.55(c)の場合　$\left. \begin{aligned} \dfrac{\partial U_c^*}{\partial M_a} &= \dfrac{l}{6EI} \cdot \left(2M_a - M_b \right) \\ \dfrac{\partial U_c^*}{\partial M_b} &= \dfrac{l}{6EI} \cdot \left(-M_a + 2M_b \right) \end{aligned} \right\}$　　　　(4.322)

式(4.320)や(4.332)は最小コンプリメンタリエネルギの原理による変位の算定の例 4.40 と対応していることを確認されたい.

　荷重の作用してない点のたわみやたわみ角の算定は，まず，たわみやたわみ角を求めたい点に仮想の荷重やモーメント荷重を作用させてコンプリメンタリエネルギを算定する．つぎに，カスティリアーノの第 2 定理にしたがって，コンプリメンタリエネルギを仮想の荷重で微分し，その後に仮想の荷重を 0 と置くことにより算定する.

【例 4.42　荷重の作用してない点のたわみ，たわみ角】

　図 4.57 に示す自由端に集中荷重 P を受ける片持ち梁の中央点のたわみを算定する．変位を求めたい材中央点に X の力を作用させると曲げモーメントは下式となる.

$$0 \le x \le \frac{l}{2} \qquad M(x) = -X\left(\frac{l}{2}-x\right)-P(l-x) \left.\vphantom{\frac{l}{2}}\right\}$$

$$\frac{l}{2} \le x \le l \qquad M(x) = -P(l-x) \tag{4.323}$$

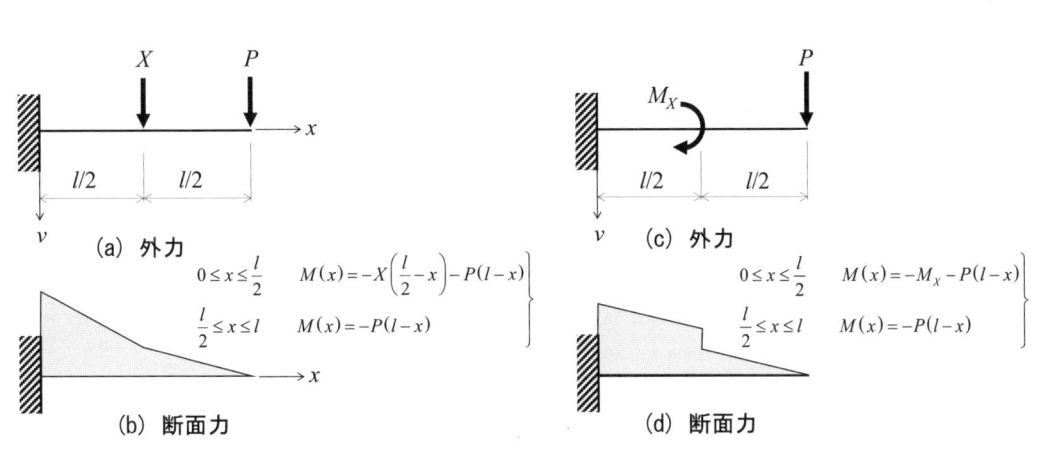

図 4.57 支持条件と荷重・曲げモーメント

コンプリメンタリエネルギは下式となる.

$$U_c^* = \int_l \frac{M^2}{2EI}dx = \int_0^{\frac{l}{2}} \frac{\left\{-X\left(\frac{l}{2}-x\right)-P(l-x)\right\}^2}{2EI}dx + \int_{\frac{l}{2}}^l \frac{\left\{-P(l-x)\right\}^2}{2EI}dx \tag{4.324}$$

上式を積分しても良いが,積分する前に X で偏微分する方が計算は簡略化される. すなわち下式が得られる.

$$\frac{\partial U_c^*}{\partial X} = \int_0^{\frac{l}{2}} \frac{\left\{-X\left(\frac{l}{2}-x\right)-P(l-x)\right\}\left\{-\left(\frac{l}{2}-x\right)\right\}}{EI}dx \tag{4.325}$$

さらに,この時点で右辺の X を $X=0$ とおくと下式が得られる.

$$\left.\frac{\partial U_c^*}{\partial X}\right|_{X=0} = \int_0^{\frac{l}{2}} \frac{\left\{-P(l-x)\right\}\left\{-\left(\frac{l}{2}-x\right)\right\}}{EI}dx \tag{4.326}$$

上式を計算すると,下式となる.

$$\left.\frac{\partial U_c^*}{\partial X}\right|_{X=0} = \int_0^{\frac{l}{2}} \frac{\left\{-P(l-x)\right\}\left\{-\left(\frac{l}{2}-x\right)\right\}}{EI}dx = \frac{5Pl^3}{48EI} \tag{4.327}$$

式(4.326) は単位仮想荷重法でのたわみの算定式となっていることを確認されたい. **カスティリアーノの第 2 定理は単位仮想荷重を作用させる釣合系の幾何学的境界条件**を, たわみを求める**実系の適合系**と同じにした**単位仮想荷重法**と本質的に同じである. 式(4.327)は, 3 章の式(3.103) からも求めることができる.

次に, 中央点のたわみ角を算定する. 曲げモーメントは下式となる.

$$0 \le x \le \frac{l}{2} \qquad M(x) = -M_X - P(l-x) \left.\vphantom{\begin{array}{c}1\\1\end{array}}\right\}$$
$$\frac{l}{2} \le x \le l \qquad M(x) = -P(l-x) \tag{4.328}$$

コンプリメンタリエネルギは下式となる.

$$U_c^* = \int_l \frac{M^2}{2EI} dx = \int_0^{\frac{l}{2}} \frac{\{-M_X - P(l-x)\}^2}{2EI} dx + \int_{\frac{l}{2}}^l \frac{\{-P(l-x)\}^2}{2EI} dx \tag{4.329}$$

上式を M_X で偏微分し $M_X=0$ として積分すると下式が得られる.

$$\left.\frac{\partial U_c^*}{\partial M_X}\right|_{M_X=0} = \left.\int_0^{\frac{l}{2}} \frac{\{-M_X - P(l-x)\}\{-1\}}{EI} dx\right|_{M_X=0} = \int_0^{\frac{l}{2}} \frac{\{-P(l-x)\}\{-1\}}{EI} dx = \frac{3Pl^2}{8EI} \tag{4.330}$$

例 4.6 の 4)で示した式(4.56)と同じ式が得られた.

【例 4.43　ロ形骨組】

図4.58 の骨組のB 点の水平変位を算定する. 柱の曲げモーメントは下式となる(式(4.66)参照).

$$M(x) = \frac{H}{4}(h-2x) \tag{再掲(4.66)}$$

コンプリメンタリエネルギは下式となる.

$$U_c^* = \int_l \frac{M^2}{2EI} dx = 2\int_0^h \frac{\left\{\frac{H}{4}(h-2x)\right\}^2}{2EI} dx = \frac{H^2 h^3}{48EI} \tag{4.331}$$

したがって, B 点の水平変位は下式で求まる. 例 4.9 の式(4.70)と同じ値が得られた.

$$\frac{\partial U_c^*}{\partial H} = \frac{Hh^3}{24EI} \tag{4.332}$$

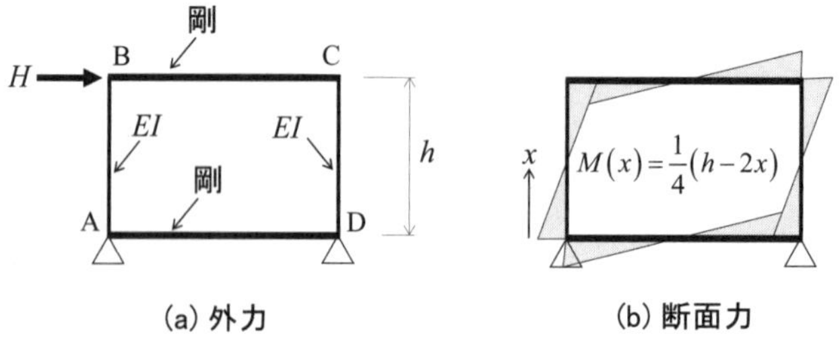

(a) 外力　　　　　　(b) 断面力

図 4.58　ロ形骨組

チモシェンコ（Timoshenko）によるとカスティリアーノは構造物の変位は外力の線形関数であると仮定していたが，この仮定がなりたたず適用できない場合があり，「カスティリアーノの理論を一般化したのはエンゲッサー（Engesser）である．エンゲッサーはこのような場合にコンプリメンタリエネルギの概念を導入して，これを独立な力で微分すれば変位が得られることを示した．」としている．

【例 4.44　幾何学的非線形問題】

図 4.59 の構造を考える．荷重のない $P=0$ の場合は 2 本の棒は直線である．荷重点の変位 v を求めることを問題とする．変形後の力の釣合い，断面力とひずみの関係，適合条件は下式となる．棒の長さ l，ヤング係数 E，断面積 A，伸び δ としている．また棒の軸力を N，変形後の水平軸からの角度を θ としている．

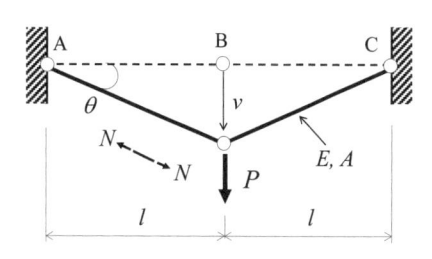

図 4.59　幾何学的非線形問題

$$\left.\begin{array}{l} 2N\sin\theta = P \\ N = \dfrac{EA}{l}\delta \end{array}\right\} \quad \therefore P = 2\dfrac{EA}{l}\delta\sin\theta \tag{4.333}$$

変形は小さいとすると，下式が得られる．

$$\left.\begin{array}{l} \sin\theta = \dfrac{v}{l} \\ \delta = \dfrac{1}{2}l\left(\dfrac{v}{l}\right)^2 \end{array}\right\} \tag{4.334}$$

式(4.333)に上式を代入すると下式が得られる．

$$P = 2\frac{EA}{l}\delta\sin\theta = EA\left(\frac{v}{l}\right)^3 \tag{4.335}$$

ひずみエネルギ U は下式となる．

$$U = \int_0^v P\,dv = \int_0^v EA\left(\frac{v}{l}\right)^3 dv = \frac{EA}{4}\cdot\frac{v^4}{l^3} \tag{4.336}$$

コンプリメンタリエネルギ U_c^* は下式となる．

$$U_c^* = \int_0^P v\,dP = \int_0^P l\left(\frac{P}{EA}\right)^{\frac{1}{3}} dP = \frac{3}{4}\cdot\frac{P^{\frac{4}{3}}l}{\sqrt[3]{EA}} \tag{4.337}$$

式(4.317), (4.319) より下式が得られ，これは**微分積分学の基本定理**より当然であるが，それぞれ外力 P と変位 v の値を与えている．

$$\frac{\partial U}{\partial v} = EA\cdot\frac{v^3}{l^3}, \quad \frac{\partial U_c^*}{\partial P} = \frac{P^{\frac{1}{3}}l}{\sqrt[3]{EA}} \tag{4.338}$$

この場合には，式(4.335)を用いて**ひずみエネルギ**を P の関数であらわすと，下式となる．

$$U = \frac{1}{4} \cdot \frac{P^{\frac{4}{3}}l}{\sqrt[3]{EA}} \tag{4.339}$$

式(4.337)の U_c^* とは異なる値となり，微分しても正しい変位 v は得られない．

　式(4.335)は荷重 P と変位 v が比例していない．このように変形後の状態で力の釣合いを考える必要がある問題も存在する．このような問題を**幾何学的非線形問題**という．材料の構成則が非線形の問題もあるが，これは**材料非線形問題**と呼ぶ．

> **参考 4.25　エンゲッサーの業績**
> 　**線形弾性体**よりなる部材，骨組であれば**ひずみエネルギ** U と**コンプリメンタリエネルギ** U_c^* は同じである．**非線形弾性体**や上記の例では　$U \neq U_c^*$ であり，カスティリアーノの第 2 定理を用いて変位を求めるためには，U_c^* を用いなければならない．「エンゲッサーの業績は当時ほとんど注目を集めなかった．構造解析の対象が主としてカスティリアーノの仮定を満足するような線形の力学系だったからである．（チモシェンコ：材料力学史より）」

4.9　仕事の原理，エネルギの原理のまとめ

　表 1 に仕事の原理やエネルギ原理の適用範囲を構成則との関係でまとめた．たとえば単位仮想荷重法は線形弾性体に用いることができ，非線形弾性体や非弾性となる場合には使用できない．

表 1　仕事の原理とエネルギの原理の適用範囲

定理・原理	線形弾性体	非線形弾性体	非弾性
ダイバージェンスの定理	○	○	○
単位仮想荷重法	○	×	×
単位仮想変位法	○	×	×
相反定理	○	×	×
仮想仕事の原理	○	○	○
補仮想仕事の原理	○	○	○
最小ポテンシャルエネルギの原理	○	○	×
最小コンプリメンタリエネルギの原理	○	○	×
カスティリアーノの定理	○	○	×

図 4.60 に本章で解説した仕事の原理およびエネルギの原理をまとめる.

1) ダイバージェンスの定理

釣合系の外力と断面力が（それとは無関係の）適合系の変位とひずみに対してなす外力のなす仕事と内力のなす仕事が等しいことを主張する. 式で表現すると下式となる.

$$Q_A^* \cdot v_A + M_A^* \cdot \theta_A + Q_B^* \cdot v_B + M_B^* \cdot \theta_B + \int_0^l w^*(x)v(x)dx = \int_0^l M^*(x) \cdot \phi(x)dx \qquad 再掲(4.3)$$

上式を書き下し，適合系の条件（ひずみ－変位関係，幾何学的境界条件）を与えると，釣合い式，力学的境界条件が得られる. 逆に釣合系の条件（釣合い式，力学的境界条件）を与えると，ひずみ－変位関係，幾何学的境界条件が得られる.

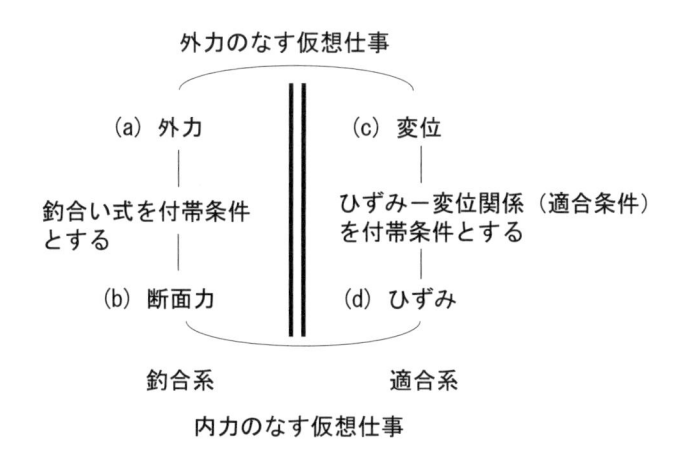

図 4.60(a)　ダイバージェンスの定理

2) 単位仮想荷重法

線形弾性体よりなる実系（適合系の変位やひずみが，釣合系の外力，断面力より得られるもの）の適合系に対して，単位 1 の外力と対応する断面力よりなる釣合系を考え，ダイバージェンスの定理を用いることにより変位が算定できる.

$$v(x_k) \text{ or } v'(x_k) = \int_0^l \frac{M\overline{M}}{EI}dx + \int_0^l \frac{N\overline{N}}{EA}dx + \int_0^l \kappa \frac{Q\overline{Q}}{GA}dx \qquad 再掲(4.50)$$

曲げ変形が卓越する場合には，上式右辺第 1 項の計算で良い.

$$v(x_k) \text{ or } v'(x_k) = \int_0^l \frac{M\overline{M}}{EI}dx \qquad 再掲(4.48), (4.49)$$

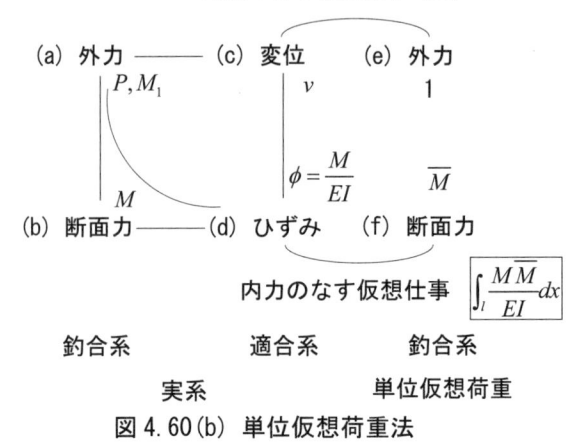

外力のなす仮想仕事 $\boxed{1 \cdot v}$

(a) 外力 ——— (c) 変位 (e) 外力
P, M_1 v 1

$\phi = \dfrac{M}{EI}$ $\overline{M}$

M

(b) 断面力 ——— (d) ひずみ (f) 断面力

内力のなす仮想仕事 $\boxed{\displaystyle\int_l \dfrac{M\overline{M}}{EI}dx}$

釣合系 適合系 釣合系

実系 単位仮想荷重

図 4.60(b) 単位仮想荷重法

3) 単位仮想変位法

　線形弾性体よりなる実系の釣合系に対して，単位 1 の変位と対応するひずみよりなる適合系を考え，ダイバージェンスの定理を用いることにより力が算定できる.

$$P_i \cdot 1 \text{ or } M_i \cdot 1 = \int_0^l M\overline{\phi}dx = \int_0^l EI\phi\overline{\phi}dx \qquad\qquad 再掲(4.71),\ (4.72)$$

外力のなす仮想仕事 $\boxed{P \cdot 1}$

(a) 外力——— (c) 変位 (e) 変位
P, M_1 v 1

$M = EI\phi$ ϕ $\overline{\phi}$

(b) 断面力 ——— (d) ひずみ (f) ひずみ

内力のなす仮想仕事 $\boxed{\displaystyle\int_l EI\phi\overline{\phi}dx}$

釣合系 適合系 適合系

実系 単位仮想変位

図 4.60(c) 単位仮想変位法

4) 相反定理

　実系 1 と実系 2 において，実系 1 の釣合系の外力が実系 2 の適合系の変位に対してなす仕事と実系 2 の釣合系の外力が実系 1 の適合系の変位に対してなす仕事が等しい.線形弾性体であれば，上記の断面力のなす仕事が等しくなることより証明できる.

ベッティ（Betti）の相反定理

$$P_1^a \cdot v_1^b + \dots + P_n^a \cdot v_n^b = P_1^b \cdot v_1^a + \dots + P_m^b \cdot v_m^a \qquad\qquad 再掲(4.90)$$

マックスウェル（**Maxwell**）の定理

$$v_{ik} = v_{ki} \qquad\qquad 再掲(4.92)$$

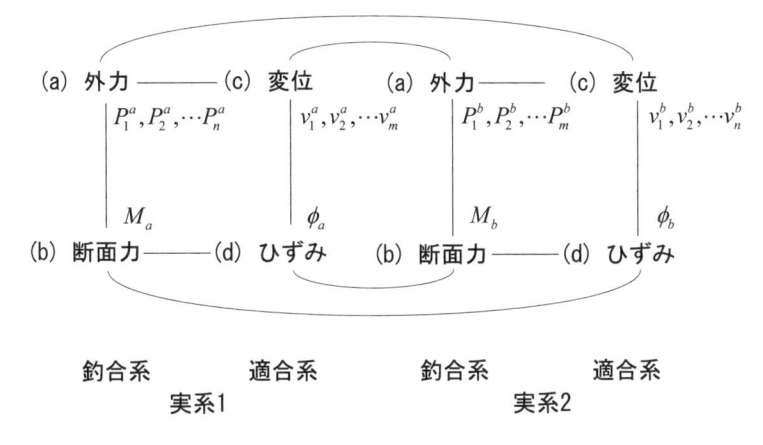

図 4.60(d)　相反定理

5) 仮想仕事の原理

　仮想仕事の原理はダイバージェンスの定理において，ひずみ－変位関係，幾何学的境界条件を付帯条件とした場合であり力の釣合い式，力学的境界条件と等価である．

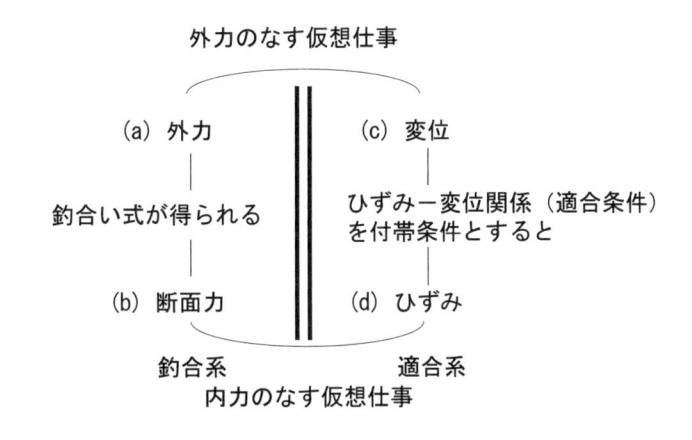

図 4.60(e)　仮想仕事の原理

$$Q_A^* \cdot \delta v_A + M_A^* \cdot \delta\theta_A + Q_B^* \cdot \delta v_B + M_B^* \cdot \delta\theta_B + \int_0^l w^*(x)\delta v(x)dx = \int_0^l M^*(x) \cdot \delta\phi(x)dx \quad 再掲(4.112)$$

6) 補仮想仕事の原理

　補仮想仕事の原理はダイバージェンスの定理において，釣合い式，力学的境界条件を付帯条件とした場合であり，ひずみ－変位関係，幾何学的境界条件と等価である．

$$\delta Q_A^* \cdot v_A + \delta M_A^* \cdot \theta_A + \delta Q_B^* \cdot v_B + \delta M_B^* \cdot \theta_B + \int_0^l \delta w^*(x) \cdot v(x) dx = \int_0^l \delta M^*(x) \cdot \phi(x) dx \quad \text{再掲(4.277)}$$

外力のなす仮想仕事

(a) 外力　　　　　　　(c) 変位

釣合い式を付帯条件　　ひずみー変位関係（適合条件）
とすると　　　　　　が得られる

(b) 断面力　　　　　　(d) ひずみ

釣合系　　　　　　　　適合系
内力のなす仮想仕事

図 4.60(f)　補仮想仕事の原理

7)　最小ポテンシャルエネルギの原理

　仮想仕事の原理において，ひずみエネルギが存在し，外力が保存力であるとき，ひずみエネルギ U と外力のポテンシャル V を加えた全ポテンシャルエネルギ Π は，正解を与える変位のもとで最小値をとる．なお，ひずみエネルギはひずみー変位関係より変位で表現する．第 1 変分 $\delta\Pi=0$ は，釣合い式，力学的境界条件を与える．

$$\Pi = U + V = U - \sum_{i=1}^{j} \overline{P_i} v_i - \sum_{i=1}^{k} \overline{M_i} \theta_i - \int_0^l \overline{w}(x) v(x) dx \qquad \text{再掲(4.170)}$$

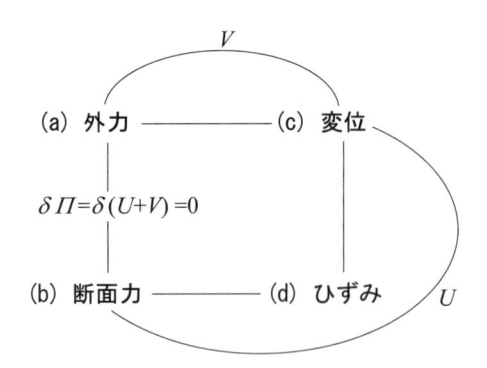

図 4.60(g)　最小ポテンシャルエネルギの原理

8)　最小コンプリメンタリエネルギの原理

　補仮想仕事の原理において，コンプリメンタリエネルギが存在し，外力が保存力であるとき，コンプリメンタリエネルギ U_c^* と外力のコンプリメンタリポテンシャル V_c^* を加えた全コンプリメンタリエネルギ Π_c^* は，正解を与える断面力のもとで最小値をとる．　第 1 変分 $\delta\Pi_c^*=0$ は，ひず

み－変位関係，幾何学的境界条件を与える．

$$\Pi_c^* = U_c^* + V_c^* = U_c^* - \sum_{i=1}^{j} \overline{v}_i P_i - \sum_{i=1}^{k} \overline{\theta}_i M_i - \int_0^l \overline{v}(x) w(x)$$ 　　　　　再掲(4.289)

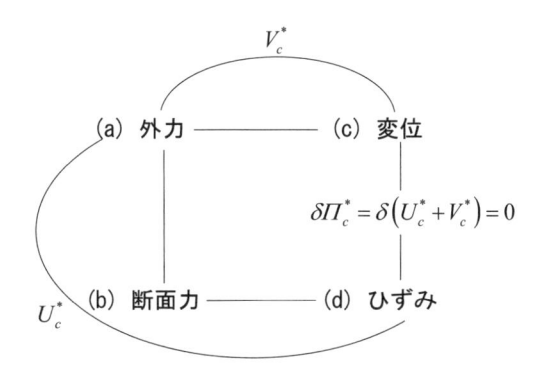

図 4.60(h)　最小コンプリメンタリエネルギの原理

9) カスティリアーノの定理

外力が集中荷重やモーメント荷重の場合，ひずみエネルギ U を変位で表現し，変位 u_i で微分するとその点の荷重 P_i が得られる（**第 1 定理**）．コンプリメンタリエネルギ U_c^* を外力で表現し，外力 P_i で微分するとその点の変位 u_i が得られる（**第 2 定理**）．

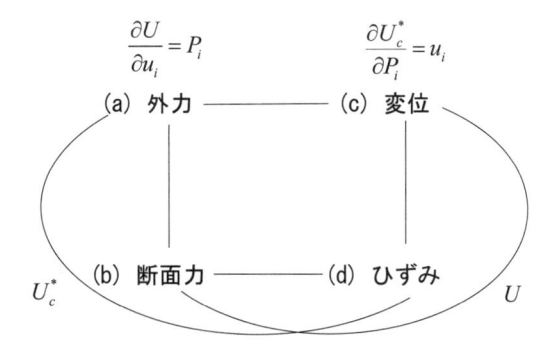

図 4.60(i)　カスティリアーノの定理

$$\frac{\partial U}{\partial u_i} = P_i$$ 　　　　　再掲(4.317)

$$\frac{\partial U_c^*}{\partial P_i} = u_i$$ 　　　　　再掲(4.319)

演 習 問 題

問題 4.1 内力のなす仕事

式(4.3)の右辺 $\int_0^l M^*(x) \cdot \phi(x) dx$ は，適合系の諸量が釣合系の外力・断面力によるとき，内力のなす仕事であることを確認しなさい.

$$Q_A^* \cdot v_A + M_A^* \cdot \theta_A + Q_B^* \cdot v_B + M_B^* \cdot \theta_B + \int_0^l w^*(x)v(x)dx = \int_0^l M^*(x) \cdot \phi(x)dx \qquad 再掲(4.3)$$

問題 4.2 単位仮想荷重法

両端固定梁に等分布荷重が作用する時の中央点のたわみδを単位仮想荷重法で算定するとき，図 4.61 の単純梁，片持ち梁，固定ーローラ梁，固定梁を釣合系としても同じたわみが得られることを確認しなさい.

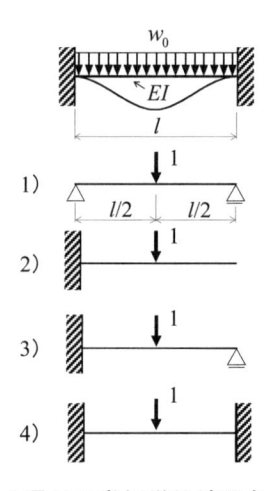

図 4.61　4 通りの幾何学的境界条件をもつ梁

問題 4.3 相反定理

図 4.62 の量が下記のようにわかっているとき，系 A の中央点の変位δ_aを，系 B と相反定理を用いて算定せよ.

$$\overline{\theta}_{a1} = \frac{M_a l}{3EI}, \ \overline{\theta}_{a2} = \frac{M_a l}{6EI}$$

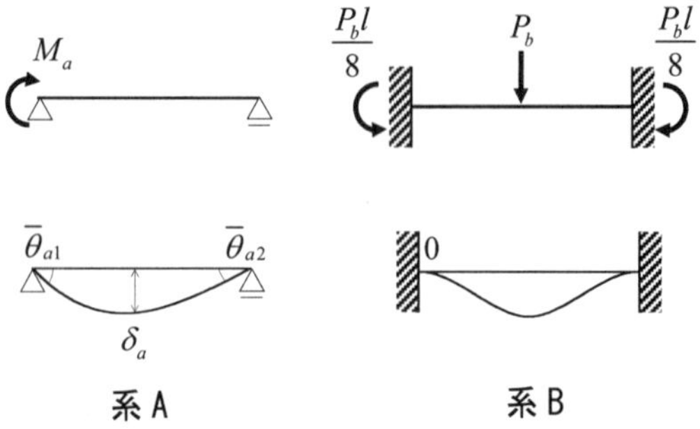

図 4.62　単純梁と両端固定梁（幾何学的境界条件が異なる場合）

問題 4.4 最小ポテンシャルエネルギの原理

図 4.63 の構造に対して，1) 幾何学的境界条件を記述しなさい．さらに 2) 全ポテンシャルエネルギ Π を記述しなさい．また第 1 変分を取って，釣合い微分方程式と力学的境界条件を導出しなさい．

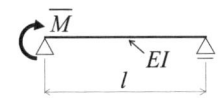

図 4.63　釣合い微分方程式と力学的境界条件

問題 4.5 最小ポテンシャルエネルギの原理

例 4.35 において分布荷重 $w(x)$ がある場合は，式(4.230)はどうなるかを考察しなさい．式(3.177)を用いること．また，3 章の固定端モーメントとの対応を検討しなさい．

$$v = \left\{2\left(\frac{x}{l}\right)^3 - 3\left(\frac{x}{l}\right)^2 + 1\right\}v_A + \left\{\left(\frac{x}{l}\right)^3 - 2\left(\frac{x}{l}\right)^2 + \frac{x}{l}\right\}l\theta_A$$

$$+ \left\{-2\left(\frac{x}{l}\right)^3 + 3\left(\frac{x}{l}\right)^2\right\}v_B + \left\{\left(\frac{x}{l}\right)^3 - \left(\frac{x}{l}\right)^2\right\}l\theta_B$$

再掲(3.177)

問題 4.6 カスティリアーノの定理（第 2 定理）

図 4.64 に示す単純ばりの両端に $\widetilde{M}$ のモーメント荷重が作用するとき，左端（A 点）のたわみ角をカスティリアーノの定理を用いて求めなさい．

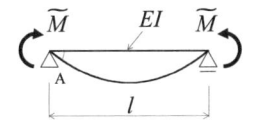

図 4.64　両端に $\widetilde{M}$ のモーメント荷重が作用する単純梁

第5章　エネルギ原理に基礎を置く近似解法

　本章では，**仕事の原理**や**エネルギ原理**（**変分原理**）に基礎をおく近似解法について説明する．

　5.1節では**仮想仕事の原理**に基礎をおく近似解法を示した．例題としては梁のたわみの問題，座屈荷重の算定および機構法による塑性崩壊荷重の算定を示した．どちらも，断面力のなす仮想仕事を（釣合系の断面力でなく）適合系のひずみに対応している断面力を用いて算定する点が，仮想仕事の原理のそのままの適用で無く近似解法となっている．

　5.2節では**最小ポテンシャルエネルギの原理**に基礎をおく近似解法として，**Rayleigh-Ritz法**を示した．幾何学的境界条件を満足する**許容関数**を仮定することにより，**変分法**の問題を，**一般化座標**を変数とした関数の極値問題に変換したもので，変分法における**直接法**として知られている．全ポテンシャルエネルギはマトリックス表記を用いると，便利であることを示した．

　5.3節では，**Galerkin法**について解説した．

5.1　仮想仕事の原理に基礎をおく近似解法

5.1.1　仮想仕事の原理に基礎をおく近似解法の概要

　本節では，**仮想仕事の原理**に基礎をおく近似解法について説明する．梁の問題に関して具体的に例で説明する．

　図5.1に示すように分布荷重$w(x)$と$x=x_j$の点に集中荷重$\overline{P}_j$が，$x=x_k$の点にモーメント荷重$\overline{M}_k$が作用したときの仮想仕事式は下式のようになる．

$$\overline{P}_j\delta v\left(x_j\right)+\overline{M}_k\delta v'\left(x_k\right)+\int_0^l w\delta v dx=\int_0^l M\delta\phi dx \tag{5.1}$$

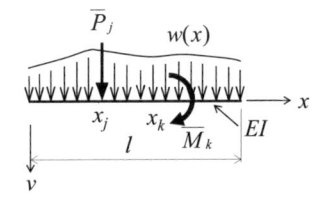

図5.1　分布荷重・集中荷重・モーメント荷重を受ける梁

　式(5.1)を用いる近似解法では変位vを下式のように仮定する．

$$v\left(x\right)=\sum_{i=1}^n a_i f_i\left(x\right) \tag{5.2}$$

　ここに$f_i(x)$ $(i=1, 2, \cdots, n)$は**幾何学的境界条件**を満足するように選んだ関数である．a_iは任意定数であるが，$(a_1, a_2, \cdots, a_n)$が決まれば$v(x)$は一意に決定できる．その意味でa_iを**一般化座標**と呼ぶ．また$f_i(x)$は**基底**と呼ばれる．

式(5.2)のように選んだ v は a_i のいかんにかかわらず，幾何学的境界条件を満足している．式(5.2)から**仮想変位** δv は下式となる．

$$\delta v(x) = \sum_{i=1}^{n} \delta a_i f_i(x) \tag{5.3}$$

$\delta \phi = -\delta v''$ を用い，上式を式(5.1)に代入すると下式が得られる．

$$\overline{P}_j \sum_{i=1}^{n} \delta a_i f_i(x_j) + \overline{M}_k \sum_{i=1}^{n} \delta a_i f_i'(x_k) + \int_0^l w \sum_{i=1}^{n} \delta a_i f_i(x) dx = -\int_0^l M \sum_{i=1}^{n} \delta a_i f_i''(x) dx \tag{5.4}$$

整理すると下式が得られる．

$$\sum_{i=1}^{n} \left(\overline{P}_j f_i(x_j) + \overline{M}_k f_i'(x_k) \right) \delta a_i + \sum_{i=1}^{n} \delta a_i \int_0^l \left(M f_i''(x) + w f_i(x) \right) dx = 0 \tag{5.5}$$

したがって下式が得られる．

$$\sum_{i=1}^{n} \left(\int_0^l \left(M f_i'' + w f_i \right) dx + \overline{P}_j f_i(x_j) + \overline{M}_k f_i'(x_k) \right) \delta a_i = 0 \tag{5.6}$$

δa_i は任意であるので，下式が得られる．式(5.7)で $i = 1, 2, \cdots, n$ である．

$$L_i \equiv \int_0^l \left(M f_i''(x) + w f_i(x) \right) dx + \overline{P}_j f_i(x_j) + \overline{M}_k f_i'(x_k) = 0 \tag{5.7}$$

上式に**部分積分**を施すと，式(5.7)は次のように書ける

$$\left[M f_i' \right]_0^{x_{k-}} + \left[M f_i' \right]_{x_{k+}}^{l} - \left[M' f_i \right]_0^{x_{j-}} - \left[M' f_i \right]_{x_{j+}}^{l} + \int_0^l (M'' + w) f_i dx + \overline{P}_j f_i(x_j) + \overline{M}_k f_i'(x_k) = 0 \tag{5.8}$$

すなわち下式が得られる．なお，$M' = Q$ を用いている．

$$\int_0^l (M'' + w) f_i dx + M(x_{k-}) f'(x_{k-}) - M(0) f'(0) + M(l) f'(l) - M(x_{k+}) f'(x_{k+})$$
$$-Q(x_{j-}) f_i(x_{j-}) + Q(0) f_i(0) - Q(l) f_i(l) + Q(x_{j+}) f_i(x_{j+}) + \overline{P}_j f_i(x_j) + \overline{M}_k f_i'(x_k) = 0 \tag{5.9}$$

整理すると下式が得られる．ここに，たわみおよびたわみ角の**連続条件** $f_i(x_{k-}) = f_i(x_{k+}) = f_i(x_k)$ と $f'(x_{k-}) = f'(x_{k+}) = f'(x_k)$ を用いた．

$$\int_0^l (M'' + w) f_i dx + \left(M(x_{k-}) + \overline{M}_k - M(x_{k+}) \right) f_i'(x_k) - M(0) f_i'(0) + M(l) f_i'(l)$$
$$+ \left(-Q(x_{j-}) + \overline{P}_j + Q(x_{j+}) \right) f_i(x_j) + Q(0) f_i(0) - Q(l) f_i(l) = 0 \tag{5.10}$$

上式の左辺第2項はモーメント荷重が作用する点での曲げモーメントの**不連続条件**，第5項は集中荷重が作用する点でのせん断力の不連続条件を表している．また，たとえば，モーメント荷重 $\overline{M}_k$ が $x=0$ の点で作用しているとすると，下式の項が現れ，力学的境界条件をも含む式となっていることがわかる．

$$\left(\overline{M}_k - M(0)\right)f_i'(0) \tag{5.11}$$

　基底 f_i の任意性を考えると，式(5.10)は近似的な力の**釣合い微分方程式**，**力学的境界条件**，材中間に作用する集中荷重，モーメント荷重の不連続条件を表している．たとえば，力学的境界条件，材中間に作用する荷重の連続あるいは不連続条件を満足すれば，式(5.10)は下式となる．

$$\int_0^l \left(M'' + w\right)f_i dx = 0 \tag{5.12}$$

　上式の左辺の $M'' + w$ を 0 とおくと，式(3.8)で示したように，これは**釣合い微分方程式**である．式 (5.12)は釣合い微分方程式に**重み** f_i をつけて積分した値が 0 という条件でがまんしていることを表している．式(5.12)は **Galerkin 法**と等価である．すなわち釣合い微分方程式が定義域で常に成立することをあきらめ，基底 f_i を重みとして積分した値を 0 とする．正解であれば釣合い微分方程式 $M'' + w = 0$ は定義域すべてで成り立つが，正解でない場合は，$M'' + w$ は 0 とならない部分も生じる．0 とならない誤差を**残差**と呼ぶが，Galerkin 法は重みを基底 f_i にとって平均的に残差が 0 となることが「**最良**」となると考えたものであり，**重みつき残差法**の一つである．

　式(5.7)に立ち戻り，つぎになすべきことは L_i 中の断面力 M を断面力－ひずみ関係とひずみ－変位関係をもちいて a_i，f_i で表すことである．すなわち下式が得られる．

$$M = EI\phi = -EIv'' = -EI\sum_{i=1}^n a_i f_i''(x) \tag{5.13}$$

　式(5.13)を式(5.7)に代入し積分を実行すると，式 (5.7) は a_i（$i=1, 2, \ldots, n$）に関する **n 元連立方程式**となる．この方程式を解いて a_i を決定し，その値を式(5.2)に代入すると変位の近似解が得られる．

　この解法では，**釣合系**の断面力でなく**適合系**の曲率に対応する断面力（式(5.13)）が適合系の曲率に対してなす仕事を内力（断面力）のなす仮想仕事としている．仮想仕事の原理は釣合系の断面力が適合系の曲率に対してなす仕事を計算するが，この点が異なり，近似解法となっている．

> **参考 5.1　基底**
> 　直交デカルト座標 (x, y, z) は，$(1, 0, 0)$，$(0, 1, 0)$，$(0, 0, 1)$ を基底とする座標といえる．

5.1.2 仮想仕事の原理に基礎をおく近似解法の例題
【例 5.1　等分布荷重の作用する単純梁】

　図 5.2 の等分布荷重（$w(x) = w$）の作用する単純梁を考える．式(5.7)を再記する．今の問題では，$\overline{P}_j = \overline{M}_k = 0$ である．

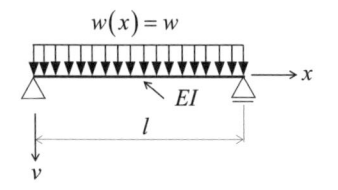

図 5.2　等分布荷重を受ける単純梁

$$L_i \equiv \int_0^l \left(Mf_i'' + wf_i \right) dx + \overline{P}_j f_i\left(x_j\right) + \overline{M}_k f_i'\left(x_k\right) = 0 \qquad \text{再掲}(5.7)$$

幾何学的境界条件$(v(0){=}v(l){=}0)$を満足する下式でたわみを仮定する.

$$v\left(x\right) = \sum_{i=1}^{n} a_i f_i(x) = \sum_{i=1}^{n} a_i \sin\frac{i\pi x}{l} \qquad (5.14)$$

曲げモーメント M は下式となる.

$$M = EI\phi = -EIv'' = -EI\sum_{j=1}^{n} a_j f_j''(x) \qquad \text{再掲}(5.13)$$

したがって，式(5.7)は下式となる.

$$L_i \equiv \int_0^l \left(Mf_i'' + wf_i \right) dx = \int_0^l \left\{ \left(-EI\sum_{j=1}^{n} a_j f_j''(x) \right) f_i'' + wf_i \right\} dx = 0 \qquad (5.15)$$

基底 f_i および f_i'' は下式となる.

$$f_i(x) = \sin\left(\frac{i\pi x}{l}\right), \qquad f_i''(x) = -\left(\frac{i\pi}{l}\right)^2 \sin\left(\frac{i\pi x}{l}\right) \qquad (5.16)$$

下式に注意すると，式(5.15)は式(5.18)となる.

$$\int_0^l \sin\left(\frac{j\pi x}{l}\right)\sin\left(\frac{i\pi x}{l}\right) dx = \left.\begin{array}{ll} \dfrac{l}{2} & (i = j) \\[2mm] 0 & (i \neq j) \end{array}\right\}, \qquad \int_0^l \sin\left(\frac{i\pi x}{l}\right) dx = \left.\begin{array}{ll} \dfrac{2l}{i\pi} & (i:奇数) \\[2mm] 0 & (i:偶数) \end{array}\right\} \qquad (5.17)$$

$$\int_0^l \left\{ \left(-EI\sum_{j=1}^{n} a_j f_j''(x) \right) f_i'' + wf_i \right\} dx = -EI\left(\frac{i\pi}{l}\right)^4 \frac{l}{2} a_i + \left(\begin{array}{l} \dfrac{2l}{i\pi} w \ (i:奇数) \\[2mm] 0 \quad (i:偶数) \end{array}\right) = 0 \qquad (5.18)$$

したがって，下式が得られる.

$$a_i = \frac{4wl^4}{i^5 \pi^5 EI} \ (i:奇数) \ , \qquad a_i = 0 \ (i:偶数) \qquad (5.19)$$

したがって，たわみは下式となる．但し，i は奇数であり，このことは，材中央に関して対称な変形をすることを示している

$$v(x) = \sum_{i=1,3,5,\cdots}^{n} \frac{4wl^4}{i^5\pi^5 EI} \sin\left(\frac{i\pi x}{l}\right) \tag{5.20}$$

上式で，$n=1$，3，5 とすると中央点のたわみはそれぞれ下のようになる．なお，下の値は wl^4/EI の係数である．

$$0.013071\ (n=1), \qquad 0.013017\ (n=3), \qquad 0.013021\ (n=5)$$

正解は下式であるので，

$$v\left(\frac{l}{2}\right) = \frac{5wl^4}{384EI} = 0.013021\frac{wl^4}{EI} \tag{5.21}$$

非常に良い精度でたわみが得られる．曲げモーメントは式(5.13)より下式となる．

$$-EIv''(x) = \sum_{i=1}^{n} \frac{4wl^2}{i^3\pi^3} \sin\left(\frac{i\pi x}{l}\right) \tag{5.22}$$

上式で，$n=1$，3，5 とすると中央点での曲げモーメントは，それぞれ下のようになる．なお，下の値は wl^2 の係数である．

$$0.12901\ (n=1), \qquad 0.12423\ (n=3), \qquad 0.12526\ (n=5)$$

正解は $wl^2/8$（$=0.125\ wl^2$）であるが，たわみが精度良く得られたのに対して精度は悪い．これは近似解の精度は微分すると悪化することによる．

【例 5.2　座屈の問題】

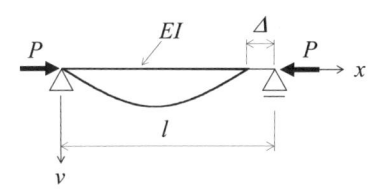

図 5.3　座屈の問題

図 5.3 における仮想仕事式は式(4.160)より下式となる．

$$\left[-M\delta v'\right]_0^l + \left[\left(M'-Pv'\right)\delta v\right]_0^l + \int_0^l \left(-M''+Pv''\right)\delta v\,dx = 0 \qquad 再掲(4.160)$$

幾何学的境界条件はもちろんのこと，**力学的境界条件**を満足するたわみを仮定すると，式(5.12)と同等の式は下式となる．

$$\int_0^l \left(-M''+Pv''\right)f_i\,dx = 0 \tag{5.23}$$

幾何学的境界条件 $\delta v(0)= \delta v(l)=0$，力学的境界条件 $M(0)=M(l)=0$ を満足するたわみ形として下式を仮定する.

$$v(x) = \sum_{i=1}^{n} a_i \sin\left(\frac{i\pi x}{l}\right) \tag{5.24}$$

曲げモーメント M は下式となる.

$$M = EI\phi = -EIv'' = -EI\sum_{i=1}^{n} a_i f_i''(x) \qquad 再掲(5.13)$$

したがって式(5.23)は下式となる.

$$\int_0^l \left(-M'' + Pv''\right) f_i dx = \int_0^l \left(EI\sum_{j=1}^{n} a_j f_j^{\mathrm{IV}}(x) + P\sum_{j=1}^{n} a_j f_j''(x)\right) f_i dx$$

$$= \int_0^l \left(EI\sum_{j=1}^{n} a_j \left(\frac{j\pi}{l}\right)^4 \sin\left(\frac{j\pi x}{l}\right) - P\sum_{j=1}^{n} a_j \left(\frac{j\pi}{l}\right)^2 \sin\left(\frac{j\pi x}{l}\right)\right) \sin\left(\frac{i\pi x}{l}\right) dx \tag{5.25}$$

$$= \left\{EI\left(\frac{i\pi}{l}\right)^4 - P\left(\frac{i\pi}{l}\right)^2\right\} \frac{l}{2} a_i = 0$$

上式より，**座屈荷重** が下記のように求まる.

$$P = \frac{i^2 \pi^2 EI}{l^2} \quad (i=1,\ 2,\ \cdots,\ n) \tag{5.26}$$

実際的な意味を持つものは，P が最小値となる $i=1$ の場合で，この場合，下式の P_e は**オイラー荷重**と呼ばれる.

$$P_e = \frac{\pi^2 EI}{l^2} \tag{5.27}$$

この例では，正しい**座屈モード**を仮定したので正解が得られた.

【例 5.3　機構法による塑性崩壊荷重の算定 1】

図 5.4(a)に示す骨組の柱頭 B 点に水平力 P が作用する骨組の**塑性崩壊荷重**を算定する. 柱の長さは h，柱および梁の全塑性モーメントは M_p とする.

図 5.4(a)の**釣合系**の外力 P が図(c)の**適合系**のたわみに対してなす外力の仮想仕事は $P \cdot h\theta$ となる. 仮想仕事の原理では，内力（断面力）のなす仕事は図(b)の釣合系の断面力が図(d)のひずみに対してなす仕事で，$M_A\theta_A + M_B\theta_B + M_C\theta_C + M_D\theta_D$ となるが，適合条件 $\theta \equiv \theta_A = \theta_B = \theta_C = \theta_D$ を用いると下式が得られる.

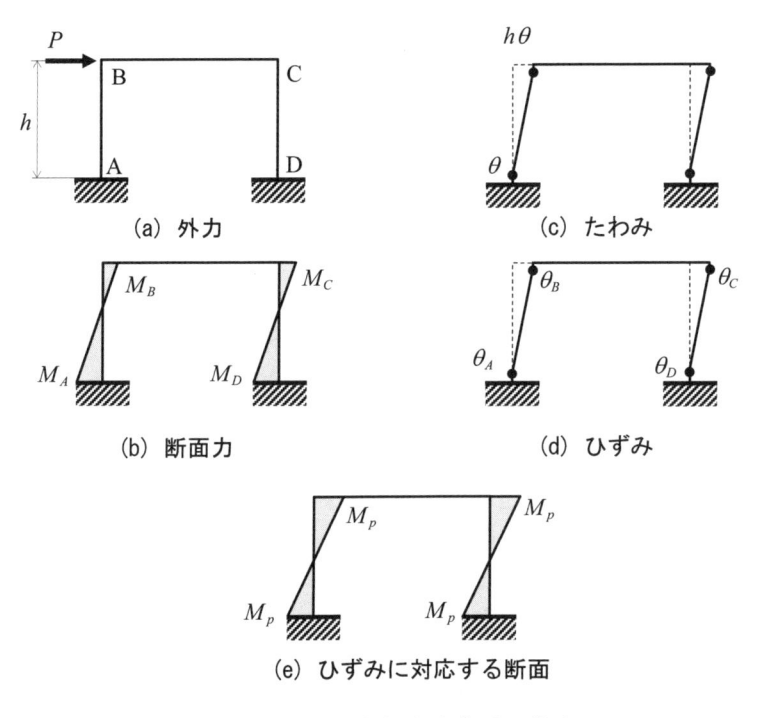

(a) 外力　　　(c) たわみ

(b) 断面力　　　(d) ひずみ

(e) ひずみに対応する断面

図 5.4　塑性崩壊荷重の算定

$$Ph = M_A + M_B + M_C + M_D \qquad\qquad \text{再掲}(4.42)$$

この式は，ダイバージェンスの定理や，仮想仕事の原理での例題 4.5 や例題 4.21 で説明した．

　本例における**機構法**による塑性崩壊荷重の算定では外力のなす仕事は上記と同じ $Ph\theta$ であるが，内力（断面力）のなす仮想仕事は釣合系の断面力ではなく，適合系のひずみに対応する断面力を用いる．この場合，内力のなす仕事は $M_p\theta_A + M_p\theta_B + M_p\theta_C + M_p\theta_D = 4\,M_p\theta$ となり，**外力のなす仕事**と**内力のなす仕事**を等しく置くとすると下式が得られる．

$$Ph\theta = 4M_p\theta \qquad\qquad (5.28)$$

すなわち，図 5(c)，(d)の**崩壊形**に対する塑性崩壊荷重が下式のように求まる．

$$P = \frac{4M_P}{h} \qquad\qquad (5.29)$$

　以上説明したように，機構法は仮想仕事の原理において，内力（断面力）のなす仕事の算定において釣合系の断面力を用いてないことにより真の釣合いを記述しているとは言えず，近似解法ということになる．また，$|M_A| \le M_p$，$|M_B| \le M_p$，$|M_C| \le M_p$，$|M_D| \le M_p$ より，式(5.29)で与えられる塑性崩壊荷重は真の崩壊荷重以上となることが分かる．

【例 5.4　機構法による塑性崩壊荷重の算定 2】

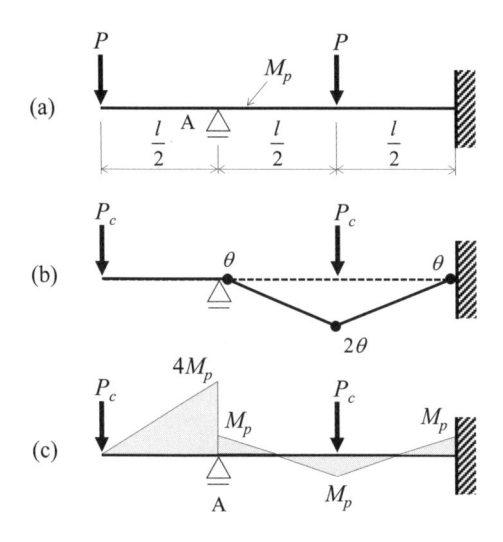

図 5.5　塑性崩壊荷重の算定

　図 5.5(a)に示す梁の**塑性崩壊荷重**の算定に関して，図(b)の**崩壊形**を仮定する．塑性ヒンジの回転角を図(b)に示すが，外力のなす仮想仕事と内力のなす仮想仕事を等しくおくと下式となる．

$$P_c \cdot \frac{l}{2}\theta = M_p(\theta + 2\theta + \theta) \tag{5.30}$$

したがって，崩壊荷重は下式で求められる．

$$P_c = \frac{8M_p}{l} \tag{5.31}$$

この $P_c = 8\,M_p\,/\,l$ より曲げモーメント図を描くと図(c)のようになる．この図でわかるように，この荷重では A 点で釣合い式（**節点方程式**）を満足していない．この理由は断面力のなす仮想仕事として，**釣合系**の断面力でなく**崩壊機構（適合系）**に対応する断面力 M_p が適合系の回転角 θ に対してなす仕事を算定しているためである．

　すなわち，仮想仕事の原理に基礎をおく近似解法では，釣合系の断面力を用いるのではなく，適合系の変位，ひずみに基づいた断面力を用いて仮想仕事式を記述するのである．そのため，**機構法**における塑性崩壊荷重の算定では，崩壊荷重の**上界**（正解より大きいか真の荷重）を与えることとなる．同様に，一般には仮想仕事法により算定する座屈荷重は真の座屈荷重か上界を与えることになる．

5.2　最小ポテンシャルエネルギの原理に基礎をおく近似解法

5.2.1　Rayleigh-Ritz 法の概要

4.4 節で記したように**最小ポテンシャルエネルギの原理**を用いると**釣合い微分方程式**と**力学的境界条件**を求めることができる．しかし自然現象を表す微分方程式はほとんど解析解を得られない非線形の微分方程式である（わずかに解ける微分方程式は解けるようになろう）．解析解を得られない場合，あるいは近似解でも良い場合に良く使われる方法が **Rayleigh-Ritz 法**である．これは**微分方程式**を**連立方程式**に変換するものである．すなわち，無限の自由度をもつ**連続体**を有限の自由度しかない**離散体**に変換し，連続体を支配する微分方程式を離散体の状態を表現できる連立方程式に変換する．

すなわち，たわみ形（**座屈**の問題では**座屈モード**）を仮定し，その仮定したたわみ形（座屈モード）を全ポテンシャルエネルギの式に代入し，最小化することによりたわみや座屈荷重を算定するものである．正解のたわみ（座屈モード）を仮定できれば，たわみや座屈荷重の正解値を算定できるが，そうでない場合は近似解となる．

まずたわみ v を下式のように仮定する．基底 $f_i(x)$ は幾何学的境界条件を満足する必要がある．

$$v(x) = \sum_{i=1}^{n} a_i f_i(x) \tag{5.32}$$

式(5.32)で定義される関数は a_i のいかんにかかわらず全ポテンシャルエネルギを記述した**汎関数 Π の許容関数**である．式(5.32)を汎関数に代入し，積分を実行すると Π は $a_i (i = 1, 2, \cdots, n)$ の関数となる． a_i をいろいろ変化するとそれに応じて Π の値も変化するが，その中で Π の値を最小にするものを a_i の値とするというのが **Rayleigh-Ritz 法**である．すなわち，

$$\frac{\partial \Pi}{\partial a_i} = 0 \quad (i = 1, 2, \cdots, n) \tag{5.33}$$

から $a_i (i = 1, 2, \cdots, n)$ に関する n 個の連立方程式が得られる．これらの方程式を解いて a_i の値を決定し，この値を式(5.32)の右辺に代入してたわみ v の近似解を得るのである．

参考5.2　**Rayleigh-Ritz 法**
Rayleigh-Ritz 法をまとめると右図のようになる．すなわち，**一般化座標** a_i を用いて，たわみを仮定することにより，全ポテンシャルエネルギ Π も一般化座標で表現する．最小ポテンシャルエネルギの原理に基づき， Π を最小化する a_i を算定する．

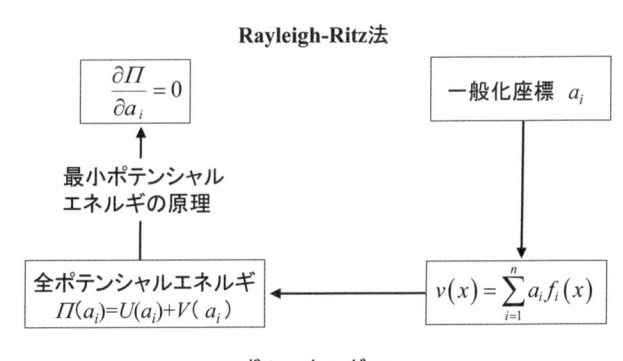

5.2.2 たわみ（座屈モード）の仮定

たわみ（座屈モード）はできるだけ正解に近いものを仮定できると，得られる解（たわみや座屈モード，座屈荷重）は精度の良いものが得られる．

たわみ（座屈モード）は一般的には下式の級数で仮定できる．

$$v(x) = \sum_{i=1}^{n} a_i f_i(x) = a_1 f_1(x) + a_2 f_2(x) + a_3 f_3(x) + \cdots + a_n f_n(x) \tag{5.34}$$

注意すべきことは，$f_i(x)$ は**幾何学的境界条件**（たわみやたわみ角が規定されたところの条件）を満足する必要があることである．これは**最小ポテンシャルエネルギの原理**が仮想仕事の原理を基礎とするためである．もちろん**力学的境界条件**も満足しておればさらに良い解が得られる．

たとえば，長さ l の単純梁であれば，両端のたわみが無いことより，$f_i(0) = f_i(l) = 0$ で無ければならないし，$x=0$ の点が固定端であれば，$f_i(0) = f_i'(0) = 0$ でなければならない．

式(5.34)を眺めると，$f_i(x)$ は幾何学的境界条件を満足しておれば良く，たわみ（座屈モード）は式(5.34)の係数 a_1, a_2, a_3, ...が求まれば決定できる．この係数を求めるために，式(5.34)を全ポテンシャルエネルギ Π の式に代入し，最小になるように係数 a_i を求めるのである．この過程で，マトリックスで表現できる**連立方程式**が出てくるし，**座屈問題**の場合には**行列式=0** で表現できる**座屈条件式**が得られるのである．

なお，前にも示したように関数 $f_i(x)$ を**基底**と呼ぶ．また，係数 $a_i (i = 1, 2, \cdots, n)$ が決定できればたわみが決定するが，a_i を**一般化座標**と呼ぶ．通常の 2 次元直交デカルト座標 (x, y) は，$(0, 1)$，$(1, 0)$ を**基底ベクトル**とする座標といえ，一般化座標 a_i はその一般化といえる．

また下記の関係がある関数を**直交関数**と呼ぶ（計算が簡単となる場合が多い）．「直交」に関してはベクトルの内積=0 が直交する条件であることを想起されたい．

$$\int_0^l f_i(x) f_j(x) dx = 0 \quad i \neq j \quad (i, j = 1,2,3,...) \tag{5.35}$$

たとえば関数 $f_i = \sin\left(\dfrac{i\pi x}{l}\right)$ $(i = 1,2,3,...)$ は区間 $[0, l]$ で直交する．

5.2.3 ひずみエネルギ U の表現

以下，曲げによる**ひずみエネルギ**の表現を考える．曲げによる変位 v で表現したひずみエネルギ U は，3.9 節や 4.4 節で示したように下式となる．

$$U = \int_0^l \frac{EIv''(x)^2}{2} dx \tag{5.36}$$

上式に式(5.34)を代入すると，ひずみエネルギが a_1, a_2, a_3, ...の関数で得られる．この計算でマトリックス（行列）の記法を使うと計算間違いが少なくなる．

式(5.34)の $v(x)$ を下式のように表現する．下式で $f_i \equiv f_i(x)$ である．

$$v(x) = \sum_{i=1}^{n} a_i f_i(x) = a_1 f_1(x) + a_2 f_2(x) + a_3 f_3(x) + \cdots + a_n f_n(x)$$

$$= \begin{pmatrix} a_1 & a_2 & a_3 & \dots & a_n \end{pmatrix} \begin{pmatrix} f_1 \\ f_2 \\ f_3 \\ \dots \\ f_n \end{pmatrix} \equiv \boldsymbol{a} \cdot \boldsymbol{f} = \boldsymbol{a}^T \boldsymbol{f} \tag{5.37}$$

上式はたわみ v を係数 a_i で作ったベクトル $\boldsymbol{a}$ と基底 f_i で作ったベクトル $\boldsymbol{f}$ の**内積**と考えて表現したものである．なお**列ベクトル**をベクトルの基本表示とし，**行ベクトル**は転置したものとして**転置記号**「T」をつけている．

式(5.34)よりたわみの 2 階微分 $v''(x)$ は下式となる．

$$v''(x) = \sum_{i=1}^{n} a_i f_i''(x) = a_1 f_1''(x) + a_2 f_2''(x) + a_3 f_3''(x) + \dots + a_n f_n''(x)$$

$$= \begin{pmatrix} a_1 & a_2 & a_3 & \dots & a_n \end{pmatrix} \begin{pmatrix} f_1'' \\ f_2'' \\ f_3'' \\ \dots \\ f_n'' \end{pmatrix} \equiv \boldsymbol{a}^T \boldsymbol{f}'' \tag{5.38}$$

式(5.36)に現れる $v''(x)^2$ は下式となる．

$$v''(x)^2 = \left(\sum_{i=1}^{n} a_i f_i''(x) \right)^2 = \left(a_1 f_1''(x) + a_2 f_2''(x) + a_3 f_3''(x) + \dots + a_n f_n''(x) \right)^2$$

$$= \begin{pmatrix} a_1 & a_2 & a_3 & \dots & a_n \end{pmatrix} \begin{pmatrix} f_1'' \\ f_2'' \\ f_3'' \\ \dots \\ f_n'' \end{pmatrix} \begin{pmatrix} f_1'' \\ f_2'' \\ f_3'' \\ \dots \\ f_n'' \end{pmatrix}^T \begin{pmatrix} a_1 & a_2 & a_3 & \dots & a_n \end{pmatrix}^T \equiv \boldsymbol{a}^T \boldsymbol{f}'' \boldsymbol{f}''^T \boldsymbol{a} \tag{5.39}$$

ここで，マトリックス（行列）の積の**転置マトリックス**の公式 $(\boldsymbol{AB})^T = \boldsymbol{B}^T \boldsymbol{A}^T$ を用いた．さらに計算を進めると，式(5.39)は下式となる．

$$v''(x)^2 = \begin{pmatrix} a_1 & a_2 & a_3 & ... & a_n \end{pmatrix} \begin{pmatrix} f_1'' \\ f_2'' \\ f_3'' \\ ... \\ f_n'' \end{pmatrix} \begin{pmatrix} f_1'' \\ f_2'' \\ f_3'' \\ ... \\ f_n'' \end{pmatrix}^T \begin{pmatrix} a_1 & a_2 & a_3 & ... & a_n \end{pmatrix}^T$$

$$= \begin{pmatrix} a_1 & a_2 & a_3 & ... & a_n \end{pmatrix} \begin{pmatrix} f_1''f_1'' & f_1''f_2'' & f_1''f_3'' & ... & f_1''f_n'' \\ f_2''f_1'' & f_2''f_2'' & f_2''f_3'' & ... & f_2''f_n'' \\ f_3''f_1'' & f_3''f_2'' & f_3''f_3'' & ... & f_3''f_n'' \\ ... & ... & ... & ... & ... \\ f_n''f_1'' & f_n''f_2'' & f_n''f_3'' & ... & f_n''f_n'' \end{pmatrix} \begin{pmatrix} a_1 \\ a_2 \\ a_3 \\ ... \\ a_n \end{pmatrix}$$

(5.40)

上式を式(5.36)に代入すると下式となる.

$$U = \int_0^l \frac{EIv''(x)^2}{2} dx$$

$$= \frac{EI}{2} \int_0^l \begin{pmatrix} a_1 & a_2 & a_3 & ... & a_n \end{pmatrix} \begin{pmatrix} f_1''f_1'' & f_1''f_2'' & f_1''f_3'' & ... & f_1''f_n'' \\ f_2''f_1'' & f_2''f_2'' & f_2''f_3'' & ... & f_2''f_n'' \\ f_3''f_1'' & f_3''f_2'' & f_3''f_3'' & ... & f_3''f_n'' \\ ... & ... & ... & ... & ... \\ f_n''f_1'' & f_n''f_2'' & f_n''f_3'' & ... & f_n''f_n'' \end{pmatrix} \begin{pmatrix} a_1 \\ a_2 \\ a_3 \\ ... \\ a_n \end{pmatrix} dx$$

(5.41)

式(5.41)で x の関数は f_i なので，上式の $n{\times}n$ の行列の各要素を 0 から l まで x について積分すればよい．すなわち下式となる．

$$U = \frac{EI}{2} \begin{pmatrix} a_1 & a_2 & a_3 & ... & a_n \end{pmatrix} \begin{pmatrix} \int_0^l f_1''f_1'' dx & \int_0^l f_1''f_2'' dx & \int_0^l f_1''f_3'' dx & ... & \int_0^l f_1''f_n'' dx \\ \int_0^l f_2''f_1'' dx & \int_0^l f_2''f_2'' dx & \int_0^l f_2''f_3'' dx & ... & \int_0^l f_2''f_n'' dx \\ \int_0^l f_3''f_1'' dx & \int_0^l f_3''f_2'' dx & \int_0^l f_3''f_3'' dx & ... & \int_0^l f_3''f_n'' dx \\ ... & ... & ... & ... & ... \\ \int_0^l f_n''f_1'' dx & \int_0^l f_n''f_2'' dx & \int_0^l f_n''f_3'' dx & ... & \int_0^l f_n''f_n'' dx \end{pmatrix} \begin{pmatrix} a_1 \\ a_2 \\ a_3 \\ ... \\ a_n \end{pmatrix}$$

(5.42)

上式の $n{\times}n$ のマトリックスは**対称マトリックス**(i 行 j 列の要素 $c_{ij}{=}j$ 行 i 列の要素 c_{ji})，対角項 c_{ii} は非負であることが観察される．

式(5.42)式は，マトリックスの形で下記のようにかける．

$$U = \frac{EI}{2} a^T \begin{pmatrix} \int_0^l f_1'' f_1'' dx & \int_0^l f_1'' f_2'' dx & \int_0^l f_1'' f_3'' dx & ... & \int_0^l f_1'' f_n'' dx \\ \int_0^l f_2'' f_1'' dx & \int_0^l f_2'' f_2'' dx & \int_0^l f_2'' f_3'' dx & ... & \int_0^l f_2'' f_n'' dx \\ \int_0^l f_3'' f_1'' dx & \int_0^l f_3'' f_2'' dx & \int_0^l f_3'' f_3'' dx & ... & \int_0^l f_3'' f_n'' dx \\ ... & ... & ... & ... & ... \\ \int_0^l f_n'' f_1'' dx & \int_0^l f_n'' f_2'' dx & \int_0^l f_n'' f_3'' dx & ... & \int_0^l f_n'' f_n'' dx \end{pmatrix} a \tag{5.43}$$

$$= \frac{EI}{2} a^T K^* a = \frac{1}{2} a^T \left(EIK^* \right) a \equiv \frac{1}{2} a^T K a$$

　上式の最終式は，**線形代数**において **2 次形式**と呼ばれる（第 1 章参考 1.11 参照）．なお，ばね定数 K のばねが x だけ伸びたときに蓄えられるエネルギ（高校の物理では位置エネルギ）は $Kx^2/2$ となるが，式(5.43) は同じ形をしていることに留意されたい．

　2 次形式の式があれば，下記のように即座にマトリックス形式で書けると良い．すなわち 2 乗の項（x^2, y^2 の項）の係数は**対角項**に，クロスターム（xy の項）は**非対角項**にその値の 1/2 が入る．

$$ax^2 + 2bxy + cy^2 = \begin{pmatrix} x & y \end{pmatrix} \begin{pmatrix} a & b \\ b & c \end{pmatrix} \begin{pmatrix} x \\ y \end{pmatrix} \tag{5.44}$$

5.2.4 外力のポテンシャルエネルギ V の表現

　外力のポテンシャルエネルギに関しては，4.4 節で解説した．これもマトリックスあるいはベクトル表記する．

　4.4 節で示したように，外力のポテンシャルエネルギは「－外力×外力の作用点の作用方向の変位」として定義され，たとえば $x=l$ のところに，集中荷重 P が作用し，その点の荷重方向の変位が $v(l)$ とすると，外力のポテンシャルは下式となる．

$$V = -Pv(l) \hspace{4cm} \text{再掲}(4.171)$$

　たわみ v を式(5.34)のように仮定すると $v(x)$ は式(5.45)となり，したがって式(4.171)は式(5.46)のようになる．

$$v(x) = \sum_{i=1}^n a_i f_i(x) = a_1 f_1(x) + a_2 f_2(x) + a_3 f_3(x) + ... + a_n f_n(x)$$

$$= \begin{pmatrix} a_1 & a_2 & a_3 & ... & a_n \end{pmatrix} \begin{pmatrix} f_1 \\ f_2 \\ f_3 \\ ... \\ f_n \end{pmatrix} \equiv a^T f \tag{5.45}$$

$$V = -Pv(l) = -P\left\{\sum_{i=1}^{n} a_i f_i(l)\right\} = -P\left\{a_1 f_1(l) + a_2 f_2(l) + a_3 f_3(l) + \dots + a_n f_n(l)\right\}$$

$$= -P\begin{pmatrix} a_1 & a_2 & a_3 & \dots & a_n \end{pmatrix} \begin{pmatrix} f_1(l) \\ f_2(l) \\ f_3(l) \\ \dots \\ f_n(l) \end{pmatrix} \equiv -P\boldsymbol{a}^T \boldsymbol{f}(l) \tag{5.46}$$

同様に，材長 l の梁に分布荷重 $w(x)$ が作用するときの外力のポテンシャルエネルギは下式となるが，式(5.46)と同じような形式で外力のポテンシャルが算定できる.

$$V = -\int_0^l w(x)v(x)dx \tag{再掲(4.172)}$$

まっすぐな材に軸力が作用して，P の荷重で Δ の変位が生じたとすると，外力のポテンシャルエネルギは下式の右辺第 2 項の $-\dfrac{P}{2}\int_0^l v'^2 dx$ で与えられる.

$$\Pi\left[v(x)\right] = \int_0^l \frac{EIv''(x)^2}{2}dx - \frac{P}{2}\int_0^l v'^2 dx \tag{再掲(4.204)}$$

5.2.5 全ポテンシャルエネルギ

全ポテンシャルエネルギ Π は 4.4 節で解説したように下式で求められる.

$$\Pi = U + V \tag{再掲(4.173)}$$

たとえば，$x=l$ のところに，集中荷重 P が作用する場合を考えると，式(5.43)，式(5.46)より，全ポテンシャルエネルギは下式となる.

$$\Pi = \Pi\left(a_1, a_2, a_3, \dots, a_n\right) = U + V = \frac{1}{2}\boldsymbol{a}^T \boldsymbol{K}\boldsymbol{a} - P\boldsymbol{a}^T \boldsymbol{f}(l) \tag{5.47}$$

5.2.6 Rayleigh-Ritz 法

全ポテンシャルエネルギは式(5.47)となったが，最小ポテンシャルエネルギの原理より式(5.47)を最小とするように一般化座標 a_i ($i =1, 2, \dots, n$)を算定する．この方法は**変分法**における**直接法**として知られている.

すなわち，全ポテンシャルエネルギ Π を a_i ($i =1, 2, \dots, n$)で**偏微分**して 0 と置けばよい．すなわち下式が得られる．参考 2.12 を参照されたい.

$$\begin{pmatrix} \dfrac{\partial \Pi}{\partial a_1} \\ \dfrac{\partial \Pi}{\partial a_2} \\ \dots \\ \dfrac{\partial \Pi}{\partial a_n} \end{pmatrix} = \boldsymbol{K}\boldsymbol{a} - P\boldsymbol{f}(l) = 0 \tag{5.48}$$

すなわち下式の一般化座標 $a_i\,(i=1, 2, \cdots, n)$ を未知数とする連立方程式が得られる.

$$\boldsymbol{Ka} = P\boldsymbol{f}(l) \tag{5.49}$$

具体的に書くと下式となる.

$$EI\begin{pmatrix} \int_0^l f_1'' f_1'' dx & \int_0^l f_1'' f_2'' dx & \int_0^l f_1'' f_3'' dx & \ldots & \int_0^l f_1'' f_n'' dx \\ \int_0^l f_2'' f_1'' dx & \int_0^l f_2'' f_2'' dx & \int_0^l f_2'' f_3'' dx & \ldots & \int_0^l f_2'' f_n'' dx \\ \int_0^l f_3'' f_1'' dx & \int_0^l f_3'' f_2'' dx & \int_0^l f_3'' f_3'' dx & \ldots & \int_0^l f_3'' f_n'' dx \\ \ldots & \ldots & \ldots & \ldots & \ldots \\ \int_0^l f_n'' f_1'' dx & \int_0^l f_n'' f_2'' dx & \int_0^l f_n'' f_3'' dx & \ldots & \int_0^l f_n'' f_n'' dx \end{pmatrix}\begin{pmatrix} a_1 \\ a_2 \\ a_3 \\ \ldots \\ a_n \end{pmatrix} = P\begin{pmatrix} f_1(l) \\ f_2(l) \\ f_3(l) \\ \ldots \\ f_n(l) \end{pmatrix} \tag{5.50}$$

上式をとくことにより, 一般化座標 $a_i\,(i=1, 2, \cdots, n)$ を求めることができる.

式(5.50)のように具体的に, 一般化座標 $a_i\,(i=1, 2, \cdots, n)$ が求まる問題を「**釣合問題**」と呼ぶ. それに対して,「**固有値問題**」がある. 固有値問題は, たとえば式(5.51)のような関係において, 一般化座標 $a_i\,(i=1, 2, \cdots, n)$ のすべてが 0 ではなくて式(5.51)を満足する値 λ を求めるもので, **固有値** λ（我々の問題では座屈荷重）と**固有モード**（あるいは**固有関数**, 我々の問題では**座屈モード**）を求めることが問題となる.

$$\boldsymbol{Aa} = \lambda\boldsymbol{Ba} \tag{5.51}$$

この条件は式(5.51)を移項した下式の左辺のマトリックスの**行列式**が 0 となることである.

$$(\boldsymbol{A} - \lambda\boldsymbol{B})\boldsymbol{a} = \boldsymbol{0} \tag{5.52}$$

この条件式は**固有方程式**（あるいは**特性方程式**, 我々の問題では**座屈条件式**）と呼ばれ, 式(5.52)では固有方程式は式(5.53)のように表現され, この式を満足する λ が 固有値となる.

$$|\boldsymbol{A} - \lambda\boldsymbol{B}| = 0 \tag{5.53}$$

5.2.7 全ポテンシャルエネルギの式表示の例

いくつかの問題に関して全ポテンシャルエネルギ $\varPi$ を示す. 材の曲げ剛性を EI, 長さは l とし, たわみは $v(x)$ とする.

【**例 5.5**　自由端に集中荷重 P が作用する片持ち梁】

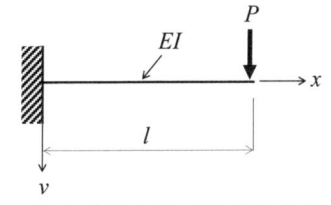

図 5.6　集中荷重を受ける片持ち梁

$$\Pi\bigl[v(x)\bigr]=U+V=\int_0^l \frac{EIv''(x)^2}{2}dx-Pv(l) \tag{5.54}$$

【例 **5.6** 分布荷重 **w(x)** が作用する単純梁】

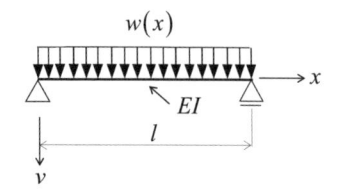

図 5.7　分布荷重を受ける単純梁

$$\Pi\bigl[v(x)\bigr]=U+V=\int_0^l \frac{EIv''(x)^2}{2}dx-\int_0^l w(x)v(x)dx \tag{5.55}$$

【例 **5.7**　圧縮力が作用する柱】

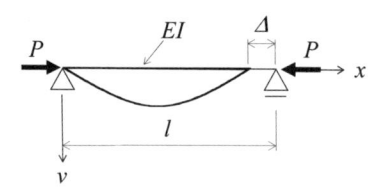

図 5.8　座屈の問題

$$\Pi\bigl[v(x)\bigr]=\int_0^l \frac{EIv''(x)^2}{2}dx-\frac{P}{2}\int_0^l v'^2 dx \tag{5.56}$$

【例 **5.8**　位置 $x=x_i$ （$i=1, 2, \cdots, n$）にばね定数 **K** の離散ばねが付いているときの座屈】

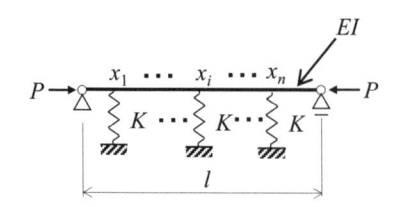

図 5.9　離散ばねのついた柱の座屈

$$\Pi\bigl[v(x)\bigr]=\int_0^l \frac{EIv''(x)^2}{2}dx-\frac{P}{2}\int_0^l v'^2 dx+\sum_{i=1}^n \frac{1}{2}Kv(x_i)^2 \tag{5.57}$$

外力のポテンシャルは右辺第 2 項であり，ばねのひずみエネルギが第 3 項である．

【例 **5.9**　ばね定数 k [N/mm²]の連続ばねが付いていている時の座屈】

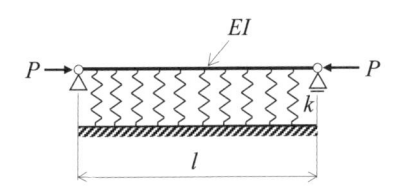

図 5.10　連続ばねのついた柱の座屈

$$\Pi\left[v(x)\right]=\int_0^l \frac{EIv''(x)^2}{2}dx - \frac{P}{2}\int_0^l v'^2 dx + \int_0^l \frac{1}{2}kv^2 dx \tag{5.58}$$

外力のポテンシャルは右辺第 2 項であり，ばねのひずみエネルギが第 3 項である.

【例 **5.10**　変軸力材の座屈】

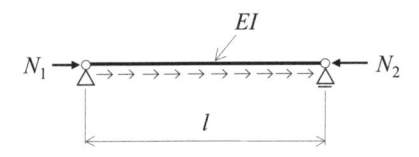

図 5.11　変軸力を受ける柱

$$\Pi\left[v(x)\right]=\int_0^l \frac{EIv''(x)^2}{2}dx - \frac{1}{2}\int_0^l N(x)v'^2 dx \tag{5.59}$$

上式の右辺 2 項目の $N(x)$ は x 点での軸力である.

5.2.8 Rayleigh-Ritz 法の例題

以下，釣合問題，固有値問題に関して例題を示す.

【例 **5.11**　釣合問題】

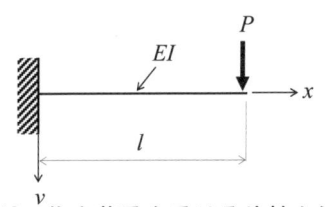

図 5.12　集中荷重を受ける片持ち梁

図 5.12 に示す左端固定端，右端自由端で，長さ l，曲げ剛性 EI の片持ち梁の自由端に集中荷重 P が作用する問題を考える.

全ポテンシャルエネルギは下式となる.

$$\Pi\left[v(x)\right]=U+V=\int_0^l \frac{EIv''(x)^2}{2}dx - Pv(l) \tag{5.60}$$

たわみ $v(x)$ を下式のように仮定する.

$$v(x) = a_0 + a_1 x + a_2 x^2 + a_3 x^3 + \ldots \tag{5.61}$$

したがって，微分すると下式となる.

$$v'(x) = a_1 + 2a_2 x + 3a_3 x^2 + \ldots \tag{5.62}$$

仮定するたわみ形は**幾何学的境界条件**を満足する必要がある．固定端の幾何学的境界条件は，たわみとたわみ角が 0 である．したがって下式が得られる.

$$\left. \begin{array}{l} v(0) = 0, \quad \therefore a_0 = 0 \\ v'(0) = 0, \quad \therefore a_1 = 0 \end{array} \right\} \tag{5.63}$$

a)　3 次式のたわみを仮定

下式の 3 次式でたわみを仮定することにする.

$$v(x) = a_2 x^2 + a_3 x^3 \tag{5.64}$$

式(5.34)の f_1, f_2 は下式となる（この場合，$v(x) = a_2 f_1(x) + a_3 f_2(x)$ とした）.

$$\left. \begin{array}{l} f_1(x) = x^2 \\ f_2(x) = x^3 \end{array} \right\} \tag{5.65}$$

したがって，下式が得られる.

$$\left. \begin{array}{l} f_1''(x) = 2 \\ f_2''(x) = 6x \end{array} \right\} \tag{5.66}$$

また，外力のポテンシャルに関係して，下式が得られる.

$$\left. \begin{array}{l} f_1(l) = l^2 \\ f_2(l) = l^3 \end{array} \right\} \tag{5.67}$$

式(5.50)は下式となる.

$$EI \begin{pmatrix} \int_0^l (2 \times 2) dx & \int_0^l (2 \times 6x) dx \\ \int_0^l (6x \times 2) dx & \int_0^l (6x \times 6x) dx \end{pmatrix} \begin{pmatrix} a_2 \\ a_3 \end{pmatrix} = P \begin{pmatrix} l^2 \\ l^3 \end{pmatrix} \qquad \therefore \quad EI \begin{pmatrix} 4l & 6l^2 \\ 6l^2 & 12l^3 \end{pmatrix} \begin{pmatrix} a_2 \\ a_3 \end{pmatrix} = P \begin{pmatrix} l^2 \\ l^3 \end{pmatrix} \tag{5.68}$$

したがって，a_2, a_3 は下式となる.

$$\begin{pmatrix} a_2 \\ a_3 \end{pmatrix} = \frac{P}{EI} \begin{pmatrix} 4l & 6l^2 \\ 6l^2 & 12l^3 \end{pmatrix}^{-1} \begin{pmatrix} l^2 \\ l^3 \end{pmatrix} = \frac{P}{EI} \cdot \frac{\begin{pmatrix} 12l^3 & -6l^2 \\ -6l^2 & 4l \end{pmatrix} \begin{pmatrix} l^2 \\ l^3 \end{pmatrix}}{\begin{vmatrix} 4l & 6l^2 \\ 6l^2 & 12l^3 \end{vmatrix}} = \frac{P}{6EI} \begin{pmatrix} 3l \\ -1 \end{pmatrix} \tag{5.69}$$

したがって，下式が得られる．この場合**正解**が得られた．

$$v(x) = a_2 x^2 + a_3 x^3 = \frac{P}{6EI}\left(3lx^2 - x^3\right), \qquad v(l) = \frac{Pl^3}{3EI} \tag{5.70}$$

式(5.70)を式(5.60)に代入して**全ポテンシャルエネルギ**を求めると下式となる．

$$\Pi\left[v(x)\right] = \int_0^l \frac{EIv''(x)^2}{2}dx - Pv(l) = -\frac{P^2l^3}{6EI} = -0.166\frac{P^2l^3}{EI} \tag{5.71}$$

参考 5.3　**マトリックスの逆行列**

2 行 2 列のマトリックスの**逆行列**は下式となる．

$$\begin{pmatrix} a & c \\ c & b \end{pmatrix}^{-1} = \frac{\begin{pmatrix} b & -c \\ -c & a \end{pmatrix}}{\begin{vmatrix} a & c \\ c & b \end{vmatrix}}$$

b)　2 次式のたわみを仮定

次に下式の 2 次式でたわみを仮定することにする．

a)では 3 次式でたわみを仮定したが，2 次式でも**境界条件**を満足する．すなわち，下式でたわみを仮定する．

$$v(x) = a_2 x^2 \tag{5.72}$$

この場合，**全ポテンシャルエネルギ**式(5.60)を計算すると下式となる．

$$\Pi(a_2) = \int_0^l \frac{EIv''(x)^2}{2}dx - Pv(l) = 2EIla_2^2 - Pl^2a_2 \tag{5.73}$$

最小ポテンシャルエネルギの原理より係数 a_2 は下式となる．

$$a_2 = \frac{Pl}{4EI} \tag{5.74}$$

したがって，荷重点のたわみ $v(l)$ は下式となる．

$$v(l) = a_2 l^2 = \frac{Pl^3}{4EI} \tag{5.75}$$

正解は，式(5.70)であるから，本解析では**正解値**のたわみの 3/4=0.75 倍のたわみとなっている．

たわみを小さく評価，すなわち**剛性**を大きめに評価している.

式(5.74)を式(5.73)に代入して**全ポテンシャルエネルギ**を求めると下式となる.

$$\Pi\left(a_2\right)=\int_0^l \frac{EIv''\left(x\right)^2}{2}dx-Pv\left(l\right)=2EIla_2{}^2-Pl^2a_2=-\frac{P^2l^3}{8EI}=-0.125\frac{P^2l^3}{EI} \tag{5.76}$$

c) 材を2分割し，2次式のたわみを仮定

2次式でたわみを仮定するが，中央の左右でたわみ関数を変えたものを用いてみよう.

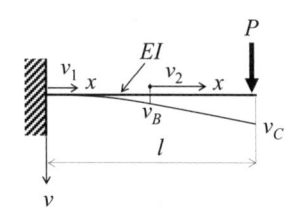

図5.13 集中荷重を受ける片持ち梁

図5.13に示すように材の中央点を境に，左の部分と右の部分のたわみを2つの式（v_1, v_2）で表現する. v_1は固定端側のたわみで**幾何学的境界条件**より下式で仮定する. ここでv_Bは中央点（B点）のたわみである. $x=0$での幾何学的境界条件を満足し，$x=l/2$においてv_Bとなることを確認されたい.

$$v_1\left(x\right)=\frac{4v_B}{l^2}x^2 \tag{5.77}$$

次に中央点より右のたわみv_2は，B点でたわみ$v_1(l/2)$とたわみ角$v_1'(l/2)$が同じであること，また先端でのたわみをv_Cとすると下式となる.

$$v_2\left(x\right)=\frac{4\left(v_C-3v_B\right)}{l^2}x^2+\frac{4v_B}{l}x+v_B \tag{5.78}$$

全ポテンシャルエネルギは下式となる.

$$\Pi\left(v_B,v_C\right)=\int_0^{\frac{l}{2}}\frac{EIv_1''\left(x\right)^2}{2}dx+\int_0^{\frac{l}{2}}\frac{EIv_2''\left(x\right)^2}{2}dx-Pv_C=\frac{16EI}{l^3}v_B{}^2+\frac{16EI}{l^3}\left(v_C-3v_B\right)^2-Pv_C \tag{5.79}$$

最小ポテンシャルエネルギの原理，$\partial\Pi/\partial v_B=\partial\Pi/\partial v_C=0$より，$v_B$と$v_C$は下式となる.

$$v_B=\frac{3Pl^3}{32EI},\qquad v_C=\frac{10Pl^3}{32EI} \tag{5.80}$$

正解は，式(5.70)であるから，本解析では**正解値**のたわみの$(10/32)/3=0.9375$倍のたわみとなっている. **剛性**を大きく評価するのはb)の場合と同じであるが，材を分割することにより2次式でたわみ仮定しても正解に近い解を得られることがわかる. 本例は**有限要素法**の考え方の原点に近い.

式(5.80)を式(5.79)に代入して**全ポテンシャルエネルギ**を求めると下式となる．正解の場合の式(5.71)と比較すると大きな値となっている．

$$\Pi\left(v_B, v_C\right) = \frac{16EI}{l^3}v_B{}^2 + \frac{16EI}{l^3}\left(v_C - 3v_B\right)^2 - Pv_C = -\frac{5P^2l^3}{32EI} = -0.156\frac{P^2l^3}{EI} \tag{5.81}$$

d) 三角関数でたわみを仮定

下式の三角関数でたわみを仮定してみよう．このたわみは**幾何学的境界条件**($v(0)=v(l)=0$)を満足する．

$$v(x) = a\left(1 - \cos\frac{\pi x}{2l}\right) \tag{5.82}$$

下式に注意すると，**全ポテンシャルエネルギ**は式(5.84)となる．

$$v'(x) = -a\left(\frac{\pi}{2l}\right)\sin\left(\frac{\pi x}{2l}\right), \quad v''(x) = a\left(\frac{\pi}{2l}\right)^2\cos\left(\frac{\pi x}{2l}\right) \tag{5.83}$$

$$\Pi(a) = \int_0^l \frac{EIv''(x)^2}{2}dx - Pv(l) = \frac{EI}{2}\left(\frac{\pi}{2l}\right)^4 a^2 \int_0^l \cos^2\left(\frac{\pi x}{2l}\right)dx - Pa = \frac{EI}{2}\left(\frac{\pi}{2l}\right)^4 a^2 \cdot \frac{l}{2} - Pa \tag{5.84}$$

最小ポテンシャルエネルギの原理より下式が得られる．

$$\frac{d\Pi(a)}{da} = \frac{EI}{2}\left(\frac{\pi}{2l}\right)^4 \cdot 2a \cdot \frac{l}{2} - P = 0 \tag{5.85}$$

したがって， a は下式となる．

$$a = \frac{32Pl^3}{\pi^4 EI} \tag{5.86}$$

このとき，自由端のたわみは，下式となる．

$$v(l) = \frac{32Pl^3}{\pi^4 EI} = 0.3285\frac{Pl^3}{EI} \tag{5.87}$$

正解は式(5.70)となるので，1.4%小さいたわみを与える．すなわち，**剛性**を高めに評価している．

式(5.86)を式(5.84)に代入して**全ポテンシャルエネルギ**を求めると下式となる．

$$\Pi(a) = \int_0^l \frac{EIv''(x)^2}{2}dx - Pv(l) = \frac{EI}{2}\left(\frac{\pi}{2l}\right)^4 a^2 \cdot \frac{l}{2} - Pa = -\frac{16P^2l^3}{\pi^4 EI} = -0.164\frac{P^2l^3}{EI} \tag{5.88}$$

正解の場合の式(5.71)と比較すると大きな値となっている．また，正解と式(5.76), (5.81)，(5.88)を比較することにより，式(5.71)の正解値に Π の値が近いほど，たわみもより正解に近くなっていることが分かる．

　例5.11で見たように**全ポテンシャルエネルギ**Πは正解の場合,式(5.71)に示すように $-0.166P^2l^3/EI$ となり,近似解を与える b), c), d)ではそれぞれ, $-0.125P^2l^3/EI$, $-0.156P^2l^3/EI$, $-0.164P^2l^3/EI$ と Π の値を過大評価する.ところで,"初期ひずみ"あるいは"初期応力"が存在しない場合は,**エネルギ保存則**により,ひずみエネルギ U は外力によってなされる仕事に等しくなる.外力によってなされる仕事は V を外力のポテンシャルエネルギとすると,$-V/2$ となる ($U=-V/2$).そうすると,全ポテンシャルエネルギは下式となる.

$$\Pi = U + V = U - 2U = -U$$

近似解は常に U を過小評価し,本例のように1個の集中荷重が作用する場合は,得られる変位の解は正解に対して**下界**となっている.

　上記は線形弾性体に対してであるが,非線形弾性体のときは $V = -U - U_c^*$ となるため,下式となる.

$$\Pi = U + V = U + \left(-U - U_c^*\right) = -U_c^*$$

【例5.12　固有値問題1】

　図5.14に示す一端固定,他端ローラの柱に圧縮力が作用する時の**座屈荷重**を算定しよう.**全ポテンシャルエネルギ**は下式となる.

$$\Pi\left[v(x)\right] = \int_0^l \frac{EIv''(x)^2}{2}dx - \frac{P}{2}\int_0^l v'^2 dx \tag{5.89}$$

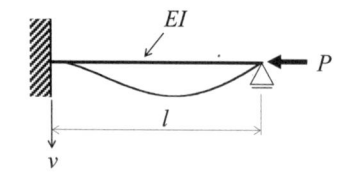
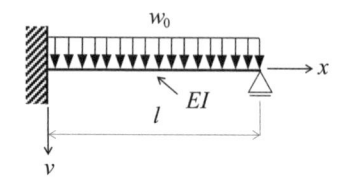

（a）荷重条件,境界条件　　　　　　　（b）仮定するたわみを作る荷重

図5.14　固定－ローラの柱の座屈荷重

下式でたわみを仮定してみよう.このたわみは**幾何学的境界条件** ($v(0)=v'(0)=v(l)=0$) を満足する.すなわち,等分布荷重が作用する時のたわみ形状と同じものである.式(3.96)を参照されたい.

$$v(x) = a\left\{2\left(\frac{x}{l}\right)^4 - 5\left(\frac{x}{l}\right)^3 + 3\left(\frac{x}{l}\right)^2\right\} \tag{改(3.96)}$$

下式に注意すると,式(5.89)は式(5.91)となる.

$$\left. \begin{aligned} v'(x) &= \frac{a}{l}\left\{8\left(\frac{x}{l}\right)^3 - 15\left(\frac{x}{l}\right)^2 + 6\left(\frac{x}{l}\right)\right\} \\ v''(x) &= \frac{a}{l^2}\left\{24\left(\frac{x}{l}\right)^2 - 30\left(\frac{x}{l}\right) + 6\right\} \end{aligned} \right\} \tag{5.90}$$

$$\Pi(a) = \frac{18EIa^2}{l^3} \cdot \frac{1}{5} - \frac{Pa^2}{2l} \cdot \frac{12}{35} \tag{5.91}$$

最小ポテンシャルエネルギの原理より下式が得られる.

$$\frac{d\Pi(a)}{da} = \frac{18EI \cdot 2a}{l^3} \cdot \frac{1}{5} - \frac{P \cdot 2a}{2l} \cdot \frac{12}{35} = 0 \tag{5.92}$$

したがって, 下式が得られる.

$$P = \frac{126}{6} \frac{EI}{l^2} = \frac{21EI}{l^2} \tag{5.93}$$

式(4.212)で示したように, 正解は下式となる.

$$P = \frac{20.191EI}{l^2} \tag{5.94}$$

式(5.93)は, 正解より 4%大きい座屈荷重を与える.

【例 5.13　固有値問題2】

例 3.9 で下式のようにたわみ形を仮定した場合の**ひずみエネルギ**は式(3.181)となった.

$$v = \left\{2\left(\frac{x}{l}\right)^3 - 3\left(\frac{x}{l}\right)^2 + 1\right\}v_A + \left\{\left(\frac{x}{l}\right)^3 - 2\left(\frac{x}{l}\right)^2 + \frac{x}{l}\right\}l\theta_A + \left\{-2\left(\frac{x}{l}\right)^3 + 3\left(\frac{x}{l}\right)^2\right\}v_B + \left\{\left(\frac{x}{l}\right)^3 - \left(\frac{x}{l}\right)^2\right\}l\theta_B$$

$$\text{再掲(3.177)}$$

$$U = \int_0^l \frac{EI}{2}v''^2 dx = \frac{1}{2} \cdot \frac{EI}{l}\begin{pmatrix}\theta_A & \theta_B & R\end{pmatrix}\begin{pmatrix}4 & 2 & -6 \\ 2 & 4 & -6 \\ -6 & -6 & 12\end{pmatrix}\begin{pmatrix}\theta_A \\ \theta_B \\ R\end{pmatrix} \qquad \text{再掲(3.181)}$$

座屈して曲がったときの軸力 P の**ポテンシャルエネルギ**は下式となる.

$$V = -\frac{P}{2}\int_0^l v'^2 dx = -\frac{Pl}{60}\begin{pmatrix}\theta_A & \theta_B & R\end{pmatrix}\begin{pmatrix}4 & -1 & -3 \\ -1 & 4 & -3 \\ -3 & -3 & 36\end{pmatrix}\begin{pmatrix}\theta_A \\ \theta_B \\ R\end{pmatrix} \tag{5.95}$$

したがって, **全ポテンシャルエネルギ**は下式となる.

$$\Pi = \frac{1}{2} \cdot \frac{EI}{l}\begin{pmatrix}\theta_A & \theta_B & R\end{pmatrix}\begin{pmatrix}4 & 2 & -6 \\ 2 & 4 & -6 \\ -6 & -6 & 12\end{pmatrix}\begin{pmatrix}\theta_A \\ \theta_B \\ R\end{pmatrix} - \frac{Pl}{60}\begin{pmatrix}\theta_A & \theta_B & R\end{pmatrix}\begin{pmatrix}4 & -1 & -3 \\ -1 & 4 & -3 \\ -3 & -3 & 36\end{pmatrix}\begin{pmatrix}\theta_A \\ \theta_B \\ R\end{pmatrix} \tag{5.96}$$

最小ポテンシャルエネルギの原理より, 下式が得られる. **2 次形式**の微分に関して, 参考 2.12 を参照されたい.

$$\begin{pmatrix} \dfrac{\partial \Pi}{\partial \theta_A} \\[2mm] \dfrac{\partial \Pi}{\partial \theta_B} \\[2mm] \dfrac{\partial \Pi}{\partial R} \end{pmatrix} = \frac{EI}{l}\begin{pmatrix} 4 & 2 & -6 \\ 2 & 4 & -6 \\ -6 & -6 & 12 \end{pmatrix}\begin{pmatrix} \theta_A \\ \theta_B \\ R \end{pmatrix} - \frac{Pl}{30}\begin{pmatrix} 4 & -1 & -3 \\ -1 & 4 & -3 \\ -3 & -3 & 36 \end{pmatrix}\begin{pmatrix} \theta_A \\ \theta_B \\ R \end{pmatrix} = 0 \tag{5.97}$$

すなわち下式が得られる.

$$\frac{EI}{l}\begin{pmatrix} 4 & 2 & -6 \\ 2 & 4 & -6 \\ -6 & -6 & 12 \end{pmatrix}\begin{pmatrix} \theta_A \\ \theta_B \\ R \end{pmatrix} = \frac{Pl}{30}\begin{pmatrix} 4 & -1 & -3 \\ -1 & 4 & -3 \\ -3 & -3 & 36 \end{pmatrix}\begin{pmatrix} \theta_A \\ \theta_B \\ R \end{pmatrix} \tag{5.98}$$

上式をもとに，図 5.15 に示す境界条件の異なる柱の座屈荷重を算定する.

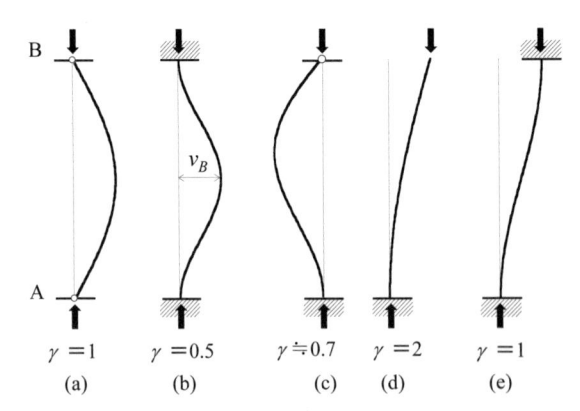

$\gamma = 1$ (a) $\qquad \gamma = 0.5$ (b) $\qquad \gamma \fallingdotseq 0.7$ (c) $\qquad \gamma = 2$ (d) $\qquad \gamma = 1$ (e)

図 5.15 境界条件の異なる圧縮材の座屈モード

a) 両端ピン（節点移動なし）の場合（図 5.15(a)）

この場合，部材角 $R=0$ であり，式(5.98)は下式となる.

$$\frac{EI}{l}\begin{pmatrix} 4 & 2 \\ 2 & 4 \end{pmatrix}\begin{pmatrix} \theta_A \\ \theta_B \end{pmatrix} = \frac{Pl}{30}\begin{pmatrix} 4 & -1 \\ -1 & 4 \end{pmatrix}\begin{pmatrix} \theta_A \\ \theta_B \end{pmatrix}$$

$$\left.\begin{aligned} & \\ \therefore\ \frac{30EI}{l^2}\begin{pmatrix} 4 & 2 \\ 2 & 4 \end{pmatrix}\begin{pmatrix} \theta_A \\ \theta_B \end{pmatrix} = P\begin{pmatrix} 4 & -1 \\ -1 & 4 \end{pmatrix}\begin{pmatrix} \theta_A \\ \theta_B \end{pmatrix} \end{aligned}\right\} \tag{5.99}$$

したがって，$\alpha = 30EI/l^2$ とすると，座屈条件式は下式となる．式(5.51)～(5.53)を参照されたい.

$$\begin{vmatrix} 4\alpha - 4P & 2\alpha + P \\ 2\alpha + P & 4\alpha - 4P \end{vmatrix} = 0 \tag{5.100}$$

したがって，下式が得られる.

- 238 -

$$P = \frac{2}{5}\alpha = \frac{2}{5} \cdot \frac{30EI}{l^2} = \frac{12EI}{l^2} \tag{5.101}$$

正解は，下式となるので，22%大きい座屈荷重を与えている．

$$P = \frac{\pi^2 EI}{l^2} = 9.870\frac{EI}{l^2} \tag{5.102}$$

b)　固定－ピン（節点移動なし）の場合（図 5.15(c)）

固定－ピンの場合には，$\theta_A = R = 0$ となる．この場合，式(5.98)は下式となる．

$$\frac{EI}{l}4\theta_B = \frac{Pl}{30}4\theta_B \tag{5.103}$$

したがって，座屈荷重は下式となる．

$$P = \frac{30EI}{l^2} \tag{5.104}$$

正解は，下式となるので 49%大きい座屈荷重を与える．

$$P = \frac{20.191EI}{l^2} \tag{5.105}$$

c)　両端固定（節点移動なし）の場合（図 5.15(b)）

両端固定の場合には，$\theta_A = \theta_B = R = 0$ となり，式(5.98)よりは座屈荷重は算定できない．部材を分割しての解析が必要となる．

例 5.11c)で部材を分割した例を示したが，ここでも部材を中央で 2 分割して考える．図 5.15(b)に示す座屈モードより中央点ではたわみ角は 0 と考えてよい．第 3 章の参考 3.21 で示したエルミートの多項式 $H_{02}^{(1)}(x)$ で $x=0$ から $l/2$ でのたわみ形を仮定する．対称性より全ポテンシャルエネルギは $x=0$ から $l/2$ のポテンシャルエネルギを 2 倍すれば良い．中央点でのたわみを v_B としてたわみ形を下式のように仮定する．

$$v(x) = v_B\left\{-2\left(\frac{2x}{l}\right)^3 + 3\left(\frac{2x}{l}\right)^2\right\} \tag{5.106}$$

全ポテンシャルエネルギ Π は下式となる．

$$\frac{\Pi(v_B)}{2} = \int_0^{\frac{l}{2}}\frac{EIv''^2}{2}dx - \frac{P}{2}\int_0^{\frac{l}{2}}v'^2dx \tag{5.107}$$

式(5.106)を上式に代入し，$d\Pi/dv_B = 0$ とすると下式が得られる．

$$P = \frac{\int_0^{\frac{l}{2}}(-4x+l)^2dx}{\int_0^{\frac{l}{2}}(-2x^2+lx)^2dx} \cdot EI = \frac{40EI}{l^2} \tag{5.108}$$

正解は下式であるので，正解より 1.3%大きい座屈荷重となっている．

$$P = \frac{4\pi^2 EI}{l^2} \qquad (5.109)$$

d)　固定－自由（節点移動あり）の場合（図 5.15(d)）

固定－自由の場合には，$\theta_A=0$ となり，式(5.98) より下式が得られる．

$$\frac{EI}{l}\begin{pmatrix} 4 & -6 \\ -6 & 12 \end{pmatrix}\begin{pmatrix} \theta_B \\ R \end{pmatrix} = \frac{Pl}{30}\begin{pmatrix} 4 & -3 \\ -3 & 36 \end{pmatrix}\begin{pmatrix} \theta_B \\ R \end{pmatrix} \quad \therefore \frac{30EI}{l^2}\begin{pmatrix} 4 & -6 \\ -6 & 12 \end{pmatrix}\begin{pmatrix} \theta_B \\ R \end{pmatrix} = P\begin{pmatrix} 4 & -3 \\ -3 & 36 \end{pmatrix}\begin{pmatrix} \theta_B \\ R \end{pmatrix} \qquad (5.110)$$

したがって，$\alpha=30EI/l^2$ とすると，座屈条件式は下式となる．

$$\begin{vmatrix} 4\alpha - 4P & -6\alpha + 3P \\ -6\alpha + 3P & 12\alpha - 36P \end{vmatrix} = 0 \qquad (5.111)$$

上式より下式が得られる．

$$P = 0.08287\alpha = 2.4861\frac{EI}{l^2} \qquad (5.112)$$

正解は，下式となるので，0.8%大きい座屈荷重を与えている．

$$P = \frac{\pi^2 EI}{(2l)^2} = 2.4674\frac{EI}{l^2} \qquad (5.113)$$

e)　両端固定（節点移動あり）の場合（図 5.15(e)）

両端固定の場合には，$\theta_A=\theta_B=0$ となり，式(5.98)より下式が得られる．

$$\frac{EI}{l} \cdot 12R = \frac{Pl}{30} \cdot 36R \qquad (5.114)$$

したがって，下式が得られる．

$$P = \frac{10EI}{l^2} \qquad (5.115)$$

正解は，下式となるので1.3%大きい座屈荷重を与える．

$$P = \frac{\pi^2 EI}{l^2} = 9.870\frac{EI}{l^2} \qquad (5.116)$$

参考 5.5　座屈長さおよび座屈長さ係数

例 5.13 で示したように材端の境界条件が違えば座屈荷重も異なる．ここで座屈荷重を下式のように示す．

$$P = \frac{\pi^2 EI}{(\gamma l)^2}$$

上式右辺の γ を **座屈長さ係数**，γl を **座屈長さ** と呼ぶ．図 5.15 に座屈長さ係数を示している．座屈長さは座屈モードの **反曲点間距離** となる．また，図 5.15(a)〜(c)のように節点の横移動がない場合には座屈長さ係数は 1 以下となり，図(d), (e)のように節点の横移動がある場合は 1 以上となる．

【例 5.14　固有値問題 3】

例 5.13 で図 5.15(b)の両端固定の場合には，式(5.98)のみを用いるのでは座屈荷重は算定できなかった．図 5.16 に示すように，部材の中央点に節点を考え，二つの部材があるとした時の**全ポテンシャルエネルギ**は下式となる．

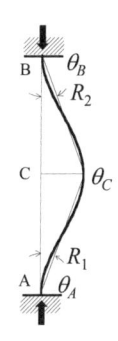

図 5.16　両端固定の柱の座屈荷重

$$\Pi = \frac{1}{2} \cdot \frac{EI}{l/2} \begin{pmatrix} \theta_A & \theta_C & R_1 \end{pmatrix} \begin{pmatrix} 4 & 2 & -6 \\ 2 & 4 & -6 \\ -6 & -6 & 12 \end{pmatrix} \begin{pmatrix} \theta_A \\ \theta_C \\ R_1 \end{pmatrix} - \frac{Pl/2}{60} \begin{pmatrix} \theta_A & \theta_C & R_1 \end{pmatrix} \begin{pmatrix} 4 & -1 & -3 \\ -1 & 4 & -3 \\ -3 & -3 & 36 \end{pmatrix} \begin{pmatrix} \theta_A \\ \theta_C \\ R_1 \end{pmatrix}$$

$$(5.117)$$

$$+ \frac{1}{2} \cdot \frac{EI}{l/2} \begin{pmatrix} \theta_C & \theta_B & R_2 \end{pmatrix} \begin{pmatrix} 4 & 2 & -6 \\ 2 & 4 & -6 \\ -6 & -6 & 12 \end{pmatrix} \begin{pmatrix} \theta_C \\ \theta_B \\ R_2 \end{pmatrix} - \frac{Pl/2}{60} \begin{pmatrix} \theta_C & \theta_B & R_2 \end{pmatrix} \begin{pmatrix} 4 & -1 & -3 \\ -1 & 4 & -3 \\ -3 & -3 & 36 \end{pmatrix} \begin{pmatrix} \theta_C \\ \theta_B \\ R_2 \end{pmatrix}$$

部材角 R_1 と R_2 には $R_1 = -R_2$ の関係がある．この関係を用いると上式は下式となる．

$$\Pi = \frac{1}{2} \cdot \frac{2EI}{l} \begin{pmatrix} \theta_A & \theta_C & R_1 & \theta_B \end{pmatrix} \begin{pmatrix} 4 & 2 & -6 & 0 \\ 2 & 8 & 0 & 2 \\ -6 & 0 & 24 & 6 \\ 0 & 2 & 6 & 4 \end{pmatrix} \begin{pmatrix} \theta_A \\ \theta_C \\ R_1 \\ \theta_B \end{pmatrix} - \frac{Pl}{120} \begin{pmatrix} \theta_A & \theta_C & R_1 & \theta_B \end{pmatrix} \begin{pmatrix} 4 & -1 & -3 & 0 \\ -1 & 8 & 0 & -1 \\ -3 & 0 & 72 & 3 \\ 0 & -1 & 3 & 4 \end{pmatrix} \begin{pmatrix} \theta_A \\ \theta_C \\ R_1 \\ \theta_B \end{pmatrix}$$

$$(5.118)$$

両端固定で，中央点で対称な座屈モードを呈するとすると $\theta_A = \theta_B = \theta_C = 0$ となる．したがって，上式より**座屈条件式**として下式が得られる．例 5.13c)で部材を中央で 2 分割して得た値と同じ荷重が得られた．

$$\frac{2EI}{l} \cdot 24 - \frac{Pl}{60} \cdot 72 = 0 \quad \therefore P = \frac{40EI}{l^2} \tag{5.119}$$

正解は下式となるので 1.3% 大きい座屈荷重を与える．

$$P = \frac{4\pi^2 EI}{l^2} = \frac{39.48EI}{l^2} \tag{5.120}$$

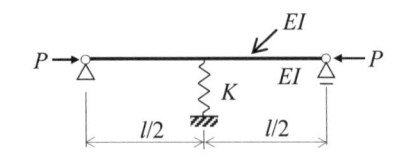

図 5.17 中央にばねの付いた柱材

$$f_1(x) = \sin\left(\frac{\pi x}{l}\right), \quad f_2(x) = \sin\left(\frac{2\pi x}{l}\right), \quad f_3(x) = \sin\left(\frac{3\pi x}{l}\right)$$

図 5.18 基底

図 5.17 に示す長さ l, 曲げ剛性 EI の単純梁の中央にばね定数 K のばねが横移動を拘束しており, 材の両端に圧縮力 P が作用するときの座屈荷重を算定する. 単純梁の**幾何学的境界条件**は, 両端でたわみが 0 である. したがって幾何学的境界条件 $v(0)=v(l)=0$ を満足する下式で座屈モードを仮定してみる.

$$v(x) = a_1 \sin\left(\frac{\pi x}{l}\right) + a_2 \sin\left(\frac{2\pi x}{l}\right) + a_3 \sin\left(\frac{3\pi x}{l}\right) \tag{5.121}$$

式(5.121)の基底 f_1, f_2, f_3 は下式となり, 図 5.18 の形状を示す.

$$f_1(x) = \sin\left(\frac{\pi x}{l}\right), \quad f_2(x) = \sin\left(\frac{2\pi x}{l}\right), \quad f_3(x) = \sin\left(\frac{3\pi x}{l}\right) \tag{5.122}$$

したがって, 下式が得られる.

$$\left. \begin{aligned} f_1'(x) &= \frac{\pi}{l}\cos\left(\frac{\pi x}{l}\right), & f_1''(x) &= -\frac{\pi^2}{l^2}\sin\left(\frac{\pi x}{l}\right) \\ f_2'(x) &= \frac{2\pi}{l}\cos\left(\frac{2\pi x}{l}\right), & f_2''(x) &= -\frac{4\pi^2}{l^2}\sin\left(\frac{2\pi x}{l}\right) \\ f_3'(x) &= \frac{3\pi}{l}\cos\left(\frac{3\pi x}{l}\right), & f_3''(x) &= -\frac{9\pi^2}{l^2}\sin\left(\frac{3\pi x}{l}\right) \end{aligned} \right\} \tag{5.123}$$

全ポテンシャルエネルギ Π は式(5.57)より下式である.

$$\Pi\left[v(x)\right] = \int_0^l \frac{EI v''(x)^2}{2} dx - \frac{P}{2}\int_0^l v'^2 dx + \frac{1}{2}K v(l/2)^2 \tag{5.124}$$

上式右辺の第 1 項 (曲げによる**ひずみエネルギ**) は, 下式となる. **直交関数**を使用したので対角項以外の項が 0 になっていることに注意されたい.

$$\int_0^l \frac{EIv''(x)^2}{2}dx$$

$$= \frac{EI}{2}\begin{pmatrix} a_1 & a_2 & a_3 \end{pmatrix}\begin{pmatrix} \int_0^l \frac{\pi^4}{l^4}\sin^2\frac{\pi x}{l}dx & \int_0^l \frac{4\pi^4}{l^4}\sin\frac{\pi x}{l}\sin\frac{2\pi x}{l}dx & \int_0^l \frac{9\pi^4}{l^4}\sin\frac{\pi x}{l}\sin\frac{3\pi x}{l}dx \\ \int_0^l \frac{4\pi^4}{l^4}\sin\frac{2\pi x}{l}\sin\frac{\pi x}{l}dx & \int_0^l \frac{16\pi^4}{l^4}\sin^2\frac{2\pi x}{l}dx & \int_0^l \frac{36\pi^4}{l^4}\sin\frac{2\pi x}{l}\sin\frac{3\pi x}{l}dx \\ \int_0^l \frac{9\pi^4}{l^4}\sin\frac{3\pi x}{l}\sin\frac{\pi x}{l}dx & \int_0^l \frac{36\pi^4}{l^4}\sin\frac{3\pi x}{l}\sin\frac{2\pi x}{l}dx & \int_0^l \frac{81\pi^4}{l^4}\sin^2\frac{3\pi x}{l}dx \end{pmatrix}\begin{pmatrix} a_1 \\ a_2 \\ a_3 \end{pmatrix}$$

$$= \boldsymbol{a}^T \frac{EI}{2}\begin{pmatrix} \dfrac{\pi^4}{l^4}\cdot\dfrac{l}{2} & 0 & 0 \\ 0 & \dfrac{16\pi^4}{l^4}\cdot\dfrac{l}{2} & 0 \\ 0 & 0 & \dfrac{81\pi^4}{l^4}\cdot\dfrac{l}{2} \end{pmatrix}\boldsymbol{a} \tag{5.125}$$

式(5.124)の右辺の第 2 項（**外力のポテンシャル**）は式(5.126)となり，計算すると式(5.127)となる.

$$-\frac{P}{2}\int_0^l v'^2 dx = -\frac{P}{2}\begin{pmatrix} a_1 & a_2 & a_3 \end{pmatrix}$$

$$\begin{pmatrix} \int_0^l \frac{\pi^2}{l^2}\cos^2\frac{\pi x}{l}dx & \int_0^l \frac{2\pi^2}{l^2}\cos\frac{\pi x}{l}\cos\frac{2\pi x}{l}dx & \int_0^l \frac{3\pi^2}{l^2}\cos\frac{\pi x}{l}\cos\frac{3\pi x}{l}dx \\ \int_0^l \frac{2\pi^2}{l^2}\cos\frac{2\pi x}{l}\cos\frac{\pi x}{l}dx & \int_0^l \frac{4\pi^2}{l^2}\cos^2\frac{2\pi x}{l}dx & \int_0^l \frac{6\pi^2}{l^2}\cos\frac{2\pi x}{l}\sin\frac{3\pi x}{l}dx \\ \int_0^l \frac{3\pi^2}{l^2}\cos\frac{3\pi x}{l}\sin\frac{\pi x}{l}dx & \int_0^l \frac{6\pi^2}{l^2}\cos\frac{3\pi x}{l}\sin\frac{2\pi x}{l}dx & \int_0^l \frac{9\pi^2}{l^2}\cos^2\frac{3\pi x}{l}dx \end{pmatrix}\begin{pmatrix} a_1 \\ a_2 \\ a_3 \end{pmatrix} \tag{5.126}$$

$$-\frac{P}{2}\int_0^l v'^2 dx = -\frac{P}{2}\begin{pmatrix} a_1 & a_2 & a_3 \end{pmatrix}\begin{pmatrix} \dfrac{\pi^2}{l^2}\cdot\dfrac{l}{2} & 0 & 0 \\ 0 & \dfrac{4\pi^2}{l^2}\cdot\dfrac{l}{2} & 0 \\ 0 & 0 & \dfrac{9\pi^2}{l^2}\cdot\dfrac{l}{2} \end{pmatrix}\begin{pmatrix} a_1 \\ a_2 \\ a_3 \end{pmatrix} \tag{5.127}$$

ばねの蓄える**ひずみエネルギ**は下式となる.

$$\frac{1}{2}Kv(l/2)^2 = \frac{1}{2}K(a_1 - a_3)^2 = \frac{1}{2}K(a_1^2 - 2a_1 a_3 + a_3^2) = \frac{1}{2}K\begin{pmatrix} a_1 & a_2 & a_3 \end{pmatrix}\begin{pmatrix} 1 & 0 & -1 \\ 0 & 0 & 0 \\ -1 & 0 & 1 \end{pmatrix}\begin{pmatrix} a_1 \\ a_2 \\ a_3 \end{pmatrix} \tag{5.128}$$

式(5.125), (5.127), (5.128)より**全ポテンシャルエネルギ**は下式となる.

$$\Pi = \boldsymbol{a}^T \begin{pmatrix} \dfrac{EI}{2}\dfrac{\pi^4}{l^4}\cdot\dfrac{l}{2}-\dfrac{P}{2}\dfrac{\pi^2}{l^2}\cdot\dfrac{l}{2}+\dfrac{K}{2} & 0 & -\dfrac{K}{2} \\[2ex] 0 & \dfrac{EI}{2}\dfrac{16\pi^4}{l^4}\cdot\dfrac{l}{2}-\dfrac{P}{2}\dfrac{4\pi^2}{l^2}\cdot\dfrac{l}{2} & 0 \\[2ex] -\dfrac{K}{2} & 0 & \dfrac{EI}{2}\dfrac{81\pi^4}{l^4}\cdot\dfrac{l}{2}-\dfrac{P}{2}\dfrac{9\pi^2}{l^2}\cdot\dfrac{l}{2}+\dfrac{K}{2} \end{pmatrix}\boldsymbol{a}$$

$$(5.129)$$

式(5.129)を整理すると下式が得られる.

$$\Pi = \boldsymbol{a}^T \begin{pmatrix} \dfrac{\pi^4 EI}{4l^3}-\dfrac{\pi^2}{4l}P+\dfrac{K}{2} & 0 & -\dfrac{K}{2} \\[2ex] 0 & \dfrac{4\pi^4 EI}{l^3}-\dfrac{\pi^2}{l}P & 0 \\[2ex] -\dfrac{K}{2} & 0 & \dfrac{81\pi^4 EI}{4l^3}-\dfrac{9}{4}\dfrac{\pi^2}{l}P+\dfrac{K}{2} \end{pmatrix}\boldsymbol{a} \qquad (5.130)$$

したがって**座屈条件式**は下式となる.

$$\begin{vmatrix} \dfrac{\pi^4 EI}{4l^3}-\dfrac{\pi^2}{4l}P+\dfrac{K}{2} & 0 & -\dfrac{K}{2} \\[2ex] 0 & \dfrac{4\pi^4 EI}{l^3}-\dfrac{\pi^2}{l}P & 0 \\[2ex] -\dfrac{K}{2} & 0 & \dfrac{81\pi^4 EI}{4l^3}-\dfrac{9}{4}\dfrac{\pi^2}{l}P+\dfrac{K}{2} \end{vmatrix} = 0 \qquad (5.131)$$

　一般には上式で圧縮力 P 以外の量が与えられており，上式を満足する P を求める問題となる．あるいは，P を与えて必要な K を求める場合もある．

　特別な場合を考える．$K=0$ とすると下式が得られる．

$$P = \dfrac{\pi^2 EI}{l^2}, \quad P = \dfrac{4\pi^2 EI}{l^2}, \quad P = \dfrac{9\pi^2 EI}{l^2} \qquad (5.132)$$

上式はそれぞれ 1 次，2 次，3 次の**座屈荷重**であり，**座屈モード**は下式となる．

$$v(x) = a_1 \sin\left(\dfrac{\pi x}{l}\right), \quad v(x) = a_2 \sin\left(\dfrac{2\pi x}{l}\right), \quad v(x) = a_3 \sin\left(\dfrac{3\pi x}{l}\right) \qquad (5.133)$$

　座屈条件式(5.131)は 2 行 2 列の部分が独立していることに注意されたい．すなわち，式(5.131)は下式のように記述できる．

$$\left(\dfrac{4\pi^4 EI}{l^3}-\dfrac{\pi^2}{l}P\right)\times \begin{vmatrix} \dfrac{\pi^4 EI}{4l^3}-\dfrac{\pi^2}{4l}P+\dfrac{K}{2} & -\dfrac{K}{2} \\[2ex] -\dfrac{K}{2} & \dfrac{81\pi^4 EI}{4l^3}-\dfrac{9}{4}\dfrac{\pi^2}{l}P+\dfrac{K}{2} \end{vmatrix} = 0 \qquad (5.134)$$

　上式左辺の第 1 項が 0 となる場合は式(5.133)の 2 番目の式で与えられる座屈モードでばねの位

置がたわまない．すなわち，図 5.18 の f_2 で表される sine1 波のモードである．このモードに達する**座屈補剛**を**フルブレーシング**と呼ぶことがある．式(5.134)の左辺の 2×2 の行列式を 0 とおいても座屈荷重が得られる．フルブレーシングになるまでの座屈荷重はこちらの式から得られる．

なお，式(5.131)，あるいは式(5.134)を導く過程を眺めると，行列の要素が有次元となっているために見通しが悪い．参考 5.7 を参照されたい．

参考 5.6　Timoshenko の座屈荷重算定法

　一般的なたわみ形（座屈モード）を下式のように仮定する．

$$v(x) = \sum_{i=1}^{n} a_i f_i(x)$$

$f_i(x)$ は幾何学的境界条件を満足する基底である．この式を全ポテンシャルエネルギの式に代入すると一般的に下式のように表現できる．

$$\Pi(a_1, a_2, ..., a_n) = g(a_1, a_2, ..., a_n) - Ph(a_1, a_2, ..., a_n)$$

最小ポテンシャルエネルギの原理により下式が得られる．

$$\frac{\partial \Pi(a_1, a_2, ..., a_n)}{\partial a_i} = 0, \qquad i = 1, 2, ..., n$$

Timoshenko は外力の仕事と内力のなす仕事が等しいとして下式の表現を得た．

$$P = \frac{g(a_1, a_2, ..., a_n)}{h(a_1, a_2, ..., a_n)}$$

圧縮力 P を最小とする条件として下式が得られる．

$$\frac{\partial P}{\partial a_i} = \frac{h(a_1, a_2, ..., a_n)\dfrac{\partial g(a_1, a_2, ..., a_n)}{\partial a_i} - g(a_1, a_2, ..., a_n)\dfrac{\partial h(a_1, a_2, ..., a_n)}{\partial a_i}}{h^2(a_1, a_2, ..., a_n)} = 0$$

上式の分母が 0 となるから，下式が得られる．

$$h(a_1, a_2, ..., a_n) \cdot \frac{\partial g(a_1, a_2, ..., a_n)}{\partial a_i} - g(a_1, a_2, ..., a_n) \cdot \frac{\partial h(a_1, a_2, ..., a_n)}{\partial a_i} = 0$$

すなわち下式が得られる．

$$\frac{\partial g(a_1, a_2, ..., a_n)}{\partial a_1} - \frac{g(a_1, a_2, ..., a_n)}{h(a_1, a_2, ..., a_n)} \cdot \frac{\partial h(a_1, a_2, ..., a_n)}{\partial a_i} = 0$$

ところで，$P = \dfrac{g(a_1, a_2, ..., a_n)}{h(a_1, a_2, ..., a_n)}$ なので，上式は下式となる．

$$\frac{\partial g(a_1, a_2, ..., a_n)}{\partial a_i} - P\frac{\partial h(a_1, a_2, ..., a_n)}{\partial a_i} = 0$$

　これは，最小ポテンシャルエネルギの原理に基づくもとの同じ式である．

【例 5.16　骨組の座屈】

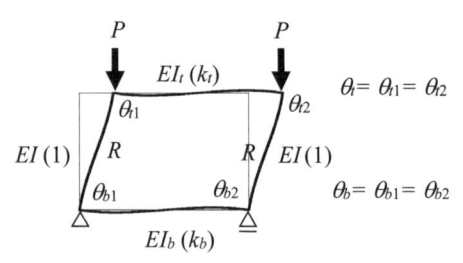

図 5.19　ロ形骨組の座屈

第3章式(3.181)でたわみが3次関数で表現できる場合のひずみエネルギを下式のように求めた.

$$U = \int_0^l \frac{EI}{2} v''^2 dx = \frac{1}{2} \cdot \frac{EI}{l} \begin{pmatrix} \theta_A & \theta_B & R \end{pmatrix} \begin{pmatrix} 4 & 2 & -6 \\ 2 & 4 & -6 \\ -6 & -6 & 12 \end{pmatrix} \begin{pmatrix} \theta_A \\ \theta_B \\ R \end{pmatrix} = \frac{1}{2} \boldsymbol{u}^T \boldsymbol{K} \boldsymbol{u} \qquad \text{再掲(3.181)}$$

　図 5.19 のようにロ形骨組の両柱頭に圧縮力 P を受け，図のように座屈する場合を考える．左右の柱は同じ変形をし，上下の梁の左端と右端のたわみ角は同じとする．図に示すように柱の上下端のたわみ角を θ_t, θ_b，部材角を R とすると，2 つの柱に蓄えられる**ひずみエネルギ** U_c は下式となる．ここに柱の**曲げ剛性**を EI，長さを h としている．

$$U_c = \frac{1}{2} \cdot \frac{EI}{h} \begin{pmatrix} \theta_b & \theta_t & R \end{pmatrix} \begin{pmatrix} 4 & 2 & -6 \\ 2 & 4 & -6 \\ -6 & -6 & 12 \end{pmatrix} \begin{pmatrix} \theta_b \\ \theta_t \\ R \end{pmatrix} \times 2 \qquad (5.135)$$

基準剛度 K_0 を I/h とし，上下の梁の**剛比**をそれぞれ k_t, k_b とすると，梁の部材角は 0 であること，左端と右端のたわみ角が等しいことより，上下の梁に蓄えられるひずみエネルギ U_{bt}, U_{bb} は下式となる．

$$U_{bt} = \frac{1}{2} \cdot \frac{k_t EI}{h} \cdot 12 \theta_t^2 \qquad (5.136)$$

$$U_{bb} = \frac{1}{2} \cdot \frac{k_b EI}{h} \cdot 12 \theta_b^2 \qquad (5.137)$$

外力のポテンシャルエネルギは式(5.95)を参照し，左右の柱に作用する圧縮力 P のポテンシャルの和として下式となる．

$$V = -\frac{Ph}{60} \begin{pmatrix} \theta_b & \theta_t & R \end{pmatrix} \begin{pmatrix} 4 & -1 & -3 \\ -1 & 4 & -3 \\ -3 & -3 & 36 \end{pmatrix} \begin{pmatrix} \theta_b \\ \theta_t \\ R \end{pmatrix} \times 2 \qquad (5.138)$$

式(5.135)～(5.138)より**全ポテンシャルエネルギ**は次式となる．

$$\varPi = 2 \times \frac{1}{2} \cdot \frac{EI}{h} \begin{pmatrix} \theta_b & \theta_t & R \end{pmatrix} \begin{pmatrix} 4 & 2 & -6 \\ 2 & 4 & -6 \\ -6 & -6 & 12 \end{pmatrix} \begin{pmatrix} \theta_b \\ \theta_t \\ R \end{pmatrix} + \frac{1}{2} \cdot \frac{k_t EI}{h} \cdot 12\theta_t^2 + \frac{1}{2} \cdot \frac{k_b EI}{h} \cdot 12\theta_b^2$$

$$\text{(5.139)}$$

$$-2 \times \frac{Ph}{60} \begin{pmatrix} \theta_b & \theta_t & R \end{pmatrix} \begin{pmatrix} 4 & -1 & -3 \\ -1 & 4 & -3 \\ -3 & -3 & 36 \end{pmatrix} \begin{pmatrix} \theta_b \\ \theta_t \\ R \end{pmatrix}$$

すなわち下式となる.

$$\varPi = \frac{1}{2} \cdot \frac{EI}{h} \begin{pmatrix} \theta_b & \theta_t & R \end{pmatrix} \begin{pmatrix} 8+12k_b & 4 & -12 \\ 4 & 8+12k_t & -12 \\ -12 & -12 & 24 \end{pmatrix} \begin{pmatrix} \theta_b \\ \theta_t \\ R \end{pmatrix} - \frac{1}{2} \cdot \frac{Ph}{15} \begin{pmatrix} \theta_b & \theta_t & R \end{pmatrix} \begin{pmatrix} 4 & -1 & -3 \\ -1 & 4 & -3 \\ -3 & -3 & 36 \end{pmatrix} \begin{pmatrix} \theta_b \\ \theta_t \\ R \end{pmatrix}$$

$$\text{(5.140)}$$

ここで，下式のように定義する.

$$\boldsymbol{q}^T = \begin{pmatrix} \theta_b & \theta_t & R \end{pmatrix} \tag{5.141}$$

$$\boldsymbol{U} = \frac{EI}{h} \begin{pmatrix} 8+12k_b & 4 & -12 \\ 4 & 8+12k_t & -12 \\ -12 & -12 & 24 \end{pmatrix} \tag{5.142}$$

$$\boldsymbol{V} = \frac{h}{15} \begin{pmatrix} 4 & -1 & -3 \\ -1 & 4 & -3 \\ -3 & -3 & 36 \end{pmatrix} \tag{5.143}$$

式(5.141)～(5.143)を用いると式(5.140)は下式となる.

$$\varPi = \frac{1}{2} \boldsymbol{q}^T \boldsymbol{U} \boldsymbol{q} - \frac{P}{2} \boldsymbol{q}^T \boldsymbol{V} \boldsymbol{q} \tag{5.144}$$

最小ポテンシャルエネルギの原理により下式が得られる.

$$\boldsymbol{U}\boldsymbol{q} - P\boldsymbol{V}\boldsymbol{q} = 0 \qquad \therefore \left(\boldsymbol{U} - P\boldsymbol{V} \right) \boldsymbol{q} = 0 \tag{5.145}$$

したがって，**座屈条件式**は下式となる.

$$\left| \boldsymbol{U} - P\boldsymbol{V} \right| = 0 \tag{5.146}$$

式(5.142), (5.143)より上式は下式となる.

$$\begin{vmatrix} (8+12k_b)\left(\dfrac{EI}{h}\right) - \dfrac{4Ph}{15} & \dfrac{4EI}{h} + \dfrac{Ph}{15} & \dfrac{-12EI}{h} + \dfrac{3Ph}{15} \\[2mm] \dfrac{4EI}{h} + \dfrac{Ph}{15} & (8+12k_t)\left(\dfrac{EI}{h}\right) - \dfrac{4Ph}{15} & \dfrac{-12EI}{h} + \dfrac{3Ph}{15} \\[2mm] \dfrac{-12EI}{h} + \dfrac{3Ph}{15} & \dfrac{-12EI}{h} + \dfrac{3Ph}{15} & \dfrac{24EI}{h} - \dfrac{36Ph}{15} \end{vmatrix} = 0 \tag{5.147}$$

式(5.147) は荷重 P に関する 3 次方程式となるため計算が煩雑となる．この座屈条件式より得られる座屈荷重も近似解であるが，座屈モードを仮定して座屈荷重の**閉形解**を求めてみる．すなわち，座屈モードを下式のように仮定すると座屈荷重は式(5.149)となる．

$$q^{*T} = \left(\theta_b{*} \quad \theta_t{*} \quad R{*}\right) \tag{5.148}$$

$$P = \frac{q^{*T} U q^{*}}{q^{*T} V q^{*}} \tag{5.149}$$

上式は式(5.145)を移項した式(5.150)において，$q \equiv q^{*}$とするとともに，両辺に左から q^{*T} を乗じて，P を算定したと考えて良い．式(5.149)は **Rayleigh の商**と呼ばれる．

$$Uq = PVq \tag{5.150}$$

座屈モード q^{*T} は図 5.20 のように柱頭に水平力が作用したときの変形を採用する．これは，例 3.15 で下式のように求めた．なお，左辺のサフィックスは本例にあわせて変更している．

$$\left.\begin{array}{l} \theta_b = \dfrac{Hh}{2EK_0} \cdot \dfrac{1+3k_t}{6k_t + 6k_b + 36k_t k_b} \\[2mm] \theta_t = \dfrac{Hh}{2EK_0} \cdot \dfrac{1+3k_b}{6k_t + 6k_b + 36k_t k_b} \\[2mm] R = \dfrac{Hh}{2EK_0} \cdot \dfrac{1+2k_b+2k_t+3k_b k_t}{6k_t + 6k_b + 36k_t k_b} \end{array}\right\} \tag{5.151}$$

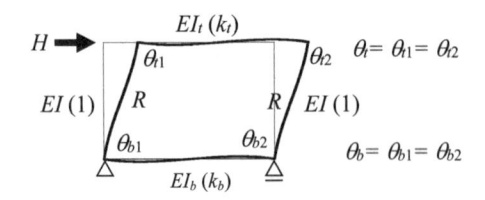

図 5.20 仮定する座屈モード

座屈モードとしては，θ_b，θ_t，R の比だけがわかれば良いので，下式となる．

$$q^{*T} = \left(\theta_b{*} \quad \theta_t{*} \quad R{*}\right) = \left(1+3k_t \quad 1+3k_b \quad 1+2k_b+2k_t+3k_b k_t\right) \tag{5.152}$$

上式を式(5.149)に代入すると下式が得られる．

$$P_{eng} = \frac{3(k_b+k_t)+30k_b k_t+6(k_b^2+k_t^2)+45k_b k_t(k_b+k_t)+54k_b^2 k_t^2}{5+20(k_b+k_t)+24(k_b^2+k_t^2)+63k_b k_t(1+k_b+k_t)+54k_b^2 k_t^2} \cdot \frac{10EI}{h^2} \tag{5.153}$$

座屈長さ係数γ_{eng}は下式となる．

$$\gamma_{eng} = \frac{\pi}{\sqrt{10}} \cdot \sqrt{\frac{5+20(k_b+k_t)+24(k_b^2+k_t^2)+63k_b k_t(1+k_b+k_t)+54k_b^2 k_t^2}{3(k_b+k_t)+30k_b k_t+6(k_b^2+k_t^2)+45k_b k_t(k_b+k_t)+54k_b^2 k_t^2}} \tag{5.154}$$

ところで，鋼構造物の柱材の設計では，柱材の座屈長さを求める必要がある．柱材の節点が水平移動しないと考えられる場合には，座屈長さは材長を取れば安全側となる．しかしながら，柱材の節点が水平移動する場合には，座屈長さは節点間距離以上となり，適切に評価する必要がある．節点の水平移動が拘束されていない骨組の柱の座屈長さに関して，図 5.21(a)の点線で囲んだ部分架構を図 5.21(b)のように示しているが，図中の AB 柱の座屈条件式はいくつかの仮定の下に**座屈たわみ角法**を適用すると，式(5.155)の座屈条件式が得られる．

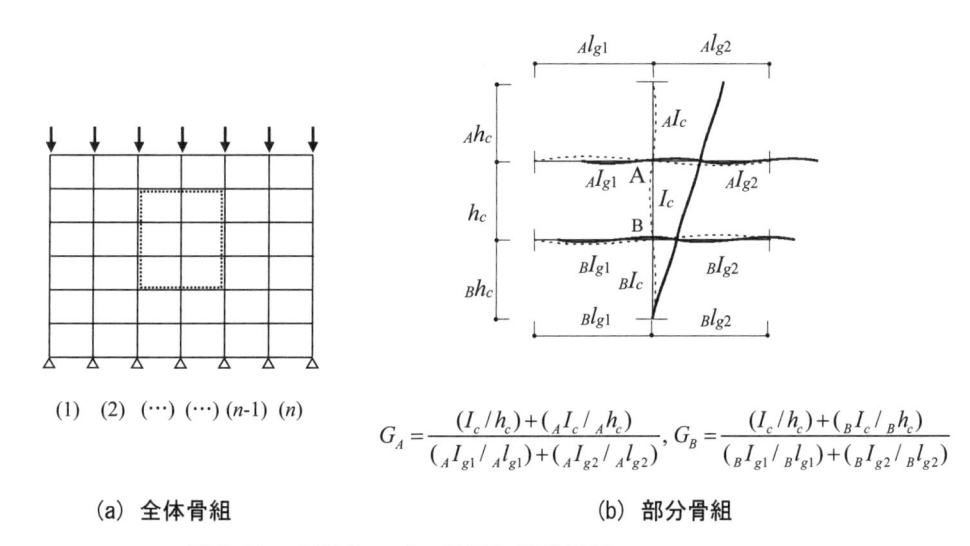

$$G_A = \frac{(I_c/h_c)+({}_AI_c/{}_Ah_c)}{({}_AI_{g1}/{}_Al_{g1})+({}_AI_{g2}/{}_Al_{g2})}, \quad G_B = \frac{(I_c/h_c)+({}_BI_c/{}_Bh_c)}{({}_BI_{g1}/{}_Bl_{g1})+({}_BI_{g2}/{}_Bl_{g2})}$$

（a）全体骨組　　　　　　　　　　　　（b）部分骨組

図 5.21　多層多スパン骨組と部分骨組

$$\frac{G_A G_B \left(\dfrac{\pi}{\gamma}\right)^2 - 36}{6\left(G_A + G_B\right)} = \frac{\dfrac{\pi}{\gamma}}{\tan\left(\dfrac{\pi}{\gamma}\right)} \tag{5.155}$$

$$G = \frac{\Sigma \dfrac{I_c}{h_c}}{\Sigma \dfrac{I_g}{l_g}} \tag{5.156}$$

ここに，γ は**座屈長さ係数**で，G の添え字の A，B は図 5.21(b)に示すように柱の両端の節点を表し，I, $l(h)$ はそれぞれ部材の断面 2 次モーメントと長さ，右添え字 c, g はそれぞれ柱，梁をあらわす．また，Σ は節点に集まる部材についての和を表している．

式(5.155)は**均等な骨組**の柱材の座屈長さ係数の算定のために使われ，座屈長さ係数算定用の設計図表として示されている．ところで，式(5.155)の座屈条件式は，図 5.19 に示す上下の梁の剛比

k_t, k_b がそれぞれ $1/G_A$, $1/G_B$ のロ形骨組の座屈条件式と同じである．式(5.154)を G_A, G_B をもちいて表現すると下式が得られる．

$$\gamma_{eng} = \frac{\pi}{\sqrt{10}} \cdot \sqrt{\frac{5G_A^2 G_B^2 + 20G_A G_B(G_A + G_B) + 24(G_A^2 + G_B^2) + 63(G_A G_B + G_A + G_B) + 54}{3G_A G_B(G_A + G_B) + 30G_A G_B + 6(G_A^2 + G_B^2) + 45(G_A + G_B) + 54}} \tag{5.157}$$

ここで，$k_b = k_t = \infty$ や $k_b = 0$ かつ $k_t = \infty$ の特別な場合に正しい座屈長さ係数を与えるように $\pi/\sqrt{10} = 1$ とおくと下式が得られる．

$$\gamma_{dsn} = \sqrt{\frac{5G_A^2 G_B^2 + 20G_A G_B(G_A + G_B) + 24(G_A^2 + G_B^2) + 63(G_A G_B + G_A + G_B) + 54}{3G_A G_B(G_A + G_B) + 30G_A G_B + 6(G_A^2 + G_B^2) + 45(G_A + G_B) + 54}} \tag{5.158}$$

　上式は節点移動のある均等な骨組の柱材の座屈長さ係数を評価するのに用いることができる．同様な手法で節点移動の無い場合の座屈長さ係数評価式も提案されている．

5.2.9 Rayleigh-Ritz 法の拡張

　全ポテンシャルエネルギは下式で表現できる．

$$\Pi\big[v(x)\big] = U + V \tag{5.159}$$

Rayleigh-Ritz 法での解析では，仮定する変位は**幾何学的境界条件**を満足する必要がある．すなわち，式(5.160)で示した基底 $f_i(x)$ は通常，幾何学的境界条件を満足する必要がある．

$$v(x) = \sum_{i=1}^{n} a_i f_i(x) \tag{5.160}$$

しかしながら，問題によっては，使われている基底 $f_i(x)$ が幾何学的境界条件を満足していない場合も考えられる．このような場合には，仮定したたわみ（座屈モード）$v(x)$ が全体として幾何学的境界条件を満足すれば良い．式で書くと下式となる．

$$\left. \begin{aligned} g_1(a_1, a_2, \cdots, a_n) &= 0 \\ g_2(a_1, a_2, \cdots, a_n) &= 0 \\ \cdots & \end{aligned} \right\} \tag{5.161}$$

上式を満足させ，さらに式(5.159)を最小化するには**ラグランジュの未定乗数法**を用いることができる．すなわち，下式で定義した $\overline{\Pi}$ に対して，式(5.163)を考えれば良い．

$$\overline{\Pi} = U + V - \lambda_1 g_1 - \lambda_2 g_2 \cdots \tag{5.162}$$

$$\frac{\partial \overline{\Pi}}{\partial a_i} = 0 \qquad (i = 1,\ 2,\ \cdots,\ n) \tag{5.163}$$

上式と式(5.161)より n 個の a_i と r 個（全体として幾何学的境界条件を満たすための付帯条件の数）の λ を決定する方程式が求められる．

【例 5.17　Rayleigh–Ritz 法の拡張 1：固有値問題】

　図 5.22 に示す柱の**座屈荷重**を拡張された **Rayleigh－Ritz 法**を用いて算定する．**座屈モード**を下式で仮定する．

$$v(x) = \sum_{i=1}^{n} a_i \sin\left(\frac{i\pi x}{l}\right) \tag{5.164}$$

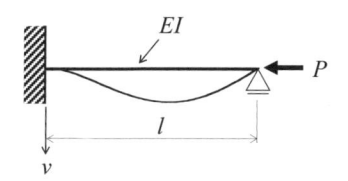

図 5.22　固定－ローラの柱の座屈荷重

　図 5.22 の柱の**幾何学的境界条件**は，$v(0)=v'(0)=v(l)=0$ である．上式は，幾何学的境界条件のうち，$v'(0)=0$ を満足していない．式(5.164)より $v'(x)$ は下式となる．

$$v'(x) = \sum_{i=1}^{n} a_i \frac{i\pi}{l} \cos\left(\frac{i\pi x}{l}\right) \tag{5.165}$$

したがって，$v'(0)=0$ を満足するためには下式の条件が必要となる．

$$g_1(a_1, a_2, \cdots, a_n) = v'(0) = \sum_{i=1}^{n} a_i \frac{i\pi}{l} = \frac{\pi}{l} \sum_{i=1}^{n} i \cdot a_i = 0 \tag{5.166}$$

　式(5.162)を参照すると $\overline{\Pi}$ は下式となる．

$$\overline{\Pi} = U + V - \lambda_1 g_1 = \int_0^l \frac{EIv''(x)^2}{2} dx - \frac{P}{2} \int_0^l v'^2 dx - \lambda_1 g_1 \tag{5.167}$$

式(5.164)と式(5.166)を上式に代入すると下式が得られる．

$$\overline{\Pi} = \frac{EI}{2} \sum_{i=1}^{n} \left(\frac{i\pi}{l}\right)^4 a_i^2 \cdot \frac{l}{2} - \frac{P}{2} \sum_{i=1}^{n} \left(\frac{i\pi}{l}\right)^2 a_i^2 \cdot \frac{l}{2} - \lambda_1 \cdot \frac{\pi}{l} \sum_{i=1}^{n} i \cdot a_i \tag{5.168}$$

式(5.163)より下式が得られる．

$$\frac{\partial \overline{\Pi}}{\partial a_i} = \frac{EI}{2} \left(\frac{i\pi}{l}\right)^4 \cdot 2a_i \cdot \frac{l}{2} - \frac{P}{2} \left(\frac{i\pi}{l}\right)^2 \cdot 2a_i \cdot \frac{l}{2} - \lambda_1 \cdot \frac{i\pi}{l} = 0 \tag{5.169}$$

したがって，下式が得られる．右辺の P_e は $P_e = \pi^2 EI/l^2$ である．

$$a_i = \frac{2\lambda_1}{i\pi} \cdot \frac{1}{P_e} \cdot \frac{1}{i^2 - \dfrac{P}{P_e}} \tag{5.170}$$

上式を式(5.166)に代入すると下式が得られる．

$$\frac{\pi}{l}\sum_{i=1}^{n}i\cdot a_i = \frac{2}{l}\cdot\frac{\lambda_1}{P_e}\sum_{i=1}^{n}\frac{1}{i^2-\dfrac{P}{P_e}}=0 \tag{5.171}$$

したがって，n を与えて，下式を満足する P/P_e を算定すれば座屈荷重が求まる．

$$\sum_{i=1}^{n}\frac{1}{i^2-\dfrac{P}{P_e}}=0 \tag{5.172}$$

n の値を 2～100 と変化させると次の座屈荷重が得られる．なお，下記の値は座屈荷重を EI/l^2 で無次元化している．

  24.67(n=2), 23.03(n=3), 22.28(n=4), 21.84(n=5), 21.01(n=10), 20.35(n=50), 20.27(n=100).

正解値は式(5.94)でしめす 20.191 であるので，n を大きくするにつれて収束はしているが，収束状況は緩やかである．

【例 5.18　Rayleigh-Ritz 法の拡張 2：釣合問題】

　図 5.23 の等分布荷重を受ける梁のたわみを拡張された **Rayleigh－Ritz 法**を用いて算定する．たわみ形を下式のように仮定する．

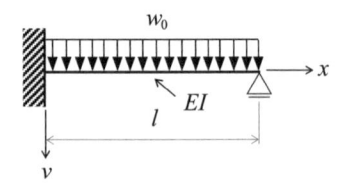

図 5.23　等分布荷重 w_0 を受ける固定－ローラの梁

$$v(x)=\sum_{i=2}^{4}a_i\left(\frac{x}{l}\right)^i = a_2\left(\frac{x}{l}\right)^2 + a_3\left(\frac{x}{l}\right)^3 + a_4\left(\frac{x}{l}\right)^4 \tag{5.173}$$

　図 5.23 の柱の**幾何学的境界条件**は，$v(0)=v'(0)=v(l)=0$ である．上式は固定端の幾何学的境界条件（$v(0)=v'(0)=0$）は満足するが，ローラ端の幾何学的境界条件（$v(l)=0$）は満足しない．$v(l)=0$ を満足するために下式の条件が必要となる．

$$g_1(a_2,a_3,a_4)\equiv v(l)=\sum_{i=2}^{4}a_i = a_2 + a_3 + a_4 =0 \tag{5.174}$$

$\overline{\varPi}$ は下式となる．

$$\overline{\varPi} = U + V - \lambda_1 g_1 = \int_0^l \frac{EIv''(x)^2}{2}dx - \int_0^l w_0 v\,dx - \lambda_1 g_1 \tag{5.175}$$

式(5.173)と式(5.174)を上式に代入し，$\xi=x/l$ として**置換積分**すると下式が得られる．

$$\overline{\varPi} = \frac{EI}{2l^3}\int_0^1 \left(\left(2a_2 + 6a_3\xi + 12a_4\xi^2\right)^2 \right) d\xi - \int_0^1 w_0 l\left(a_2\xi^2 + a_3\xi^3 + a_4\xi^4\right)d\xi - \lambda_1\left(a_2 + a_3 + a_4\right) \quad (5.176)$$

式(5.176)の $\overline{\varPi}$ が極値を持つ条件として下式が得られる.

$$\left.\begin{aligned}
\frac{\partial \overline{\varPi}}{\partial a_2} &= \frac{2EI}{l^3}\left(2a_2 + 3a_3 + 4a_4\right) - \frac{w_0 l}{3} - \lambda_1 = 0 \\[2mm]
\frac{\partial \overline{\varPi}}{\partial a_3} &= \frac{6EI}{l^3}\left(a_2 + 2a_3 + 3a_4\right) - \frac{w_0 l}{4} - \lambda_1 = 0 \\[2mm]
\frac{\partial \overline{\varPi}}{\partial a_4} &= \frac{12EI}{l^3}\left(\frac{2}{3}a_2 + \frac{6}{4}a_3 + \frac{12}{5}a_4\right) - \frac{w_0 l}{5} - \lambda_1 = 0
\end{aligned}\right\} \quad (5.177)$$

したがって，a_2, a_3, a_4 は下式となる.

$$a_2 = \frac{3w_0 l^4}{48EI}, \qquad a_3 = -\frac{5w_0 l^4}{48EI}, \qquad a_4 = \frac{2w_0 l^4}{48EI} \quad (5.178)$$

たわみは下式となる.

$$v(x) = \frac{w_0 l^4}{48EI}\left\{3\left(\frac{x}{l}\right)^2 - 5\left(\frac{x}{l}\right)^3 + 2\left(\frac{x}{l}\right)^4\right\} \quad (5.179)$$

上式は第 3 章の式(3.96)と同じであり，正解が得られた.

5.3　Galerkin 法

式(5.12)で解説したように，**仮想仕事の原理**に基礎をおく近似解法において，**幾何学的境界条件**のみならず，**力学的境界条件**，材中間に作用する荷重の連続あるいは不連続条件を満足すれば下式となる.

$$\int_0^l \left(M'' + w\right)f_i dx = 0 \qquad\qquad 再掲(5.12)$$

ここで，式(5.13)を用いると式(5.180)が得られる. なお，$i = 1, 2, \ldots, n$ である.

$$M = EI\phi = -EIv'' = -EI\sum_{i=1}^n a_i f_i''(x) \qquad\qquad 再掲(5.13)$$

$$\int_0^l \left(-EI\sum_{j=1}^n a_j f_j^{\mathrm{IV}}(x) + w\right)f_i dx = 0 \qquad\qquad (5.180)$$

上式をマトリックスの形で書けば下式が得られる.

$$EI \begin{pmatrix} \int_0^l f_1^{\mathrm{IV}} f_1 dx & \int_0^l f_2^{\mathrm{IV}} f_1 dx & \int_0^l f_3^{\mathrm{IV}} f_1 dx & \dots & \int_0^l f_n^{\mathrm{IV}} f_1 dx \\ \int_0^l f_1^{\mathrm{IV}} f_2 dx & \int_0^l f_2^{\mathrm{IV}} f_2 dx & \int_0^l f_3^{\mathrm{IV}} f_2 dx & \dots & \int_0^l f_n^{\mathrm{IV}} f_2 dx \\ \int_0^l f_1^{\mathrm{IV}} f_3 dx & \int_0^l f_2^{\mathrm{IV}} f_3 dx & \int_0^l f_3^{\mathrm{IV}} f_3 dx & \dots & \int_0^l f_n^{\mathrm{IV}} f_3 dx \\ \dots & \dots & \dots & \dots & \dots \\ \int_0^l f_1^{\mathrm{IV}} f_n dx & \int_0^l f_2^{\mathrm{IV}} f_n dx & \int_0^l f_3^{\mathrm{IV}} f_n dx & \dots & \int_0^l f_n^{\mathrm{IV}} f_n dx \end{pmatrix} \begin{pmatrix} a_1 \\ a_2 \\ a_3 \\ \dots \\ a_n \end{pmatrix} = \begin{pmatrix} \int_0^l w(x) f_1(x) dx \\ \int_0^l w(x) f_2(x) dx \\ \int_0^l w(x) f_3(x) dx \\ \dots \\ \int_0^l w(x) f_n(x) dx \end{pmatrix} \quad (5.181)$$

上式より a_1, a_2, … a_n を算定すればたわみや曲げモーメントが算定できる．この方法を **Galerkin 法**という．

支配微分方程式と**境界条件**が明らかな問題があれば，上記のように支配微分方程式に仮定したたわみ形を代入し，さらに重みとして基底を用いて積分したものを 0 とおけば良い．このときたわみ形は幾何学的境界条件だけでなく，力学的境界条件も満足する必要がある．

【例 5.19　**Galerkin 法 1：釣合問題**】

例 5.1 と同じ問題を考える．たわみ形は式(5.14)を用いる．

$$v(x) = \sum_{i=1}^n a_i f_i(x) = \sum_{i=1}^n a_i \sin \frac{i\pi x}{l} \qquad \text{再掲}(5.14)$$

上式で $n=3$ とすると，式(5.181)はこの場合下式となる．

$$EI \begin{pmatrix} \left(\frac{\pi}{l}\right)^4 \cdot \frac{l}{2} & 0 & 0 \\ 0 & \left(\frac{2\pi}{l}\right)^4 \cdot \frac{l}{2} & 0 \\ 0 & 0 & \left(\frac{3\pi}{l}\right)^4 \cdot \frac{l}{2} \end{pmatrix} \begin{pmatrix} a_1 \\ a_2 \\ a_3 \end{pmatrix} = \begin{pmatrix} \dfrac{2lw}{\pi} \\ 0 \\ \dfrac{2lw}{3\pi} \end{pmatrix} \qquad (5.182)$$

上式より，a_1, a_2, a_3 を求めると下式となる．

$$a_1 = \frac{4l^4}{\pi^5 EI} w, \quad a_2 = 0, \quad a_3 = \frac{4l^4}{3^5 \pi^5 EI} w \qquad (5.183)$$

すなわち，式(5.19)で $n=3$ としたときと同じ値が得られた．

【例 5.20　**Galerkin 法 2：固有値問題**】

例 5.12 や例 5.17 で取り上げた一端固定，他端ローラの柱の**座屈荷重**を **Galerkin 法**により算定する．

例 5.12 では**座屈モード**を下式のように仮定した．

$$v(x) = a\left\{ 2\left(\frac{x}{l}\right)^4 - 5\left(\frac{x}{l}\right)^3 + 3\left(\frac{x}{l}\right)^2 \right\} \qquad \text{改}(3.96)$$

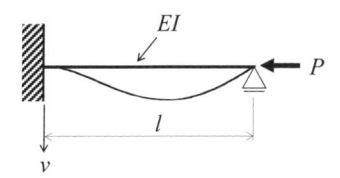

図 5.24　固定－ローラの柱の座屈荷重

この座屈モードは**幾何学的境界条件**だけで無く，**力学的境界条件**も満足している．**支配方程式**は下式である．

$$EIv^{\mathrm{IV}}(x) + Pv''(x) = 0 \qquad\qquad 再掲(3.128)$$

式改(3.96)の右辺の中括弧の式を**基底** f_1 と考える．すなわち，下式のように考える．

$$f_1(x) = 2\left(\frac{x}{l}\right)^4 - 5\left(\frac{x}{l}\right)^3 + 3\left(\frac{x}{l}\right)^2 \qquad\qquad (5.184)$$

Galerkin 法は支配方程式(3.128) に**重み** f_1 を掛けて積分したものを 0 とするもので，下式となる．

$$\int_0^l \left\{EIv^{\mathrm{IV}}(x) + Pv''(x)\right\} f_1 dx = 0 \qquad\qquad (5.185)$$

上式の左辺に式改(3.96)，(5.184)を代入すると下式が得られる．

$$\int_0^l \left[EI\frac{48a}{l^4} + P\frac{a}{l^2}\left\{24\left(\frac{x}{l}\right)^2 - 30\left(\frac{x}{l}\right) + 6\right\}\right] \times \left\{2\left(\frac{x}{l}\right)^4 - 5\left(\frac{x}{l}\right)^3 + 3\left(\frac{x}{l}\right)^2\right\} dx = 0 \qquad (5.186)$$

したがって，**座屈荷重**は下式となる．

$$P = -\frac{48EI}{l^2} \cdot \frac{\int_0^l \left\{2\left(\frac{x}{l}\right)^4 - 5\left(\frac{x}{l}\right)^3 + 3\left(\frac{x}{l}\right)^2\right\} dx}{\int_0^l \left\{24\left(\frac{x}{l}\right)^2 - 30\left(\frac{x}{l}\right) + 6\right\}\left\{2\left(\frac{x}{l}\right)^4 - 5\left(\frac{x}{l}\right)^3 + 3\left(\frac{x}{l}\right)^2\right\} dx} = \frac{21EI}{l^2} \qquad (5.187)$$

上式は例 5.12 の式(5.93)と同じである．例 5.12 の **Rayleigh-Ritz 法**では， v' や v'' を 2 乗して積分する必要があるのに対して，**Galerkin 法**ではその必要は無く計算は簡便である．

参考 5.7　無次元化

　研究においては一般性，普遍性のある知見を得る必要がある．したがって，**無次元化**された量で結果を記述する場合が多い（実験では大きい断面や強い材料を使えば，強度は大きくなる．大きいものも小さいものも同じ土俵で比較する必要がある）．計算においても無次元量の演算なので次元に対して気を使わなくて良く便利である．

　材長 l の梁で区間[0, l]で定義されている場合，区間[0, 1]に変換する．すなわち材長方向座標 x は l で除して，$\xi = x/l$ で表現する．たとえばたわみ（座屈モード）$v(x)$ を下式と仮定する．

$$v(x) = a_1 \sin\frac{\pi x}{l} + a_2 \sin\frac{2\pi x}{l} + a_3 \sin\frac{3\pi x}{l}$$

このとき，$x=\xi l$ とすると，下式となる．

$$v(\xi l) = a_1 \sin(\pi\xi) + a_2 \sin(2\pi\xi) + a_3 \sin(3\pi\xi)$$

上式の $v(\xi l)$ を $v_1(\xi)$ と表現すると下式が得られる．

$$v_1(\xi) = v_1\big(\xi(x)\big) = a_1 \sin\big(\pi\xi(x)\big) + a_2 \sin\big(2\pi\xi(x)\big) + a_3 \sin\big(3\pi\xi(x)\big)$$

次式の**合成関数**の微分を考慮し，**置換積分**（$x:0 \rightarrow l$, $\xi:0 \rightarrow 1$, $dx=l\,d\xi$）を行うと，例えば，式(5.36)に示す曲げによるひずみエネルギ U が下式のように算定できる．

$$v'(x) = \frac{dv(x)}{dx} = \frac{dv_1(\xi)}{d\xi}\frac{d\xi}{dx} = v_1'\frac{1}{l}, \quad v''(x) = \frac{d}{dx}\left(\frac{dv(x)}{dx}\right) = \frac{d}{d\xi}\left(\frac{dv_1(x)}{d\xi}\frac{1}{l}\right)\frac{d\xi}{dx} = v_1''\frac{1}{l^2}$$

$$U = \int_0^l \frac{EI v''(x)^2}{2}dx = \int_0^1 \frac{EI}{2}\cdot\left(\frac{v_1''}{l^2}\right)^2 l\,d\xi = \int_0^1 \frac{EI}{2l^3}\cdot\left(v_1''\right)^2 d\xi$$

以下，例 5.15 で解説した中央にばねの付いた柱材の座屈の問題を例として示す．
全ポテンシャルエネルギ Π は本文の式(5.124)で示した下式となる．

$$\Pi\big[v(x)\big] = \int_0^l \frac{EI v''(x)^2}{2}dx - \frac{P}{2}\int_0^l v'^2 dx + \frac{1}{2}Kv(l/2)^2$$

上式右辺でひずみエネルギ以外の項も v_1 で表現すると Π は下式となる．

$$\Pi\big[v_1(\xi)\big] = \int_0^1 \frac{EI v_1''^2}{2l^4}l\,d\xi - \frac{P}{2}\int_0^1 \frac{v_1'^2}{l^2}l\,d\xi + \frac{1}{2}Kv_1(1/2)^2 = \frac{EI}{2l^3}\left\{\int_0^1 v_1''^2 d\xi - \frac{Pl^2}{EI}\int_0^1 v_1'^2 d\xi + \frac{Kl^3}{EI}v_1(1/2)^2\right\}$$

ここで，下式の無次元量を定義する（無次元量であることを確認されたい）．無次元量 p は P をオイラー荷重で叙したものである．

$$p \equiv \frac{P}{\frac{\pi^2 EI}{l^2}}, \quad k \equiv \frac{Kl^3}{EI}$$

座屈モードを下式で仮定する．

$$v(\xi l) = a_1 \sin(\pi\xi) + a_2 \sin(2\pi\xi) + a_3 \sin(3\pi\xi)$$

全ポテンシャルエネルギは下式となる．

$$\frac{\Pi}{\left(\frac{EI}{2l^3}\right)} = \mathbf{a}^T \begin{pmatrix} \dfrac{\pi^4}{2} - \dfrac{\pi^4}{2}p + k & 0 & -k \\ 0 & 8\pi^4 - 2\pi^4 p & 0 \\ -k & 0 & \dfrac{81}{2}\pi^4 - \dfrac{9}{2}\pi^4 p + k \end{pmatrix} \mathbf{a}$$

座屈条件式は下式となる．

$$\begin{vmatrix} \dfrac{\pi^4}{2}-\dfrac{\pi^4}{2}p+k & 0 & -k \\ 0 & 8\pi^4-2\pi^4 p & 0 \\ -k & 0 & \dfrac{81}{2}\pi^4-\dfrac{9}{2}\pi^4 p+k \end{vmatrix} = \left(8\pi^4-2\pi^4 p\right)\begin{vmatrix} \dfrac{\pi^4}{2}-\dfrac{\pi^4}{2}p+k & -k \\ -k & \dfrac{81}{2}\pi^4-\dfrac{9}{2}\pi^4 p+k \end{vmatrix} = 0$$

無次元化ばね定数 $k=0$ とすると，下式が得られる．

$$p=1, \quad p=4, \quad p=9$$

ところで，$K \geq \dfrac{16\pi^2 EI}{l^3}$，すなわち，$k \geq 16\pi^2$ になると，2 次の座屈モード（sine の 1 波）となることが分かっている．例として $k=8\pi^2$（$<16\pi^2$）のときの座屈荷重を算定する．座屈条件式は下式となる．

$$\begin{vmatrix} \dfrac{\pi^4}{2}-\dfrac{\pi^4}{2}p+k & -k \\ -k & \dfrac{81}{2}\pi^4-\dfrac{9}{2}\pi^4 p+k \end{vmatrix} = \begin{vmatrix} \dfrac{\pi^4}{2}-\dfrac{\pi^4}{2}p+8\pi^2 & -8\pi^2 \\ -8\pi^2 & \dfrac{81}{2}\pi^4-\dfrac{9}{2}\pi^4 p+8\pi^2 \end{vmatrix} = 0$$

上式を展開すると下式となる．

$$\left(\dfrac{\pi^4}{2}-\dfrac{\pi^4}{2}p+8\pi^2\right)\left(\dfrac{81}{2}\pi^4-\dfrac{9}{2}\pi^4 p+8\pi^2\right)-64\pi^4=0 \quad \therefore \dfrac{9}{4}\pi^4 p^2-\left(\dfrac{45\pi^4}{2}+40\pi^2\right)p+\dfrac{81\pi^4}{2}+\dfrac{656}{2}\pi^2=0$$

この式は無次元化座屈荷重 p に関する 2 次方程式で解くことができる．すなわち，$p=2.58$ が得られる．一般化座標 a_1 と a_3 の関係を調べる．a_1 と a_3 よりなるマトリックスは下式となる．

$$\begin{pmatrix} \dfrac{\pi^4}{2}-\dfrac{\pi^4}{2}p+k & -k \\ -k & \dfrac{81}{2}\pi^4-\dfrac{9}{2}\pi^4 p+k \end{pmatrix}\begin{pmatrix} a_1 \\ a_3 \end{pmatrix} = \begin{pmatrix} \dfrac{\pi^4}{2}-\dfrac{\pi^4}{2}p+8\pi^2 & -8\pi^2 \\ -8\pi^2 & \dfrac{81}{2}\pi^4-\dfrac{9}{2}\pi^4 p+8\pi^2 \end{pmatrix}\begin{pmatrix} a_1 \\ a_3 \end{pmatrix} = \begin{pmatrix} 0 \\ 0 \end{pmatrix}$$

上式中辺で $p=2.58$，$a_1=1$ とおくと a_3 が $a_3=0.0273$ と求まる．すなわち，座屈モードは次式に示すように sine の 1.5 波は半波に比較してほんの少ししか影響してないことがわかる．

$$v_1(\xi)/a_1 = v_1\left(\xi(x)\right)/a_1 = \sin\left(\pi\xi(x)\right)+0.0273\sin\left(3\pi\xi(x)\right)$$

なおマトリックスが大きくなると例えば $a_1=1$ として，残りの連立方程式を解く必要がある．このとき a_1 に掛かる量は右辺にもって行くようにマトリックスを組みかえる必要がある（$m\times m$ の行列が $(m-1)\times(m-1)$ の連立方程式となる）．連立方程式の解法はたとえば，表計算ソフトウエアの連立方程式を解く関数を使うこともできる．なお，$a_i=1$ とする i には配慮が必要である．たとえば，上記の問題で $i=2$，すなわち $a_2=1$ としても，$k<16\pi^2$ の場合は適切で無い．

参考 5.8　次元と単位

　式を展開したときは，**次元**があっているかどうか常に気をつけること．例えば，ひずみエネルギ

$\displaystyle\int_0^l \dfrac{EIv''(x)^2}{2}dx$ は，E [N/mm²], I [mm⁴], v'' [mm⁻¹], dx[mm]の単位を持ち，掛け算をすると全体として[N/mm²] [mm⁴] [mm⁻¹]²[mm]なので，[Nmm]と**エネルギの単位**となる.

参考 5.7 で示した $\int_0^1 \frac{EI}{2l^3}\left(v_1''\right)^2 d\xi$ では，v_1 の微分は ξ（無次元）で行うので，何度微分しても長さ[mm]の次元を持つ．E [N/mm²]，I [mm⁴]，l^3 [mm⁻³]，$(v_1'')^2$ [mm²]なので，全体として[N/mm²] [mm⁴] [mm⁻³] [mm²]=[Nmm]とエネルギの単位を持つ．

演 習 問 題

問題 5.1 Rayleigh-Ritz 法

単純ばりのローラ端に圧縮力 P，中央にローラ端に作用する圧縮力と同じ方向に αP の軸力が作用するときの座屈条件式を下式の座屈モードを仮定して求めなさい．

$$v\left(x\right) = a_1 \sin\frac{\pi x}{l} + a_2 \sin\frac{2\pi x}{l}$$

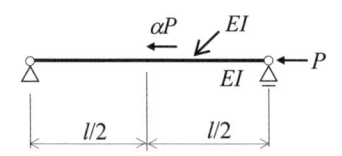

図 5.25　ローラ端に圧縮力 P，中央に αP の軸力が作用する単純ばり

演 習 問 題 解 答

1 章

問題 1.1 伸びと変位の関係

変形後の長さ l' は下式となる.

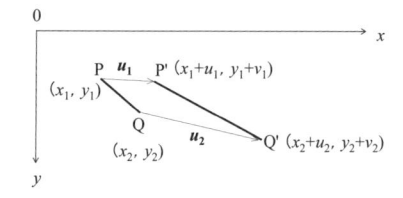

$$l' = \sqrt{\left(x_2 + u_2 - x_1 - u_1\right)^2 + \left(y_2 + v_2 - y_1 - v_1\right)^2}$$

$$= \sqrt{\left(x_2 - x_1\right)^2 + \left(y_2 - y_1\right)^2 + 2\left(x_2 - x_1\right)\left(u_2 - u_1\right) + \left(u_2 - u_1\right)^2 + 2\left(y_2 - y_1\right)\left(v_2 - v_1\right) + \left(v_2 - v_1\right)^2}$$

変形前の長さ l は, $l = \sqrt{\left(x_2 - x_1\right)^2 + \left(y_2 - y_1\right)^2}$, また $\left(u_2 - u_1\right)^2 = 0$, $\left(v_2 - v_1\right)^2 = 0$ とすると, 下式が得られる.

$$l' = l\sqrt{1 + 2\frac{x_2 - x_1}{l} \cdot \frac{u_2 - u_1}{l} + 2\frac{y_2 - y_1}{l} \cdot \frac{v_2 - v_1}{l}} = l\left(1 + \frac{x_2 - x_1}{l} \cdot \frac{u_2 - u_1}{l} + \frac{y_2 - y_1}{l} \cdot \frac{v_2 - v_1}{l}\right)$$

方向余弦 $(\lambda,\ \mu)$ は $\lambda = \dfrac{x_2 - x_1}{l}$, $\mu = \dfrac{y_2 - y_1}{l}$ より, $l' = l\left(1 + \lambda \cdot \dfrac{u_2 - u_1}{l} + \mu \cdot \dfrac{v_2 - v_1}{l}\right) = l + \lambda\left(u_2 - u_1\right) + \mu\left(v_2 - v_1\right)$ と

なり, 伸び δ は, 次のように得られる. $\delta = l' - l = \lambda\left(u_2 - u_1\right) + \mu\left(v_2 - v_1\right)$.

問題 1.2 トラスの解析

1) $c \equiv \cos\alpha$, $s \equiv \sin\alpha$ とする. 各部材の**方向余弦**は下のようになる.

13 部材 $(\lambda_1,\ \mu_1) = (\cos 0,\ \cos \pi/2) = (1, 0)$, 23 部材 $(\lambda_2,\ \mu_2) = (\cos\alpha,\ \cos(\alpha + \pi/2)) = (c, -s)$

2) $\left.\begin{array}{l} P_x = N_1\lambda_1 + N_2\lambda_2 \\ P_y = N_1\mu_1 + N_2\mu_2 \end{array}\right\}$ すなわち, $\begin{pmatrix} P_x \\ P_y \end{pmatrix} = \begin{pmatrix} \lambda_1 & \lambda_2 \\ \mu_1 & \mu_2 \end{pmatrix}\begin{pmatrix} N_1 \\ N_2 \end{pmatrix} = \begin{pmatrix} 1 & c \\ 0 & -s \end{pmatrix}\begin{pmatrix} N_1 \\ N_2 \end{pmatrix}$ $\quad(\boldsymbol{P} = \boldsymbol{B}^T\boldsymbol{N})$

3) $\left.\begin{array}{l} \delta_1 = \lambda_1 u_3 + \mu_1 v_3 \\ \delta_2 = \lambda_2 u_3 + \mu_2 v_3 \end{array}\right\}$ すなわち, $\begin{pmatrix} \delta_1 \\ \delta_2 \end{pmatrix} = \begin{pmatrix} 1 & 0 \\ c & -s \end{pmatrix}\begin{pmatrix} u_3 \\ v_3 \end{pmatrix}$ $\quad(\boldsymbol{\delta} = \boldsymbol{B}\boldsymbol{u})$

4) $\left.\begin{array}{l} \delta_1 = \dfrac{N_1 l}{EA} \\[2mm] \delta_2 = \dfrac{N_2\left(l/\cos\alpha\right)}{EA} \end{array}\right\}$ すなわち, $\begin{pmatrix} N_1 \\ N_2 \end{pmatrix} = \dfrac{EA}{l}\begin{pmatrix} 1 & 0 \\ 0 & c \end{pmatrix}\begin{pmatrix} \delta_1 \\ \delta_2 \end{pmatrix}$ $\quad(\boldsymbol{N} = \boldsymbol{D}\boldsymbol{\delta})$

5) $\begin{pmatrix} P_x \\ P_y \end{pmatrix} = \begin{pmatrix} 1 & c \\ 0 & -s \end{pmatrix}\begin{pmatrix} N_1 \\ N_2 \end{pmatrix} = \begin{pmatrix} 1 & c \\ 0 & -s \end{pmatrix}\dfrac{EA}{l}\begin{pmatrix} 1 & 0 \\ 0 & c \end{pmatrix}\begin{pmatrix} \delta_1 \\ \delta_2 \end{pmatrix} = \begin{pmatrix} 1 & c \\ 0 & -s \end{pmatrix}\dfrac{EA}{l}\begin{pmatrix} 1 & 0 \\ 0 & c \end{pmatrix}\begin{pmatrix} 1 & 0 \\ c & -s \end{pmatrix}\begin{pmatrix} u_3 \\ v_3 \end{pmatrix} = \dfrac{EA}{l}\begin{pmatrix} 1 + c^3 & -c^2 s \\ -c^2 s & cs^2 \end{pmatrix}\begin{pmatrix} u_3 \\ v_3 \end{pmatrix}$

$(\boldsymbol{P} = \boldsymbol{B}^T\boldsymbol{D}\,\boldsymbol{B}\boldsymbol{u})$

したがって, 変位 (u_3, v_3) が次式で求まる.

$$\begin{pmatrix} u_3 \\ v_3 \end{pmatrix} = \frac{l}{EA}\begin{pmatrix} 1+c^3 & -c^2s \\ -c^2s & cs^2 \end{pmatrix}^{-1}\begin{pmatrix} P_x \\ P_y \end{pmatrix} = \frac{l}{EA}\cdot\begin{pmatrix} cs^2 & c^2s \\ c^2s & 1+c^3 \end{pmatrix}\bigg/\begin{vmatrix} 1+c^3 & -c^2s \\ -c^2s & cs^2 \end{vmatrix}\cdot\begin{pmatrix} P_x \\ P_y \end{pmatrix} = \frac{l}{EA}\begin{pmatrix} 1 & \dfrac{c}{s} \\ \dfrac{c}{s} & \dfrac{1+c^3}{cs^2} \end{pmatrix}\begin{pmatrix} P_x \\ P_y \end{pmatrix}$$

6) $$\begin{pmatrix} \delta_1 \\ \delta_2 \end{pmatrix} = \begin{pmatrix} 1 & 0 \\ c & -s \end{pmatrix}\begin{pmatrix} u_3 \\ v_3 \end{pmatrix} = \begin{pmatrix} 1 & 0 \\ c & -s \end{pmatrix}\frac{l}{EA}\begin{pmatrix} 1 & \dfrac{c}{s} \\ \dfrac{c}{s} & \dfrac{1+c^3}{cs^2} \end{pmatrix}\begin{pmatrix} P_x \\ P_y \end{pmatrix} = \frac{l}{EA}\begin{pmatrix} 1 & \dfrac{c}{s} \\ 0 & -\dfrac{1}{cs} \end{pmatrix}\begin{pmatrix} P_x \\ P_y \end{pmatrix}$$

7) $$\begin{pmatrix} N_1 \\ N_2 \end{pmatrix} = \frac{EA}{l}\begin{pmatrix} 1 & 0 \\ 0 & c \end{pmatrix}\begin{pmatrix} \delta_1 \\ \delta_2 \end{pmatrix} = \frac{EA}{l}\begin{pmatrix} 1 & 0 \\ 0 & c \end{pmatrix}\frac{l}{EA}\begin{pmatrix} 1 & \dfrac{c}{s} \\ 0 & -\dfrac{1}{cs} \end{pmatrix}\begin{pmatrix} P_x \\ P_y \end{pmatrix} = \begin{pmatrix} 1 & \dfrac{c}{s} \\ 0 & -\dfrac{1}{s} \end{pmatrix}\begin{pmatrix} P_x \\ P_y \end{pmatrix}$$

2 章

問題 2.1　最小ポテンシャルエネルギの原理と単位仮想荷重法

1) $c\equiv\cos a$, $s\equiv\sin a$ とすると**方向余弦**は次のようになる.

13 部材　$(\lambda_1, \mu_1)=(\cos0, \cos\pi/2)=(1,0)$,　23 部材　$(\lambda_2, \mu_2)=(\cos\alpha, \cos(\alpha+\pi/2))=(c,-s)$

$$U_{13} = \frac{EA}{2l}\begin{pmatrix} u_3 & v_3 \end{pmatrix}\begin{pmatrix} \lambda_1^2 & \lambda_1\mu_1 \\ \lambda_1\mu_1 & \mu_1^2 \end{pmatrix}\begin{pmatrix} u_3 \\ v_3 \end{pmatrix} = \frac{EA}{2l}\begin{pmatrix} u_3 & v_3 \end{pmatrix}\begin{pmatrix} 1 & 0 \\ 0 & 0 \end{pmatrix}\begin{pmatrix} u_3 \\ v_3 \end{pmatrix}$$

$$U_{23} = \frac{EA}{2\left(\dfrac{l}{\cos\alpha}\right)}\begin{pmatrix} u_3 & v_3 \end{pmatrix}\begin{pmatrix} \lambda_2^2 & \lambda_2\mu_2 \\ \lambda_2\mu_2 & \mu_2^2 \end{pmatrix}\begin{pmatrix} u_3 \\ v_3 \end{pmatrix} = \frac{cEA}{2l}\begin{pmatrix} u_3 & v_3 \end{pmatrix}\begin{pmatrix} c^2 & -cs \\ -cs & s^2 \end{pmatrix}\begin{pmatrix} u_3 \\ v_3 \end{pmatrix}$$

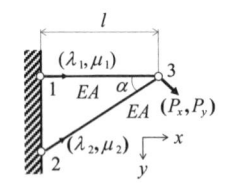

2)
$$\Pi = \frac{EA}{2l}\begin{pmatrix} u_3 & v_3 \end{pmatrix}\begin{pmatrix} 1 & 0 \\ 0 & 0 \end{pmatrix}\begin{pmatrix} u_3 \\ v_3 \end{pmatrix} + \frac{cEA}{2l}\begin{pmatrix} u_3 & v_3 \end{pmatrix}\begin{pmatrix} c^2 & -cs \\ -cs & s^2 \end{pmatrix}\begin{pmatrix} u_3 \\ v_3 \end{pmatrix} - \begin{pmatrix} u_3 & v_3 \end{pmatrix}\begin{pmatrix} P_x \\ P_y \end{pmatrix}$$
$$= \frac{EA}{2l}\begin{pmatrix} u_3 & v_3 \end{pmatrix}\begin{pmatrix} 1+c^3 & -c^2s \\ -c^2s & cs^2 \end{pmatrix}\begin{pmatrix} u_3 \\ v_3 \end{pmatrix} - \begin{pmatrix} u_3 & v_3 \end{pmatrix}\begin{pmatrix} P_x \\ P_y \end{pmatrix}$$

3)
$$\frac{\partial \Pi}{\partial \boldsymbol{u}} = \begin{pmatrix} \dfrac{\partial \Pi}{\partial u_3} \\ \dfrac{\partial \Pi}{\partial v_3} \end{pmatrix} = \frac{EA}{l}\begin{pmatrix} 1+c^3 & -c^2s \\ -c^2s & cs^2 \end{pmatrix}\begin{pmatrix} u_3 \\ v_3 \end{pmatrix} - \begin{pmatrix} P_x \\ P_y \end{pmatrix} = 0 \qquad \therefore \begin{pmatrix} P_x \\ P_y \end{pmatrix} = \frac{EA}{l}\begin{pmatrix} 1+c^3 & -c^2s \\ -c^2s & cs^2 \end{pmatrix}\begin{pmatrix} u_3 \\ v_3 \end{pmatrix}$$

したがって，変位は下式となる.

$$\begin{pmatrix} u_3 \\ v_3 \end{pmatrix} = \frac{l}{EA}\begin{pmatrix} 1+c^3 & -c^2s \\ -c^2s & cs^2 \end{pmatrix}^{-1}\begin{pmatrix} P_x \\ P_y \end{pmatrix} = \frac{l}{EA}\begin{pmatrix} 1 & \dfrac{c}{s} \\ \dfrac{c}{s} & \dfrac{1+c^3}{cs^2} \end{pmatrix}\begin{pmatrix} P_x \\ P_y \end{pmatrix}$$

4)　変位 u_3 を**単位仮想荷重法**で求める. 3 点に x 方向に 1 の力をかけると，問題 1.2 の 7)の答えに $P_x=1$, $P_y=0$ と置いて，$\overline{N_1}=1$, $\overline{N_2}=0$ となる.

したがって，$u_3 = \sum_{i=1}^{2} \dfrac{N_i \overline{N_i}}{EA_i} l_i = \dfrac{\left(P_x + \dfrac{c}{s}P_y\right)\cdot 1}{EA}l = \dfrac{\left(P_x + \dfrac{c}{s}P_y\right)\cdot l}{EA}$

変位 v_3 を単位仮想荷重法で求める．3 点に y 方向に 1 の力をかけると，問題 1.2 の 7)の答えに P_x=0, P_y=1 と置いて，$\overline{N_1} = \dfrac{c}{s}$，$\overline{N_2} = -\dfrac{1}{s}$ となる．

したがって，$v_3 = \sum_{i=1}^{2} \dfrac{N_i \overline{N_i}}{EA_i} l_i = \dfrac{\left(P_x + \dfrac{c}{s}P_y\right)\cdot\dfrac{c}{s}}{EA}\cdot l + \dfrac{\left(-\dfrac{1}{s}P_y\right)\cdot\left(-\dfrac{1}{s}\right)}{EA}\cdot\dfrac{l}{c} = \dfrac{\left(\dfrac{c}{s}P_x + \dfrac{1+c^3}{cs^2}P_y\right)l}{EA}$

参考のため，**マトリックス変位法**的に 1 点，2 点の変位を実際は 0 であるが，それぞれ(u_1, v_1), (u_2, v_2) とする．1 点，2 点の x 方向および y 方向の反力を (X_1, Y_1)，(X_2, Y_2) をとする．**全ポテンシャルエネルギ** Π は下式となる．式(2.87)を参照されたい．

$$\Pi = \frac{EA}{2l}\begin{pmatrix} u_1 & v_1 & u_3 & v_3 \end{pmatrix}\begin{pmatrix} 1 & 0 & -1 & 0 \\ 0 & 0 & 0 & 0 \\ -1 & 0 & 1 & 0 \\ 0 & 0 & 0 & 0 \end{pmatrix}\begin{pmatrix} u_1 \\ v_1 \\ u_3 \\ v_3 \end{pmatrix} + \frac{cEA}{2l}\begin{pmatrix} u_2 & v_2 & u_3 & v_3 \end{pmatrix}\begin{pmatrix} c^2 & -cs & -c^2 & cs \\ -cs & s^2 & cs & -s^2 \\ -c^2 & cs & c^2 & -cs \\ cs & -s^2 & -cs & s^2 \end{pmatrix}\begin{pmatrix} u_2 \\ v_2 \\ u_3 \\ v_3 \end{pmatrix}$$
$$- X_1 u_1 - Y_1 v_1 - X_2 u_2 - Y_2 v_2 - P_x u_3 - P_y v_3$$

マトリックスをまとめると，下式となる．下式では 1 点，2 点は**幾何学的境界**なので，1 点，2 点の変位に与えられた量ということを明示するために**上付き横棒**をつけている．

$$\Pi = \frac{EA}{2l}\begin{pmatrix} \overline{u_1} & \overline{v_1} & \overline{u_2} & \overline{v_2} & u_3 & v_3 \end{pmatrix}\begin{pmatrix} 1 & 0 & 0 & 0 & -1 & 0 \\ 0 & 0 & 0 & 0 & 0 & 0 \\ 0 & 0 & c^3 & -c^2 s & -c^3 & c^2 s \\ 0 & 0 & -c^2 s & cs^2 & c^2 s & -cs^2 \\ -1 & 0 & -c^3 & c^2 s & 1+c^3 & -c^2 s \\ 0 & 0 & c^2 s & -cs^2 & -c^2 s & cs^2 \end{pmatrix}\begin{pmatrix} \overline{u_1} \\ \overline{v_1} \\ \overline{u_2} \\ \overline{v_2} \\ u_3 \\ v_3 \end{pmatrix} - \begin{pmatrix} \overline{u_1} & \overline{v_1} & \overline{u_2} & \overline{v_2} & u_3 & v_3 \end{pmatrix}\begin{pmatrix} X_1 \\ Y_1 \\ X_2 \\ Y_2 \\ P_x \\ P_y \end{pmatrix}$$

最小ポテンシャルエネルギの原理より下式が得られる．

$$\frac{\partial \Pi}{\partial \boldsymbol{u}} = \begin{pmatrix} \dfrac{\partial \Pi}{\partial \overline{u_1}} \\ \dfrac{\partial \Pi}{\partial \overline{v_1}} \\ \dfrac{\partial \Pi}{\partial \overline{u_2}} \\ \dfrac{\partial \Pi}{\partial \overline{v_2}} \\ \dfrac{\partial \Pi}{\partial u_3} \\ \dfrac{\partial \Pi}{\partial v_3} \end{pmatrix} = \frac{EA}{l}\begin{pmatrix} 1 & 0 & 0 & 0 & -1 & 0 \\ 0 & 0 & 0 & 0 & 0 & 0 \\ 0 & 0 & c^3 & -c^2 s & -c^3 & c^2 s \\ 0 & 0 & -c^2 s & cs^2 & c^2 s & -cs^2 \\ -1 & 0 & -c^3 & c^2 s & 1+c^3 & -c^2 s \\ 0 & 0 & c^2 s & -cs^2 & -c^2 s & cs^2 \end{pmatrix}\begin{pmatrix} \overline{u_1} \\ \overline{v_1} \\ \overline{u_2} \\ \overline{v_2} \\ u_3 \\ v_3 \end{pmatrix} - \begin{pmatrix} X_1 \\ Y_1 \\ X_2 \\ Y_2 \\ P_x \\ P_y \end{pmatrix} = 0$$

すなわち下式が得られる.

$$\frac{EA}{l}\begin{pmatrix} 1 & 0 & 0 & 0 & -1 & 0 \\ 0 & 0 & 0 & 0 & 0 & 0 \\ 0 & 0 & c^3 & -c^2s & -c^3 & c^2s \\ 0 & 0 & -c^2s & cs^2 & c^2s & -cs^2 \\ -1 & 0 & -c^3 & c^2s & 1+c^3 & -c^2s \\ 0 & 0 & c^2s & -cs^2 & -c^2s & cs^2 \end{pmatrix}\begin{pmatrix} \bar{u}_1 \\ \bar{v}_1 \\ \bar{u}_2 \\ \bar{v}_2 \\ u_3 \\ v_3 \end{pmatrix} = \begin{pmatrix} X_1 \\ Y_1 \\ X_2 \\ Y_2 \\ P_x \\ P_y \end{pmatrix}$$

上式で，$\bar{u}_1 = \bar{v}_1 = \bar{u}_2 = \bar{v}_2 = 0$ とすると，下式が得られる．これは前記した式と等しい.

$$\begin{pmatrix} P_x \\ P_y \end{pmatrix} = \frac{EA}{l}\begin{pmatrix} 1+c^3 & -c^2s \\ -c^2s & cs^2 \end{pmatrix}\begin{pmatrix} u_3 \\ v_3 \end{pmatrix}$$

問題2.2　仮想仕事の原理

仮想仕事式は次式となる.

$$X_1\delta u_1 + Y_1\delta v_1 + X_2\delta u_2 + Y_2\delta v_2 = N\delta(\delta)$$

ここで $\delta(\delta) = (\delta u_2 - \delta u_1)\lambda + (\delta v_2 - \delta v_1)\mu$，

$N = \dfrac{EA}{l}\delta = \dfrac{EA}{l}\{(u_2 - u_1)\lambda + (v_2 - v_1)\mu\}$ を上式右辺に

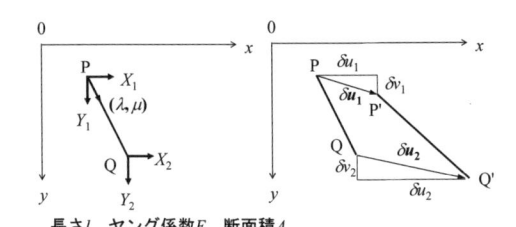

長さl，ヤング係数E，断面積A

代入すると次式となる.

$$X_1\delta u_1 + Y_1\delta v_1 + X_2\delta u_2 + Y_2\delta v_2 = \frac{EA}{l}\{(u_2 - u_1)\lambda + (v_2 - v_1)\mu\}\{(\delta u_2 - \delta u_1)\lambda + (\delta v_2 - \delta v_1)\mu\}$$

前式を $\delta u_1, \delta v_1, \delta u_2, \delta v_2$ でまとめると下式となる.

$$\left\{X_1 - \frac{EA}{l}(\lambda^2 u_1 + \lambda\mu v_1 - \lambda^2 u_2 - \lambda\mu v_2)\right\}\delta u_1 + \left\{Y_1 - \frac{EA}{l}(\cdots)\right\}\delta v_1 + \left\{X_2 - \frac{EA}{l}(\cdots)\right\}\delta u_2 + \left\{Y_2 - \frac{EA}{l}(\cdots)\right\}\delta v_2 = 0$$

任意の δu_1 に対して上式が成立つことより次式が得られる.

$$X_1 - \frac{EA}{l}(\lambda^2 u_1 + \lambda\mu v_1 - \lambda^2 u_2 - \lambda\mu v_2) = 0$$

Y_1, X_2, Y_2 も同様に求まる．これらは式(2.87)と等しい.

問題2.3　反傾関係

仮想仕事式は次式となる．$\boldsymbol{P}\cdot\delta\boldsymbol{u} = N\cdot\delta(\delta)$．すなわち，次式となる．$\boldsymbol{P}^T\delta\boldsymbol{u} = N^T\delta(\delta)$．$\delta(\delta) = \boldsymbol{B}\delta\boldsymbol{u}$ を代入すると，次式となる．$\boldsymbol{P}^T\delta\boldsymbol{u} = N^T\delta(\delta) = N^T\boldsymbol{B}\delta\boldsymbol{u}$．前式の $\delta\boldsymbol{u}$ の前の部分は等しいから，次式が得られる．$\boldsymbol{P}^T = N^T\boldsymbol{B}$．すなわち，$\boldsymbol{P} = \boldsymbol{B}^T N$．

問題2.4　複数のばねよりなる系の仮想仕事式

仮想仕事式は次式となる.

$$P_0 \delta u_0 + P_1 \delta u_1 + \cdots + P_{i-1} \delta u_{i-1} + P_i \delta u_i + \cdots + P_{n-1} \delta u_{n-1} + P_n \delta u_n$$
$$= N_0 \delta(\delta_0) + N_1 \delta(\delta_1) + \cdots + N_{i-1} \delta(\delta_{i-1}) + N_i \delta(\delta_i) + \cdots + N_{n-1} \delta(\delta_{n-1})$$

ここで，変位とひずみの関係，$\delta(\delta_i) = \delta u_{i+1} - \delta u_i$ $(i = 0, 1, \cdots(n-1))$ を代入して整理すると次式となる．

$$\left(P_0 + N_0\right)\delta u_0 + \left(P_1 - N_0 + N_1\right)\delta u_1 + \cdots + \left(P_i - N_{i-1} + N_i\right)\delta u_i + \cdots + \left(P_n - N_{n-1}\right)\delta u_n = 0 .$$

任意の δu_i $(i=0,1, ..., n)$ に対して前式が成立つことより，下式が得られる．

$$P_0 + N_0 = 0 , \quad P_1 - N_0 + N_1 = 0 , \quad P_i - N_{i-1} + N_i = 0 \ (i = 1, \cdots(n-1)) , \quad P_n - N_{n-1} = 0$$

また，最初の式の右辺において，$\delta(\delta_i) = \delta\varepsilon_i \Delta x$ とすると，右辺は $\displaystyle\sum_{i=0}^{n-1} N_i \delta\varepsilon_i \Delta x$ となるが，$n \to \infty$，$n\Delta x \to l$ とす

ると，**定積分の定義**より $\displaystyle\int_0^l N(x)\delta\varepsilon(x)dx$ となり，式(2.41)の右辺となる．

問題 2.5　最小ポテンシャルエネルギの原理

全ポテンシャルエネルギは次式となる．

$$\varPi = \int_0^l \frac{EAu'^2}{2}dx - P_1 u_1 - P_2 u_2 = \int_0^l \frac{EA}{2} \boldsymbol{u}^T \boldsymbol{B}^T \boldsymbol{B} \boldsymbol{u} dx - \boldsymbol{u}^T \boldsymbol{P} = \frac{EAl}{2} \boldsymbol{u}^T \boldsymbol{B}^T \boldsymbol{B} \boldsymbol{u} - \boldsymbol{u}^T \boldsymbol{P} .$$

最小ポテンシャルエネルギの原理より，次式となる．

$$\boldsymbol{B}^T \left(EAl\right) \boldsymbol{B} \boldsymbol{u} - \boldsymbol{P} = 0 .$$

すなわち，$\boldsymbol{P} = \boldsymbol{B}^T \left(EAl\right) \boldsymbol{B} \boldsymbol{u}$ ．EAl を $\boldsymbol{D}$ と考えると，$\boldsymbol{P} = \boldsymbol{B}^T \left(EAl\right) \boldsymbol{B} \boldsymbol{u} = \boldsymbol{B}^T \boldsymbol{D} \boldsymbol{B} \boldsymbol{u}$ となり，式(1.33)と同形式となる．

3　章

問題 3.1　変位場とひずみ

変位場，$u(x,y) = -yv'(x)$，$v(x,y,z) = v(x)$，$w(x,y,z) = 0$ より，ひずみ成分は下式のようになる．すなわち，ε_x のみが存在する．

$$\varepsilon_x = \frac{\partial u}{\partial x} = -yv''(x), \quad \varepsilon_y = \frac{\partial v}{\partial y} = 0, \quad \varepsilon_z = \frac{\partial w}{\partial z} = 0,$$
$$\gamma_{yz} = \frac{\partial w}{\partial y} + \frac{\partial v}{\partial z} = 0, \quad \gamma_{zx} = \frac{\partial u}{\partial z} + \frac{\partial w}{\partial x} = 0, \quad \gamma_{xy} = \frac{\partial v}{\partial x} + \frac{\partial u}{\partial y} = v'(x) - v'(x) = 0$$

問題 3.2　ひずみエネルギ関数

参考 3.24 より弾性論でのひずみエネルギ関数は下式である．

$$A = \frac{Ev}{2(1+v)(1-2v)}\left(\varepsilon_x + \varepsilon_y + \varepsilon_z\right)^2 + G\left(\varepsilon_x^2 + \varepsilon_y^2 + \varepsilon_z^2\right) + \frac{G}{2}\left(\gamma_{yz}^2 + \gamma_{zx}^2 + \gamma_{xy}^2\right)$$

ひずみε_x のみが存在するが存在するとして，上式を計算すると下式が得られる．

$$A = \frac{Ev}{2(1+v)(1-2v)}\varepsilon_x^2 + G\varepsilon_x^2 = \frac{Ev}{2(1+v)(1-2v)}\varepsilon_x^2 + \frac{E}{2(1+v)}\varepsilon_x^2 = \frac{1-v}{(1+v)(1-2v)}\cdot\frac{E\varepsilon_x^2}{2}$$

問題3.3　ひずみエネルギ

式(3.172)よりひずみエネルギは下式となる.

$$U = \int_l \frac{EIv''(x)^2}{2}dx = \int_0^l \frac{EI}{2}\cdot\left\{\frac{\overline{M_0}}{EI}\left(-1+\frac{x}{l}\right)\right\}^2 dx = \frac{\overline{M_0}^2\cdot l}{6EI}$$

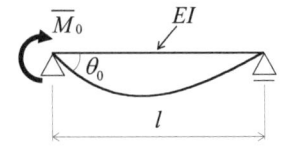

問題3.4　コンプリメンタリエネルギとエネルギ保存則

曲げモーメント$M(x)$は左支点を原点にとると下式で表わせる.

$$M(x) = \overline{M_0}\left(1-\frac{x}{l}\right)$$

コンプリメンタリエネルギは式(3.186)より下式となる.

$$U_c^* = \int_0^l \frac{M^2}{2EI}dx = \int_0^l \frac{\overline{M_0}^2}{2EI}\left(1-\frac{x}{l}\right)^2 dx = \frac{\overline{M_0}^2 l}{6EI}$$

外力の仕事は$\frac{1}{2}\overline{M_0}\cdot\theta_0$であるので，コンプリメンタリエネルギ$U_c^*$と等しく置くと下式が得られる.

$$\frac{1}{2}\overline{M_0}\cdot\theta_0 = \frac{\overline{M_0}^2 l}{6EI}, \qquad \therefore\ \theta_0 = \frac{\overline{M_0}l}{3EI}$$

問題3.5　ロピタルの定理

計算の間違いないことの確認のため，できる場合には特別な場合で検証することは重要である. **ロピタルの定理**は次のようなものである.

$f(x)$，　$g(x)$ は点 a の近傍で定義されていて，微分可能とする.　$\lim_{x\to a}f(x)=0$，　$\lim_{x\to a}g(x)=0$ で $\lim_{x\to a}\frac{f'(x)}{g'(x)}$

が存在するならば，$\lim_{x\to a}\frac{f(x)}{g(x)}$ も存在し，下式の関係がある. **不定形**の**極限値**を求めるのに利用される. 下式

の右辺が $\lim_{x\to a}f'(x)=0$，$\lim_{x\to a}g'(x)=0$ のときは，分母，分子をさらに微分したもので極限を取ればよい.

$$\lim_{x\to a}\frac{f(x)}{g(x)} = \lim_{x\to a}\frac{f'(x)}{g'(x)}$$

式(3.147)で $P\to0$ の代わりに $\eta \equiv kl = \sqrt{\frac{Pl^2}{EI}}$ として $\eta \to 0$ とする.

$$\lim_{P\to0}v(l) = \lim_{P\to0}\frac{Hl}{P}\left(\frac{\tan kl}{kl}-1\right) = \lim_{P\to0}\frac{Hl}{k^2EI}\left(\frac{\tan kl}{kl}-1\right) = \lim_{P\to0}\frac{Hl}{EI}\frac{\tan kl-kl}{k^3l} = \lim_{P\to0}\frac{Hl^3}{EI}\frac{\tan kl-kl}{(kl)^3} = \lim_{\eta\to0}\frac{Hl^3}{EI}\frac{\tan\eta-\eta}{\eta^3}$$

この場合，分母，分子の 1 階微分，2 階微分を使っても不定形になり，3 階微分を使うと極限値が算定できる．軸力が無い場合の片持ち梁の先端に荷重が作用するときのたわみとなった．

$$\lim_{P \to 0} v(l) = \lim_{\eta \to 0} \frac{Hl^3}{EI} \cdot \frac{\tan \eta - \eta}{\eta^3} = \lim_{\eta \to 0} \frac{Hl^3}{EI} \cdot \frac{(\tan \eta - \eta)'''}{(\eta^3)'''} = \lim_{\eta \to 0} \frac{Hl^3}{EI} \cdot \frac{2\sec^4 \eta + 4\sec^2 \eta \tan^2 \eta}{6} = \frac{Hl^3}{3EI}$$

なお，この場合，$\tan \eta$を**テイラー展開**して，下記のような計算をするほうが簡単である．

$$\lim_{P \to 0} v(l) = \lim_{\eta \to 0} \frac{Hl^3}{EI} \cdot \frac{\tan \eta - \eta}{\eta^3} = \lim_{\eta \to 0} \frac{Hl^3}{EI} \cdot \frac{\left(\eta + \dfrac{\eta^3}{3} + \dfrac{2\eta^5}{15} \cdots\right) - \eta}{\eta^3} = \lim_{\eta \to 0} \frac{Hl^3}{EI} \cdot \frac{\dfrac{\eta^3}{3} + \dfrac{2\eta^5}{15} \cdots}{\eta^3} = \frac{Hl^3}{3EI}$$

4 章

問題 4.1　内力のなす仕事

単位長さあたりに曲げモーメント M，せん断力 Q，分布荷重 w がなす仕事は下式となる．

$$\left(-M(x) \cdot v'(x)\right)' + \left(Q(x) \cdot v(x)\right)' + w(x) \cdot v(x)$$

上式で関数の積の微分を行い，また，$M' = Q$，$Q' = -w$ の関係を用いると，上式は次式となる．

$$\begin{aligned}\left(-M(x) \cdot v'(x)\right)' + \left(Q(x) \cdot v(x)\right)' + w(x) \cdot v(x) &= -M' \cdot v' - M \cdot v'' + Q' \cdot v + Qv' + w \cdot v \\ &= -Q \cdot v' - M \cdot v'' + (-w) \cdot v + Qv' + w \cdot v = -M \cdot v'' = M \cdot \phi\end{aligned}$$

上式は単位長さあたりの内力のなす仕事であるから，部材全体としての内力のなす仕事は下式となる．

$$\int_l M \cdot \phi \, dx$$

問題 4.2　単位仮想荷重法

両端固定梁に等分布荷重 w_0 が作用するときの曲げモーメントは下式となる．下式の $\xi \equiv x/l$ である．

$$M(x) = -\frac{w_0 l^2}{12}\left\{6\left(\frac{x}{l}\right)^2 - 6\left(\frac{x}{l}\right) + 1\right\} = -\frac{w_0 l^2}{12}\left(6\xi^2 - 6\xi + 1\right)$$

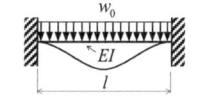

1) 釣合系を単純梁としたとき　中央に単位荷重 1 を作用させたときの曲げモーメントは下式となる（中央点に関して対称なので $0 \leqq x \leqq l/2$ の範囲を示した）．

$$\overline{M}(x) = \frac{x}{2} = \frac{l}{2} \cdot \frac{x}{l} \equiv \frac{l}{2}\xi \qquad 1)$$

単位仮想荷重法より下式が得られる．曲げモーメント図は適合系，釣合系どちらも中央に対して対称なので，単位仮想荷重法の積分は 0〜$l/2$ を積分した値を 2 倍した．なお，積分は $\xi \equiv x/l$ とした置換積分を行った．

$$\delta = 2\int_0^{\frac{1}{2}} \frac{-\frac{w_0 l^2}{12}\left\{6\left(\frac{x}{l}\right)^2 - 6\left(\frac{x}{l}\right)+1\right\}\cdot\frac{x}{2}}{EI}dx = 2\int_0^{\frac{1}{2}} \frac{-\frac{w_0 l^2}{12}\left(6\xi^2 - 6\xi +1\right)\cdot\frac{l}{2}\xi}{EI}ld\xi = -\frac{w_0 l^4}{12EI}\int_0^{\frac{1}{2}}\left(6\xi^3 - 6\xi^2 + \xi\right)d\xi$$

$$= \frac{w_0 l^4}{384EI}$$

2) 釣合系を片持ち梁としたとき　曲げモーメントは $0 \leqq x \leqq l/2$ の範囲で下式となる. $l/2 \leqq x \leqq l$ では 0 である.

$$\overline{M}(x) = -\frac{l}{2}+x \equiv \frac{l}{2}(2\xi-1) \qquad 2)$$

単位仮想荷重法より下式が得られる.

$$\delta = \int_0^{\frac{1}{2}} \frac{-\frac{w_0 l^2}{12}\left(6\xi^2 - 6\xi +1\right)\cdot\frac{l}{2}(2\xi-1)}{EI}ld\xi = \frac{w_0 l^4}{384EI}$$

3) 釣合系を固定－ローラ梁としたとき　曲げモーメントは下式となる.

$$\left.\begin{aligned}\overline{M}(x) &= \frac{1}{16}(-3l+11x) \equiv \frac{l}{16}(-3+11\xi) \qquad 0 \leq x \leq \frac{l}{2}\\ \overline{M}(x) &= \frac{5}{16}(l-x) \equiv \frac{5l}{16}(1-\xi) \qquad\qquad \frac{l}{2} \leq x \leq l\end{aligned}\right\} \quad 3)$$

単位仮想荷重法より下式が得られる.

$$\delta = \int_0^{\frac{1}{2}} \frac{-\frac{w_0 l^2}{12}\left(6\xi^2 - 6\xi +1\right)\cdot\frac{1}{16}(-3+11\xi)}{EI}ld\xi + \int_{\frac{1}{2}}^{1} \frac{-\frac{w_0 l^2}{12}\left(6\xi^2 - 6\xi +1\right)\cdot\frac{5l}{16}(1-\xi)}{EI}ld\xi = \frac{w_0 l^4}{384EI}$$

4) 釣合系を固定梁としたとき　中央に単位荷重 1 を作用させたときの曲げモーメントは下式となる（中央点に関して対称なので $0 \leqq x \leqq l/2$ の範囲を示した）.

$$\overline{M}(x) = -\frac{l}{8}+\frac{x}{2} \equiv \frac{l}{8}(4\xi-1) \qquad 4)$$

単位仮想荷重法より下式が得られる.

$$\delta = 2\int_0^{\frac{1}{2}} \frac{-\frac{w_0 l^2}{12}\left(6\xi^2 - 6\xi +1\right)\cdot\frac{l}{8}(4\xi-1)}{EI}ld\xi = \frac{w_0 l^4}{384EI}$$

以上，1)〜4)に示したように，適合系が両端固定の場合は，1)〜4)の釣合系の反力はどれも適合系の変位に対して仕事をせず，単位仮想荷重法の公式・式(4.48), (4.49)を用いてたわみを計算できた.

問題4.3　相反定理

系 A の外力 M_a が系 B の変位に対してなす仕事は M_a に対応する回転角が 0 である．系 B の釣合系の外力のなす仕事は P_b だけでなく，固定端の曲げモーメントが系 A の適合系の変位に対して仕事をする．**相反定理**を書き下すと下式のように δ_a が求まる.

$$M_a \cdot 0 = -\frac{P_b l}{8}\cdot\overline{\theta}_{a1} + P_b\cdot\delta_a - \frac{P_b l}{8}\cdot\overline{\theta}_{a2} \qquad \therefore \delta_a = \frac{l}{8}\left(\overline{\theta}_{a1} + \overline{\theta}_{a2}\right) = \frac{l}{8}\left(\frac{M_a l}{3EI} + \frac{M_a l}{6EI}\right) = \frac{M_a l^2}{16EI}$$

問題 4.4　最小ポテンシャルエネルギの原理

1) 幾何学的境界条件は両端でたわまないことにより，$v(0)=0$, $v(l)=0$

2) 全ポテンシャルエネルギΠ は下式となる.

$$\Pi\left[v(x)\right]=U+V=\int_0^l \frac{EIv''(x)^2}{2}dx-\overline{M}\cdot v'(0)$$

第1変分をとり0と置くと下式となる.

$$\delta\Pi = \int_0^l EIv''\delta v''dx-\overline{M}\cdot\delta v(0)=\left[EIv''\delta v'-EIv'''\delta v\right]_0^l+\int_0^l EIv^{\text{IV}}\delta vdx-\overline{M}\cdot\delta v'(0)=0$$

最小ポテンシャルエネルギの原理では幾何学的境界条件を満足する必要がある. すなわち，$\delta v(0)=0$, $\delta v(l)=0$ を用いて上式を整理すると下式が得られる.

$$\int_0^l EIv^{\text{IV}}\delta vdx+EIv''(l)\delta v'(l)+\left(-EIv''(0)-\overline{M}\right)\delta v'(0)=0$$

幾何学的境界条件を満足する任意の変位に対して上式が成立つことより下式の**釣合い微分方程式**と $x=0$ と $x=l$ での**力学的境界条件**が得られる.

$$EIv^{\text{IV}}=0,\quad -EIv''(0)=\overline{M},\quad EIv''(l)=0$$

問題 4.5　最小ポテンシャルエネルギの原理

式(3.177)は下式である.

$$v=\left\{2\left(\frac{x}{l}\right)^3-3\left(\frac{x}{l}\right)^2+1\right\}v_A+\left\{\left(\frac{x}{l}\right)^3-2\left(\frac{x}{l}\right)^2+\frac{x}{l}\right\}l\theta_A+\left\{-2\left(\frac{x}{l}\right)^3+3\left(\frac{x}{l}\right)^2\right\}v_B+\left\{\left(\frac{x}{l}\right)^3-\left(\frac{x}{l}\right)^2\right\}l\theta_B$$

例4.35 での**全ポテンシャルエネルギΠ** は上式を用いて下式となった.

$$\Pi=\frac{1}{2}\cdot\frac{EI}{l}\left(\frac{v_A}{l},\theta_A,\frac{v_B}{l},\theta_B\right)\begin{pmatrix}12 & 6 & -12 & 6\\6 & 4 & -6 & 2\\-12 & -6 & 12 & -6\\6 & 2 & -6 & 4\end{pmatrix}\begin{pmatrix}v_A/l\\\theta_A\\v_B/l\\\theta_B\end{pmatrix}-Q_Av_A-M_A\theta_A-Q_Bv_B-M_B\theta_B$$

また，上記のΠ を最小化することにより，下式を得た（式(4.230)）.

$$\begin{pmatrix}Q_Al\\M_A\\Q_Bl\\M_B\end{pmatrix}=\frac{EI}{l}\begin{pmatrix}12 & 6 & -12 & 6\\6 & 4 & -6 & 2\\-12 & -6 & 12 & -6\\6 & 2 & -6 & 4\end{pmatrix}\begin{pmatrix}v_A/l\\\theta_A\\v_B/l\\\theta_B\end{pmatrix}$$

分布荷重 $w(x)$ のある場合は，上式に下式の外力のポテンシャルが加わることとなる.

$$-\int_0^l w(x)v(x)dx$$

上式に式(3.177) を代入すると，下式となる.

$$-\int_0^l w(x)v(x)\,dx$$

$$=-\int_0^l w(x)\left[\left\{2\left(\frac{x}{l}\right)^3-3\left(\frac{x}{l}\right)^2+1\right\}v_A+\left\{\left(\frac{x}{l}\right)^3-2\left(\frac{x}{l}\right)^2+\frac{x}{l}\right\}l\theta_A+\left\{-2\left(\frac{x}{l}\right)^3+3\left(\frac{x}{l}\right)^2\right\}v_B+\left\{\left(\frac{x}{l}\right)^3-\left(\frac{x}{l}\right)^2\right\}l\theta_B\right]dx$$

例として，上式をθ_Aに関して極値を取る条件として，θ_Aで微分して計算を行うと下式となる．

$$\frac{\partial}{\partial\theta_A}\left(-\int_0^l w(x)v(x)\,dx\right)=-\int_0^l w(x)\left\{\left(\frac{x}{l}\right)^3-2\left(\frac{x}{l}\right)^2+\frac{x}{l}\right\}l\,dx=-\int_0^l w(x)\frac{x(l-x)^2}{l^2}dx$$

式(4.230)のM_Aの項は，上式を加えることにより下式となる．

$$M_A=\frac{EI}{l}\left(6\frac{v_A}{l}+4\theta_A-6\frac{v_B}{l}+2\theta_B\right)-\int_0^l w(x)\frac{x(l-x)^2}{l^2}dx=\frac{2EI}{l}\left(2\theta_A+\theta_B-3\frac{v_B-v_A}{l}\right)-\int_0^l\frac{(l-x)^2\,x\cdot w(x)}{l^2}dx$$

上式は**固定端モーメント**を含んだ式(3.203)の**たわみ角法**の**基本式**となっている．

問題4.6　カスティリアーノの定理（第2定理）

A端の曲げモーメントをM_Aとして，コンプリメンタリエネルギU_c^*を算定し，コンプリメンタリエネルギをM_Aで微分することによりA点のたわみ角を求める．

左端を原点とすると曲げモーメント$M(x)$は下式となる．

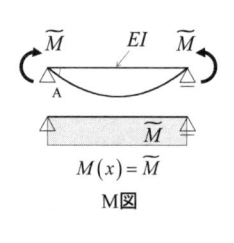

$$M(x)=M_A-\left(M_A-\widetilde{M}\right)\frac{x}{l}$$

したがって，コンプリメンタリエネルギU_c^*は下式となる．

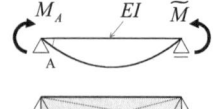

$$U_c^*=\int_0^l\frac{M(x)^2}{2EI}dx=\int_0^l\frac{\left\{M_A-\left(M_A-\widetilde{M}\right)\frac{x}{l}\right\}^2}{2EI}dx$$

上式を積分しても良いが，先にM_Aで微分すると下式となる．

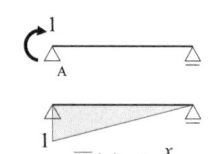

$$\frac{dU_c^*}{dM_A}=\int_0^l\frac{\left\{M_A-\left(M_A-\widetilde{M}\right)\frac{x}{l}\right\}\left(1-\frac{x}{l}\right)}{EI}dx$$

ここで$M_A=\widetilde{M}$とおくと下式となり，カスティリアーノの定理によりA点のたわみ角が下式のように求まる．

$$\left.\frac{dU_c^*}{dM_A}\right|_{M_A=\widetilde{M}}=\int_0^l\frac{\widetilde{M}\left(1-\frac{x}{l}\right)}{EI}dx=\frac{\widetilde{M}l}{2EI}$$

上式の中辺は，単位仮想荷重法において，$\overline{M}=(1-x/l)$とした式と同じである．この問題のように両端に同じ荷重$\widetilde{M}$が作用する場合では，それぞれの荷重を独立したものとしてコンプリメンタリエネルギU_c^*を算定する必要がある．

5 章

問題 5.1　**Rayleigh-Ritz 法**

全ポテンシャルエネルギΠは下式となる.

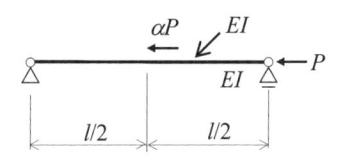

$$\Pi\big[v(x)\big] = \int_0^l \frac{EIv''(x)^2}{2}dx - \frac{\alpha P}{2}\int_0^{\frac{l}{2}}v'^2dx - \frac{P}{2}\int_0^l v'^2 dx$$

座屈モードを下式で仮定する.

$$v(x) = a_1\sin\frac{\pi x}{l} + a_2\sin\frac{2\pi x}{l}$$

上式を全ポテンシャルエネルギΠの式に代入すると下式が得られる. なお, $\boldsymbol{a}^T = \begin{pmatrix} a_1 & a_2 \end{pmatrix}$である.

$$\Pi\big[v(x)\big] = \frac{EI}{2}\boldsymbol{a}^T\begin{pmatrix} \left(\dfrac{\pi}{l}\right)^4\displaystyle\int_0^l\sin^2\dfrac{\pi x}{l}dx & \left(\dfrac{\pi}{l}\right)^2\left(\dfrac{2\pi}{l}\right)^2\displaystyle\int_0^l\sin\dfrac{\pi x}{l}\sin\dfrac{2\pi x}{l}dx \\[4mm] \left(\dfrac{\pi}{l}\right)^2\left(\dfrac{2\pi}{l}\right)^2\displaystyle\int_0^l\sin\dfrac{\pi x}{l}\sin\dfrac{2\pi x}{l}dx & \left(\dfrac{2\pi}{l}\right)^4\displaystyle\int_0^l\sin^2\dfrac{2\pi x}{l}dx \end{pmatrix}\boldsymbol{a}$$

$$-\frac{\alpha P}{2}\boldsymbol{a}^T\begin{pmatrix} \left(\dfrac{\pi}{l}\right)^2\displaystyle\int_0^{\frac{l}{2}}\cos^2\dfrac{\pi x}{l}dx & \left(\dfrac{\pi}{l}\right)\left(\dfrac{2\pi}{l}\right)\displaystyle\int_0^{\frac{l}{2}}\cos\dfrac{\pi x}{l}\cos\dfrac{2\pi x}{l}dx \\[4mm] \left(\dfrac{\pi}{l}\right)\left(\dfrac{2\pi}{l}\right)\displaystyle\int_0^{\frac{l}{2}}\cos\dfrac{\pi x}{l}\cos\dfrac{2\pi x}{l}dx & \left(\dfrac{2\pi}{l}\right)^2\displaystyle\int_0^{\frac{l}{2}}\cos^2\dfrac{2\pi x}{l}dx \end{pmatrix}\boldsymbol{a}$$

$$-\frac{P}{2}\boldsymbol{a}^T\begin{pmatrix} \left(\dfrac{\pi}{l}\right)^2\displaystyle\int_0^l\cos^2\dfrac{\pi x}{l}dx & \left(\dfrac{\pi}{l}\right)\left(\dfrac{2\pi}{l}\right)\displaystyle\int_0^l\cos\dfrac{\pi x}{l}\cos\dfrac{2\pi x}{l}dx \\[4mm] \left(\dfrac{\pi}{l}\right)\left(\dfrac{2\pi}{l}\right)\displaystyle\int_0^l\cos\dfrac{\pi x}{l}\cos\dfrac{2\pi x}{l}dx & \left(\dfrac{2\pi}{l}\right)^2\displaystyle\int_0^{\frac{l}{2}}\cos^2\dfrac{2\pi x}{l}dx \end{pmatrix}\boldsymbol{a}$$

上式を計算すると下式となる. P_eはオイラー荷重（π^2EI/l^2）である.

$$\Pi = \left(\frac{\pi}{l}\right)^2\cdot\frac{l}{2}\left\{\frac{P_e}{2}\boldsymbol{a}^T\begin{pmatrix} 1 & 0 \\ 1 & 16 \end{pmatrix}\boldsymbol{a} - \frac{\alpha P}{2}\boldsymbol{a}^T\begin{pmatrix} \dfrac{1}{2} & \dfrac{4}{3\pi} \\[3mm] \dfrac{4}{3\pi} & 2 \end{pmatrix}\boldsymbol{a} - \frac{P}{2}\boldsymbol{a}^T\begin{pmatrix} 1 & 0 \\ 0 & 4 \end{pmatrix}\boldsymbol{a}\right\}$$

したがって, 最小ポテンシャルエネルギの原理より**座屈条件式**は下式となる.

$$\begin{vmatrix} P_e - \left(1+\dfrac{\alpha}{2}\right)P & -\dfrac{4\alpha}{3\pi}P \\[3mm] -\dfrac{4\alpha}{3\pi}P & 16P_e - (4+2\alpha)P \end{vmatrix} = 0$$

上式よりPを求めれば, それが座屈荷重となる. 中央に荷重がない$\alpha=0$の場合は, $P=P_e$, あるいは$P=4P_e$となり, 座屈荷重としては小さい値$P=P_e$となる.

参 考 文 献

1) 鷲津久一郎：エネルギ原理入門，培風館，1996.10

2) 和泉正哲：建築構造力学 2，培風館，1997.9

3) 田村 武：構造力学 －仮想仕事の原理を通して－，朝倉書店，2003.2

4) 田中 尚，高梨晃一，宇田川邦明：建築骨組の力学 基礎編，東洋書店，1995.9

5) 田中 尚，高梨晃一，宇田川邦明：建築骨組の力学 演習編，東洋書店，1995.9

6) 津田惠吾 編：建築構造力学，オーム社，2010.9

7) 加藤 勉：仮想仕事の原理と応用，鹿島出版会，2013.4

8) 岩熊 哲夫，小山 茂：構造と連続体の力学基礎，web 文書

9) 鷲津久一郎：弾性学の変分原理概論，培風館，1973.2

10) C. L. ディム，I. H. シャームス：材料力学と変分法，ブレイン図書，1977.11

11) 成岡昌夫：構造力学要論，丸善，1974.6

12) 山崎徳也，彦坂 熙：構造解析の基礎，共立出版，1978.3

13) 林 毅，林 外志夫：変分法，コロナ社，1972.8

14) T. R. トーカート：構造力学とエネルギ原理，ブレイン図書，1979.9

15) Y. C. ファン：固体の力学／理論，培風館，1974.9

16) S. P. ティモシェンコ：材料力学史，鹿島出版会，1975.5

17) 山田貴博ほか：有限要素法，丸善株式会社，2008.12

18) 藤本盛久 編：構造物の技術史，市ヶ谷出版社，2001.10

索　引

た 行

著者略歴

津田 惠吾 (つだ けいご)

1975年	九州大学工学部建築学科卒業
1977年	九州大学大学院工学研究科建築学専攻修士課程修了
1977年	九州大学工学部建築学科 助手
1998年	九州大学大学院人間環境学研究科 助教授
2001年	北九州市立大学国際環境工学部 教授
2013年	日本建築学会賞（論文）受賞
2018年	北九州市立大学国際環境工学部 定年退職, 北九州市立大学・名誉教授

城戸 將江 (きど まさえ)

2004年	九州共立大学工学部建築学科卒業
2006年	北九州市立大学大学院国際環境工学研究科博士前期課程修了
2007年	同・博士後期課程修了
2007年	北九州市立大学国際環境工学部 講師
2012年	北九州市立大学国際環境工学部 准教授

仮想仕事の原理とエネルギ原理
トラス, 梁, 骨組

2019 年 9 月 30 日 第 1 刷発行

著 者 津田 惠吾・城戸 將江

発行者 坪内 文生

発行所 鹿島出版会
〒104-0028 東京都中央区八重洲 2-5-14
電話 03-6202-5200 振替 00160-2-180883

落丁・乱丁本はお取り替えいたします.
本書の無断複製（コピー）は著作権法上での例外を除き禁じられています. また, 代行業者等に依頼してスキャンやデジタル化することは, たとえ個人や家庭内の利用を目的とする場合でも著作権法違反です.

装幀：石原 亮 印刷・製本：シナノパブリッシングプレス
© Keigo TSUDA and Masae KIDO 2019, Printed in Japan
ISBN 978-4-306-03388-7 C3052

本書の内容に関するご意見・ご感想は下記までお寄せください.
URL : http://www.kajima-publishing.co.jp
e-mail : info@kajima-publishing.co.jp